통합적 사고와 글쓰기

통합적 사고와 글쓰기

이화여자대학교 교양국어편찬위원회 지음

이화여자대학교출판문화원

책을 펴내면서

책을 읽고 글을 쓰는 것은 타자들과 교류하기 위한 소통의 도구로서, 모든 학문 영역의 근간을 이룬다. 이는 대부분의 대학에서 신입생을 위한 필수 교양 수업 중 하나로 '읽기'와 '쓰기' 영역의 교과목을 채택하고 있음을 통해 뒷받침된다. 그런데 이때 주목해야 할 것은 읽기와 쓰기 교육이 단순한 기술적 영역에 관한 학습을 넘어서야 한다는 사실이다. 특히 글쓰기란 '비판적 사고를 위한 읽기'와 '합리적 소통을 위한 말하기'를 통해 비로소 논리적 구성을 갖출 수 있다. 따라서 본 교재는 '읽기-쓰기-말하기'라는 기본적 능력의 기초를 확립하고, '독서-글쓰기-토론'이라는 유기적 결합을 통해 대학에서 지향하는 교양 교육의 취지를 성취하는 데에 초점을 두고 있다. 급변하는 사회 속에서 책 읽기를 통해 비판적 사고 능력을 마련하고, 이에 관한 토론을 통해 합리적 의사소통 능력을 기르며, 나아가 자신의 생각을 글로 제시함으로써 대학 담화공동체가 요구하는 교양인으로서의 글쓰기 능력을 함양하고자 함이다.

21세기가 요구하는 지식의 통섭과 통합적 사고력의 확장에 부응하여 이화여자대학교에서는 교양필수 교과목으로서 〈통합적 사고와 글쓰기〉를 개설했다. 〈통합적 사고와 글쓰기〉를 통해 학생들은 한 학기 동안 글쓰기의 기초, 설득적 말하기, 비판적 읽기, 창의적 비평을 통합하여 학습하게 된다. 이러한 창의 융복합적 학습 방식은 학생들의 종합적인 의사소통 능력의 향상 및 자기표현 능력의 계발을 목표로 하는 것이다. 또한 다양한 주제의 글을 읽고 토론하며 이를 글쓰기와 연계함으로써 비판적인 사고력과 논리적인 표현력을 배양하는 데에 목표를 둔다. 실제 수업에서는 분야별 학자와 전문가의 글뿐만 아니라 이화여자대학교 학생들의 다양한 글을 읽기와 쓰기의 자료로 제공하여 학습자의 호기심을 유발하고 학습 의욕을 고취시킬 것이다. 나아가 다양한 주제의 고전을 비판적으로 읽으며 합리적으로 문제를 해결할 수 있도록 유도할 것이다. 이와 같은 수업의 구성은 창조적인 사유 체계를 형성하는 데에 도움을 주고 지적 성장을 자극함으로써 학습자가 통합적인 지식인으로 성장하도록 이끌 수 있다.

본 교재는 논리적 표현을 위한 쓰기, 합리적 소통을 위한 말하기, 비판적 사고를 위한 읽기의 순서로 학습 내용을 구성했다. 교재의 전반부에서는 자신의 생각과 느낌을 창의적으로 표현하는 능력을 함양하고 이를 글쓰기 소양 및 체제와 연계하여 다양한 글쓰기로 구현한다. 1장 '성찰적 글쓰기'에서는 다양한 생각이 요구되는 21세기에 자신에 대해 되돌아보는 성찰적 글쓰기를 배운다. 글을 쓰기 전 글쓴이의 생각과 느낌, 세계를 바라보는 시각을 점검함으로써 생각의 얼개를 만들고 이를 자기소개서 쓰기를 통해 연습한다. 2장 '소통적 글쓰기'에서는 글을 쓰는 단계와 비슷한 절차를 가진 말하기 방식인 프레젠테이션, 토론, 토의의 특성과 방법을 이해함으로써 의사소통 영역의 인접성을 공부한다. 구성원들 간의 상호 협동을 중시하는 소통적 글쓰기를 통해 생각의 편협함을 벗어나 사고의 범위를 확장할 수 있다. 문화 텍스트를 감상하고 이해와 해석을 거쳐 가치 평가에까지 이르는 문화 비평문은 세계에 대한 자아의 문제의식을 드러낸다는 측면에서 소통적 글쓰기를 연습하기에 유용하다. 3장 '논리적 글쓰기'에서는 자신의 생각을 논리적으로 구성하는 방법을 논리적 글쓰기를 통해 학습한다. 전략적 배치로서의 개요 작성과 글의 완결성과 통일성을 결정하는 문단의 구성 요건을 학습하여 논리적이고 설득력 있는 시론 및 칼럼 쓰기를 연습한다. 4장 '실용적 글쓰기'에서는 글쓰기 과정에서 요구되는 윤리적 태도를 중심으로 다양한 자료의 검색 방법, 인용의 구체적 실제, 참고문헌 작성 방법 등에 관한 사항들을 집중적으로 학습한다. 나아가 자신의 생각을 보다 명확하게 전달할 수 있는 올바른 문장 쓰기, 대학에서 요구되는 보고서의 다양한 유형과 특성을 살펴본다.

교재의 읽기 부분은 읽기의 의미와 방법론에 관한 이론적 측면과 작품 분석의 실제적 측면으로 구성된다. 5장 '읽기의 의미와 방법론'에서는 현대 사회에서 책 읽기의 의미와 필요성을 학습하고, 무엇보다 고전 읽기의 의미와 목적, 구체적인 방법과 단계를 공부한다. 작품 분석의 실제적 측면은 분석적 읽기와 창의적 읽기 방법으로 구성되며, 각 방법론에 따라 단계별 읽기를 진행한다. 6장 '분석적 읽기'에서는 한 권의 책을 세밀하게 읽어 가면서 책에 담긴 저자의 의도를 정확하게 파악하는 훈련을 한다. 분석적 읽기는 텍스트의 사회문화적 배경 이해와 예비 토론을 거쳐 텍스트 깊이 읽기, 작품의 중심 주제 분석, 문제의식의 정리와 종합 및 세부 주제 단평 쓰기와 에세이 쓰기 단계로 진행한다. 7장 '창의적 읽기'에서는 저자의 의도 파악과 작품 이해를 넘어서 독자가 능동적으로 사고하며 텍스트를 읽는 훈련을 한다. 독자 자신의 지식과 경험에 입각하여 텍스트에 내포된 다층적 요소와 문제를 발견하고 대안을 모색할 뿐만 아니라, 개인적, 사회적 현실에 대한 적용 및 성찰, 다른 텍스트와 관련지어 해석의 확장을 시도한다.

이화여자대학교의 『통합적 사고와 글쓰기』는 대학의 기초 교양 학습을 위한 교재로서, 대학생이라면 마땅히 지녀야 할 사고의 틀을 갖추고 생각한 내용을 말과 글로 정확하게 표현할 수 있는 능력을 구비하는 데에 도움을 주고자 한다. 이를 통해 앞으로 전공하게 될 학문과 의사소통 능력의 연관성을 이해하고 스스로 함양해야 하는 능력이 무엇인지 구체적으로 점검할 수 있는 기회를 갖게 될 것이다. 『통합적 사고와 글쓰기』가 전공과 계열을 막론하여 이화여자대학교에 입학한 전체 학생에게 공통적으로 부여되는 이유가 바로 여기에 있다.

〈통합적 사고와 글쓰기〉라는 이름의 새로운 교과목과 교재는 많은 분들의 노력으로 완성되었다. 우선 교과목 개발 및 교재 구상 단계에서 적극적으로 의견을 주신 국어국문학과의 김동준, 김미현, 조혜란, 최형용 선생님께 깊은 감사를 드린다. 또한 쓰기 부분의 집필을 맡은 김소륜, 김윤정, 진선영, 황지영 선생님과 읽기 부분을 서술한 김수경, 이경희 선생님의 노고가 없었다면 이 책은 나올 수 없었을 것이다. 마지막으로 이 책의 디자인과 편집을 맡아 주시며 꼼꼼하게 검토해 주신 민지영 차장님을 비롯한 이화여자대학교출판문화원 여러분에게도 감사를 전한다.

2020년 1월

『통합적 사고와 글쓰기』 집필진 일동 씀

차례

1장

성찰적 글쓰기

다양한 생각이 요구되는 21세기에 성찰적 글쓰기는 참신한 관점을 갖기 위해 노력하면서 자신에 대해서 되돌아보는 글쓰기 방법이다. 모든 글에는 글쓴이의 생각과 느낌, 그리고 세계를 바라보는 시각이 담기기 때문에, 글을 쓰기 전에 먼저 자신을 살피는 작업이 진행되어야 한다. 만약 자신의 세계관과 생각이 잘 정리되지 않은 상태에서 글을 쓰려고 한다면 글이 잘 진행되지 않을 뿐 아니라 무의식중에 글의 논지가 흔들릴 수도 있다. 그러므로 글을 쓰기 전에 자신에 대해서 먼저 성찰한 후에 생각의 얼개를 만들어 가야 한다.

1. 생각 열기

핵심 길라잡이

- **21세기에 다양한 생각이 요구되는 이유를 생각해 보자.**
- **기존의 의견과 다른 관점을 갖기 위한 방법에는 어떤 것이 있는지 알아보자.**
- **시대가 변해도 계속해서 글쓰기가 필요한 이유에 대해 고찰해 보자.**

1) 다양한 생각을 요구하는 21세기

우리들은 매일매일 여러 가지 생각을 하고 그 생각을 효과적으로 표현하기 위해서 노력한다. 몇몇 사람들은 '생각하기'를 전문적인 학문을 탐구하거나 고도의 작업을 수행할 때 필요한 능력이라고 간주한다. 하지만 자신의 감정을 잘 표현할 수 있는 방법을 모색하는 것도, 타인의 상황을 이해하기 위해 노력하는 것도, 그리고 사회가 긍정적으로 나아갈 방향을 검토하는 것도 모두 넓은 의미에서 '생각하기'의 일종이다. 이처럼 우리의 삶은 생각하는 과정의 연속이라고 해도 과언이 아니다. 스스로 생각하고 그 결과물을 바탕으로 보다 고차원적인 사유 체계를 계속해서 구축해 나가는 것이 인간을 인간답게 하는 가장 강력한 힘이다.

그런데 사람들은 자신에게 익숙한 재료를 가지고 몸에 익은 방식으로만 생각을 하려는 경향이 있다. 이미 알고 있는 것을 기준으로 판단하고 자신의 경험에 기반을 두어 미래를 예측한다. 하지만 우리 사회를 지금보다 좋은 곳으로 만드는 것은 이미 단단하게 굳어져버린 사고가 아니라 기존과는 다른 각도에서 접근하는 생각하기이다. 내가 생활하고 있는 '지금 여기'에서 벗어나 새로운 시공간을 상상하고, 관성에 젖은 삶의 방식을 벗어날 때 세상을 변혁할 수 있는 생각들을 만들어 낼 수 있다.

기술 혁신으로 세상을 바꿨다는 평가를 받는 애플의 창업주 스티브 잡스는 과거와 달리 앞으로는 "기술과 인문, 하드웨어와 소프트웨어를 융합시켜야만 미래를 선점할 수 있다."고 말했다. 지난 20세기에는 각 분과 학문에 종사하는 지식인들이 자신들만의 영역을 구축하고 그 분야의 전문성을 강화하는 것이 성장의 동력이라고 평가되었다. 하지만 21세기를 이끄는 전문가들은 학문의 경계를 넘어선 소통과 이질적인 것들의 결합이 필요하다고 말한다. 유연하고 기발한 아이디어를 떠올리고, 학제 간 지식을 교류하며, 융합 지식을 공유하는 기반을 조성해야 하는 것이다.

이제 우리에게 요구되는 것은 시간과 공간, 자아와 타자, 고정된 것과 움직이는 것 등을 결합하여 제3의 항목을 만드는 능력이다. 과거와 현재와 미래를 교차시키고, 고정되어 있는 공간에 운동성을 부여하며, 자아와 타자의 이분법을 넘어서고, 경험과 상상을 조합할 때 21세기가 요구하는 창의성을 생성할 수 있을 것이다. 인류가 존재한 이래 수많은 생각들이 이어졌고 그중 유의미한 생각들이 인간의 삶을 현격하게 바꾸어 놓았다. 그래서 21세기인 지금도 세상을 이끌어갈 사람들에게는 다양하고 열린 사고가 요구된다.

연습 문제 1

다음의 그림들을 보고 각 작품에 담겨 있는 사연들을 추측해 보고, 그 후 두 그림을 연결해서 하나의 이야기를 만들어 보자.

1) 빈센트 반 고흐, <감자 먹는 사람들>(1885)

2) 빈센트 반 고흐, <구두 한 켤레>(1886)

2) 생각을 여는 방법

21세기는 누구나 할 수 있는 획일적인 사고를 거부하고, 참신하고 재치 있는 독창성을 중시하는 시대이다. 이를 위해서는 대상의 다채로운 성격을 파악하지 못하게 하는 고정관념과 대상을 편향된 시각에서만 바라보는 편견에서 벗어나야 한다. 또한 유연한 시각을 갖고 다양한 관점에서 상황을 풀어나가기 위해서는 구체적인 노력들을 해야 한다. 갇혀 있던 생각을 열고 발상의 전환을 배울 수 있는 방법으로, 예술 작품들을 중심으로 새로운 질문하기, 낯선 재료 사용하기, 배치 바꾸기 등을 활용해 보자.

(1) 새로운 질문하기

세상의 변화를 이끌어 내고 싶다면 지금까지 없었던 낯선 존재를 상상하고, 나와는 완전히 다른 삶을 살고 있는 타인의 입장에서 생각해야 한다. 또한 사물을 바라볼 때 내가 놓인 환경 속에서 유효한 기능만을 중시하는 관점에서 벗어나야 한다. 이러한 방법을 몸소 실천한 작가들의 작품을 중심으로 '새로운 질문하기'에 대해 알아보자.

Q1 인간이 벌레로 변하면 어떤 일이 벌어질까?

카프카의 소설 「변신」의 첫 문장은 "어느 날 아침 그레고르 잠자가 불안한 꿈에서 깨어났을 때 그는 침대 속에서 한 마리의 흉측한 딱정벌레로 변해 있는 자신의 모습을 발견했다."이다. 주인공이 벌레로 변하는 장면에서부터 시작하는 이 소설은 얼핏 보면 작가가 무엇을 이야기하려고 하는지 파악하기가 어렵다. 게다가 소설 속에는 독자들이 가장 궁금해하는 질문, 즉 주인공이 왜 벌레로 변했는지에 대한 이유는 나오지 않는다. 하지만 조금만 주의를 기울이면 이 작품이 우리가 살고 있는 자본주의 사회의 폭력성을 단적으로 제시한다는 것을 알 수 있다.

앞에 제시되어 있는 "인간이 벌레로 변하면 어떤 일이 벌어질까?"라는 질문은 카프카가 「변신」을 구상하면서 던졌던 질문이고, 이 질문에 대한 대답은 소설 속에 나타나 있다. 가족들을 부양하는 동안 '잠자'는 가족들의 사랑과 배려를 받아왔다. 하지만 몸이 벌레로 변해서 일을 할 수 없게 된 잠자는 자신의 방에 갇히고, 아버지에게 폭행을 당하며, 결국에는 비참하게 죽는다. 재화를 생산할 수 없는 벌레로 변해버린 잠자는 가족들에게 더 이상 존엄한 존재가 아니다. 결말에서도 확인할 수 있듯 벌레가 된 잠자는 쓰레기와 같은 취급을 받는다. 그러므로 작가는 자본주의 사회에서 돈을 벌지 않는 인간은 벌레나 쓰레기로 전락하고 만다는 이야기를 이끌어 내기 위해 앞에서와 같은 질문을 던진다.

Q2 주변이 온통 흰 눈으로 덮여 있는 알래스카에서 에스키모들은 어떻게 길을 찾을까? 에스키모들에게 지도가 있다면 그 지도는 어떻게 읽을까?

김중혁의 단편소설 「에스키모, 여기가 끝이야」에는 에스키모들이 사용하는 지도가 등장한다. 기본적으로 지도는 각 지점들 사이의 거리를 측정하고 실제 지형을 축소하여 평면 위에 제작한 것이다. 그래서 지도를 제작할 때뿐 아니라 지도를 읽을 때도 시각을 가장 많이 사용한다. 하지만 사방이 모두 흰 눈으로 덮여 있는 알래스카 같은 공간, 즉 시각으로는 지형들 사이의 변별점을 찾기 힘든 공간에서 시각만을 이용하는 지도는 그다지 쓸모가 없을 것이다. 그래서 작가는 소설을 구상하면서 지도를 둘러싼 감각의 전이를 보여 주기 위해 위의 질문을 던지고 그 답으로 에스키모들의 지도를 소개한다.

에스키모들의 지도는 나무를 재료로 사용하여 널찍하거나 길쭉한 형태로 제작된다. 이 지도를 사용하기 위해서는 손가락을 나무 지도의 틈새에 끼워서 그 굴곡을 느껴야 하고, 그다음에는 깜깜한 어둠 속에서 해안선의 굴곡을 상상해야 한다. 이때 가장 중요한 것은 "촉각과 상상력이 완벽하게 일치해야만" 길을 찾을 수 있다는 사실이다. 그래서 작가는 이 지도를 '상상해야 하는 지도'라고 말한다. 일반적인 지형에서 길을 찾기 위해서는 지도 위에서 자신의 위치를 찾고 목적지를 향해서 지도를 보며 나아가야 한다. 하지만 이 글의 작가는 에스키모들의 지도를 통해 길을 찾는 새로운 방식을 우리에게 알려 준다.

(2) 낯선 재료 사용하기

화가들은 그림에서 특정 대상을 표현할 때 그 대상과 유사성이 있거나 많은 사람들이 공감할 수 있는 방식을 사용한다. 대부분의 사람들이 수긍하는 방식을 사용하면 실패할 확률도 적고 어색하다는 평가를 받을 일도 거의 없다. 하지만 이런 작품들에 작가만의 개성이 담겼다고 보기는 어렵다. 예술가가 자신만의 독특한 색깔을 작품에 드러내기 위해서는 무난하고 일반적인 방법보다는 낯선 재료를 사용하여 대상을 파격적으로 표현하려는 노력이 병행되어야 한다.

이러한 태도를 잘 보여 주는 작가가 바로 이탈리아에서 활동했던 주세페 아르침볼도이다. 그는 인간의 모습을 표현하기 위해서 채소, 꽃, 과일 등 식물 이미지를 주로 사용한다. 그의 대표작인 〈봄〉, 〈여름〉, 〈가을〉, 〈겨울〉은 황제의 초상을 식물들을 조합하여 그려 낸 것으로 유명하다. 이 작품을 처음 본 사람들은 기괴하다고 느낄 수도 있지만 아르침볼도는 황제의 얼굴에 우주의 질서와 사계절의 순환이 담겨 있다는 메시지를 전달하기 위해 이러한 표현 방법을 선택했다.

또한 아르침볼도는 〈여름에 앉아 있는 인물〉에서도 다양한 식물들을 사용해서 앉아 있는 남성의 모습을 표현했다. 이 그림에서는 왼쪽 위에 얼굴이 위치해 있고 오른쪽 아래로 갈수록 몸통과 다리의 형상이 나타난다. 남성의 곱슬곱슬한 머리카락은 포도로, 수염은 파뿌리로, 팔은 샐러리로, 몸통은 양파와 감자로, 손가락과 발가락은 열무 등으로 표

주세페 아르침볼도, <여름에 앉아 있는 인물>(1593)

주세페 아르침볼도, <정원사>(1590)

현되어 있다. 작가는 여름에 많이 수확되는 농작물들을 사용하여 인물의 신체 부위를 표현함으로써 계절감을 살리고, 농작물들의 화려한 색채와 다양한 형태를 통해서 선명한 이미지를 확보했다. 이처럼 낯선 재료를 사용하여 인물을 표현하는 방법은 그림을 감상하는 이들에게 익숙한 표현에서는 느낄 수 없었던 신선한 충격과 미적 쾌감을 선사한다.

그렇다면 아르침볼도는 왜 인물의 형상을 식물의 이미지를 매개로 하여 그리기 시작했을까? 그 이유에 대해 정확히 알려진 바는 없지만 그것을 추정할 수 있게 돕는 작품은 〈정원사〉이다. 아르침볼도의 〈정원사〉는 위의 왼쪽에 제시된 형태의 그림이지만, 이 그림 못지않게 유명한 것은 이 작품을 상하로 뒤집어 놓은 오른쪽 그림이다. 아르침볼도가 오른쪽 그림처럼 바구니에 담긴 채소들을 본 후에 이 장면을 180도 회전하면 사람의 얼굴과 비슷해질 것임을 알았다는 기록은 남아 있지 않다. 한 가지 확실한 것은 그가 사람의 얼굴을 채소라는 낯선 재료를 사용하여 표현했고 그로 인해 기존의 인물화들과는 완전히 다른 성격의 작품이 탄생할 수 있었다는 것이다.

(3) 배치 바꾸기

마지막으로 살펴볼 방법은 '배치 바꾸기'이다. 똑같은 사물이라고 하더라도 어디에 있느냐에 따라서 그 성격과 위상이 달라진다. 이 방법을 사용한 가장 유명한 예술가는 마르셀 뒤샹이다. 그는 기성품인 남성용 소변기에 〈샘〉(1917)이라는 제목을 붙여 미술관에 전시함으로써 예술이란 예술가가 독창성을 가지고 제작한 것에 국한되지 않음을 보여 주었다. 또한 이탈리아의 예술가인 피에로 만조니는 자신의 똥을 90개의 통조림 형태로 만들어 〈예술가의 똥〉(1961)이라고 명명한 뒤 전시했고, 각 통조림을 같은 무게의 금값을 받고 팔았다.

변기나 똥이 예술이 될 수 있었던 이유는 이 두 가지가 화장실이 아니라 미술관이라는 공간으로 들어왔기 때문이다. 많은 사람들이 화장실은 더러운 것이 있는 곳이고 미술관은 아름다운 것이 있는 곳이라고 생각한다. 그러니 이 유명한 예술가들이 만들어낸 기획은 당대의 기준에서 볼 때는 유별난 것이었다. 하지만 지금은 많은 사람들이 이 두 사례가 배치를 달리하여 그 위상을 바꾼 대표적인 사건이자, 고상하고 우아한 것만이 예술이라고 여겨졌던 전통에 도전한 사건이라고 평가한다.

기존의 선입견에서 벗어나 새로운 배치를 만들어낸 예로 최근에 주목받고 있는 것은 쓰레기를 재활용하는 '정크 아트'이다. 산업이 발달하면서 쓰레기의 양 또한 증가했고, 이러한 현상을 비판하면서 쓰레기를 사용하여 예술가의 사상을 전하는 정크 아트가 활성화되었다. 사실 쓰레기로 작업을 하는 것은 예술가 입장에서 쉬운 일이 아니다. 그럼에도 이들이 계속해서 쓰레기를 사용해서 작품을 창작하는 이유는 새로운 예술의 영역을 개척하고 환경오염에 대한 경각심을 일깨울 수 있기 때문이다.

알레한드로 두란은 땅에 다양한 색깔의 버려진 칫솔들을 꽂아서 〈새싹들〉

이라는 작품을 창조했다. 칫솔들의 뾰족뾰족하게 솟아난 모습과 알록달록한 색채감은 새봄에 땅을 뚫고 나오는 새싹들의 형상과 닮아 있다. 버려지기 전 칫솔은 욕실에서 인간의 치아를 깨끗하게 해 주는 도구로 사용되었다. 하지만 버려진 칫솔들이 땅 위에 꽂히게 되면 자연의 영역인 식물의 새싹 대신에 생활 폐기물들이 땅 위를 차지했다는 사회 비판적인 메시지를 전달할 수 있게 된다.

또한 팀 노블과 수 웹스터는 미술관에 쓰레기더미를 만들고 그 더미에 조명을 비춘 후 그림자가 서로 기대고 있는 사람의 형상을 띠게 제작했다. 이들의 작업은 쓰레기를 직접적으로 사용하는 방식과 달리 쓰레기들이 만드는 그림자에 주목하게 만든다. 쓰레기를 미술관에 전시한 이 작품은 배치 바꾸기의 대표적인 예일 뿐 아니라, 전시된 사물이 아니라 그 그림자가 아름다운 장면을 연출할 수 있음도 보여 준다. 작가들은 이 작품을 통해 두 번의 배치 바꾸기를 시도한 것이다.

지금까지 알아본 것처럼 생각 열기는 기존과는 다르게 생각하려는 노력에서 시작된다. 엉뚱한 질문을 하고, 생소한 소재를 사용하고, 대척점에 있는 곳으로 사물을 옮겨볼 때 이전에는 존재하지 않았던 것들이 현실이 되고, 보이지 않았던 것들이 모습을 드러낼 것이다. 그리고 이러한 변화가 규격화되고 획일화된 사고를 넘어서 사회 속에 존재하는 무수한 다양성들을 인정하는 계기로 작동할 것이다.

3) 글쓰기의 필요성

(1) 생각하기와 글쓰기

인간의 삶은 글을 읽고 쓰는 행위와 분리될 수 없다. 우리는 수업 준비를 위해 교재와 참고 자료들을 읽고, 세상이 돌아가는 것을 알기 위해 매일 신문기사를 읽는다. 또한 휴식을 취할 때는 동영상을 보면서 그 속에 담긴 자막을 읽는다. 그리고 수업의 과제를 하면서 실험 보고서, 공연 관람평, 서평, 에세이, 시론(時論) 등을 작성한다. 매일매일 가족이나 친구들과 메시지를 주고받는 행위나 SNS에서 소통을 하는 행위 역시 읽기와 쓰기를 기반으로 이루어진다.

그럼에도 많은 학생들이 글쓰기를 어려워하고 자신은 글을 잘 쓰지 못한다고 생각하는데, 그 이유는 대학이라는 학술 공동체에서 요구하는 글의 특성과 관련이 있다. 생활 속에서 글을 쓰는 것은 어려운 일이 아니지만 과제물을 작성하거나 발표의 대본을 쓰는 것은 자신의 생각과 느낌을 자유롭게 적는 것이 아니기 때문이다. 학술적인 글을 쓸 때는 자신의 생각을 논리적으로 전개하여 독자들을 설득해야 하고, 유사한 주제를 다루고 있는 기존의 글들을 검토한 후 그 글들과의 차별점도 드러내야 한다.

이런 글은 자신이 가지고 있는 문제의식에 대해서 계속해서 생각하고, 폭넓게 자료를 찾아보고, 정성을 들여 글을 쓰고, 객관적인 입장에서 자신의 글을 수정할 때 완성된다. 지금 열거한 것처럼 여러 작업이 융합되어야 하는 학술적 글쓰기는 어려운 작업이다. 그럼에도 우리가 계속해서 생각을 하고 그 생각을 논리 정연하게 표현해야 하는 이유는 이 두 가지가 인간을 인간답게 하는 중요한 방식이기 때문이다.

인공지능의 발달로 펼쳐질 미래 사회의 모습은 다양한 방식으로 상상된다. 어떤 사람들은 인간들이 스마트폰만 보는 사이에 인공지능이 탑재된 로봇은 책을 읽고 그림을 그릴 것이라고 상상한다. 스마트폰, 특히 영상을 보는 동안에는 영상의 속도를 수동적으로 따라가기 때문에 이 순간에 사고가 활성화되기는 어렵다. 하지만 속도의 완급을 조절하면서 책을 읽을 때는 그 내용을 곱씹으면서 다양한 생각을 하고, 그림을 그릴 때는 자신이 느끼는 것을 가장 효율적으로 표현하기 위해 고민한다.

또 어떤 사람들은 인간이 생각과 글쓰기로 대변되는 창작 활동을 포기하면 인공지능을 탑재한 로봇들이 인간을 넘어설 것이라고 우려한다. 미래에는 인간 형태의 로봇들은 강아지 로봇과 함께 산책을 하지만 살아 있는 인간과 강아지는 로봇들에게 구걸을 할지도 모른다. 인간의 편의를 위해서 만든 로봇이 인간을 넘어서는 역전은 '테크노 디스토피아'를 다루는 콘텐츠들에서 이미 많이 다루어져서 더 이상 낯선 것이 아니다.

최근에 새로 개발한 '글쓰기 AI'의 능력이 너무 뛰어나서 개발사가 상용화를 포기했다는 보도가 있었다. 개발자들이 가장 우려했던 것은 이 AI가 가짜뉴스를 대량으로 생산할 경우 막을 수가 없다는 것이었다. 하지만 더 문제가 되는 것은 이 사례가 인간의 고유성을 보증하는, 창조적 영역에까지 기술이 침투했음을 보여 준다는 것이다. 인류의 삶만큼이나 오랜 역사를 지닌 생각하기와 글쓰기는 문명의 눈부신 발전을 가져왔다. 그리고 이제는 이 발전의 부작용을 막고 이에 대한 대안을 모색하기 위한 생각하기와 글쓰기가 요구된다. 생각하기와 글쓰기는 더 이상 선택이 아니라 의무이며, 그 의무를 성실히 수행하기 위해 적극적인 자세와 책임 있는 태도가 필요하다.

(2) 글쓰기와 실천

글쓰기를 할 때 요구되는 자세는 예술 작품을 창작하는 과정과도 맞닿아 있다. 15년 동안 달항아리만을 그린 최영욱 작가는 달항아리를 그릴 때 항아리의 형태를 잡고, 항아리 표면에 있을 법한 흔적들을 그리고, 도자기에 작은 티가 생긴 것처럼 색점을 찍고, 마지막으로 달항아리 표면 전체에 논바닥처럼 갈라진 빙열을 표현한다. 이렇게 꾸준하고 세심하게 달항아리를 그리는 작업은 앞에서 살펴본 것처럼 한 편의 글을 쓰는 과정과 닮아 있다.

최영욱 작가는 자신은 달항아리를 그리는 것이 아니라 "달항아리처럼 살고 싶은 내 얘기를 하고 있는 것"이라고 말한다. 마음속에 있는 달항아리를 끄집어 내서 그림을 그리면 "달항아리가 내 안에 들어와 내가 되어 버렸다."는 작가의 말은 작품과 자신이 분리될 수 없음을 암시한다. 또한 그는 자신의 작품을 보는 것은 "나 자신을 돌아보며 나를 찾는 과정"이라고 했다. 그러므로 달항아리 표면에 있는 빙열들은 사실적 표현이 아니라 무수한 균열을 지닌 "우리의 인생길"을 보여 주는 것이고, 그 인생을 성실하게 그려 내는 최 작가의 작업에서는 '수행의 미학'을 발견할 수 있다.[1]

한 편의 글을 쓰는 것 역시 최영욱 작가의 작업처럼 수행을 통한 성찰로 이어진다. 글쓰기는 자신의 사상과 신념을 담아 스스로를 발견하고 표현하는 것이다. 글과 글쓴이는 쉽게 분리되지 않으며, 글을 쓰는 과정에서 스스로를 되돌아보고 다듬어 나갈 수 있다. 글쓰기는 단순히 표현 효과를 극대화하기 위한 기능적인 작업에 머무르지 않고, 자신의 사유를 넓힐 수 있고 한쪽으로 편중되어 있던 시각을 교정할 수 있는 계기가 되기도 한다. 그러므로 인공지능이 성장하는 만큼 인간적 성찰이 더욱 중요해지는 21세기에 글쓰기는 인간적 가치를 유지하고 강화하기 위한 가장 유용한 행위라고 평가할 수 있다.

연습
문제
2

피에트 몬드리안의 그림을 본 많은 사람들이 본인도 이 정도의 그림은 그릴 수 있다고 생각한다. 하지만 '할 수 있는 것'과 '하는 것'은 다른 일이다. 최영욱 작가의 예와 아래의 그림과 영어 문장을 연결하여 그 이유를 생각해 보자.

피에트 몬드리안, <빨강, 파랑, 노랑의 구성>(1930)

modern art
= I could do that
+ yeah but you didn't

나를 찾는 글쓰기 2.

핵심 길라잡이

- **자신의 이름에 담긴 의미를 설명해 보자.**
- **인생에서 가장 인상적이었던 장면을 골라 오감을 사용하여 묘사해 보자.**
- **자신이 속해 있는 여러 인간관계 중 하나를 골라 그 관계 속에서 나는 어떤 존재인지 이야기해 보자.**

1) 삶 속에서 문제의식 발견하기

글쓰기가 '나'를 발견하고 성찰할 수 있는 기회를 제공하는 것은 사실이지만 아무 글이나 마음대로 쓴다고 해서 이것이 이루어지는 것은 아니다. 글쓰기를 통해서 내적인 성장을 이루고 싶다면 우선 삶 속에서 여러 가지 문제의식을 발견하기 위한 노력이 선행되어야 한다. 삶은 이미 주어진 것과 새로 찾아야 할 것, 그리고 정해진 것과 변화 가능한 것, 긍정적인 영향을 주는 것과 부정적인 영향을 주는 것 등이 어우러져서 구성된다. 그러므로 삶의 여러 요소들에 대해서 다각도로 생각해 보고 난 후에 '나'에게 초점을 맞춘 실제적이고 구체적인 글쓰기를 시작하는 것이 효율적이다.

2) 나를 찾는 글쓰기의 실제

나를 찾는 글쓰기의 방법으로는 다음의 세 가지를 떠올려 볼 수 있다. 첫째, 이름이나 기질처럼 이미 주어진 것에 대해 생각해 보는 글쓰기, 둘째, 기억 속에서 가장 인상적인 장면을 찾아보는 글쓰기, 셋째, 각각의 관계 속에서 나는 어떻게 다른지를 사유해 보는 글쓰기. 이 세 가지 글쓰기를 연습하여 미처 알지 못했던 혹은 잊고 있었던 나의 면모들을 새롭게 발견해 보자.

(1) 이름으로 삶 성찰하기

보다 나은 삶을 꿈꾸며 개명을 하는 사람들이 일부 있기는 하지만 대부분의 사람들은 태어날 때 얻은 이름을 가지고 평생을 살아간다. 그래서 아이의 이름을 고르는 작업은 아이의 삶이 나아갈 방향을 가늠하면서 신중하게 진행된다. 하지만 이름은 이미 주어진 것이기 때문에 성찰의 대상이 되는 경우가 많지 않다. 이름에는 이름을 지어 준 사람의 소망과 사랑이 담겨 있지만 그것에 대해서 깊이 생각하거나 감사하는 경우 역시 흔치 않다. 그러니 이름을 가지고 삶을 성찰하는 작업은 그동안 놓치고 있었던 나의 탄생과 그 탄생의 가치를 이름에 담아 내려고 했던 이들의 마음을 되새겨 보는 기회를 제공할 것이다.

'사람의 인생은 이름을 따라 간다.'는 말이 있다. 세계 IT 산업을 이끈 두 명의 거물, 마이크로소프트 사의 빌 게이츠와 애플 사의 스티브 잡스 역시 자신의 이름에 영향을 받았다고 한다. 빌 게이츠가 세계 최고의 부자가 된 이유는 그의 이름이 '돈(Bill)이 들어오는 문들(Gates)'을 뜻하기 때문이고, 잡스가 일만 하다가 평균 수명보다 일찍 사망한 것은 그의 이름이 '일들'을 뜻하는 '잡스(Gobs)'이기 때문이라는 것이다.

그래서인지 많은 부모들이 자녀가 태어나면 아이의 삶을 긍정적으로 이끌어줄 이름을 지으려고 노력한다. 우리 집 세 자매의 이름은 모두 할아버지가 지어 주셨는데 셋 다 이름에 '지혜 지(智)'라는 한자가 들어간다. 큰 언니의 이름은 '지애(智愛)', 둘째 언니 이름은 '지인(智仁)', 내 이름은 '지희(智姬)'이다. 이 세 이름 모두 다른 친구들의 한글 이름처럼 귀엽지도 않고, 세계 어느 곳에서든 사용할 수 있는 영어식 이름처럼 세련됐다는 느낌을 주지도 않는다.

하지만 이 세 이름을 한자어로 풀이해 보면 좀 더 많은 이야기를 할 수 있다. 큰 언니의 이름인 '지애(智愛)'는 '지혜를 사랑하다'를, 둘째 언니의 이름인 '지인(智仁)'은 '지혜와 어짊'을, 막내인 나의 이름인 '지희(智姬)'는 '지혜로운 여성'을 뜻한다. 세 자매의 이름에 모두 '지(智)'자가 들어가다 보니 우리 셋의 이름은 하나의 세트라는 느낌을 강하게 풍긴다. 아마도 작명을 하실 때 할아버지께서는 우리 세 자매가 모두 지혜를 사랑하고 어진 여성으로 자라기를 기대하셨을 것이다.

지식이 차곡차곡 쌓이는 것이라면, 지혜는 그렇게 쌓인 지식이 개인의 가치관과 결합되어 긍정적으로 발현되는 것이다. 지혜는 문제 상황을 현명하게 해결하는 힘이고, 타인에 대한 배려까지를 포함한다. 과학기술의 발전으로 인해서 데이터로 처리 가능한 지식의 중요성이 갈수록 부각되면서, '지혜'라는 말이 지닌 가치가 점점 사라지는 느낌이다. 할아버지께서는 이런 세상을 예견하시고 우리 세 자매가 이 시대에 꼭 필요한 '지혜로운' 사람이 되길 바라시면서 우리의 이름을 지어 주신 것 같다.

— 학생의 글, 「할아버지의 선견지명」

이 글을 쓴 학생은 자신의 이름뿐 아니라 자매들의 이름까지 분석하면서 이름을 지어 주신 할아버지가 손녀들에게 기대하셨던 바를 추측하고 있다. '박꽃하얀'이나 '박잎파란'처럼 많은 사람들의 이목을 끄는 이름은 아니지만 세 자매의 이름에는 친근함과 편안함이 담겨 있다. 이 글에서는 세 자매의 이름에 모두 들어가는 '지혜'라는 한자어의 의미를 분석하여 21세기에 가장 필요한 가치를 이름에 담아 주신 할아버지에 대한 감사를 표현했다. 이처럼 이름을 매개로 삶을 성찰하는 글쓰기를 진행하면 평범한 이름에 특별한 의미를 부여할 수 있고, 이름을 지어 준 분의 마음을 헤아려 그 마음에 감사를 표현할 수도 있다.

연습문제 1 **자신의 이름을 한글, 한자, 영문으로 표기해 보자. 그리고 자신의 이름에 담긴 뜻은 무엇이며 이름을 지어 준 분은 내가 어떤 삶을 살기를 바랐을지 생각해 보자.**

1) 한글 :	
2) 한자 :	
3) 영문 :	
4) 내 이름의 뜻 :	
5) 내 이름에 담긴 소망 :	

(2) 내 인생의 명장면 찾아 오감 묘사하기

내 인생의 명장면을 찾는 일은 지금까지 살아온 시간을 되돌아봐야 한다는 점에서 그 자체만으로도 성찰적 성격을 지닌다. 그런데 많은 사람들이 인생의 명장면이라고 하면 기쁨의 순간을 떠올린다. 하지만 내 인생에서 가장 인상적이었던 순간이 꼭 기쁜 순간일 필요는 없다. 믿었던 사람으로부터 상처를 받았던 순간이나 사랑하던 가족이 사고를 당해서 놀랐던 경험들도 다 인생의 명장면이 될 수 있다. 그러니 편안한 마음으로 어릴 적 자신의 기억부터 한번 더듬어 보자.

기억을 더듬어 인생의 명장면을 찾았다면 이제 해야 할 것은 그 장면을 시각, 청각, 후각, 미각, 촉각의 다섯 가지 감각을 사용해서 묘사해 보는 것이다. 중고등학교 때 묘사는 '그림 그리듯 표현하는 방법'으로 배우기 때문에 많은 사람들이 묘사는 시각을 중심으로 한 글쓰기라고 생각한다. 하지만 보다 생생하게 당시의 상황을 재현하기 위해서는 오감을 모두 사용하는 것이 바람직하다. 또한 묘사의 효과를 높이기 위해서 은유법, 직유법, 의인법 등의 비유법을 사용하거나 의성어나 의태어 등을 삽입할 수도 있다. 시간의 흐름보다는 상황을 구체적으로 드러내는 것에 집중해야 한다는 사실을 기억하면서 다음의 글을 읽어 보자.

> 치킨이 집 현관에 도착한 순간부터 잘 튀겨진 튀김의 고소한 냄새가 코를 찌른다. 띵-동 하고 초인종 소리가 울리면 나는 누구보다 빠르게 달려가 현관문을 열고 노릇노릇하게, 따뜻하게, 바삭바삭하게 잘 튀겨진 치킨을 받는다. 미리 세팅해둔 식탁에 치킨을 올리고 하나님께 감사 기도를 빠르게 드린 후 치킨을 개봉한다. 윤기가 아주 좌르르 흐르는 닭다리를 하나 잡은 순간 감당할 수 없는 뜨거움에 잠깐 치킨을 놓치지만 이내 다시 부여잡고 한 입 베어 문다.
>
> 바삭바삭도 아니고 파삭파삭 소리가 나며 치킨이 내 입속으로 들어오면 내 혀는 황홀한 맛에 빠져 춤을 춘다. 적당히 잘 튀겨진 튀김옷 안에 숨어 있는 촉촉한 속살과 적당히 짭조름한 치킨 조각을 달달하고 매콤한 소스에 딱 찍어 입에 넣는 순간, 메밀 꽃밭에서 향기로운 꽃냄새를 맡으며 도깨비와 첫 키스를 하는 지은탁도, 매일 밤마다 안민혁이 집에 데려다 주는 도봉순도, 그 누구도 부럽지 않게 황홀해진다.

그렇게 한 조각 두 조각 치킨이 없어져 갈 때쯤, 나는 치킨과 함께 온, 치킨의 영원한 동반자 치킨 무와 콜라를 개봉한다. 치킨 무 껍질을 까며 손에 흘린 치킨 무 국물을 빨아 먹고 치킨 무를 입에 넣으면 아삭아삭 소리를 내며 무가 개운하게 목구멍을 타고 내려간다. 그다음 피시식 소리를 내며 개봉된 콜라가 입 속으로 직행하면 콜라의 단맛과 톡 쏘는 그 맛이 치킨의 느끼함을 잡아 준다. 콜라는 치킨을 백 마리, 아니 천 마리 더 먹어도 끄떡없을 것 같이 내 입 안을 개운한 상태로 만들어 준다.

— 학생의 글, 「탄생과 죽음 사이에는 치킨이 있었다」

이 글은 치킨을 주문하고 나서 치킨이 집에 도착한 순간부터의 상황을 오감을 사용해서 묘사하고 있다. '노릇노릇하게' 튀겨진 치킨(시각)과 치킨을 씹을 때 나는 '파삭파삭' 소리(청각), '고소한' 기름 냄새(후각), '짭조름한' 치킨과 '매콤하고' '달달한' 소스의 맛(미각), 그리고 '따뜻하고' '촉촉한' 치킨의 속살(촉각) 등을 표현하여 치킨이 독자들의 눈앞에 있는 것 같은 효과를 자아낸다. 또한 치킨을 먹는 기쁨을 표현하기 위해 유명 드라마의 주인공들이 느끼는 행복보다 자신의 행복이 결코 작지 않음을 강조한다.

이 글처럼 내 인생의 명장면을 찾아서 오감을 사용해 묘사하는 글쓰기는 소소한 일상에 특별한 의미를 부여할 수 있다. 또한 슬픔의 순간을 묘사한다면 그 슬픔을 이야기하는 것만으로도 그 무게가 가벼워질 수 있고, 기쁨의 순간을 묘사한다면 그 글을 간직했다가 힘겨운 시기에 꺼내 보며 위로를 받을 수도 있을 것이다. 그러니 지금 바로 내 인생의 명장면을 찾고, 그 장면이 가장 기억에 남는 이유를 떠올리며 글쓰기를 준비해 보자.

연습문제 2

내 인생의 명장면을 찾고 그 사건이 가장 인상적인 이유를 적어 보자.

1) 내 인생의 명장면 :

2) 이 장면이 인상적인 이유 :

(3) 관계 속에서 나를 말하기

김광규 시인이 「나」라는 시에서 이야기한 것처럼 '나'는 가족, 학교, 국가, 사회 속에서 맺는 관계들 속에서 구성된다. 이 시의 방식대로 '나'를 설명해 본다면 '나'는 아버지의 딸이고, 동생의 언니이고, 오빠의 누이이고, 선생의 제자이고, 친구의 친구이고, 적의 적이고, 의사의 환자이고, 개의 주인이다. 시의 마지막 부분에서 시인은 관계 속에서 구성된 '나'는 "오직 하나뿐인 나는 아니"라고 말하며 "나는 무엇인가" 그리고 "나는 누구인가"라는 질문을 던진다. 이런 시인의 물음이 의미가 없는 것은 아니다.

하지만 관계 속에서 구성된 '나' 역시 중요한 의미를 지니는 존재이다. 세상 속에 살면서 관계를 완전히 무시할 수 없고 '나'를 둘러싼 관계들을 모두 제거한 상태에서 오롯한 '나'를 찾겠다는 생각은 환상에 가깝다. 오히려 세상이 만들어놓은 관계 속에서 원치 않지만 강요되는 가치가 있다면 그것은 무엇인지

고찰하고, 그것을 넘어설 수 있는 방안을 강구하는 것이 보다 현실적인 방안이 될 수 있을 것이다. 본인을 둘러싸고 있는 관계의 망과 그 속에서 본인은 어떤 역할을 담당하고 있는지 그 역할은 타당한 것인지 생각하며 다음의 글을 읽어 보자.

나는 할 일이 많았다. 아니 꼭 해야만 할 일이 부지기수이다. 게다가 내 눈이 겨우 좀 뜨이려고 하는 때이었다. 예술이 무엇이며 어떠한 것이 인생인지 조선 사람은 어떻게 해야 하겠고 조선 여자는 이리 해야만 하겠다는 것을, 이 모든 일이 결코 타인에게 미룰 것이 아니라 내가 꼭 해야 할 일이었다.

[중략 : 하고 싶은 것도 많고 해야 할 일도 많았던 나혜석은 계획에 없던 임신과 출산을 한 후 아이를 돌보느라 제대로 된 잠을 이루지 못한다.]

이러한 견딜 수 없는 고통이 기(幾) 개월간 계속되더니 심신의 피곤은 인제 극도에 달하여 정신엔 광증이 발하고 몸에는 종기가 끊일 새가 없었다. 내 눈은 항상 체 쓴 눈이었고 몸은 마치 도깨비 같아서 해골만 남았었다. 그렇게 내가 전에 희망하고 소원이던 모든 것보다 오직 아침부터 저녁까지 똑 종일만, 아니 그는 바라지 못하더라도 꼭 한 시간만이라도 마음을 턱 놓고 잠 좀 실컷 자 보았으면 당장 죽어도 원이 없을 것 같았다. 나도 전에 잠잘 시간이 너무 족할 때는 그다지 잠에 뜻을 몰랐더니 '잠'처럼 의미 깊은 것이 없는 줄 안다. 모든 성공, 모든 이상, 모든 공부, 모든 노력, 모든 경제, 모든 낙관의 원천은 오직 이 '잠'이다. 숙면을 한 후는 식욕이 많고, 식욕이 있으면 많은 반찬이 무용(無用)이요, 소화 잘 되니 건강할 것이요, 건강한 신체는 건전한 정신의 기본이다. 이와 같이 어디로 보든지 '잠' 없고는 살 수 없는 것이다. 진실로 잠은 보물이요 귀물이다. 그러한 것을 탈취해 가는 자식이 생겼다 하면 이에 더한 원수는 다시 없을 것 같았다. 그러므로 나는 '자식이란 모체의 살점을 떼어가는 악마'라고 정의를 발명하여 재삼 숙고하여 볼 때마다 이런 걸작이 없을 듯이 생각했다.

— 나혜석, 「모된 감상기」, 이상경 편, 『나혜석 전집』, 태학사, 2000, 220쪽, 230쪽.

일본 유학을 다녀온 후 식민지 조선에서 여성 지도자로서의 삶을 꿈꾸던 나혜석은 출산 이후 사회와 단절된 채 육아로 인한 수면 부족에 시달린다. 그래서 그는 어머니의 잠을 빼앗는 '자식이란 모체의 살점을 떼어가는 악마'라고 생각한다. 주변에 자식들을 위해서 희생을 감수하는 어머니들이 많은 만큼, 인용된 부분만 보고 자식을 악마라고 표현하는 나혜석을 매정한 어머니라고 생각할 수도 있다.

하지만 이 글에 나타난 나혜석의 태도에 주목해야 하는 이유는 자식을 향한 어머니들의 마음이 자연의 섭리인 것처럼 설명되던 당시의 관습에 당당히 맞서면서, 관계 속에 얽매이지 않고 자신에게 필요한 것을 말하기 때문이다. 많은 부모들이 커가는 자식을 보면서 기쁨을 느끼는 것은 사실이지만 모성을 모든 여성이 지닌 자연적 본성으로 규정하는 것은 누군가에게는 분명 힘겨운 일이다. 특히 모성을 둘러싼 신화가 강한 사회일수록 육아의 고통을 호소하는 여성들은 강도 높은 비난을 받게 된다. 자식이 태어나면서 어머니라는 새로운 관계 속에 들어간 나혜석은 이 글을 통해서 어머니 역시 잠을 자고 싶고 피로를 느끼는 평범한 인간이라는 사실을 일깨워준다.

연습 문제 3

나를 힘들게 하는 관계가 있다면 그것이 어떤 관계이고 그 이유는 무엇인지 이야기해 보자.

1) 나를 힘들게 하는 관계 :

2) 그 이유 :

3) 나를 발견하는 방법

지금까지 살펴본 것처럼 삶 속에서 문제의식을 발견하고 '나'를 찾는 과정은 구체적인 글쓰기를 통해서 실현될 수 있다. 하지만 앞에서 살펴본 세 가지의 글쓰기 방식 외에도 '나'를 발견할 수 있는 방법은 얼마든지 있다. 예상치 못한 순간에 내가 어떤 선택을 하는지, 죽음과도 같은 고통을 어떻게 이겨내는지 역시 선택이나 고통 이전의 '나'와 지금의 내가 어떻게 다른지를 보여 줄 수 있는 방법들이다.

(1) 예상치 못한 상황에서의 선택

우리는 살면서 끊임없이 선택들을 해야만 한다. 점심에 무엇을 먹을지 고르는 것과 같이 일상적인 문제에서부터 어떤 직업을 고를 것인지와 같은 장기적인 준비가 필요한 문제까지 선택은 늘 우리 앞에 놓여 있다. 그리고 내가 했던 수많은 선택들이 모여서 나의 인생을 채워나간다. 특히 예상치 못했던 상황에서 이루어지는 선택은 내가 살아온 방식과 중요하게 생각하는 것 등을 보여 주어 나의 가치관을 드러내는 계기가 되기도 한다. 선택 상황에서 나는 어떤 기준에 따라 결정을 내리는지 생각하면서 다음의 연습문제를 풀어 보자.

연습문제 4 **인용문을 토대로 나라면 이 상황에서 어떤 선택을 할지 이야기해 보자.**

생명 예찬론자도 아니고, 동물 애호가도 아니고, 환경 운동가는 더더욱 아니지만, 살아 있는 것에 대한 일말의 책임감을 가지고 있는 나에게는 연화와 보리라는 두 딸이 있다. 나는 어린 두 딸이 햄스터를 사달라고 졸랐지만 생명은 돈 주고 사는 것이 아니라며 계속 반대를 한다. 그러던 어느 날 내가 없는 사이에 남편이 '단돈 이천 원'으로 두 딸에게 각각 한 마리씩 햄스터를 사주고, 그날 연화가 보리의 햄스터를 깔고 앉는 사고가 일어난다. 다행히 햄스터가 죽지는 않았지만 이 상황에서 보리에게 햄스터를 새로 사주겠다고 하는 남편과 다툰 후, 나는 동물병원에 가려고 한다. 그런데 햄스터처럼 작은 동물을 다루는 병원은 많지 않아서 결국 방배동에서 연신내까지 온 가족이 '소형동물 전문 동물병원'을 찾아간다. 그리고 그곳에서 정확한 진단을 위해서는 엑스레이 두 장을 찍어야 하는데 엑스레이 한 장 가격이 칠만 원이라는 이야기를 듣는다.

— 김봄, 「살아 있는 건 다 신기해」, 『무민은 채식주의자』, 걷는사람, 2018, 33-44쪽, 요약 발췌.

(2) 고통을 극복하는 방법

육체적인 고통과 정신적인 고통, 개인의 고통과 집단의 고통, 말할 수 있는 고통과 말할 수 없는 고통 등 고통의 양상은 다양하다. 많은 사람들이 고통은 피하는 것이 최선이라고 생각하지만 세상에는 피할 수 없는 고통이 있다. 그 고통이 자신의 것이 되었을 때 어떤 사람들은 그 고통에 잠식당해 좌절하고, 또 다른 사람들은 고통을 이겨내고 인생의 다음 단계로 나아간다. 고통은 외면한다고 해서 사라지는 것도 아니고 여러 번 겪는다고 해서 무감각해지는 것도 아니다. 그러니 언제 어떤 형태로 올지 모르는 고통을 이겨내기 위한 자신만의 방법이 하나쯤은 있으면 좋을 것이다.

연습 문제 5. **다음의 글은 대하 장편소설 『토지』를 25년 동안 창작한 박경리 작가의 『토지』 「자서(自序)」이다. 이 글을 읽고 작가가 고통을 이겨낼 수 있었던 이유를 생각해 보자.**

> 글을 쓰지 않는 내 삶의 터전은 아무 곳에도 없었다. 목숨이 있는 이상 나는 또 글을 쓰지 않을 수 없었고, 보름 만에 퇴원한 그날부터 가슴에 붕대를 감은 채 『土地』의 원고를 썼던 것이다. 백 장을 쓰고 나서 악착스런 내 자신에 나는 무서움을 느꼈다. 어찌하여 빙벽(氷壁)에 걸린 자일처럼 내 삶은 이토록 팽팽해야만 하는가. 가중되는 망상(妄想)의 무게 때문에 내 등은 이토록 휘어들어야 하는가. 나는 주술(呪術)에 걸린 죄인인가. 내게서 삶과 문학은 밀착되어 떨어질 줄 모르는, 징그러운 쌍두아(雙頭兒)였더란 말인가. 달리 할 일도 있었으련만, 다른 길을 갈 수도 있었으련만……. [중략]
>
> 앞으로 나는 내 자신에게 무엇을 언약할 것인가. 포기함으로써 좌절할 것인가, 저항

함으로써 방어할 것인가, 도전함으로써 비약할 것인가. 다만 확실한 것은 보다 험난한 길이 남아 있으리라는 예감이다. 이 밤에 나는 예감을 응시하며 빗소리를 듣는다.

— 박경리, 『토지1』, 나남출판, 1993, 5-8쪽.

연습 문제 6

프리다 칼로의 일기를 보고 고통 속에서도 그가 힘을 낼 수 있었던 이유를 생각해 보자. 더불어 자신에게도 유사한 경험이 있었다면 이야기해 보자.

나는 1년 동안 앓았다. 7번의 척추 수술. 파릴 박사가 나를 살렸다. 그는 나에게 삶의 기쁨을 되돌려 주었다. 아직 휠체어에 앉아 있다. 언제 다시 걸을 수 있을지는 모르겠다. 나는 석고로 된 코르셋을 가지고 있다. 그것은 나를 무시무시한 양철 깡통으로 만들지만, 척추를 지탱하는 데 도움을 준다. 통증은 없다. 단지…… 만취한 듯한 피로가, 그리고 당연하게도 매우 자주 절망이 찾아온다. 절망은 그 어떠한 단어로도 정의할 수 없다. 그럼에도 불구하고 나는 살고 싶다. 벌써 그림을 그리기 시작했다. 그것은 파릴 박사에게 선물할 작은 그림이며, 그를 위해, 모든 정성을 담아 그리고 있다. 나는 내 그림에 욕심이 많다.

— 프리다 칼로, 『프리다 칼로, 내 영혼의 일기』, 안진옥 편역, BmK, 2018, 170쪽.

3. 읽기 자료를 활용한 주제 탐색

핵심 길라잡이

- 핵심이 담긴 주제문을 쓰는 법과 선명한 제목을 만드는 법에 대해 알아보자.
- 다양한 학문적 관점이 담긴 글들을 읽고 각 학문이 나아가야 할 바를 생각해 보자.
- 짧은 글들을 읽고 각 글들에서 주제문을 찾아 그 문장을 자신의 언어로 재구성해 보자.

1) 주제문 쓰기와 제목 만들기

한 편의 글을 쓰기 위해서는 글을 쓰기 전에 분석 대상을 선정하고, 문헌 자료들을 정리해야 한다. 이렇게 모은 자료들을 활용하여 어떤 내용으로 글을 쓸지가 정해지면 '주제문'과 '제목'을 작성할 수 있다. 주제문은 글에서 전달하고자 하는 핵심적인 내용을 문장 형식으로 정리한 것이고, 제목은 독자에게 전달하고자 하는 강조점을 명시적으로 드러낸 것이다. 좋은 주제문과 선명한 제목은 전체적인 글의 내용을 포괄하면서 글쓴이의 주장도 함축하고 있어야 한다. 그럼 이제 좋은 주제문을 쓰는 방법과 선명한 제목을 만드는 방법은 무엇인지 구체적으로 살펴보자.

(1) 주제문 쓰기

글의 핵심을 담은 주제문을 작성할 때에는 다음의 사항들을 고려해야 한다.

첫째, 주제문은 명제문으로 써야 한다.

글쓴이의 견해가 들어 있지 않은 문장은 주제문이 될 수 없다. 대상에 대한 단순한 설명이나 의문문 형식의 문제 제기는 주제문이 아니다. 가령 '글쓰기 교육은 왜 필요한가?'라는 문장은 독자의 흥미를 유발하는 제목일 수는 있지만 주제문이 될 수는 없다. 또한 '글쓰기 교육은 필요하지 않다.'와 같은 부정문의 형태 역시 주제문으로 적합하지 않다. 이 문장이 주제문이 되기 위해서는 '글쓰기 교육은 ○○한 효과가 있기 때문에 반드시 필요하다.'의 형태를 갖추어야 한다.

> 의문문 : 글쓰기 교육은 왜 필요한가? (×)
>
> 부정문 : 글쓰기 교육은 필요하지 않다. (×)
>
> 명제문 : 글쓰기 교육은 ○○한 효과가 있기 때문에 반드시 필요하다. (○)

둘째, 주제문에는 명확한 견해가 드러나야 한다.

주제문 안에 글쓴이의 견해가 분명히 드러나지 않는다면 이 주제문은 다시 검토해야 한다. 예를 들어 '미국과 중국 사이에서 벌어진 무역전쟁은 세계의 경제 질서를 위협하지만 꼭 나쁜 것만은 아니다.'라는 주제문은 주제를 정확히 전달하지 못한다. 그러므로 '미국과 중국 사이에서 벌어진 무역전쟁은 세계의 경제 질서를 위협한다.'나 '미국과 중국 사이에서 벌어진 무역 전쟁은 ○○한 측면에서 긍정적이다.'로 수정하는 것이 바람직하다.

불명확한 견해 : 미국과 중국 사이에서 벌어진 무역전쟁은 세계의 경제 질서를 위협하지만 꼭 나쁜 것만은 아니다. (×)

명확한 견해 1 : 미국과 중국 사이에서 벌어진 무역전쟁은 세계의 경제 질서를 위협한다. (○)

명확한 견해 2 : 미국과 중국 사이에서 벌어진 무역전쟁은 ○○한 측면에서 긍정적이다. (○)

셋째, 주제문은 구체적이고 직접적이어야 한다.

주제문에 추상적, 함축적, 비유적 표현이 들어 있으면 논의 전개에 혼란이 생기기 쉽다. 예를 들어 '좋은 기업은 건강한 기업이다.'라는 주제문보다는 '좋은 기업은 건강한 기업 문화를 중심으로 경쟁력을 키워가는 곳이다.'나 '좋은 기업은 기업의 자산인 직원들의 건강을 관리하고 증진시키기 위해 노력하는 곳이다.'라는 주제문이 훨씬 더 명확하게 의미를 전달한다. 주제문은 글쓴이의 견해를 돌려 말하지 않고 직접적이고 구체적으로 드러내야 한다.

추상적 표현 : 좋은 기업은 건강한 기업이다. (×)

구체적 표현 1 : 좋은 기업은 건강한 기업 문화를 중심으로 경쟁력을 키워가는 곳이다. (○)

구체적 표현 2 : 좋은 기업은 기업의 자산인 직원들의 건강을 관리하고 증진시키기 위해 노력하는 곳이다. (○)

연습문제 1

<보기>에 있는 책 제목 중 하나를 골라 그 책의 주제문을 추측해 보자.

보기

권보드래 외 10명, 『문학을 부수는 문학들: 페미니스트 시각으로 읽는 한국 현대문학사』, 민음사, 2018.

사피야 우모자 노블, 『구글은 어떻게 여성을 차별하는가』, 노윤기 역, 한스미디어, 2019.

이국종, 『골든아워: 생과 사의 경계, 중증외상센터의 기록』, 흐름출판, 2018.

캐럴 J. 아담스, 『육식의 성정치: 여혐 문화와 남성성 신화를 넘어 페미니즘-채식주의 비판 이론을 향해』, 류현 역, 이매진, 2018.

프랭클린 포어, 『생각을 빼앗긴 세계: 거대 테크 기업들은 어떻게 우리의 생각을 조종하는가』, 박상현 · 이승연 역, 반비, 2019.

(2) 제목 만들기

글의 여러 요소 중에서 독자들이 가장 먼저 접하는 것은 제목이다. 글의 제목은 글에 대한 첫인상을 결정하기도 하고 글의 전체적인 분위기와 내용을 응집하는 역할을 하기도 한다. 따라서 글의 강조점을 잘 함축하고 있으면서 독자의 호기심을 유발하는 개성 있는 제목을 지어야 한다.

학술적 글쓰기에서는 『탈경계 사유와 서사의 윤리』, 『근대일본의 사회변화와 역사지식』, 『가족 건강과 간호』, 『한국춤의 역사』처럼 글의 내용을 직접적으로 제시하는 명사형 제목을 주로 사용한다. 하지만 대중서나 에세이, 서평 같이 가벼운 글들에서는 문장형의 제목이나 비유적 표현이 들어간 제목들도 사용할 수 있다. 이제 글의 내용을 잘 전달할 수 있는 효과적인 제목을 만들기 위한 구체적인 방법들에 대해 알아보자.

첫째, 기존에 나와 있는 글의 제목을 활용해 보자.

글의 제목을 짓는 것이 너무 어렵게 느껴진다면 이미 발표된 글의 제목들을 활용하는 방안도 생각해 볼 수 있다. 다음의 표에 있는 책의 제목들은 울리히 벡의 『위험사회』라는 책이 나온 후에 이 책의 제목에 정보를 추가하거나 문장을 변형한 것들이다. 『위험사회』의 논지에 동의하면서 본인의 의견을 덧붙여서 제목을 만들면 보다 쉽게 핵심 내용을 전달할 수 있다.

기본 제목 : 위험사회	
정보 추가 방식	문장 변형 방식
• 위험사회와 위험인식 • 위험사회와 타자의 논리 • 위험사회와 새로운 자본주의 • 위험사회를 넘어, 안심사회의 조건	• 불확실성 시대의 위험사회학 • 빅데이터와 위험 정보사회 • 스마트 위험사회가 온다 • 위험 증폭 사회

둘째, 글의 주제를 문장 형식으로 제시해 보자.

『생명이 있는 것은 다 아름답다』, 『나는 여경이 아니라 경찰관입니다』, 『우리는 차별에 찬성합니다』, 『나는 세상을 리셋하고 싶습니다』 등은 모두 글의 내용이나 주제를 함축하고 있는 문장형 제목들이다. 주제를 담은 문장 형식으로 제목을 지을 경우 독자들에게 친근하게 다가갈 수 있고, 글의 내용을 명확하게 전달할 수 있다.

셋째, 글의 중심 내용을 비유법이나 모순어법으로 표현해 보자.

글의 주제를 비유하거나 암시하는 제목이나 모순어법을 사용한 제목을 붙이면 직설적인 제목을 붙였을 때보다 독자의 호기심을 자극할 수 있다. 『죽고 싶지만 떡볶이는 먹고 싶어』는 죽음을 생각하는 순간에도 삶에 대한 의지가 남아 있음을 보여 주고, 『식물 저승사자』는 식물을 잘 키우지 못하고 자주 죽이는 사람을 저승사자에 빗대어 표현했다. 『선량한 차별주의자』는 '선량'과 '차별'이 갖는 의미를 대립시킴으로써, 『슬픔을 공부하는 슬픔』은 대상과 주체를 '슬픔'으로 통일시킴으로써 독자의 궁금증을 자극한다.

연습 문제 2

<보기>에 있는 책 전부를 참고하여 글을 쓴다면 어떤 주제의 글을 쓸 수 있을지 친구들과 이야기를 나누어 보자.

보기

김현경, 『사람, 장소, 환대』, 문학과지성사, 2015.

엄기호, 『고통은 나눌 수 있는가: 고통과 함께함에 대한 성찰』, 나무연필, 2018.

염운옥, 『낙인찍힌 몸: 흑인부터 난민까지, 인종화된 몸의 역사』, 돌베개, 2019.

홍성수, 『말이 칼이 될 때: 혐오표현은 무엇이고 왜 문제인가?』, 어크로스, 2018.

주디스 버틀러, 『주디스 버틀러, 지상에서 함께 산다는 것: 이스라엘 팔레스타인 분쟁, 유대성과 시온주의 비판』, 양효실 역, 시대의창, 2016.

2) 다양한 영역의 읽기 자료

좋은 글이 되기 위해서는 자신만의 생각과 관점을 효과적으로 드러낼 수 있는 주제를 잘 선정해야 한다. 그리고 남들이 포착하지 못한 틈새까지 설명할 수 있는 주제를 찾기 위해서는 본인의 관심사와 관련된 다양한 학문 영역의 자료들을 읽는 작업이 선행되어야 한다. 사회, 과학, 경제, 문학 영역의 글들을 읽다 보면 각 영역들이 거시적으로 추구하는 방향성과 더불어 개별적인 글에 담긴 미시적인 문제의식도 확인할 수 있다. 이 과정은 처음에는 추상적인 단어의 형태로 존재하던 글의 주제가 보다 날카로워지게 돕는다.

이제 생명들이 공존하는 세상을 지키려는 사회 영역, 사람의 자리를 마련하는 과학 영역, 여성의 지워진 노동을 복원하려는 경제 영역, 타자의 고통에 공감하는 문학 영역의 인용문을 읽어 보자. 그리고 각 글의 주제문을 찾아 자신의 언어로 정리해 보자.

(1) 사회, 생명들이 공존하는 세상을 지키다

환경문제에 대한 경각심이 커지면서 '그린 컨슈머리즘(친환경 제품이나 유기농 제품 등을 선호하는 소비 풍토)'이 부상하였다. 그린 컨슈머리즘을 이끈 가장 강력한 동력은 새로운 소비층으로 떠오른 '밀레니얼 세대'이다. 밀레니얼 세대는 기존 세대에 비해 '환경문제'에 대한 의식이 뚜렷하다. 그래서 이들을 중심으로 '필환경' 시대를 주도하는 세 가지 핵심 트렌드, 구체적으로는 제로 웨이스트, 컨셔스 패션, 비거니즘이 활성화되고 있다.

첫째, '제로 웨이스트(zero waste)'는 환경을 위해 쓰레기 생산을 최소화하는 생활 습관을 강조하는 사회적 운동이다. 쓰레기 배출을 최소화하기 위해서는 기본적으로 개인의 노력이 강조되지만 기업들도 이와 같은 소비자들의 요구에 맞춰 빠르게 변화하고 있다.

최근 2~3년 사이에 식료품 업체들은 포장지를 친환경 제품으로 바꾸었고, 이제는 '포장 없는 식료품 가게'들도 등장하고 있다.

둘째, 패션업계에서는 '컨셔스(conscious) 패션'이 화두다. '환경을 의식하는(eco-conscious)' 소비자들이 늘어나면서 패션 기업들 역시 이들이 원하는 패션 트렌드를 선보이고 있다. 사실 패션은 다른 제품과 비교해 트렌드가 시시각각 변화하는 만큼 짧은 시간 안에 대량의 쓰레기를 생산하는 데다 염색 등 공정 과정에서의 환경오염도 문제였다. 하지만 '컨셔스 패션'이 패션업계의 주요 트렌드로 떠오르면서 패션 업체들도 옷을 생산하고 제작하고 버려진 옷을 처리하는 모든 과정에서 친환경적인 요소를 연구하고 적용하며 이를 소비자들에게 공개한다.

셋째, 채식주의자를 뜻하는 비건(vegan)은 이제 일상생활에서 꽤 친숙하게 들려오는 용어가 되었다. 최근에는 단순히 육식을 피하는 식생활을 넘어 생활 전반을 아우르는 '비거니즘(veganism)'으로 진화하고 있다. 이것은 채식을 하는 것에서 멈추지 않고 조금 더 넓은 의미에서 '동물 보호'까지를 실천하는 삶의 방식이다. 동물의 털을 활용한 모피코트를 입지 않는다든지, 동물실험을 거치지 않는 '크루얼티 프리(cruelty free)' 화장품을 찾아 사용하는 것이 대표적인 예이다.

— 이정흔, 「'필환경' 시대 이끌 3대 소비 트렌드…'제로 웨이스트 · 컨셔스 패션 · 비거니즘'」,
『한경비즈니스』, 2019.01.08., 요약 발췌.

사회 영역을 다루는 이 글은 환경 문제에 관심이 많은 밀레니얼 세대가 주요 소비층으로 대두하면서 등장한 '그린 컨슈머리즘'에 대해 소개한다. 그러면서 필환경 시대를 이끄는 핵심 트렌드로 제로 웨이스트, 컨셔스 패션, 비거니즘을 꼽고 이 개념들에 대한 정의, 활동 방식, 사례 등을 소개하고 있다. 지구 위에서 인간을 비롯한 모든 생명들이 계속해서 공존하기를 바란다면 지금의 삶의 방식을 고수해서는 안 된다. 환경을 위한 변화는 지금 바로 모든 이들이 함께 만들어 가야 한다.

이 글에서 좀 더 나아가 환경문제와 관련된 다른 주제들로는 우리나라에서 갈수록 심각해지고 있는 미세먼지와 초미세먼지 문제, 전 지구적 고온 현상이나 냉각 현상 같은 이상 기후, 미세 플라스틱과 비닐에 의한 해양 생태계 파괴 등을 생각해 볼 수 있다. 또한 이러한 현상에 대한 대안으로 등장한 친환경 먹거리 생산이나 대체 에너지 개발 등에 대해서도 관심을 가져야 한다. 그래야지만 인간을 비롯하여 동식물과 미생물들까지 공존할 수 있는 세상을 지킬 수 있을 것이다.

주제문 쓰기 :

____

____

(2) 과학, 사람의 자리를 마련하다

과학기술은 인간이 사회적 존재로서 자신의 삶을 지속하기 위해 필요한 것을 알아내고 마련하는 행위다. 한 사회의 알아내려는 의지와 마련하려는 의지가 사람과 물질과 제도를 통해 구현된 것이 과학기술이다. 새로운 것을 알아내고 마련하는 것은 한 사회가 실수와 오류를 수정하면서 앞으로 나아갈 수 있는 거의 유일한 방법이다. 반면 알아야 할 것들을 알아내지 않기로 (대개는 암묵적으로) 결정하고 마련해야 할 것들을 다음으로 미루거나 건너뛰기로 결정하면 그 사회는 정체하거나 후퇴한다.

알아내고 마련하는 과학기술은 결국 사람의 자리로 우리를 이끈다. 2010년대 후반 한국에서 과학기술 옆에 놓인 사람의 자리는 어색하고 불안하고 위험하다. 과학이 주는 기쁨, 기술이 주는 편리는 모두에게 똑같이 다가오지 않는다. 우리는 보편적이고 추상적인 인간으로서가 아니라 여자와 남자, 장애인과 비장애인, 동성애자와 이성애자, 노인과 젊은이, 빈자와 부자, 비정규직과 정규직 같은 구체적인 사람의 자리에서 과학기술을 대면하기 때문이다. 여성과 장애인과 동성애자는 과학자로서 자유롭고 공평하게 앎의 의지를 실천할 수 있는가? 비정규직 기술자는 자신이 작동하고 관리하는 기계에 눌려 죽지 않을 수 있는가? 흑인보다 백인을 알아보는 데에 더 능숙한 인공지능이 내리는 판단을 우리는 어디까지 믿어야 하는가? 이렇게 다양한 사안들이 모두 과학의 문제인 동시에 우리 삶과 사회의 문제다. 충분히 알아내고 마련함으로써 사람의 자리를 확인하고, 지키고, 가꾸는 것은 과학과 사회 모두의 일이다.

과학기술은 대학 실험실에만 있는 것이 아니라 국회에도, 광화문에도, 진도 앞바다와 목포 신항에도, 제주도의 공장에도, 서울의 지하철 플랫폼에도, 태안 화력발전소에도 있다. 정치에서 연예까지 신문의 모든 섹션에 과학기술이 등장하고, 텔레비전 드라마와 예능 프로그램에서도 사람들과 과학기술은 이어져있다. 그러니까 사람이 있는 모든 곳에 과학기술이 있고, 과학기술이 있는 모든 곳에 사람이 있다. 과학은 시공간을 초월한 진리이기 때문에 아름답고 훌륭한 것이 아니며, 구체적인 시공간의 지저분한 현실에서 우리가 믿고 쓸 수 있는 정돈된 지식과 듬직한 도구가 되어준다는 점 때문에 더 귀하다. 과학은 공동체의 삶을 구성하고 이끌고 뒷받침하는 역할을 맡을 수 있고, 또 그렇게 할 때 가장 빛날 수 있다. 과학의 빛은 사람의 자리를 비춘다.

— 전치형, 『사람의 자리-과학의 마음에 닿다』, 이음, 2019, 5-11쪽, 요약 발췌.

과학 영역을 다루고 있는 이 글의 필자는 과학기술이 인간을 사회적 존재로 존속시키기 위한 학문임에도 과학이 모든 사람들에게 평등하게 다가가는 것은 아니라는 점에 주목한다. 사회 속에 존재하는 위계에 따라서 사람들이 접할 수 있는 과학기술 역시 다른 양상을 띠기 때문이다. 그래서 그는 과학과 사회가 함께 사람의 자리를 마련해야 한다고 주장한다. 모든 영역에 들어와 있는 과학기술은 우리의 삶과 분리되지 않기 때문에 과학의 빛이 인간의 자리를 비추기를 희망한다.

과학기술의 발전과 관련해서는 상반되는 두 가지 태도가 공존한다. 하나는 과학기술의 발전으로 인해서 인간의 일자리가 줄어들고 재화를 생산하지 못하는 인간은 몰락할 것이라는 부정적 입장이고, 다른 하나는 기술 문명이 장애, 빈곤, 고독 등 인간이 당면한 문제들을 해소해 주어 인간이 보다 안락한 삶을 살게 될 것이라는 긍정적 입장이다. 지금도 이 두 입장에 따른 결과는 계속해서 나타나는 만큼 부정성을 감소시키고 긍정성을 극대화하기 위한 노력이 지속되어야 한다.

주제문 쓰기 :

____

____

(3) 경제, 지워진 절반의 노동을 복원하다

애덤 스미스는 식탁에 앉았을 때 푸줏간 주인과 빵집 주인이 자신에게 친절을 베풀어서 저녁 식사를 할 수 있다고 생각하지 않았다. 바로 각자의 이익을 추구하려는 욕구가 교환을 통해 충족되었기 때문이라고 생각했다. 애덤 스미스의 저녁 식사가 식탁에 오른 것은 자기 이익을 추구하려는 욕구 때문이었다.

그런데 정말 그럴까? 그렇다면 스테이크를 실제로 구운 것은 누구였을까?

애덤 스미스는 평생 결혼하지 않았다. 이 경제학의 아버지는 거의 평생을 어머니와 함께 살았다. 어머니가 집안일을 돌봤고, 사촌이 돈 관리를 했다. 애덤 스미스가 관세 위원으로 에든버러에서 일하게 되자 어머니도 함께 이사했다. 그의 어머니는 평생 아들을 돌봤지만, 저녁 식사가 어떻게 식탁에 오르는지를 논할 때 애덤 스미스가 언급하지 않고 넘어간 부분에 속해 있다.

애덤 스미스가 『국부론』을 집필할 당시 푸줏간 주인, 빵집 주인, 양조장 주인이 일하러 가기 위해서는 그들의 부인, 어머니, 혹은 누이들이 하루 종일 아이들을 돌보고, 청소하고, 음식을 만들고, 빨래하고, 눈물을 훔치고, 이웃과 실랑이를 해야 했다. 어떤 식으로 시장을 바라봐도 그것은 또 하나의 경제에 기초하고 있다. 우리가 거의 이야기하지 않는 경제 말이다.

매일 아침 15킬로미터를 걸어가서 식구들에게 필요한 땔감을 모아 오는 11세 소녀는 국가의 경제 발전에 큰 역할을 한다. 그러나 한 나라의 총 경제 활동을 측정하는 GDP를 계산할 때 그녀는 포함되지 않는다. 경제 성장에도 중요하지 않다. 아이를 낳아 기르고, 정원을 가꾸고, 형제자매들이 먹을 음식을 만들고, 집에서 기르는 소의 젖을 짜고, 친척들의 옷을 만들고, 애덤 스미스가 『국부론』을 쓸 수 있도록 돌보는 일은 고려 대상이 아니다. 이 활동 중 어떤 것도 주류 경제학 모델의 '생산 활동'에 포함되지 않는다.

보이지 않는 손이 닿지 않는 곳에 보이지 않는 성이 있다.

— 카트리네 마르살, 『잠깐 애덤 스미스 씨, 저녁은 누가 차려줬어요?』, 김희정 옮김, 부·키, 2017, 30-31쪽.

경제학의 아버지인 애덤 스미스는 '보이지 않는 손'이라는 개념을 사용하여 자유주의 경제학의 핵심 원리를 설명했다. 그러면서 개인들의 욕구가 충족되는 이유는 타인이 가진 이타심 때문이 아니라 각자의 이익을 추구하려는 욕구 때문이라고 진단했다. 그런데 이 뛰어난 경제학자는 경제 활동에서 가사 노동, 그림자 노동, 부불 노동 등으로 불리는 여성들의 노동을 지워버린다. 그래서 필자는 애덤 스미스의 오류를 지적하며 여성의 노동이 사회적 가치가 있는 것으로 평가되길 희망한다.

최근 젠더 감수성이 증가하고 여성들이 자신의 권리를 찾기 위해 적극적으로 목소리를 내기 시작하면서 노동 현장에서 만성화되어 있던 여성에 대한 차별은 차츰 개선되고 있다. 그러나 여전히 많은 사람들이 가정 안에서 이루어지는 여성들의 노동을 폄하하며 그 노동의 가치를 인정하지 않는다. 그러나 가정 내 여성 노동은 세계에서 가장 보편적인 노동이며 인간이 기본적인 삶을 영위할 수 있도록 하는 원동력이라는 사실을 잊어서는 안 된다.

주제문 쓰기 :

____

____

(4) 문학, 타인의 고통에 공감하다

사러 가 사거라
소비가 보시라는
성장의 정상을 향해

당일 일당을
바랑에 멘 알바는
박리다매의 갈비마대처럼

자소서와 조사서
사이를 이사하듯
오가나 오 나가
대박전문 앞 문전박대

알바의 물가는 아랍보다 가물지만
시간의 가신들이 인간에게 안긴

지지 않는 지지

온다, 돈아, 다 돈다, 단도다!

살자살자살자, 여기를 이겨!

— 정끝별, 「깁스한 시급-애너그램을 위한 변주」, 『봄이고 첨이고 덤입니다』, 문학동네, 2019, 61쪽.

이 시집의 머리말에서 시인은 "라임(rhyme, 압운)과 애너그램(anagram, 철자 바꾸기)"이 "물음이 답을 품고 답에 날개가 돋는, 우리의 우연과 그 병존의 공존을" 보여 준다고 말한다. 이 시 역시 이 방식들을 사용하여 일당을 받으며 계속해서 자소서(자기소개서)를 쓰지만 문전박대 당하는 알바생에 대한 공감을 표현했다. 돈의 무게에 눌릴 때 알바생은 단도와 함께 자살을 떠올리는데, 시 속의 화자는 그럼에도 "여기를 이겨!" 함께 "살자"며 알바생에게 손을 내민다.

문학은 사회의 금기를 넘어 욕망을 감싸 안을 수 있게 만들고, 갈 곳 없는 영혼에게 안식처를 제공하며, 나를 찾아 떠나는 여행의 동반자가 되어 주기도 한다. 때로는 죽음으로 삶을 가르치고, 인간이 아닌 생물이나 사물과도 교감할 수 있음을 알려 준다. 또한 문학은 타자의 슬픔과 고통에 공명하게 만든다.[2] 이것들이 모두 문학의 주효한 기능이지만 이 시는 그중 타자의 고통에 공감하는 태도에 언어의 묘미를 가미하여 문학의 기능에 대해 다시 한번 생각하게 만든다.

주제문 쓰기 :

____

____

연습 문제 3

다음의 표에 담긴 대분류 주제어를 참조하여, 소분류 주제어들을 찾아 정리해 보자.

환경 운동	로봇과 AI
플랫폼 경제	라이프 스타일
인권 vs 차별	예술의 위상

연습 문제 4

앞의 표를 참조하여 발표나 과제에서 다룰 수 있는 참신하고 시의성 있는 주제를 선정하고, 그 주제에 맞는 제목과 주제문을 만들어 보자.

주제문 쓰기 :

제목 만들기 :

자기소개서 쓰기

많은 학생들이 대학 입시를 준비하면서, 혹은 대학에 입학한 후에 동아리나 봉사 활동을 하기 위해서 자기소개서를 써봤을 것이다. 일반적으로 자기소개서는 대학이나 대학원에 진학할 때, 교환학생이나 장학금을 신청할 때, 혹은 특정 기업에 인턴이나 직원으로 들어갈 때 쓰는 글이다. 그러니 자기소개서를 쓸 때는 들어가기를 희망하는 곳에서 원하는 업무를 자신이 잘 수행할 수 있음을 보여 주기 위해서 자신의 개성과 장점을 부각시켜야 한다. 또한 자기소개서의 문체와 형식 등도 고려의 대상이 되므로 지원하는 곳과 어울리는 표현을 찾기 위해 고심해야 한다.

1. 자기소개서 작성 방법

1) 자기소개서와 스토리텔링

자기소개서에 스토리텔링이 필요하다는 이야기는 많이 들어 봤을 것이다. 하지만 구체적으로 어떤 것이 스토리텔링이고, 어떤 스토리텔링이 좋은 스토리텔링인지를 설명해 보라고 하면 대답할 수 있는 사람은 많지 않다. 이 질문에 대한 답을 미리 말하자면, 자기소개서의 스토리텔링에서 가장 중요한 것은 자신의 장점을 하나의 단어로 직접 설명하는 것이 아니라, 특정한 상황을 통해서 그 장점을 간접적으로 드러내는 것이다.

예를 들어 경제연구소에 지원하려고 하는 A와 B가 있다고 가정해 보자. 합격을 하기 위해서는 A와 B 둘 다 자신들이 경제에 대한 관심도 많고, 그 분야에 대한 지식을 쌓기 위해 노력했음을 보여 주어야 한다. 이를 위해서 A는 자기소개서에 "저는 경제에 관심이 많아서 오랫동안 경제신문을 구독했습니다."라고 서술했다. 반면 B는 "저는 대학교 때 아르바이트를 한 비용으로 ○○전자 주식 20주를 매입했고, 블록체인 기술과 경제의 상관성에 지속적으로 관심을 갖기 위해 비트코인도 약간 구매했습니다."라고 서술했다. A와 B 둘 중 자기소개서에서 요구되는 스토리텔링에 보다 접근한 것은 B이다.

하지만 단순히 경험을 나열하는 것만으로 자신의 강점을 보여 주는 데에는 한계가 있다. 경험의 나열보다는 자신만의 특색을 보여 줄 수 있는 일화를 선정하여 그것을 중심으로 스토리텔링을 해야 한다. 만약 B가 ○○전자 주식을 매입하기 위해 했던 아르바이트의 경험에서 얻은 경제 관련 지식이나 깨달음을 자기소개서에 녹이고, 미래 사회의 핵심 기술로 부상하게 될 블록체인에 주목하게 만든 강연과 그 후 비트코인을 구매한 경험, 그리고 비트코인 시장의 변화를 지켜보면서 얻은 감상을 소개한다면 이것 역시 스토리텔링의 좋은 재료가 될 수 있다.

2) 자기소개서의 기본 항목

자기소개서에서 요구하는 스토리텔링에 대해 이해했다면 이제 본격적으로 자기소개서에서 요구하는 기본 항목들에 대해 알아보자. 지원하는 곳에 따라서 자기소개서 형식이 조금씩 다를 수는 있지만 자기소개서에서 기본적으로 요구하는 항목은 지원자의 성장 과정, 성격의 장단점, 학창 시절 혹은 대학 생활, 지원 동기, 입사 후 계획 등으로 거의 정해져 있다. 여기에 교내외 활동 및 연수 경험, 인생관 및 직업관, 지원하는 곳의 연계성 등을 추가적으로 물어보는 곳도 있다. 기본적으로 요구되는 항목이나 추가적으로 요구되는 항목이 거의 유사하다 보니 자기소개서는 자칫 잘못하면 모두가 비슷비슷한 진부한 글이 될 수 있다. 그러니 참신한 자기소개서를 쓰기 위해서는 일반적인 설명을 길게 하는 것보다는 스토리텔링을 통해 독특한 일화를 소개하거나 평범한 경험에 특별한 의미를 부여하는 것이 중요하다.

■ 성장 과정 : 인상적인 사건 강조하기

몇몇 자기소개서에서는 '성장 과정' 대신에 '인상적인 사건'을 적으라고 하는 곳도 있는데, 그 이유는 성장 과정을 적더라도 태어난 순간부터 지금까지의 이야기를 시간의 흐름에 따라 적을 필요는 없기 때문이다. 성장 과정을 적을 때에는 장황하게 서술하는 것보다 '인상적인 사건'을 하나 선정하여 지원하는 곳에서 요구하는 능력을 신장시켰던 경험을 서술하는 것이 더 효과적이다. 이때 강조하고 싶은 가치 요소를 녹이고, 이 경험을 통해 어떤 가치관을 정립할 수 있었는지를 설득력 있게 제시하는 것이 중요하다.

■ 성격의 장단점 : 장점을 직무와 연결하기

자기소개서에서 자신의 '성격'을 적으라고 하는 이유는 지원자의 성격이 직무를 수행할 때 도움이 될 수 있는지, 또는 지원자의 성격과 잘 어울리는 분야는 어디인지를 확인하기 위해서이다. 그러니 굳이 성격의 단점을 강조할 필요는 없다. 꼭 단점을 적어야 한다면 그것을 어떻게 개선할 것인지 혹은 어떻게 장점으로 승화시킬 수 있는지에 초점을 맞추는 것이 좋다. 중요한 것은 지원하는 곳에서 원하는 인재상을 정확히 파악한 후 자신의 성격이 그 인재상에 부합함을 성격적 특성을 통해서 보여 주는 것이다.

■ 학창 시절/대학 생활 : 문제 해결력에 중점 두기

자기소개서에서 '학창 시절' 혹은 '대학 생활' 부분을 서술하면서 어떤 부분에 초점을 맞출지 고민이라면 낯선 환경 속에서 어려움을 극복한 경험을 사용하는 것도 좋은 방법이다. 교환학생을 가든 대학원에 진학을 하든 직장에 취업을 하든 기존과는 다른 환경에서 자기 주도적으로 문제를 해결해야 하는 상황들과 수없이 직면할 것이다. 그러니 앞으로 어려움이 닥친다면 어떻게 극복할 것이고, 그런 상황에서 어떻게 적응할 것인지를 과거의 경험을 활용하여 보여 주면 긍정적인 인상을 줄 수 있다.

■ 지원 동기 : 적극성과 열의 부각하기

학교든 기업이든 '어디든 가기만 하자.'라고 생각하는 지원자보다는 '꼭 여기여야 한다.'라고 생각하는 지원자를 뽑고 싶어 한다. 자기소개서의 여러 항목 중 이것을 가려내는 것이 바로 '지원 동기' 부분이다. 그러므로 지원 동기를 작성할 때는 가고자 하는 곳에 대한 열의를 보여 주어야 하며, 이를 위해 가려는 곳에 대해 적극적으로 알아보아야 한다. 이때 주의해야 할 것은 누구나 접근할 수 있는 홈페이지의 정보를 피상적으로 사용하지 말고 구체적이고 세부적인 정보를 얻기 위해 노력해야 한다는 것이다. 그리고 난 후에 자신의 경험을 살려서 지원하려는 곳에서 발휘할 수 있는 역량을 강조해야 한다.

■ **향후 계획 : 조직과 함께 성장할 자신의 미래상 제시하기**

자기소개서의 '향후 계획'란은 지원하는 곳이 나아가고자 하는 방향을 이해하고, 그 안에서 자신의 성장 가능성을 보여 주어야 하는 부분이다. 가능하다면 지원하는 곳과 자신의 성장이 함께 이루어질 수 있음을 제시하는 것이 좋다. 그러기 위해서는 학교 혹은 기업의 비전을 정확히 파악하고 이에 대한 자신의 포부를 밝혀야 한다. 이 과정을 단기 계획, 중기 계획, 장기 계획으로 세분화하여 제시하는 것도 효과적인 방법이다.

2. 자기소개서 실제 유형

일반적인 자기소개서에서 요구하는 기본적인 항목들에 대한 쓰기 방법을 익혔다면, 이제는 자신이 지원하려는 곳과 자신의 성격, 인생관, 봉사 활동 경험 등을 연계하는 방법을 살펴보자. 첫 번째 글은 장학금을 신청하기 위해 자신의 단점이 어떻게 학업을 수행하는 과정에서 장점으로 전환되었는지를 밝히는 글이다. 두 번째 글은 교환학생을 신청하기 위해 자신의 경험과 세계관을 소개하여 설득력을 높이고 있다. 마지막 글은 ○○엔터테인먼트에 들어가기 위하여 이 회사에서 제공한 양식에 맞춰 작성한 입사용 자기소개서이다.

이 글들은 각 항목에서 자신의 개성과 장점을 효과적으로 드러내기 위해 상황이 전개되는 과정과 그 속에서 느꼈던 감정들, 그리고 어려움을 극복하기 위해 선택했던 행동들과 그 결과들을 입체적으로 묘사하고 있다. 또한 경험을 과장하기보다는 진솔하게 표현하고, 추상적이고 상투적인 표현 대신에 구체적인 일화를 소개하여 정확한 정보라는 인상을 준다. 이제 이 글들을 활용하여 자신에게 필요한 자기소개서를 작성해 보자.

1) 장학금 신청용 자기소개서

제 성격의 단점은 완벽주의를 추구하는 것입니다. 저는 뭐든지 완벽히 준비가 된 후에야 일을 시작하기 때문에, 모든 시작이 항상 남들보다 늦었습니다. 게다가 아무리 완벽히 준비했다고 생각한들 다양한 시행착오를 겪기는 다른 사람들과 마찬가지였습니다. 공부를 할 때도 문제를 풀면서 문제 유형을 파악하는 과정이 필요하다는 것을 알고 있었지만, 개념을 완벽히 이해한 다음 문제를 풀어야 한다는 생각에 문제풀이가 늦어지는 경우도 적지 않았습니다.

그러나 대학 입학 후 전공 공부에 매진하면서 제 단점이 장점이 될 수 있다는 것을 깨달았습니다. 생물학 전공 서적에 있는 삽화들은 오류가 많았고, 서적마다 다른 경우도 있었습니다. 그래서 여러 서적에 있는 개념들과 삽화들을 종합하여 저만의 노트를 만들고 이를 토대로 그림들을 재구성해 보았습니다. 그림을 통한 생물학 공부는 내용을 정확하게 이해하는 데에 도움을 주었고 기억에도 오래 남았습니다. 완벽에 완벽을 기하려는 제 성격은 고등학교 때까지의 학업에서는 도움보다는 방해가 되기 일쑤였습니다. 하지만 대학에 입학한 뒤로는 이를 장점으로 변화시키려는 노력에 힘입어 저만의 노트가 쌓여갈 때마다 학업에 대한 흥미도 함께 쌓여 갔습니다.

학업에 대한 흥미는 친구들과도 함께 공부하고 싶다는 바람으로 이어져서, 같은 과 친구들과 전공 스터디 모임을 결성하게 되었습니다. 이 모임에서 수업 시간에 배운 내용들을 다시 확인했고, 아직 배우지 않은 내용들은 자료를 찾아보며 이해하려고 노력했습니다. 그래서 이번 학기에 장학금을 신청해도 될 만큼 생물학 전공 수업들에서 좋은 성적을 받았습니다. 이처럼 생물학은 저의 단점을 장점으로 바꿀 기회와 친구들과 함께 공부할 수 있는 기회, 그리고 장학금을 신청할 수 있는 기회를 주었습니다. 만약 이번에 장학금을 받게 된다면 공부에 자신감을 갖게 된 기회가 더해질 것입니다.

— 학생의 글

2) 교환학생 신청용 자기소개서

제 꿈은 마음이 병든 아이들을 위한 '미술 치료사'가 되는 것입니다. 저에게는 세상과 소통하기를 거부하고 마음의 문을 닫아버린 자폐아 동생이 있습니다. 가족 이외의 사람은 물론 가족과도 거의 소통을 하지 않는 동생은 대부분의 시간을 혼자 보냅니다. 그런 동생이 유일하게 저와 함께 하고 싶어 하는 것이 바로 '그림 그리기'입니다. 그림을 그릴 때와 다 그린 그림을 바라볼 때 동생의 얼굴에는 미소가 번집니다. 동생의 이 미소 덕분에 미술 치료를 전문적으로 배워서 웃음을 잃은 아이들에게 웃음을 찾아 주고 싶다는 꿈을 갖게 되었습니다.

그래서 저는 미술 치료사가 되기 위한 준비 과정으로 독일의 ○○○대학에 교환학생으로 가서 어학연수를 받고 싶습니다. ○○○대학은 독일에 오려는 외국인 유학생들을 위해 설립된 예비학교로 독일의 언어와 문화 전반을 배울 수 있는 곳으로 유명합니다. 최고의 커리큘럼이 준비되어 있어서 매년 많은 유학생들이 이곳에서 배움의 기회를 갖기를 원합니다. 저 역시 ○○○대학에서 1년 동안 수학하고 싶습니다. 이곳에서 공부하기 위해 이미 독일어 DSH와 Test DAF를 B1까지 준비해둔 상태입니다.

교환학생을 마친 후에는 독일에서 미술 치료 대학원 과정을 밟을 예정입니다. 한국에서 미술 치료와 관련된 책들을 읽고 여러 강의도 들었지만 전문 과정이 아니다 보니 깊이 있는 수준은 아니었습니다. 세상에서 가장 외로운 사람은 마음의 문을 열지 못하는 사람이라고 생각합니다. 저는 그림을 매개로 그들이 마음의 문을 열게 하여 그들의 외로움을 덜어줄 수 있는 미술 치료사가 반드시 될 것입니다. 그리고 ○○○대학에서의 어학연수는 그 꿈으로 나아가는 첫걸음이 될 것입니다. 제가 꿈을 이룰 수 있는 기회를 주시길 바랍니다.

– 학생의 글

3) 입사 지원용 자기소개서

■ 성장 과정 : 강함과 유연함을 얻기까지

어릴 때부터 밝고 긍정적이었던 저는 무엇을 하든 재밌게 하는 것이 가장 중요하다고 생각했습니다. 그래서 승부를 가려야 하는 체육대회 때도 경기에서 이기기 위해 최선을 다하지 않았습니다. 초등학교 때는 운동은 노는 것이라는 생각이 지배적이었고, 중학교에 들어가서는 친구들을 경쟁상대로 보는 태도가 마음에 들지 않았습니다. 하지만 이러한 생각에는 한 가지 문제가 있었습니다. 어느 날부터인가 운동을 잘하지 못하는 제가 스스로를 합리화하기 위한 도구로 이 생각을 이용하고 있었던 것입니다. 그리고 무엇인가를 잘 못하는 것은 문제가 아니지만 최선을 다하지 않는 자신을 합리화하는 것은 비겁한 일이라고 느끼게 되었습니다. 그래서 여름방학을 맞아 '쉬지 않고 운동장 다섯 바퀴 달리기'라는 목표를 세웠습니다. 방학 내내 연습을 해야 이룰 수 있는 이 목표는 '경쟁'을 제거한 상태에서 나만의 '노력'으로 성취해야 하는 것이었습니다. 누군가에게 보여 주기 위한 것도 아니고 누군가를 이기기 위한 것도 아닌 이 목표가 이루어진 날, 그전보다 조금 더 강해지고 유연해진 저를 발견할 수 있었습니다.

■ 성격의 장단점 : 여섯 번의 도전, 여섯 번의 성취

초등학교 시절 6.25전쟁을 기리는 뜻으로 625m 폭의 북한강을 전 학년 학생들이 수영을 하여 건너가는 행사가 매년 치러졌습니다. 그 행사를 위해 학생들은 1년 동안 학교 수영장에서 매일같이 1000m 완주 수영 연습을 해 내야 했습니다. 처음 북한강 강물 앞에 섰던 1학년 여름, 저는 어둡게만 보이던 그 강물을 보면서 '과연 나 자신과의 싸움을 잘 견디어 낼 수 있을까?'라는 떨림과 함께 그 강물에 몸을 맡겼습니다. 중간에 포기하고 싶은 마음도 여러 번 들었지만, 제가 선택하여 시작한 싸움에서 지고 싶지 않았기에 이를 악물고 끝까지 헤엄쳐 나갔습니다. 강 반대편 목표 지점에 도착했을 때의 희열과 뿌듯하게 솟아오르던 자신감은 지금도 잊히지 않습니다. 이 행사에서 저는 6년 동안 모두 완주하였고, '챌린지상'을 수상하였습니다. 망설이지 않고 도전하여, 최선을 다했을 때 느낄 수 있었던 그 기억들이 지금까지 저를 성장시켜 왔고, 이 도전 정신은 앞으로도 저의 잠재력을 이끌어 내는 데에 더욱 큰 힘이 되리라고 생각합니다.

■ 가치관 및 생활신조 : 마음으로 소통하고 문화로 교류하기

대학교 3학년 때 떠난 두 달 동안의 해외여행과 국제 워크캠프는 저에게 큰 힘이 되어 준 경험이자 앞으로 어떻게 살아야 할지를 알려 준 경험이었습니다. 대학교 내의 동아리를 통해 국제 워크캠프 기구를 알게 되어 독일 워크캠프에 지원하게 되었습니다. 자신감을 갖고 시작한 일이기는 했지만 독일 워크캠프에서의 실제 생활은 처음부터 어려움이 많았습니다. 전혀 해 보지 않은 농장 작업이 주어졌고, 의사소통도 원활하게 진행되지 않았기 때문입니다. 하지만 언어로만이 아니라 마음으로 소통하고 협동하면서 어려운 작업을 해 냈습니다.

그곳에서 저는 외국 친구들과 더욱 가까워지고, 한국 문화를 소개하고자 '비빔밥'과 '불고기'를 만들어 주기도 했습니다. 그 친구들은 한국 음식만이 가진 독특한 맛에 호감을 표시하면서 잘 먹어 주었습니다. 그 모습을 보고 저도 한국 음식 문화에 대해 큰 자부심을 느꼈습니다. 이런 자리를 통해 외국 친구들과 빠르게 가까워졌기에 서로 긴밀하게 의견을 나누어 일을 분담할 수 있었고 일의 효율 또한 높일 수 있었습니다. 이때의 친구들과는 아직까지도 활발히 교류하며 세계 각국의 문화를 생생하게 접하고 있습니다. 이 워크캠프를 체험하며, 세계 속의 나를 느꼈고, 힘든 작업에서도 협동하여 적극적으로 해결해 내는 힘을 기를 수 있었습니다.

■ 학창 시절 : 10대만이 할 수 있는 것

고등학교 2학년 재학 중 학생부회장으로서 학생회와 함께 모 방송국을 견학할 기회가 있었습니다. 견학 중에 한 PD께서 갑작스럽게 방송 원고 작성을 제의하셨고, 감사하는 마음으로 기획자의 역할을 맡아 제작을 시작하였습니다. 제 삶의 또 다른 작품을 탄생시킨다는 즐거움이 며칠 밤을 새는 피곤함도 잊게 만들었고, 로고와 멘트 등 원고 제작에 열중하느라 하루하루가 활력이 넘쳤습니다. 제작 중 서로 의견이 맞지 않아 여러 번 말다툼을 하기도 했고, 녹음 과정의 실수로 완성의 날이 멀게만 보이기도 했지만, 끝까지 포기하지 않고 매초의 숨소리 하나에도 심혈을 기울였습니다. 저는 한 명이 하던 대사를 나누어 대화를 하는 방식으로 기획하여 청취자에게 가깝게 다가가려는 시도를 해 보았습니다. 드디어 완성된 원고를 들어 보신 PD께서는 10대만의 독특함이 느껴지는 참신한 대사라며 만족해 하셨습니다. 방송에 저희의 목소리가 나가게 된 동시에 또 다른 원고 제작까지 제의를 받는 영광을 얻었습니다. 이 경험으로 저는 방송 제작에 더욱 흥미를 가지게 되었고, 무엇이든지 노력하면 해낼 수 있다는 자신감까지 가지게 되었습니다.

■ 지원 동기 및 입사 후 포부 : 즐거운 상상이 실현되는 마법

우리 사회의 즐거움을 만드는 곳곳에는 ○○엔터테인먼트가 자리 잡고 있습니다. ○○○영화관, 케이블 방송 채널, 음반, 게임에 이르기까지 매우 다양합니다. 이러한 즐거움을 창출하고 나누는 작업에 저도 함께하고 싶습니다. 또한 귀사가 아시아 최고의 문화 콘텐츠 기업으로 도약하고 있기에 더욱더 저의 선망의 대상이 되었습니다.

저는 사학을 전공하였기에 역사에 관심이 많습니다. 요즘에는 국내외 할 것 없이 '역사'가 미디어 산업의 중요 소재가 되고 있습니다. 이런 때에 귀사에서 제작한 〈정조암살 미스터리 8일〉이라는 드라마는 짧은 퓨전 사극으로서의 새로운 시도를 보여 주면서도 미디어 소재의 확대와 질적 발전에도 큰 영향을 미쳤습니다. 이러한 추세이기에 제가 축적하고 있는 역사학적 지식이 역사물에 아이디어를 제공하고 왜곡된 역사를 수정하는 등 중추적인 역할을 담당할 수 있으리라 생각합니다.

더욱이 저는 경제학을 복수로 전공하였기에 미디어 개발의 시장 가치나 동향 등을 분석하는 능력을 지니고 있어 방송 기획의 총체적인 접근이 가능하다고 생각합니다. 귀사가 한국의 대표적 문화 기업으로서 추구하는 창의 · 도전 · 존중의 정신은 적극적인 태도와 도전 정신을 갖춘 저의 성향과도 잘 맞는 듯합니다. 귀사의 비전이 실현될 수 있도록 하는 데에 핵심 인재가 되겠습니다.

○○엔터테인먼트는 우리나라 디지털 문화의 큰 흐름을 주도하고 있고, 그 핵심 사업에는 케이블 방송이 위치하고 있습니다. 앞으로 케이블 시장의 치열한 경쟁을 고려할 때, 귀사만이 가진 채널의 독특성을 추구하는 것이 중요하다고 생각합니다. 제가 귀사에 입사한다면 한국의 우수한 전통 문화와 역사적 소재를 가공하여 새로운 문화 콘텐츠를 만드는 데에 주력하겠습니다. 특히 여성의 생활과 감각에 주안점을 두고 방송을 제작하는 ○○○방송은 무한한 시장 가치를 가지고 있다고 생각합니다. 여대에 다녔기에 여성에 대해 누구보다도 잘 알고 있으며 여성들의 관심사를 고민하고 탐구한 경험도 많기에 이를 활용하여 진정으로 여성들이 원하는 콘텐츠 개발에 힘쓸 것입니다. 사람의 힘은 무한하다고 생각합니다. ○○엔터테인먼트 속에서 저의 강점과 열정을 살려 꼭 일하고 싶습니다.

— 학생의 글

2장

소통적 글쓰기

대학에서 중요하게 활용되는 말하기 양식은 청중을 대상으로 일정한 주제를 전달하는 프레젠테이션, 자신의 주장을 중심으로 상대방을 설득시키는 토론, 서로의 의견을 교환함으로써 올바른 해결책에 도달하는 토의로 구분된다. 모든 공적인 말하기의 기본이자 시작인 프레젠테이션과 토론, 토의는 수업 구현 방식에 따라 순차, 통합적으로 이루어지기도 하고 수업 내용에 따라 선별적으로 취사선택되기도 한다. 대학에서의 연구는 상호 협동을 통해 그 효과가 더욱 커질 수 있기에 개인이 혼자서 문제를 해결하기보다, 유능한 동료와 함께 이야기하면서 생각의 편협함에서 벗어나 사고의 범위를 확장할 수 있다.

어떤 주제에 대해 말하는 것은 사실상 글을 쓰는 단계와 비슷한 절차를 가질 수밖에 없다. 자신의 생각이나 느낌, 지식을 전달하는 측면에서는 글과 말이 동일하기 때문이다. 그러므로 구성원들 간의 소통을 중요시하는 프레젠테이션, 토론, 토의는 소통적 글쓰기의 말하기 방식인 것이다. 소통적 글쓰기를 프레젠테이션, 토론, 토의의 특성과 방법을 통해 이해함으로써 이 세 양식 사이에 존재하는 의사소통 영역의 인접성을 경험해 보자.

1. 프레젠테이션의 전략과 기법

핵심 길라잡이

- **프레젠테이션의 개념과 특성을 알아보자.**
- **프레젠테이션의 세부 과정을 계획해 보자.**
- **언어적/비언어적 커뮤니케이션의 특성과 기능을 이해해 보자.**

1) 프레젠테이션의 정의와 전략

프레젠테이션(presentation)은 컴퓨터나 멀티미디어를 이용하여 각종 정보를 사용자 또는 대상자에게 전달하는 행위를 말한다. 다양한 매체를 종합적으로 활용하는 말하기 방식인 프레젠테이션은 회의나 심포지엄, 강연에서부터 대학 수업이나 학회 발표, 기업의 신입사원 채용에 이르기까지 다양하게 활용되고 있다. 사회의 모든 영역에서 프레젠테이션이 주요 의사소통 수단으로 사용되면서 프레젠테이션 능력은 현대 사회의 구성원으로서 갖춰야 할 핵심 역량으로 평가받고 있다.

오늘날 프레젠테이션이 이처럼 보편화된 것은 프레젠테이션이 말하기의 목적을 달성할 수 있는 여러 가지 다양한 방법을 포함하고 있기 때문이다. 그림, 사진, 도표, 유인물, 자료 화면 등의 매체는 청중에게 전달할 내용을 효과적으

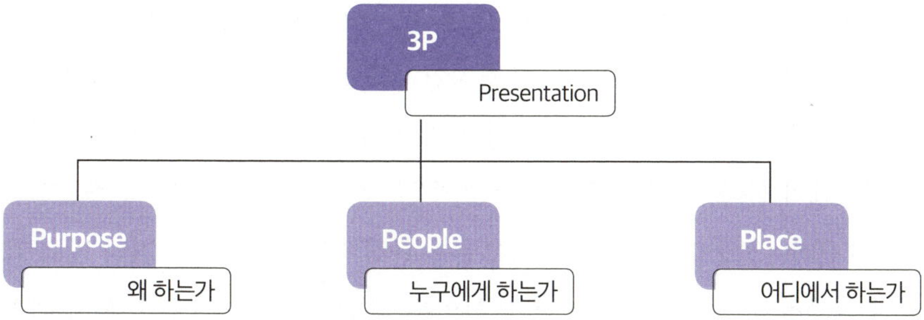

로 담을 수 있는 도구가 된다. 위스콘신대학교의 연구 결과에 따르면 시각 자료를 사용하여 학습했을 경우 그렇지 않았을 때보다 학습 효과가 200% 향상된다고 한다. 시각 자료를 활용한 프레젠테이션의 경우 개념 설명에 필요한 시간을 단축시킬 뿐 아니라 정보의 전달력을 높여 청중의 호기심을 유발하거나 집중력을 높이는 데에 효과적이다.

좋은 프레젠테이션을 위해서는 철저한 계획, 치밀하게 준비된 발표 자료, 그리고 좋은 발표 요령 등이 필요하다. 프레젠테이션의 과정은 잭 웰치의 3P를 고려하여 기획된 때 더 큰 효과를 창출할 수 있다. 목적(Purpose), 청중(People), 장소(Place)를 뜻하는 3P는 누구를 대상으로 어떤 목적으로 어떤 장소에서 프레젠테이션이 구현되는가를 숙고하게 한다.

프레젠테이션의 목적(Purpose)은 정보 전달, 설득, 제안 등인데 보통은 이것들이 복합적으로 구성된다. 프레젠테이션을 준비하는 과정에서 내용 작성에만 치중하면 군더더기가 많아지므로 프레젠테이션을 왜 하는가, 청중은 무엇을 기대하는가 등의 목적과 목표를 먼저 점검해야 한다.

발표는 청중(People)과의 상호 소통 상황에서 이루어지는 것이므로 청중에 대한 고려가 성패를 좌우하기도 한다. 발표 내용 자체는 우수한데 청중들에게 깊은 인상을 주지 못할 경우 발표의 목표가 흔들릴 수 있다. 일반적인 발표일 경우 청중의 수, 성별, 나이, 지위, 문화적 배경 등에 대한 사전 조사나 분석이 없으면 성공적인 발표를 하기 어렵다. 반면 대학 수업 시간에 발표할 때에는 청중이 동료 학생이라는 점을 감안하고 전공 수업인지 교양 수업인지, 구성원이 속한 학과가 단일한지 다양한지, 이 수업의 목표와 의의가 무엇인지를 파악해야 한다. 이 수업을 듣는 목표가 곧 청중의 특성이 되기 때문이다.

프레젠테이션을 진행하는 장소(Place)나 환경, 자리 배치 등에 따라 발표 효과가 달라질 수 있으므로 발표 현장 확인은 꼭 필요하다. 청중들의 의자 배치와 발표자의 위치, 스크린 위치, 조명 조절 방법 등을 미리 파악하여 목소리의 크기, 마이크 사용 유무, 무대에서의 움직임 등에 대한 생각을 해야 한다. 그 외에도 오디오 시설, 레이저 포인터, 칠판 및 화이트보드의 사용 가능 여부 등을 사전에 확인해 두어야 돌발 상황이 발생했을 때에도 유연하게 대처할 수 있다.

흔히 스티브 잡스를 생각하면 검은 색 터틀넥에 청바지를 자연스럽게 걸치고 새로 출시한 맥북 에어(MacBook Air)를 멋지게 소개하는 장면이 떠오른다. 애플의 상징이 된 스티브 잡스 프레젠테이션의 성공 전략은 좋은 프레젠테이션의 길라잡이처럼 통한다. 잡스의 프레젠테이션을 기점으로 삶의 방식 변화를 이야기할 정도이니 그의 프레젠테이션은 큰 성공을 거둔 것이다. 잡스에 따르면 프레젠테이션의 성공은 화려하거나 색다른 것에 있지 않다. 목적, 청중, 장소라는 프레젠테이션의 기본 전략을 염두에 두면 우리도 잡스가 될 수 있다.

연습 문제 1

프레젠테이션 체크리스트를 활용하여 발표 준비에 임해 보자.

<table>
<tr><th colspan="6">프레젠테이션 체크리스트</th></tr>
<tr><td>제목</td><td colspan="3"></td><td>날짜</td><td></td></tr>
<tr><td>발표자</td><td></td><td>슬라이드 수</td><td></td><td>소요 시간</td><td></td></tr>
<tr><td>청중 수</td><td></td><td>장소</td><td colspan="3"></td></tr>
</table>

<table>
<tr><td>목적</td><td colspan="2">⊙ 프레젠테이션을 왜 하는가?</td></tr>
<tr><td>청중</td><td colspan="2">⊙ 청중들은 어떤 사람들이며, 관심을 가지는 부분은 무엇인가?</td></tr>
<tr><td>장소</td><td colspan="2">⊙ 프레젠테이션을 구현하기에 적합한 장소인가?</td></tr>
<tr><td rowspan="3">개요</td><td>서론</td><td></td></tr>
<tr><td>본론</td><td></td></tr>
<tr><td>결론</td><td></td></tr>
<tr><td rowspan="6">질의응답</td><td>문 1</td><td></td></tr>
<tr><td>답 1</td><td></td></tr>
<tr><td>문 2</td><td></td></tr>
<tr><td>답 2</td><td></td></tr>
<tr><td>문 3</td><td></td></tr>
<tr><td>답 3</td><td></td></tr>
<tr><td>특이 사항</td><td colspan="2"></td></tr>
</table>

연습 문제 2

프레젠테이션의 실패담은 더 나은 발표를 위한 밑거름이 될 수 있다. 서로의 실패담을 공유하며 어떻게 개선할 수 있을지 모색해 보자.

2) 프레젠테이션의 준비 과정

무엇을, 어떻게 말할 것이며 또한 어떤 방식으로 소통할 것인가. 성공적인 프레젠테이션을 위해서는 적절한 절차가 필요하다. 아무리 주목받기 좋아하는 사람이라도 발표 자체를 즐기는 경우는 많지 않다. 대다수가 청중 앞에서 말하는 것을 버거워하고 능숙한 발표자라도 발표 도중 실수를 하는 경우가 많다. 실수하지 않으려면 그만큼 철저히 준비해야 하기에 올바른 순서에 따라 프레젠테이션을 준비해 보자.

(1) 프레젠테이션의 목표와 주제 설정하기

프레젠테이션은 발표자가 청중을 대상으로 일정한 주제를 전달하는 말하기 방식이다. 따라서 프레젠테이션은 대부분 주제 발표를 의미한다. 주제는 자신의 관점에서 내용을 구체화하고 심화시킨 것을 말한다. 주제를 잡는다는 것은 곧 자신이 관심을 가지고 집중적으로 조명할 대상을 설정하고 말을 하는 목적과 의의를 분명히 하는 작업이다.

주로 수업 시간에 행해지는 발표는 주어진 주제가 있기 마련이므로 그 주제에 맞게 프레젠테이션의 목적과 형태를 조정하면 된다. 본격적인 준비에 앞서 왜 이 발표를 하는가, 말하고자 하는 바가 무엇인가, 주제는 발표자와 청중 모두에게 중요하고도 흥미 있는 것인가 등에 대해 진지하게 고민해 본다. 개

▣ 전공별 공동 프레젠테이션 대범주 주제 예시(이화여자대학교의 경우)

인문대	사회대	경영대
•만들어진 전통, 역사의 복원 •현대 사회의 개인과 공동체 •21세기의 종교와 윤리	•젠더 페미니즘, 혐오사회 •디지털 푸드, 포르노 사회 •폴리아모리, 탈가족 사회	•4차 산업혁명 더 넥스트 •빅데이터 프로세싱 •신자유주의 비판적 읽기

사범대	예술대	신산업대
•교육담론-교육학의 핵심주제들 •수업 생태계의 변화 •리더가 될까 팔로워가 될까	•창작과 모방 그리고 표절 •아트 테라피의 세계 •패스트 패션 속 디자인의 의미	•미래형 산업 •자기신체결정권 •공연예술 콘텐츠 개발 및 활용

공과대	자연대	호크마대
•웹(web) 기반 미디어와 소통 •과학, 기술, 그리고 윤리 •포스트 휴먼과 인공지능	•생명의 탄생과 협력적 진화 •SF영화 속 물리학 탐구 •국가와 통계	•소극적 자유 vs 적극적 자유 •예술가의 아틀리에 •테크노매니아 vs 테크노포비아

인 발표이든 조별 발표이든 이 과정은 필요하며 이 과정이 선행되어야 발표의 아이디어와 범위를 효율적으로 조정할 수 있다.

프레젠테이션의 주제는 시의성이 있어야 한다. 시의성이란 동시대인의 관심사에 입각해 '지금 이곳'의 문제를 잘 드러낼 수 있느냐와 관계되며, 동시대인이 주목하는 현재의 문제를 다루어야 보다 생산적인 의사소통을 기대할 수 있다. 비단 사회 현실뿐만 아니라 각각의 전공 분야에 대한 프레젠테이션 역시 그 학문 분야와 관련된 최근의 논쟁거리에 주목해야 한다.[3] 다음의 주제 예시는 전공별로 시의성 있는 논제들을 큰 범주에서 분류했다. 전공별로 조 모임이 구성되어 주제를 선정할 때 참고할 수 있다.

대학에서 조별로 이루어지는 프레젠테이션은 주제를 도출하기 위해 조원들과의 대화를 통한 다음과 같은 과정을 거치게 된다. 일반적으로 수업 시간에 넓은 범위의 화제를 위한 대주제가 제시되거나 자유 주제일 경우 조원들의 관심사에 입각해 넓은 범위의 화제를 늘어놓는다. 이때 활용되는 브레인스토밍(brainstorming)은 발표의 주제나 글쓰기의 글감을 찾을 때 가장 널리 활용되는 방식이다. 브레인스토밍은 어떤 문제의 해결책을 찾기 위해 여러 사람이 생각나는 대로 마구 아이디어를 쏟아 내는 방법이다. 그저 생각나는 대로 아이디어를 내놓는 것이기에 질보다 양이 더 중요하다. 브레인스토밍을 통해 제시된 넓은 범위의 화제 중 조원들의 관심사, 시의성 등을 고려하여 하나의 화제를 정한다. 조원들의 관심과 흥미가 반영된 화제를 찾는다면 의미 있는 주제를 구성하는 일이 한층 수월해질 뿐만 아니라 실제 프레젠테이션에도 더 깊이 몰입할 수 있다. 이제 선정된 좁은 범위의 화제에 대해 다양한 질문을 던져보고 가장 문제적이라고 생각하는 것에 답을 하면 그것이 발표의 주제가 된다.

넓은 범위의 화제	• '젠더 감수성'에 대한 화제 나열 예) 성인지 감수성, 데이트 폭력, 민폐녀, 진상녀, 어장녀, 성희롱, 양성평등, 메갈리아 논쟁, 남뽕(강한 남성), 브라렛, 레깅스 패션, 핑크택스, 탈코르셋 운동, 미투 운동, 여성 혐오문화, 역차별, 젠더 프리 캐스팅, 펨버타이징, 83년생 돼지바, 니플패치, 페미니즘적 소비, 영화 미쓰백, 페미 굿즈, 이수역 폭행사건, 래퍼 산이, 페미코인, 페미니즘 백래시, 타임즈 업, 위미노믹스, 페미니즘 리부트
좁은 범위의 화제	• '젠더 감수성'에 대한 화제 중 '펨버타이징'을 선택
화제에 대한 핵심 질문	• 최근 펨버타이징 광고가 확산되는 이유는 무엇이고 이것은 소비자들에게 어떤 영향을 미치는가?
주제(제목)	• 위미노믹스 시대 펨버타이징의 현황과 의의

이 발표조는 사회, 문화적으로 이슈가 되고 있는 '젠더 감수성'에 대한 관심사를 공유하고 있다. 젠더 감수성(Gender Sensitization)은 다른 성별의 입장이나 사상 등을 이해하기 위한 감수성을 말하는데 최근 언론 보도에 이 용어가 자주 등장하고 있다. 하지만 주제를 선정하기 위해 토의를 진행하던 중 막상 용어는 들어 보았지만 정확한 의미는 물론 어떤 것이 젠더 감수성의 범주에 해당하는지 모호했다. 조원 각자의 생각을 자유롭게 제시하는 브레인스토밍을 통해 젠더 감수성과 관련해 논의할 수 있는 다양한 항목들을 나열했고 조원들에게 강한 인상을 남긴 페미니즘 광고로 흥미가 집중되었다. 이 화제는 청중들이 관심을 가질 만한 화제이며 최근의 상황과 관련하여 문제의식을 드러내기 적당하기에 좁은 범위의 화제로 선정되었다. 그리하여 최근 펨버타이징 광고가 확산되는 이유는 무엇이고, 이것은 소비자들에게 어떤 영향을 미치는가라는 질문을 던져 본 다음, 이 문제를 다룬 자료를 찾고 고민을 이어 가는 과정을 통해 합리적인 결론을 모색했다.

다음의 예시도 앞에서와 같은 과정을 통해 얻은 프레젠테이션의 주제이다. 수업 시간에 영역별 넓은 범위의 화제로 매체론(미디어), 인물론(시대성을 반영하는 인물), 전공론(단대별 관심사), 공연론이 제시되었고 개인별, 조별 브레인스토밍을 통해 관심사를 공유한 후, 화제에 대한 핵심 질문을 던지면서 세부 주제 선정으로 이어졌다.

■ 영역별 개인/공동 프레젠테이션 세부 주제 예시(이화여자대학교의 경우)

매체론	• 백세시대, 유튜브 실버 크리에이터 <박막례 채널>의 의의와 전망 • 마블 시네마, 페미니즘으로 소비하기 - <캡틴 마블>을 중심으로 • 고령화 사회 노인 문제와 그 의미 : JTBC 드라마 <눈이 부시게>를 중심으로
인물론	• 백주부, 백사장, 백아빠, 백종원 그는 누구인가! • 쌀딩크, 박항서의 성공 요인과 지도자의 리더십 • 유시민의 말하기, 글쓰기, 대통령 되기
전공론	• 김영란법 시행이 우리 사회에 미친 영향과 문제점(사회대) • 화장품 유해 성분 분석 및 인식 재고의 필요성(자연대) • 떠오르는 코딩의 현주소를 따라가다(공대) • 이화여대 조형대의 문제점과 해결 방안-타학교와 비교를 중심으로(조형대) • 자율전공의 시대적 의의와 전망-이화여대 호크마대를 중심으로(호크마대)

(2) 자료의 수집과 분석

무엇을 말할 것인지가 결정되었으면 주제를 뒷받침하는 데에 필요한 자료를 수집하여 그중에서 적절한 것을 취사선택해야 한다. 말하기는 직접적인 의사소통이므로 경험에서 끌어온 구체적인 사례를 이용할 때 더 효과적으로 전달된다. 특히 발표할 때 청중의 관심과 집중을 유지하기 위해 더욱 풍부하고 적절한 자료가 필요하다. 조별 발표의 경우 여러 명의 조원들이 서로 적절하게 역할을 분담하면 풍성하고 다양한 자료들을 수집할 수 있다.

자료는 주제를 명확하게 구현하는 데에 도움을 주는 것이기 때문에 주제를 부각시킬 수 있는 출처가 분명한 것을 선택해야 한다. 단행본이나 학술지에 수록된 논문 등이 좋으며, 권위 있는 저자가 쓴 글이나 각 분야에서 유명한 출판사의 책을 선별해서 보는 것도 좋은 방법이다. 자료를 가장 쉽게 검색하는 방법은 인터넷을 통한 것이지만 출처가 불분명한 것, 저자 검증, 질에 대한 판단이 엄격하지 않을 경우 발표의 전문성을 해칠 우려가 있다. 반면 휴대성, 접근성, 신속성, 정보의 양적 측면에서의 장점을 무시할 수 없기 때문에 뉴스, 신문기사, 사전류 등을 활용하는 정도가 적당하다.

정확하고 신빙성 있는 자료는 국공립도서관 사이트(국립중앙도서관www.nl.go.kr, 국회도서관www.nanet.go.kr, 국가전자도서관www.dlibrary.go.kr), 대학도서관 사이트, 학술연구정보서비스(www.riss.kr), 한국학술지인용색인(www.kci.go.kr)을 활용하는 것이 좋다. 예를 들어 국립중앙도서관 사이트로 들어가서 소장자료 검색을 클릭하여 찾고자 하는 자료에 관련된 검색어를 입력하면 된다. 자료의 검색 결과는 단행자료(도서, 학위논문, 전자책), 연속자료(신문, 전자저널, 잡지/학술지, 학술기사), 멀티미디어 자료(영상, 음원, 파일, 음반) 등으로 세분화되어 있기 때문에 필요한 자료를 클릭하여 수집하면 된다.

이보다 더 손쉬운 접근 방식은 대학도서관 사이트를 이용하는 방법이다. 대학도서관 사이트는 국내외 각 분야의 전문 학술 자료 및 일반 자료에 접근할 수 있는 다양한 서비스를 제공하고 있다. 이화여자대학교 중앙도서관의 경우 소장자료 검색과 함께 학술논문을 함께 검색할 수 있는 Discovery를 운영 중이다. 전자 자료에서 데이터베이스를 클릭하면 다른 대학도서관, 국립중앙도서관 및 국내외 각종 자료검색 사이트와도 연동된다. 이를 통해 전 세계 학술자료나 전자책, 디지털 문서 등을 열람할 수 있다.

자료를 수집하는 과정보다 자료를 분류하여 정리하는 과정은 더 까다롭다. 수집한 자료를 유사한 것끼리 묶어서 분류하고 쓸 것과 버릴 것을 선별하는 작업이 쉽지 않기 때문이다. 다양하고 풍부한 자료를 찾은 이유는 그 자료를 다 활용하기 위함이 아니라 논의에 필요한 것을 선택하기 위함임을 잊지 말아야 한다.

수집한 자료는 분류 기준을 명확하게 세워서 일관성 있게 분류하는 것이 중요하다. 우선 성질이 비슷한 내용끼리 나누고 비슷한 내용은 중요한 것과 중요하지 않은 것으로 나눈다. 다음으로 항목화하여 묶는다. 예를 들어 개념, 특징, 장점, 단점, 긍정적 요소, 부정적 요소, 개인적 요소, 사회적 요소, 단기적 시각, 장기적 시각, 기대효과 등 다양한 항목으로 만든다. 항목으로 나눈 것을 논리에 맞게 배열하면 개요가 된다.

(3) 발표 내용 작성

자료를 수집, 분류하는 과정을 마친 후 취사선택한 자료를 효율적으로 배치해야 하는데 발표 자료를 작성하는 방법은 기본적인 형식을 갖추어야 한다. 일반적으로 '서론-본론-결론'의 3단 구성을 취하는데 글짜기의 순서와도 일치하는 이 구조는 가장 안정적이며 논의의 확장이 가능한 형식이다.

서론(서언, 도입부, 들어가며, 머리말, 문제 제기)은 발표에서 무엇을 다루고, 왜 다루는지, 그리고 어떻게 다룰 것인지를 밝히는 부분이다. 따라서 독창적인 도입을 통해 청중의 시선을 끈 다음 문제의식과 발표 주제를 소개해야 한다. 서론 이후에 이어질 본론과 결론에 대한 흥미를 유발할 수 있도록 적절한 요약과 강조가 필요하다.

본론은 서론에서 제기한 문제를 증거와 논리에 의해 해명하는 부분이다. 논제나 문제점에 대한 충분한 설명, 채택한 연구 방법에 대한 검증, 자료나 사실에 대한 논의와 아울러 예외적 자료나 사실에 대한 설명, 설명된 사실에 대한 해석 등이 이루어져야 한다. 본론은 장 아래에 세부 항목을 설정하여 논리적 세분화를 하거나 본론을 여러 개의 장으로 확장하여 논의를 확대할 수 있다.

일반적으로 본론의 첫 장에서는 서론에서 언급한 주제(대상)의 구체적인 양상, 현황, 실상의 제시가 이루어지고 두 번째 장에서는 이것에 대한 해석, 의미화가 이루어진다. 여기에서 마무리될 수도 있고 한 단계 더 나아가 전망과 의의, 기대까지 확장할 수 있다.

결론(결언, 마무리, 나오며, 꼬리말, 맺음말)에서는 본론을 요약하고 핵심 주장을 한 번 더 강조한다. 이를 통해 청중에게 생각할 기회를 갖게 하고 발표 이후 진행될 질의와 응답에도 대비할 수 있다.

서론	본론	결론
• 핵심 주제를 간결하고 정확하게 제시 • 청중의 관심을 유도하고 동기를 부여	• 청중이 이해하기 쉽도록 장-절-항-목으로 나누어 콘텐츠를 작성 • 청중의 공감을 얻을 수 있는 자료 제시	• 서론과 본론의 내용을 명료한 문구로 요약 • 프레젠테이션의 전체 내용을 포괄하는 결론을 청중에게 확실하게 제시

'서론-본론-결론'의 형태로 이루어진 발표문이 슬라이드 프레젠테이션으로 구현되기 위해서는 소프트웨어의 도움을 받아야 한다. 프레젠테이션 소프트웨어는 발표를 효과적으로 구현하는 도구이지만 시청각 자료에 익숙한 세대에게는 정보를 제공함은 물론 호기심을 자극할 수도 있다. 프레젠테이션을 구현할 때 가장 널리 사용되는 프로그램은 MS사의 파워포인트(PowerPoint)이다.

우리가 흔히 프레젠테이션이라고 하면 사람들은 손쉽게 파워포인트를 이용한 진행을 떠올린다. 파워포인트는 슬라이드 프레젠테이션 소프트웨어로 엑셀, 음악 파일, 동영상, 그림 등 다양한 자료를 슬라이드에 삽입하여 여러 사람에게 발표할 때 효과적이다. 애플사의 키노트(Keynote)도 파워포인트와 동일하게 슬라이드 프레젠테이션이지만 화려하고 다양한 화면 전환 기능을 그 특징으로 꼽을 수 있다. 프레지사의 프레지(Prezi)는 클라우드 기반 프레젠테이션 소프트웨어로, 전체와 부분을 넘나들며 각 부분들의 유기적인 상관관계를 표현하기에 적합하다.

(4) 발표 노트, 배포 자료 만들기

프레젠테이션은 궁극적으로 자신이 전달하고자 하는 바를 청중과의 소통을 통해 효과적으로 전달하는 설득의 방식을 말한다. 그렇기 때문에 발표 시 현장에서 발생할 수 있는 모든 돌발 상황에 대비가 필요한데, 그 최소한의 조치가 발표 노트와 청중에게 배부되는 배포 자료이다. 발표자는 발표하는 PPT의 슬라이드 화면과 발표 내용, 보충 설명을 적은 노트가 있어야 능숙하게 발표할 수 있고 청중은 PPT의 화면 또는 개요 형태의 요약문이 있어야 발표의 맥을 잘 따라갈 수 있다. 또한 청중에게 배포되는 자료는 발표의 보충 설명을 적을 노트로 활용될 수 있다.

발표 노트로 가장 많이 활용되는 것은 파워포인트 사용 시 슬라이드 하단부의 슬라이드 노트 창에 원고 내용을 간략하게 작성하는 것이다. 인쇄 모양에서 슬라이드 노트를 선택하여 인쇄를 클릭하면 슬라이드 하단에 있는 슬라이드 노트가 함께 인쇄된다.

청중에게 배포할 유인물의 레이아웃은 파워포인트 사용 시 유인물 마스터에서 설정할 수 있다. 청중에게 배포할 유인물에도 디자인을 적용해서 전문가다운 느낌을 주는 것이 좋다. 보기 탭에서 마스터 보기, 유인물 마스터를 클릭한 후 각종 정보(발표자, 발표일, 로고 삽입 등)를 입력한 후 인쇄하면 된다.

다음의 유인물은 앞서 조별 프레젠테이션의 예시 주제로 선정된 '펨버타이징'과 관련한 배포 자료이다. 학생 수가 많은 교양 수업에서 조별 프레젠테이션을 할 때 유인물 마스터를 활용할 경우 슬라이드 수가 많으면 복사할 양이

ㅇㅇㅇㅇ년도 ㅇ학기

〈통합적 사고와 글쓰기〉

ㅇㅇㅇㅇ년도 ㅇㅇ월 ㅇㅇ일 발표

발표자(조원) 인적 정보

광고는 페미니즘을 싣고
- 펨버타이징의 현황과 의의

Ⅰ. 서론

1. 미투 캠페인, 타임즈 업의 시대

2. 페미니즘 리부트 그리고 광고

Ⅱ. 새로운 광고 트렌드, 펨버타이징의 현황

1. 젠더 고정관념을 넘어선 〈나이키 우먼〉

2. 미화하지 않은 생리의 실체를 드러낸 〈나트라케어〉

3. 주체적인 여성의 모습을 담은 〈삼성생명〉

4. 외적인 아름다움에 대한 변화된 인식을 담은 〈비너스〉

Ⅲ. 위미노믹스 시대 펨버타이징의 의의

1. 성역할 스테레오 타입의 해체를 통한 새로운 젠더상 제시

2. 성차별적 현실 고발

3. 기업의 사회적 책임 제고

4. 성 평등에 기여

Ⅳ. 결론

많아지기 때문에 청중에게 배포할 유인물로 가장 많이 사용되는 것이 개요 형태의 요약문이다. A4 1장에 필요한 정보를 모두 담아야 하기에 개요형, 항목형, 강조형의 형태로 작성하여 한눈에 들어올 수 있게 일목요연하게 정리해야 한다. 목차에서 절이나 항 밑에 발표의 핵심 내용을 명사구형으로 간단히 보충해도 좋다.

(5) 리허설 진행하기

리허설은 작성된 발표문을 가지고 실제처럼 연습을 해 보는 것이다. 동일한 내용의 발표라도 발표자의 역량에 따라 결과에 차이가 발생하기 때문에 실제 발표 이전에 최종적으로 실제 상황과 유사하게 발표를 해 본 후 문제점을 보완하는 것이 중요하다.

발표 시에 가장 중요한 것은 주어진 시간 내에 효과적으로 발표하는 것이다. 주어진 시간이 30분이라면 서론 5분, 본론 20분, 결론 5분 정도가 적당하다. 시간 배분에 실패해서 너무 빨리 끝날 경우 남는 시간을 충당할 유머나 청중에게 던질 질문거리를 준비하고 너무 늦게 끝날 경우에는 결론을 축약하여 발표해야 한다.

다음의 자료는 교양 수업시간에 팀 프레젠테이션 시 학습자들에게 제공되는 안내문이다. 내용의 차이(발표 시간, 발표자 인원, 제출 자료 등)는 있지만 대부분의 발표 안내문은 학기 초에 미리 제시된다. 1학년 학생의 경우 팀 프레젠테이션의 경험이 많지 않기 때문에 제시되는 안내문을 잘 숙지하여 시간 배분, 제출 자료, 조원 각자가 맡은 역할에 유의해야 한다. 특히 대학에서의 프레젠테이션은 성적으로 평가되는 항목이기에 제시된 안내문에 유의하여 불이익을 받지 않도록 해야 한다.

프레젠테이션 및 토론 안내문

■ 발표 당일은 팀플(35분)-토론(30분)-교수자 총평(10분)으로 진행
■ 지정된 시간 엄수

⊙ 팀플조 유의사항

- PPT 슬라이드 출력물, 조별 개인의 발표 노트를 교수자에게 제출
- A4 1장의 유인물(개요형 목차)을 수강자에게 배부
- 각자가 맡은 부분을 조원 각자가 발표(슬라이드에 이름 기재)
- 만남 일정표, 역할 분담표 작성
- 사이버캠퍼스 팀플방에서 자료 공유
- 완성된 PPT를 조별 발표 전날 저녁 6시까지 사이버캠퍼스 자료실에 올리기
- 토론 및 질의응답은 팀플조 중 1-2명이 선발 진행

⊙ 토론 및 질의응답 시 유의사항

- 발표조의 PPT 내용을 바탕으로 한 질문
- 핵심적인 내용인데 다루지 않은 것, 보충 설명이 필요한 부분 질문
- 자신의 견해와 반대되는 것 질문

3) 프레젠테이션 하기

프레젠테이션 준비 과정에서 청중과의 공통분모를 파악해 주제를 선정하고 발표 자료를 준비했다면 실제 프레젠테이션 단계에서는 이 주제를 효과적으로 전달하는 것에 집중해야 한다. 완벽하다고 생각될 정도로 발표를 준비했을지라도 실제 발표에 들어갔을 때 어떻게 하는가가 더 중요하다. 준비가 철저할수록 현장에서 발표가 잘 이루어지지만 준비가 잘 되었다고 해서 무조건 발표가 잘 되는 것도 아니기 때문이다. 그것이 바로 말하기의 묘미이자 어려움이라고 할 수 있다. 발표의 성공과 실패를 좌우하는 가장 핵심적인 요인은 발표자 자신의 말하기 방식이므로 '어떻게 잘 말할 것인가'를 염두에 두고 발표해야 한다.

(1) 청중을 독자로 만들지 않기

실제 발표에 들어갔을 때 우선 유의해야 할 점은 발표문을 그대로 읽어서는 안 된다는 사실이다. 발표문을 처음부터 끝까지 읽어 나가는 것은 청중을 독자로 만들고, 발표를 독서로 만드는 일이다. 말하기라는 특성에 걸맞게 대화하듯이 발표문을 발표해야 한다. 어차피 발표문 자체가 완전한 문장체로 서술되어 있는 한 편의 완성된 글이 아니라 개요식으로 구성되어 있는 불완전한 글이기 때문에 그대로 읽어 내려갈 수 없다. 따라서 개요형으로 작성된 발표문을 토대로 연결어나 서술어를 적절히 구사하면서 자연스러운 구어체로 발표해야 한다. 또한 발표문에 제시되지 않은 구체적인 실례나 유머, 인용 등은 별도로 메모했다가 발표 때 첨가함으로써 발표를 좀 더 생동감 있고 활기차게 만들 수도 있다.

(2) 비언어적 전략 활용

비언어적 전달이란 언어적 표현이 아닌 신체의 각 부위의 움직임 혹은 목소리 등에 의한 의사 전달 방법을 말한다. 알버트 메라비안에 따르면 우리가 표현하는 의사 전달을 100%라고 했을 때 비언어적 전달이 55%, 목소리가 38%, 말이 7%를 차지한다고 한다. 이처럼 비언어적 전달은 성공적인 프레젠테이션을 위한 효과적인 의사 전달 방법에서 매우 중요한 요소라 할 수 있다. 우리는 말을 할 때 신체 요소를 이용한 동작 언어를 수반하여 언어적 의미를 강조하거나 보완하기도 한다. 동작 언어는 화자의 심리적 상태를 나타내 주며 시각적 특징이 있기 때문에 내용이나 상황에 따라서 동작이나 표정 등에 변화를 주는 것은 청자의 이목을 집중시키는 데에 효과가 있다.

또한 효과적인 프레젠테이션을 위해서는 목소리를 적절하게 구사해야 한다. 변화 없이 단조롭게 말하거나 알아들을 수 없는 작은 소리, 이해하기 어려울 정도의 빠른 속도는 청자의 호응을 얻기 어렵다. 따라서 상황에 맞게 목소리에 변화를 주어 청자의 주의를 이끌도록 한다.[4]

(3) 유연한 대처와 완급 조절

발표할 때 무엇보다 중요한 것은 발표의 목적과 내용이 잘 드러나도록 발표해야 한다는 사실이다. 아무리 재미가 있고 기술적으로 화려한 발표였다고 해도 내용의 알맹이가 없다면 소용없는 일이다. 현상의 나열이나 원색적인 주장, 두서없는 내용 제시, 보조 자료와 말하기의 주객전도에 빠지지 않고 정해진 결론을 향해 나아가는 체계적이고 구조적인 말하기가 필요하다. 이를 위해 발표 중간에 자신이 이야기한 내용을 점검하거나 짧게 요약하는 것도 좋은 방법이다. 이 방법은 원래의 궤도에서 이탈하는 것을 막아줌과 동시에 청중의 이해도 배가시킬 수 있기 때문이다.

4) 피드백 하기

발표 후에 이어지는 질의와 응답은 화자와 청자의 상호작용을 통해 발표의 문제를 극복하는 방안이 될 수 있다. 이때 발표자의 시각만이 아닌 다각적인 방향에서의 검토와 확인이 가능해지는데 발표의 내용을 좀 더 명확하게 재확인시켜 주거나, 발표 시에 누락 혹은 왜곡된 내용을 수정, 보충할 수도 있다.

무엇보다도 발표자가 청중의 반응을 가장 즉각적이고 직접적으로 확인하게 되는 것이 바로 질의와 응답의 단계라고 할 수 있다. 다음에 제시된 청중과 발표자의 자세에 유의하자.

청중의 자세, 태도	발표자의 역할
☐ 발표 내용 중 자신의 생각과 다른 부분에 대해 발표자에게 질문	☐ 발표 이전에 예상되는 질문에 대한 답변을 미리 준비
☐ 요점이 분명하게 드러날 수 있도록 간략하고 명확하게 질문	☐ 대답은 간결하고 명확하게 하기
☐ 발표에 대한 감상이나 평가, 비난은 금물	☐ 질문에 동문서답 하지 않기

발표 이후에 이루어지는 질의와 응답 시간은 발표에 대한 감정적 평가의 시간이 아니다. 질의는 발표자의 사고를 자극함으로써 발표를 도와주고 발표 자체를 활기 있게 만들기 위한 집단의 노력임을 잊지 말자.

비판적 토론과 합리적 토의 2.

핵심 길라잡이

- **설득하는 토론과 협의하는 토의의 차이점을 이해해 보자.**
- **토론의 절차와 윤리 개념을 세워 보자.**
- **여러 매체를 통해 경험한 성공적인 토의 모델을 공유해 보자.**

1) 비판적 토론

(1) 토론의 개념과 특성

어떤 문제에 대한 의견이나 해결안, 결론 등에 대하여 이미 정해진 자신의 입장이 있다. 그러므로 자신과 반대되는 입장에 서 있는 사람과는 대립하고 충돌하게 된다. 이런 경우에 시작되는 것이 토론이다. 즉 토론이란 어떤 논제에 대하여 찬성하고 반대하는 사람이 각기 자신의 주장을 관철시키거나 설득시키기 위해 논리적인 근거를 제시하면서 상대방의 의견을 논박하는 말하기의 방식이다. 그렇기 때문에 설득을 통하여 상대방의 태도나 행동을 변화시키는 것이 주요 목적이다.

토론이 성립되려면 어떤 문제에 대해 입장이 대립되는 찬성자와 반대자가 필요하다. 입장이 일치하는 사람 사이에서는 설득할 필요가 없기에 논쟁이 성립되지 않는다. 그리고 토론은 자신의 주장이 옳다는 근거나 상대방의 주장이 틀리다는 근거를 논리적으로 제시해야 한다. 자신의 의견이 정당함을 증명해야 한다는 점에서 '논증'의 방법이 중심이 되는 말하기라고도 할 수 있다. 논리적이고 합리적인 방법으로 상대방의 주장보다 자신의 주장이 옳다는 것을 정당한 절차에 의해 설득시켜야 한다. 이렇게 볼 때 대립되는 의견, 논리적인 논거, 합리적인 설득, 이렇게 세 가지가 토론의 성립 요소라고 할 수 있다.[5]

(2) 토론의 방법 및 유의사항

① 토론할 논제를 정하기

토론은 찬성 측과 반대 측이 의견을 나누어 각 팀의 주장을 경쟁적으로 다투는 적극적 말하기이다. 토론의 과정은 1:1 혹은 팀별로 조직되어 논제에 대한 의견을 합리적으로 주장하는 과정을 거치는데 글쓰기에서도 제일 먼저 글감이 필요하듯이 토론에서도 토론할 논제가 필요하다. 논제란 논증적으로 토론할 필요가 있는 주제를 말한다.

토론의 범위는 논제를 통해 정해지기 때문에 논제 결정에 주의해야 한다. 논제의 형식은 찬성과 반대 어느 쪽으로도 치우치지 않는 평서문이어야 한다. 주관적 표현이 포함된 논제는 긍정이나 부정 어느 한쪽을 유리하게 할 가능성이 있다. 또한 추상적이거나 비구체적인 논제로는 실질적인 토론이 이루어지기 어렵기 때문에 구체적이고 분명한 논제여야 한다. 마지막으로 입증할 수 없는 현상, 사태 등은 토론에서 다룰 수 없는 논제들이다.

② 입론의 과정

입론은 논제에 대한 긍정 측 또는 부정 측의 논지를 세우는 단계로서 전체 토론의 초석을 놓는 것에 해당한다. 논제에서 언급된 용어와 개념, 논제와 관련한 문화적인 배경 및 역사적, 철학적인 입장을 설명한다. 이때 논제에 필요한 중요한 쟁점이 제시되어야 한다. 정해진 논제와 관련된 사실 자료나 소견 자료, 통계 자료 중에서 자신의 입장을 뒷받침해 주는 자료는 직접 활용한다. 자신의 입장과 반대되는 자료도 상대방이 반박하는 경우에 대비하기 위해 마련해 두면 답변에 도움이 된다. 예상되는 반박을 상정하고 그에 대처할 수 있는 능력을 기르게 되는 것도 바로 이때이다. 상대방으로 하여금 자신의 의견이나 주장에 동조하도록 만드는 데에 가장 중요한 것이 바로 구체적이고도 적절한 논거이므로 최대한 다양하고 풍부하게 조사해야 한다. 반면 자신의 입장을 유리하게 만들기 위해 사실이나 자료를 왜곡해서는 안 된다. 토론자의 윤리가 확립되지 않고서는 토론 자체가 의미가 없어진다.

③ 교차 조사하기

교차 조사란 입론을 마친 상대측 토론자에게 입론에서 나타난 주장, 논거, 자료 등에 대해 질문하고 답변을 확인하는 과정이다. 상대방이 주장한 논리의 허점과 오류를 드러내면서 자신의 주장을 강화해 나가는 중요한 행위이다. 상대방이 반론을 제기할 수 없거나 논박을 할 수 없도록 타당한 논거를 중심으로 자신의 의견을 주장할 수도 있고, 상대방이 주장하는 의견의 모순이나 약점을 지적함으로써 자신의 입지를 강화할 수도 있다. 이때 자신의 논지를 좀 더 효과적으로 표현하기 위해 다양한 논법과 개성 있는 화법, 논리적인 어법을 사용하는 것도 중요하다. 하지만 토론자는 자신의 입장에만 집착하여 상대방의 입장을 무시하거나 비난해서는 안 된다. 상대방이 말하는 도중에 끼어들어 말을 가로막거나 인신공격을 해서는 안 되며 상대방의 말에 귀를 기울인 후 논리적으로 반론을 제기해야 한다. 자신의 주장 못지않게 상대방의 주장도 존중되어야 하기 때문이다.

④ 반박하기

반박이란 상대방의 쟁점을 정확하게 정리한 후 자신의 주장을 강화할 수 있는 방향에서 상대방의 주장을 비판하는 행위이다. 반박은 토론의 과정을 마무리하는 단계로 자신의 논지를 가장 적극적으로 드러내는 시간이다. 상대의 의견, 주장에 반대해서 논지를 펴기 위해서는 상대의 논쟁점이 어떤 근거에서 비롯하는 것인가를 이해하고 있어야 한다. 반박 시간은 짧게 주어지므로 더욱 효과적으로 반박 내용을 구성해야 한다.[6]

⑤ 토론에 대한 평가

논제에 대한 찬성과 반대의 의견이 개진된 후 사회자가 토론에서 논의된 사항을 요약해서 정리해 준다. 그 후에 어느 쪽의 주장이 더 타당한지 판단을 내리게 된다. 강의 시간에 이루어지는 토론에서는 주로 그런 역할을 교수가 담당한다. 혹은 미리 평가단으로 정해져 토론에 참가하지 않았던 학생들이 투표를 해서 결정할 수도 있다. 평가자는 토론자들이 보인 주장의 일관성, 논리적인 설득력, 제시된 자료의 정확성, 토론에 임하는 태도 등을 고려해 공정하게 평가를 내리도록 한다. 평가가 내려지면 사회자가 그 결과를 정하면서 토론을 마무리한다.

(3) 토론의 실제

토론의 각 단계에서 유의해야 할 내용을 토대로 하여 '훈련학점 의무 이수 제도를 폐지해야 한다.'는 논제로 찬성 측과 반대 측이 입론, 교차 조사, 반박의 내용을 구성한 예를 보면 다음과 같다.

찬성 측 토론자의 입론 : 현재 ○○대학교에서는 '채플'이라는 훈련학점 의무 이수 제도를 시행하고 있습니다. ○○대학교는 기독교의 교리를 실천하는 미션 스쿨이기 때문에 채플을 이어나가야 할 명백한 근거가 있고 기독교에 대한 이해, 신앙심과 도덕적 가치 함양, 마음의 여유 제공 등 채플에 대한 긍정적인 의견들이 존재하는 것도 사실입니다. 하지만 여기서 문제는 '강제성'입니다. 채플 참여를 '권유'하는 것과 '강제적으로 하지 않으면 안 되는 것'은 엄연히 다릅니다. 종교적 자유를 침해하는 강제적인 방식보다는 채플을 학생들의 선택 사항으로 변경했을 때, 기독교인의 입장에서는 스스로 우러나오는 신앙심에서 더욱 동기부여가 될 수 있고 비기독교인도 종교적, 교육적 자유와 권리를 찾을 수 있을 것입니다. 또한 강제성이 없어진다면 의무감 때문에 들어야만 하는 지겨운 수업이라는 인식보다 내가 필요해서 찾게 되는 마음의 안식처라는 인식이 생기게 됩니다. 그렇게 된다면 현재 채플 수업 시간에 보이는 학생들의 무관심한 태도, 예를 들어 채플 수업 중 잠을 자거나 이어폰을 꽂고 있는 학생들의 수업 태도가 개선되고 원하는 학생에 한하여 직접 참여하는 수업이 이루어져 그 효과도 배가 될 것입니다.

반대 측 토론자의 교차 조사 : 채플을 진행하는 동안에 기독교의 교리와 의식을 주입하거나 강요하지 않고 또한 기독교와 관련된 내용에 치우치지 않고 문화적 측면을 더욱 부각시키고 있는데 왜 종교적 자유 침해라고 말씀하시는 겁니까? 기독교적인 내용에 치우치지 않았는데 강제성 때문이라는 주장은 채플을 폐지해야 한다는 결론을 내리기에는 충분한 논거를 갖고 있지 않다고 생각하시지 않습니까?

반대 측 토론자의 입론 : 헌법 제31조 제1항(교육을 받을 권리), 제6항(교육제도 법정주의)에 따르면 교육기관에서 특정 종교에 관한 교육을 할 때 선교보다는 교육을 1차적인 기능으로 삼고, 선교를 이유로 학생들이 평등하고 공정하게 누려야 할 교육권 내지는 학습권을 부당하게 침해하지 않고, 공교육 시스템 내에서는 종교에 관한 객관적인 지식과 이해를 높여 스스로 사고하고 판단하여 선택할 수 있는 능력을 기를 수 있도록 하고 특정 교리와 의식을 주입하거나 강요하지 않으면 종교의 자유 침해로 보지 않습니다. ○○대학교 채플 시간에는 선교보다는 학생들에게 문화적 콘텐츠, 예를 들어 무용 채플 등을 제공하는 데 더 비중을 두었고 채플을 수강하지 않는다고 수강신청 불가 등과 같은 교육권, 학습권을 침해하지 않았습니다. 또한 〈종교 문화와 이해〉를 비롯한 여러 과목으로 종교에 관한 객관적인 지식을 쌓을 수 있는 기반을 형성했으며 교리나 의식을 주입 혹은 강요하지 않았으므로 ○○대학교가 실시하는 훈련학점 의무 이수 제도는 종교적 자유권 침해가 아닙니다.

찬성 측 토론자의 교차 조사 : 채플을 수강하지 않는다고 수강신청 불가 등과 같은 교육권을 침해하지 않았기 때문에 종교적 자유 침해가 아니라고 하셨는데, 종교의 자유란 무엇보다도 종교를 믿고 안 믿을 자유, 신앙 · 비신앙으로 인하여 불이익을 받지 않을 자유 등을 포함하는 신앙의 자유를 본질적 요소로 합니다. 그러나 ○○대학교는 8학기 내내 채플을 이수해야만 졸업이 가능하고 한 학기에 두 번 이상 빠지면 안 된다는 점에서 비신앙으로 불이익을 받지 않을 종교의 자유에 어긋난 것이 아니겠습니까? 또한 선교보다 문화적 콘텐츠 제공 위주로 채플을 진행한다고 하셨는데 학생들의 여론조사 결과 현재와 같이 문화 콘텐츠를 제공받을 수 있는 무용 채플, 공연 채플 등이 도입된 것은 불과 몇 년 전의 일이며 그 전에는 교회에서 실시하는 예배와 다를 바가 없었다고 합니다. 더군다나 현재와 같이 전환된 이유가 훈련학점 의무 이수 제도에 대해 반대 시위를 벌인 학생의 사례와 채플의 의무화가 옳지 않다는 여론으로 인한 것이라는 점을 봤을 때 학교 측에서도 채플의 반강제성을 인정하는 것 아닙니까?

반대 측 토론자의 반박 : 말씀 잘 하셨습니다. 종교의 자유란 종교를 믿고 안 믿을 자유, 신앙 · 비신앙으로 인하여 불이익을 받지 않을 자유라고 하셨지요? ○○대학교에서도 기독교를 믿는 것 혹은 기독교에 대한 신앙을 강요하지 않았습니다. 대학은 초 · 중등학교와 같은 의무가 아니라 선택입니다. 본인의 의사에 따라 진학할 수 있는 것이지요. 채플의 참석은 종교의 강요가 아닌, 채플의 존재를 알고 있음에도 ○○대학교를 선택한 학생의 자유로운 선택권에 대한 책임입니다. 책임 없는 자유가 얼마나 사회에 악영향을 끼치는지 말씀 드리지 않아도 아시겠지요. 훈련학점을 이수하지 못해 졸업하지 못하는 학생은 자유에 대한 책임을 지지 못한 대가라고 생각합니다. 또 학생들의 여론조사 결과를 언급하셨는데 저희 팀의 조사 결과 몇 년 전 졸업생들을 대상으로 한 채플에 대한 인식은 긍정적이었습니다. 찬성 측의 조사 방법이 조사 내용에 맞는 방법인지, 조사 담당자가 특정 견해가 없는 객관적인 사람인지 알고 싶고 조사 결과에 대한 명확한 근거 자료 또한 궁금합니다.

찬성 측 토론자의 반박 : 조사 방법이나 조사 담당자들에 대해 반박하신다면 반대 측 조사 결과의 조사 방법이나 조사 담당자에 대해서도 명확하게 밝히시는 것이 옳은 태도입니다. 또 훈련학점 이수를 선택하는 것은 본질적으로 학생의 선택권에 의한 것이라고 하셨는데 학생의 대학 선택권이 현실적으로 존재한다고 생각하십니까? 우리 사회에서 대학은 가도 되고 안 가도 되는 곳이 아닙니다. 고등학교 졸업생의 약 80%가 대학에 진학합니다. 대학은 서열화되어 있고 성적에 맞춰 지원하는 경우가 많습니다. 기독교 신자가 아니라고 해서 연세대가 아닌 서울대를 갈 수 있는 환경이 아니라는 것입니다. 또한 '채플 알바'라는 것도 있습니다. 취업이나 인턴 등으로 채플을 듣지 못하는 학생들을 대신해 채플에 출석해주는 대가로 5천 원에서 1만 원 정도를 받은 아르바이트입니다. 대리출석을 시켜 겨우 이수한 채플이 주는 의미는 무엇이라고 생각하시나요? 종교의 자유와 수업권을 침해하는 채플은 과연 누구를 위한 것일까요? 훈련학점 의무 이수 제도의 폐지까지 나가지 않더라도 채플 강제 이수가 가져오는 부작용에 대해서는 학교 측의 조치가 있어야 합니다.

— 최형용 · 김수현 · 조경하, 『(열린 세상을 향한) 발표와 토론』, 박이정, 2014, 242-245쪽.

▣ <전국 대학생 토론왕 선발대회> 평가표 예시[7]

심사위원	소속 :	성명 :	(서명)
긍정팀 :		부정팀 :	
제1 토론자	제2 토론자	제1 토론자	제2 토론자
		승 패	

구분	내용	긍정팀의 득점	부정팀의 득점
논리력 (40점)	**논제 분석** 논제에 사용된 개념과 용어의 올바른 정의를 바탕으로 쟁점을 적절하게 제시했는가	⑩⑨⑧⑦⑥	⑩⑨⑧⑦⑥
	논리적 구성 전개 기조 주장, 쟁점에 대한 주장, 논박의 내용이 잘 구성되었는가	⑩⑨⑧⑦⑥	⑩⑨⑧⑦⑥
	주장과 논거의 타당성 주장과 근거가 합리적이고 객관적이면서 충분한가	⑩⑨⑧⑦⑥	⑩⑨⑧⑦⑥
	논박의 적절성 상대 논리를 정확하게 분석하고 이에 대한 적절한 비판을 가했는가	⑩⑨⑧⑦⑥	⑩⑨⑧⑦⑥
준비성 및 창의력 (30점)	**준비성** 논제에 대한 연구가 충분히 심도 있게 수행되었으며 자료가 광범위하고 타당하게 준비되었는가	⑩⑨⑧⑦⑥	⑩⑨⑧⑦⑥
	창의력 전체적인 구성이나 주장의 내용이 참신한가	⑩⑨⑧⑦⑥	⑩⑨⑧⑦⑥
	상황 대처 능력 상대방의 논박에 대해서 순발력 있게 잘 방어했는가	⑩⑨⑧⑦⑥	⑩⑨⑧⑦⑥

표현력 (30점)	**정확성** 발음, 어휘, 문법 등이 정확하게 구사되었는가	⑩⑨⑧⑦⑥	⑩⑨⑧⑦⑥
	효율성 논제를 효과적이면서 적절하게 표현했는가 - 목소리의 강약, 말의 속도, 어조, 시선, 몸동작 등	⑩⑨⑧⑦⑥	⑩⑨⑧⑦⑥
	예절성 시간과 규칙 및 토론자로서의 품위를 제대로 지켰는가	⑩⑨⑧⑦⑥	⑩⑨⑧⑦⑥
계	100점		

연습 문제 1

다음의 토론 주제는 최근 사회적으로 큰 찬반 논쟁을 일으켰다. 다음 중 하나를 선택하여 1:1 토론 또는 조별 토론을 시도해 보자.

- ■ 주취감형 제도는 폐지되어야 한다.
- ■ e스포츠는 올림픽 정식 종목에 포함되어야 한다.
- ■ 온라인 게임 셧다운 제도는 유지되어야 한다.
- ■ 구글에 정밀지도 반출을 허용해야 한다.

2) 합리적 토의

(1) 토의의 정의와 목적

토의란 어떤 문제에 대한 해결안을 마련하기 위해 참가자들이 서로의 다양한 의견을 모아 합리적이고 공정한 해결점을 찾아가는 말하기 방식이다. 즉 서로 다른 의견을 가진 사람들이 상호 의견을 교환함으로써 공통된 이해와 적절한 해결에 이르게 되는 말하기가 바로 토의이다. 토의는 토의자들이 서로 협력해서 집단적인 사고의 과정을 보여 주므로 민주적인 사회에서 더욱 필요한 의사소통의 방식이라 할 수 있다.

토의는 정보와 지식의 습득은 물론 문제에 대한 좋은 해답을 얻을 수 있을 뿐 아니라 해결책에 대한 실천력 강화로 이어질 수 있다. 이렇게 볼 때 토의는 문제점의 발견과 해결에서 적절한 대응을 가능하게 해 주고 그것을 수행할 때 최대의 효율성을 보장하며 토의자들의 자발적인 실천의지를 높여 준다는 점에서 의의가 있는 말하기이다.

이런 이유로 토의는 어떤 문제에 대해 옳고 그름을 따지는 말하기가 아니라 여러 사람들의 생각과 의견을 조정하고 종합하는 말하기의 특성을 갖게 된다. 당면한 문제에 대한 지식이나 정보, 의견을 교환함으로써 더욱 타당한 결론을 도출해 내자는 것이다. 이런 집단적인 협의 과정이 필요한 것은 한 개인의 생각이 절대적으로 옳을 수 없고 한 개인의 능력으로 해결하기에는 문제 자체가 집단적이고 복잡한 경우가 많기 때문이다.

토의는 다양한 의견 수렴과 어려운 문제 해결을 위해 필요한 말하기의 방식이다. 따라서 토의에서는 다수의 의견뿐만 아니라 소수의 의견도 경청해야 한다. 참가자 전원의 사고와 의견이 반영되어야 하는 것이 바로 문제 해결식 말하기인 토의의 특성인 것이다.

(2) 토의의 순서와 종류

토의는 '문제의 제시 → 문제의 분석 → 가능한 모든 해결안의 제시와 검토 → 최선의 해결안 선택 → 해결안의 실천'이라는 과정을 거친다. 문제의 제시 즉 토의할 주제 선정 시 유의 사항은 다음과 같다. 첫째, 토의할 주제는 집단적인 사고 과정이 필요한 문제여야 한다. 즉 해결 방안을 모색하기 위해 많은 사람들의 생각과 견해를 서로 교환할 필요가 있는 문제여야 한다는 것이다.

토의의 종류	내용
심포지엄 (symposium)	• 어떤 논제에 대해서 다른 의견을 가진 전문가 3, 4명이 각각 의견을 발표하고 난 후 청중도 토의에 참가하는 방식 • 전문가가 토의의 주제에 대해 다각도에서 의견을 발표하기 때문에 청중은 토의 주제에 대해 체계적인 설명을 들을 수 있음 • 찬반이 아닌 입장을 달리하는 다양한 의견을 수렴할 수 있기에 가장 많이 사용되는 토의의 방식
패널 토의 (panel discussion)	• 배심원 4~6명이 모여 청중 앞에서 각각의 입장을 발표하고 공동으로 사고하는 방식 • 이 과정이 끝나면 일반 청중이 사회자의 승인을 얻어 배심원에게 질문을 하거나 의견을 교환할 수 있음 • 이견을 조정하는 수단으로서의 토의이기에 정치적, 시사적 문제를 해결하는 데 적당한 방식
포럼 (forum)	• 어떤 문제에 대해 직접 관련이 있는 사람들이 모여 공개적으로 토의하는 방식, 공개 토의 • 처음에 간단히 주제를 소개하는 시간만 가진 후 바로 청중의 참여가 이루어진다는 점에서 다른 토의 방식들과 차별됨 • 주제 발표만 있고 강연이나 연설은 없음
원탁 토의 (round discussion)	• 10명 내외의 소규모 집단이 원탁에 모여 좌석의 상하를 구별하지 않고 자유롭게 상호 관심사에 대하여 의견을 나누는 방식 • 주제에 대한 이해를 더하는 것이 목적이기에 내용과 형식이 모두 자유로움 • 반면 토의의 방법에 서툴면 산만해지기 쉽고, 시간을 낭비하는 수가 있음

둘째, 토의할 주제는 토의자들이 관심을 가질 수 있는 문제여야 한다. 셋째, 토의할 주제는 시의성이 있는 문제여야 한다. 지금 이곳의 상황과 직접 연결될 수 있는 문제를 토의해야 생산적이고 발전적인 논의가 가능해진다. 넷째, 토의할 주제는 실천 가능한 것이어야 한다. 어떤 문제에 대해 토의를 하는 이유는 문제점을 해결하고 실천하기 위한 것이므로 말로만 끝나서는 안 된다.

앞서 살핀 토의의 과정은 주제의 성격과 목적, 참가자의 수, 청중의 유형에 따라 다양한 토의 유형으로 분류되어 이루어진다.[8]

(3) 토의의 실제

토의의 개념과 목적에 유의하면서 아래의 내용을 토대로 실질적인 토의를 진행해 보자.

미래 사회에서 가장 심각하게 인간을 위협할 문제가 바로 환경 문제일 것이다. 그렇다고 해서 자연으로 돌아가는 것이 해결책일 수 없는 것 또한 현실이다. 이와 관련하여 문학에 나타난 녹색 사상을 구체적으로 살펴보고 특히 여성이 환경 문제에서 담당할 수 있는 역할에 대해 토의해 보자. 다음의 시를 참조하자.

[중략]
간질 기운이 막무가내로
지나가고, 우주가
거품을 물고 쓰러진다,
오호라 흙은 어디 있으며,

벌레들은 어디 있고,
물은 어디 있으며,
다른 닭들은 어디 있는가,
너무 반갑고, 아스팔트
우습광, 위의, 스럽고, 그렇기도 했던
닭이여,
죽음을 향한 발전
의 검은 아스팔트로
덮인 도시여,
무덤에 핀 꽃도 꽃은
꽃이니, 검은 닭이여
생명의 꽃이여
뭘 쪼느냐
자동차 한 마리 쪼느냐
아황산가스 쪼느냐,
소음을 쪼느냐,
인제 우리가 쪼을
사람의 가슴도
꿈틀거리는 생명도 없다,
살아 선혈이 낭자하게 쪼을
참되기 선혈과 같은 마음도
없다,
날지 못하는 새여—
미친 듯이 달리는 파산이다,
문명의 사신(死神)이여.

— 정현종, 「문명의 사신」, 『사랑할 시간이 많지 않다』, 문학과지성사, 2018, 98-100쪽.

문화 비평문 쓰기

1. 문화 비평문의 개념과 범위

문화 비평문은 문화 텍스트를 감상하고 이해와 해석을 거쳐 가치 평가에까지 이르는 글이다. 글을 쓰는 형식은 서평과 크게 다르지 않아 그 텍스트가 어떤 점에서 가치 있는지, 또 어떤 점이 흥미와 감동을 주는지, 혹은 어떤 점에서 좋지 않으며 성공적이지 못한지 등에 대해 근거와 이유를 들어 비평하는 글이다. 무조건 옹호하는 태도나 이유 없이 비난하는 태도는 둘 다 비평의 태도로 옳지 못하며 텍스트의 내용을 충분히 이해하고 감상한 후 비평적 체험을 글로 쓰는 것이 중요하다.

최근 들어 문화 비평의 대상 텍스트가 매우 다양해졌다. 영화와 연극은 물론 신문이나 방송, 텔레비전과 라디오 프로그램, 스포츠, 만화, 대중가요로부터 게임, 노래방, 놀이문화, 패션, 유행어, 음반, 오페라와 발레, 광고, 출판, 통신, 의식주, 놀이, 휴가, 축제, 특정 이데올로기, 생활 방식 등에 이르기까지 다양한 텍스트가 비평의 대상이 되고 있다.

문화 비평문은 눈앞에서 변화하고 있는 문화 현상을 대상으로 하는 것이기에 유행을 감지하는 감수성이나 시대의 흐름을 읽어 내는 통찰력을 필요로 한다. 좋은 문화 비평문은 현재 문화를 비판적으로 해석하면서 새로운 문화 텍스트를 생산하는 동력이 된다. 그러므로 좋은 문화 비평문을 쓰기 위해 자신의 시각으로 변화하는 문화 현상을 새롭게 보고자 노력하면서 논리적으로 이를 설명하는 것이 필요하다.

다음의 예는 최근 학생들의 다양한 관심사가 문화 텍스트 선정에 반영된 예이다.

▣ 문화 비평문 주제 예시(이화여자대학교 학생 사례)

비평문의 종류	주제 예시
영화 비평	• <명량> VS <캡틴 아메리카:윈터솔저>, 애국주의를 바탕으로 한 두 영화의 차이점 • 청소년 성장영화의 '낙인'을 지우다-'네거티브'에 의한 성장영화 <파수꾼>의 특징과 의의 • 오늘의 이슬람 여자를 그리다-영화 <그녀가 떠날 때> • 영화 <내가 살인범이다>가 담고 있는 사회문제 고발 • <포켓몬스터>는 어떻게 스테디셀러가 될 수 있었는가 • 영화 오프닝 타이틀 시퀀스 비평
웹 장르 비평	• 한국 신화의 정체성과 한국 신화 콘텐츠 활용-웹툰 <신과 함께> • 일진의 일류화-웹툰 <프리드로우>와 <외모지상주의>에 드러난 일진 미화 • 플랫폼 정책 변화가 웹 소설 전반에 미치는 영향 • 게임 <라스트 오브 어스(The Last of Us)>의 특별한 감정적 소통
tv 비평	• 영웅 서사의 다양화에 한 획을 긋다, <미스터 션샤인> 관계의 변화와 여성 영웅들 • 뉴스와 음악의 새로운 연결고리 -JTBC 뉴스룸의 엔딩곡 • 한국 외모 비하 개그의 유형 및 문화적 배경 • 무용의 대중화 전략과 성공, 오디션 프로그램 <댄싱 9> • <let美人2>가 가지고 있는 조작된 감동의 측면과 그 의미 • '집방'이 떠오르는 이유는 무엇인가? -최근 예능과 결합한 인테리어 방송 • 스토리텔링 기법을 이용한 도시 브랜드 마케팅-<꼬마버스 타요>
사회 비평	• 청년의 방을 고백하다-청년 세대의 공간 구성 분석: 방, 집, 삶으로의 확장 • '열심 증후군', 꿈꾸기를 강요하는 사회-청년을 향한 꿈에 대한 압박 비판 • 사회적 애도 양상의 변화와 이를 바라보는 올바른 관점:제주 4.3사건 • 현대식 판옵티콘 SNS + SMART PHONE
전공 비평	• '그리고'로서의 공사현장 가림막 디자인 제안 (조형대) • 음악을 글로 배운다고?-대중을 위한 클래식 음악 감상 서적의 내용적 한계와 나아갈 방향 (음대)
페미니즘 비평	• 남성 페미니스트가 페미니즘에 미치는 긍정적 영향 -최재천 교수를 중심으로 • 액션 영화에 등장하는 새로운 여성 섹슈얼리티 • 악마에쿠스, 버스 무릎녀 사건 등을 통해 본 SNS 마녀사냥의 문제점

2. 문화 비평문의 내용과 유의사항

문화 비평문은 텍스트에 대한 자신의 생각을 남들과 공유하는 사회적인 글쓰기이다. 작품에 대한 정확한 이해는 물론 글쓴이의 개성이 잘 드러날 수 있는 인상적인 글을 쓰기 위해 기본적인 형식과 내용을 지켜야 한다. 따라서 자신이 중요하다고 생각한 부분을 정리해서 개요를 만든 후 논의를 진행시키면 중요한 것과 부차적인 것의 위치가 결정되면서 글의 구성을 확정할 수 있다.

글을 쓸 때 특수한 경우를 제외하고는 대부분 '서론-본론-결론'의 삼단 구성을 취하는데 문화 비평문 또한 예외는 아니다. 문화 비평문의 도입부에서는 필자가 이 문화 텍스트를 선정하게 된 동기를 무겁지 않게 소개하면서 독자의 호기심을 유발할 필요가 있다. 작품에 대한 이해를 위해 대략적인 줄거리를 나열할 수 있으나, 작품의 주제와 관련하여 핵심적인 내용을 소개하거나 자신의 논점에 맞추어 기술하는 방식으로 쓰는 것이 좀 더 명확하게 주제를 부각시킬 수 있다.

본론에서는 텍스트에 대한 전반적인 소개는 물론 텍스트의 이해에 필요한 사회적 문화적 맥락을 제시하거나 작품의 매체적 특성, 주제를 부각시킬 수 있는 비평 시각이나 방법론을 적용하여 구체적인 분석이 이루어져야 한다.

문화 비평문이 감상문과 다른 점은 텍스트에 대한 자신의 생각, 느낌을 논리를 통해 객관화시킨다는 것이다. 이를 위해 글쓴이는 텍스트를 바라보는 자신의 관점과 시각을 세워야 한다. 명확하고 적절한 논점이 작품 분석의 평가의 기준이 된다. 관점이 서지 않으면 글의 방향 설정이 명확하지 않아 일관된 주제 의식이 없는 산만한 글쓰기가 될 것이다.

문화 비평문은 다양한 문화 텍스트 안에 내재한 미학뿐만 아니라 사회적 의미를 밝혀야 하는 글쓰기이다. 그러므로 마무리에서는 텍스트의 미학적 특성이나 사회, 문화적 의미 등을 모두 종합하여 총체적인 평가를 내려야 한다.[9]

- **도입부**
  - 문화 텍스트 선정 동기
  - 비평의 논점 및 주제 제기
- **본문**
  - 선정한 문화 텍스트에 관한 전반적인 소개 및 일반적 견해 제시
  - 방법론 제시 및 비평적 시각 드러내기
  - 문화 텍스트의 독창적인 가치 및 의의 환기
- **마무리**
  - 사회 문화적 맥락에서 문화 텍스트의 의의
  - 전망 및 한계

3. 문화 비평문의 실제

문화 비평문 쓰기가 중요한 이유는 대학 과제가 대부분 비평문 쓰기에서 출발하기 때문이다. 비평문을 쓰는 과정에서 습득되는 감상과 이해, 분석과 평가 작업은 학술적인 글쓰기의 기초가 된다. 또한 문화 비평은 그 자체로 문화 현상의 일부가 되며 새로운 문화 창조로 이어지기도 하기에 대학에서는 문화 비평문 쓰기를 과제로 삼는 것이다.

다음의 글은 이화여자대학교의 학생이 수업 시간에 과제로 제출한 문화 비평문이다. 대학생들의 문화 중 '과잠' 문화를 주제로 선택했는데 '문화 비평문의 대상 텍스트는 다양하다.'라는 전제를 잘 보여 주는 주제이다. '과잠바'는 대학생들이 즐겨 입는 야구점퍼로 학과를 뜻하는 '과'에 '잠바'가 붙은 말이다. 요즘 대학생들은 중, 고등학교 때 교복을 입었던 것처럼 다양한 이유로 '과잠바'를 즐겨 입는다. 평소 대학생들의 문화를 눈여겨 보았고 자신의 경험을 비추어 분석, 평가할 수 있는 주제를 선정하여 재미있고 독창적으로 글쓰기를 수행했다. 이 글은 대학생이라면 한번쯤 생각해 보았을 주제를 선정하여 단

순히 대학 문화를 소개하는 데 그치지 않고, '과잠' 문화의 긍정적 측면과 부정적 측면을 함께 이야기함으로써 반성의 계기를 마련했다는 점에서 높이 평가할 만하다.

[대학 비평]

날씨가 쌀쌀해지면서 교내는 물론이고 길거리나 버스, 지하철 등지에서 소속 대학교와 학과의 이름이 적힌 두꺼운 야구잠바, 속칭 '과잠'을 입고 다니는 학생들이 보이기 시작했다. 과잠이란 '과 잠바(점퍼)'의 줄임말로 보통은 입은 사람의 학교와 학과, 학번, 학생의 이름이나 별명 등이 적혀 있는 경우가 많으며 색상 또한 학교와 학과에 따라 다양하다.

대개 과잠의 몸통 색상으로는 그 학교나 학과의 상징색이 사용되는데, 연세대학교의 상징색인 남색과 고려대학교의 붉은 색, 이화여자대학교의 녹색이 과잠의 색깔에 그대로 반영된 것을 그 대표적인 예로 들 수 있다. 이렇게 과잠은 그것을 입은 사람의 간단한 신상정보를 한눈에 파악할 수 있게 해 주는 특징을 지녔다. 많은 한국의 대학생들, 특히 서울 소재 대학교에 다니는 학생들은 과잠을 즐겨 입는데 그 이유는 무엇일까?

대학생들이 과잠을 선호하는 데에는 여러 가지 이유가 있다. 먼저, 과잠은 아무렇게나 '막' 입을 수 있어 대학생들이 학교에 갈 때 옷에 대한 고민 없이 대충 걸쳐 입고 나갈 수 있다는 장점을 가졌다. 또 과잠은 그 소재가 매우 따뜻하기 때문에 늦가을부터 초봄에 걸쳐 오랫동안 입을 수 있다. 이밖에도 과잠이 가진 교복과 유니폼의 특성은 동일 집단 내의 동질감과 소속감, 학교에 대한 애정과 자부심을 고취시킨다. 특히 과잠을 입은 대학생이 소위 말하는 '일류대학교'에 다니고 있을 경우 등 뒤에 큼지막하게 적힌 대학교의 이름은 당사자에게 은근한 자부심이 된다. 그 학생은 과잠을 입음으로써 학교의 이름을 직접 밝힐 필요도 없이 타인으로부터 선망의 눈길을 받을 수 있다. 실제로 과잠을 과시용으로 입고 다니는 학생들도 적지 않다.

이처럼 많은 장점이 있는 과잠이지만 그와 동시에 많은 단점과 한계 역시 지니고 있다. 사실 과잠의 소재는 그 무게가 많이 나가고 부피가 커서 착용 시 움직이기 불편하다. 게다가 과잠을 입은 모든 사람이 그 투박함을 맵시 있게 소화할 수 있는 것이 아니기 때문에 '멋'의 측면에서도 썩 훌륭한 옷은 아니다. 뿐만 아니라 앞에서 말했듯이 과잠을 통해 동질감과 우월감을 느끼는 사람이 있는 반면 소외감과 열등감을 느끼는 사람도 존재한다. 과잠이 지닌 이러한 배타성은 학벌 콤플렉스를 조장하고 상대적으로 학벌이 좋지 않은 사람에게 괴리감을 안겨 줄 가능성이 크다. 실제로 대학생들 중에서도 과잠을 입을 수 있는 이들과 입지 못하는 이들이 나뉘어 있고 이러한 현실은 과잠이 모든 대학생들의 향유 문화가 되지 못한다는 명확한 한계를 나타낸다.

과잠을 입은 집단 내의 동질성은 동시에 다른 집단에의 배타성을 의미한다. 필자는 서울 소재 대학교의 학생들이 800명 이상 모여 사는 기숙사에서 지내는데 식사 시간에 기숙사의 식당 문을 열고 들어가면 수많은 과잠들이 바글바글 모여 있는 진풍경을 보곤 한다. 그런데 학생들의 소속 대학교는 훨씬 다양함에도 불구하고 눈에 보이는 과잠은 모두 소위 SKY라 불리는 대학교를 포함한 일류대학교의 것들뿐이다. 그 외의 대학교에 다니는 학생들은 일류대학교의 과잠들 앞에서 '감히' 과잠을 입을 용기를 내지 못한 것이리라.

물론 대학생들이 과잠을 입고 안 입고는 그들의 표현의 자유임에 틀림없으며 그들이 과잠을 입는 행위가 과시의 의도를 띤 것인지 아닌지 역시 알 수 없다. 하지만 그들이 그저 편하게 무심하게 입고 나온 과잠일지라도 다른 누군가에게 소외감과 열등감을 안겨줄 수 있다는 사실이 무시되어서는 안 된다. 그러므로 대학생들은 이를 염두에 두면서 스스로의 과잠 문화를 반성해 볼 필요가 있다.

— 학생의 글, 「'과잠'문화의 반성을 요구한다—동질성과 배타성의 과잠 문화」

다음에는 네 개의 문화 비평문이 연속된다. 네 개의 문화 비평문은 모두 동일한 문화 텍스트 〈기생충〉에 대한 비평문이다. 2019년 5월 열린 제72회 칸 영화제에서 봉준호 감독이 〈기생충〉으로 황금종려상을 수상했다. 5월에 수

상한 후 7월에 한국영화 관객 수 천만을 돌파했기에 작품성이나 흥행 면에서도 여러 가지 의미 있는 기록을 수립했다.

다음 네 개의 문화 비평문은 이러한 기록에 대한 영화 비평계의 화답이라 해도 좋을 것이다. 영화 전문 잡지에서 각 분야의 전문가들을 필자로 내세워 〈기생충〉에 이르는 네 가지 길을 마련했다. 우선 김영진 영화평론가가 이미지의 잉여 및 정서의 초과를 중심으로 봉준호 장르를 설명하고, 손희정 문화평론가가 〈기생충〉의 여성 이미지 재현에 대한 촘촘한 분석을 시도했다. 이후 각 분야 전문가의 목소리를 모아 다양한 각도에서 〈기생충〉에 파고드는 질문을 제시한다. 윤웅원 건축가가 〈기생충〉의 공간과 이야기의 구조에 대해 이야기하고, 윤형중 연구원이 사회경제 정책의 관점에서 〈기생충〉을 읽어나간다.[10] 〈기생충〉 읽기의 충실한 가이드가 되길 바란다는 마지막 문장처럼 하나의 문화 텍스트를 다양하게 바라볼 수 있다는 점에서 이 기획은 문화 비평문 쓰기의 좋은 참조점이 될 수 있다.

2층 양옥집을 주 무대로 삼았던 김기영의 서사 공간을 다세대 주택이 몰려 있는 빈곤층 동네와 넓은 정원을 갖춘 대저택이 몰려 있는 부유층 마을로 확장하고, 전반부를 서울의 저지대에 사는 가난한 4인 가족 주인공들이 고지대 상류층 동네 박 사장(이선균) 집에 취직하는 이야기로 전개시키고 중반 이후를 그 부잣집 대저택에서 일어나는 대혼란의 비극적인 소동극으로 끌고 간다. [중략]

영화 속 한 장면에서 기택은 위기를 타개할 계획이 있다고 기우에게 말하는데 나중에 기우가 그 계획이 무엇이냐고 묻자 아무 계획이 없는 것이 바로 계획이라고 답한다. 그렇게 아무 계획이 없는 것이 최선의 삶의 방도라고 믿었던 기택은 마지막 장면에서 전혀 예기치 않게 우발적으로 살인을 저지른다. 인디언 희생자를 연기하는 기택의 모습은 그가 계획하거나 계획하지 않거나 그가 차지한 사회적 적대조건의 상태를 대변한다. 그 어떤 고함이나 외침보다 냉정하게 현실의 지표를 제시하는 봉준호의 대리인으로서 송강호는 대단원의 장면에서 인디언 분장을 하고 곧 살육의 소란이 벌어질 행사장에 입장하기 위해 대기하는 기택의 피로와 불안과 분노가 섞인 표정을 연기한다. 〈살인의 추억〉의 마지막 장면과는 또 다른 맥락에서 정서의 초과를 경험하게 해주는 장면이다.

— 김영진(영화평론가), 「〈기생충〉 비평① 〈기생충〉을 통해 봉준호가 보여주는 이미지의 잉여와 그것이 불러일으키는 정서에 대하여」, 『씨네21』, 2019.06., 요약 발췌.

봉준호에게 여성에 대한 폭력은 한국 사회의 구조적이고 역사적인 모순을 폭로하고 비판하기 위한 장치였다. 이 남성 작가는 여자의 삶과 몸에 구조의 폭력을 새기고, 그것이 누구에게나 잘 보이도록 스크린 위에 늘어놓음으로써 자신의 세계관을 설명해냈다. 그리고 관객에게 "얼른 병원으로 가자"고 요청하고 싶었던 것일지도 모른다. 실제로 그는 〈마더〉 이후 치료책-대안을 상상하기 위해 노력했다. 〈설국열차〉에서는 혁명을, 〈옥자〉에서는 구체적인 타격점을 설정하고 저항의 연대를 꿈꿨던 것이다. [중략]

여전히 어떤 감독들이 여자를 살덩어리 취급하는 것에서 작가성을 봐주기를 원할 때, 봉준호는 〈옥자〉와 함께 다음 단계로 넘어간 것처럼 보였다. 시스템에 저항하는 옥자-미자 연대체를 탄생시킨 것이다. 하지만 다시 아버지-아들의 이야기로 회귀한 〈기생충〉을 보면 생각이 복잡해진다. 글로벌 자본과의 협업 안에서 등장한 보편적 서사로서 소녀 영웅의 이야기는 "봉준호의 귀환"과 함께 어디론가 사라져버렸다. [중략] 〈기생충〉에서 영화의 끝에 여성 인물들의 활기가 설득력 없이 급하게 소멸하는 것은 이 때문이다. 봉준호 장르에서 역사란 곧 남자들의 이야기일 뿐이고, 그렇게 구조에 대한 비판은 '효자 이야기'로 귀결되는 것이다.

— 손희정(문화평론가), 「〈기생충〉 비평② 봉준호의 영화들에서 보여진 여성 이미지 재현의 문제에 대하여」, 『씨네21』, 2019.06., 요약 발췌.

〈기생충〉은 공간의 구조와 이야기의 구조가 정확하게 일치하고 있는 드문 영화다. [중략] 이 도시의 '위'와 '아래' 같은 시각은, 영화의 또 다른 이야기의 공간, 단독주택과 지하

공간이 갖고 있는 위아래 구조를 발견한 후에 찾아졌을 것 같다. 단독주택의 지하공간이라는 개별적 의미를 더 넓은 사회적 의미, 즉 도시의 '위'와 '아래'에 동기화시킴으로써 영화의 주제를 확장시키는 것이다. 봉준호는 지하에 몰래 숨어서 사는 것과 백수 가족 모두가 부잣집에 취직하는 것이 '기생'이라는 개념으로 연결될 수 있다고 본 것 같다. 흥미로운 지점은 반지하 주택과 부잣집 단독주택이 경제 · 계층적 조건에 의해서 나온 단면이라면, 주택의 숨겨진 공간은 좀 더 개인적인 상황에 의해 만들어졌다는 점이다.

도시의 단면과 주택의 단면을 일치시킨다는 생각은 〈기생충〉의 다른 공간들을 지배하고 있다. 기택(송강호), 기우(최우식), 기정(박소담)이 단독주택에서 빠져나와 아래로 아래로 계속 내려가는 장면과 와이파이를 잡기 위해 위로 올라가는 장면과 박 사장(이선균)과 연교(조여정)가 소파 위에서 섹스를 할 때 테이블 아래에 숨어 있는 기택 가족의 장면 등이 그 예이다. 아니, 엄밀하게 말하면 영화의 대부분의 장면에서 사람들은 올라가거나 내려가거나, 위에 있거나 아래에 있다. 그래서 기택의 가족이 반지하에서 단독주택으로 올라왔을 때, 단독주택 지하에 숨어 살던 그도 올라오게 된다.

— 윤웅원(건축가), 「〈기생충〉 비평③ 윤웅원 건축가의 〈기생충〉 읽기, 공간의 구조와 이야기의 구조」, 『씨네21』, 2019.06., 요약 발췌.

사회정책을 연구하는 내게 영화 〈기생충〉은 반지하 주거공간에 대한 강력한 고발로 보였다. 집중호우가 있던 날 기택네 집은 침수가 되고, 하수는 역류한다. 그에 반면 언덕에 있는 박 사장네 집은 아무 피해가 없고, 다음날 오히려 '미세먼지'가 없다며 정원에서 파티를 연다. 이 장면에서도 여러 규범과 환경이 보였다. 반지하 주거공간에서 하수가 쉽게 역류하는 이유는 하수도 시설이 묻힌 곳이 그리 깊지 않기 때문이다. 반면 부촌이 입지한 언덕에는 각종 상하수도, 전기, 가스 등의 기반시설을 설치하는 데에도 비용이 많이 들고, 운영하는 비용도 더 많이 든다. 특히 상수도의 경우 고지대에 물을 보내기 위해선 '가압펌프'가 필요하다. 그런데도 수도요금에서 펌프의 비용은 모두가 분담한다.

사회제도가 오히려 부유층에 유리하다는 것은 공공연한 사실이다. 건축주가 주어진 법규에서 최대한의 수익을 추구한 결과로 반지하 주거공간을 만들었다면, 높은 언덕에 집을 짓는 건축주도 법규의 혜택이 있다. 한쪽에서 바라볼 때 다른 한쪽의 절반 이상이 지표에 묻혀 있다면 지하에 해당돼 용적률의 혜택을 받는다. 물론 박 사장네 집을 건축한 남궁현자 선생은 공간을 무한정 늘리는 데에는 관심이 없었을 것이다. 그렇지만 한국의 세금제도에서 연금저축, 보험료, 기부금, 신용카드 사용액 등의 공제 혜택이 주로 부자들에게 몰리는 것처럼, 부유층과 권력을 가진 자는 사회의 제도와 법규에서도 혜택을 누린다. 마침 〈기생충〉의 관객수가 730만 명을 돌파한 지난 6월 11일, 정부는 기업을 상속할 때 공제 등의 혜택을 주는 제도를 상속받는 자들에게 유리하게 바꾼다고 발표했다. 과연 누가 이 사회에 기생하고 있을까.

— 윤형중(민간연구소 LAB2050 연구원), 「〈기생충〉 비평④ 윤형중이 본 〈기생충〉과 사회경제 정책, 반지하 주거공간을 중심으로」, 『씨네21』, 2019.06., 요약 발췌.

3장

논리적 글쓰기

논리적 글쓰기의 목적은 독자를 설득하는 데에 있다. 따라서 자신의 생각을 논리적으로 정리하고 객관적인 근거를 충분히 수집하여 전략적으로 배치하는 것이 중요하다. 또한 논리적이고 정확한 생각을 체계적이고 설득력 있게 표현하는 것도 중요하다. 논리적인 사고의 틀을 갖추고, 생각한 내용을 정확하고 구체적으로 표현할 때 필자의 주장이나 의견은 동의를 얻을 수 있으며 글의 목적을 달성하게 된다.

이 장에서는 자신의 생각을 논리적으로 구성하는 방법을 학습한다. 논리적인 구성이란 글 전체의 개요를 짜임새 있게 작성하는 것뿐만 아니라 문장과 문장의 연결, 문단과 문단의 연결을 유기적으로 구성해야 하는 것을 의미한다. 전략적 배치로서의 개요 작성과 글의 완결성과 통일성을 결정하는 문단의 구성 요건을 학습하여 논리적이고 설득력 있는 글을 작성해 보자.

1. 개요의 작성 방법

핵심 길라잡이

- 글쓰기에 앞서 개요 작성이 왜 필요한지를 생각해 보자.
- 개요 작성의 원칙에 따라 논점이 잘 드러나는 개요를 구성해 보자.
- 개요의 다양한 유형을 익히고 자신의 주제에 적용하여 개요를 작성해 보자.

1) 개요 작성의 필요성

글을 쓴다는 것은 단순히 주제와 관련한 내용을 나열하는 것이 아니라 주제를 구체적이고 논리적이며 체계적으로 보여 줌으로써 독자의 이해와 공감을 높이는 것이다. 이때 자신이 쓰는 글이 논리력을 갖춘 한 편의 글이 되기 위해서는, 또 자신이 중요하다고 생각하는 논점이 독자에게도 설득력을 얻기 위해서는 글을 논리적이고 전략적으로 구성할 필요가 있다. 자신의 주제의식을 정확하고 논리적으로 설득력 있게 전달하기 위한 방법, 자신의 전략을 수립하는 과정이 바로 개요 작성이다. 개요 작성은 본격적인 집필에 들어가기 전에 여러 가지 생각들을 정리하고 배열하며, 전개 과정을 구상하는 것이다.

무엇을 쓸 것인지를 정했다면, 그것을 어떻게 효과적으로 전달할 것인지를 고민해야 한다. 아무리 참신한 주제를 정했다고 하더라도 견고한 구성으로 제시되지 못한다면 필자의 아이디어는 독자에게 온전하게 전달될 수 없다. 또한 짜임새 없는 산만한 글이나 논지에서 벗어난 글은 독자의 공감이나 동의를 기대할 수 없다. 따라서 글을 쓰는 과정에서 글감들이 모아지면 이 내용들을 바탕으로 자신의 생각을 효과적으로 드러낼 수 있도록 일정한 논리에 따라 내용들을 조직해야 한다. 본격적으로 글을 쓰기 전에 쓸 내용들을 점검하고 주제와의 연관성 및 글의 논리성을 고려하여 배열하는 구체적이고도 치밀한 계획을 세우는 것이다. 이렇게 생성 혹은 수집한 내용을 구조화함으로써 필자의 주제는 더욱 논리적이고 명료하게 드러날 수 있게 된다.

이와 같이 작성된 개요는 글 전체의 내용을 한눈에 보여 주기 때문에 글의 논리적 구성이나 내용의 통일성을 점검하는 데에 효율적이다. 일목요연한 개요는 불필요하게 중복된 내용이나 표현을 점검할 수 있기 때문에 글의 수정과 보완이 효율적으로 진행될 수 있다. 또한 필자의 논점을 명료하게 보여 주기 때문에 글 전체의 핵심 내용과 핵심어 등을 상기하며 글을 작성할 수 있도록 도움으로써 글 전체의 통일성을 확보하는 데에도 효과적이다. 요컨대, 개요 작성은 글의 불필요한 중복이나 탈선을 막음으로써 글 전체의 균형과 내용의 명료성을 유지하는 데에 도움을 준다.

2) 개요 작성의 원칙

자신의 해석과 주장을 설득력 있게 전달하기 위해서는 일목요연한 과정을 거쳐야 한다. 글의 흐름이 잘 드러난 개요는 독자의 호기심을 유발한다. 내용 구성이 어떻게 되어 있는가에 따라 글을 읽을 것인지 말 것인지를 결정하기도 한다. 논리적으로 잘 구성된 글의 개요는 글에 대한 매력을 드러내고 독자의 마음을 움직여 자신의 해석과 주장에 동조하도록 이끈다.

개요를 작성하는 데에는 6가지 원칙이 있다.

첫째, 통일성을 고려해야 한다. 배열, 배치하려는 내용이 글 전체의 주제에 맞는지 내용의 적정성을 판단하는 것이다. 주제와 관련 없는 것을 제외하고, 주제를 구체화할 수 있는 내용들을 중심으로 취사선택하는 과정이 필요하다. 또한 각각의 내용은 글의 주제에 벗어나지 않도록 일관성을 유지하며 전개해야 한다.

둘째, 완결성을 갖추어야 한다. 모든 글은 도입(서론)과 본문(본론), 마무리(결론)로 구성된다. 글의 분량에 따라 도입(서론)과 마무리(결론)가 생략될 수는 있지만, 일반적으로 글의 구성은 3단계의 전개 과정을 갖추어야 한다.

셋째, 연결성을 따져야 한다. 앞, 뒤의 내용 연결이 자연스러워야 하며 논리에 어긋나지 않도록 배열해야 한다. 일관된 주장을 유지하며 관련 내용을 매끄럽게 배열한다면 독자의 이해를 용이하게 하고 독자가 자신의 주장에 동조하도록 이끌기가 쉽다.

넷째, 명료성을 유념해야 한다. 자신이 말하고자 하는 바가 뚜렷하게 드러나도록 표현해야 한다. 자칫 개요를 장황하게 표현하는 경우가 있는데, 개요는 글 전체의 윤곽이 한눈에 보이게끔 작성하는 것이 중요하기 때문에 핵심

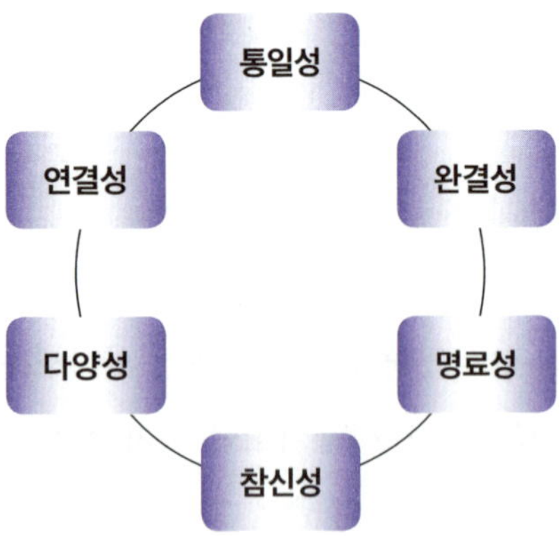

<개요 작성의 6원칙>

어를 중심으로 표현을 정리할 필요가 있다.

다섯째, 다양성을 지향해야 한다. 각 항목의 내용은 중복되는 것이 없도록 해야 한다. 비슷한 내용이나 성격의 항목은 포괄적인 표현을 사용하여 함께 서술해야 중언부언을 피할 수 있다. 하나의 주제를 다양한 관점에서 사고하여 논점을 폭넓고 깊이 있게 다루는 것이 글의 설득력을 높이는 데에 효과적이다.

여섯째, 참신성을 전제로 해야 한다. 글은 새로워야 한다. 주제에 대한 자신의 생각이나 의견도 새로워야 한다. 자신의 개성적인 의견이나 주장이 개요에 잘 드러나도록 표현하는 것은 독자에게 글에 대한 호기심을 자극하고 흥미를 유발하는 데에 꼭 필요한 사항이다.

3) 개요 작성의 방법

(1) 개요의 형식

개요에는 화제 개요와 문장 개요가 있다. 화제 개요는 핵심 어구를 중심으로 각 항목의 내용을 간결하게 표현하는 것이다. 각 항목에서 중점적으로 드러내고자 하는 내용을 소제목으로 표현하여 제시한다. 각 소제목은 글의 주제와 일관성을 고려하여 정하는 것이 좋다. 문장 개요는 각 항목을 구체적인 문장으로 표현하는 것이다. 문장으로 서술하는 것이므로 해당 항목에서 다룰 내용을 충분히 전달할 수 있는 장점이 있다. 그러나 지나치게 장황하게 서술될 경우 글의 전개를 한눈에 파악할 수 없는 어려움이 있다. 각 항목의 핵심 문장은 소주제문으로 제시할 수 있으며 이때 마침표를 붙이지 않는 것에 유의해야 한다.

화제 개요

참을 수 없는 양장본의 무거움 - 문고본 출판 확대의 필요성-

Ⅰ. 서론

Ⅱ. 문고본 출판 활성화의 필요성

1. '가방'에서 '주머니'로 – 책의 접근성 향상
2. '읽는 것'에서 '갖는 것'으로 – 책의 지위 변화

Ⅲ. 문고본 출판 활성화 사례

1. 문고본의 시작과 현재 – 독일의 사례
2. 문고본 출판의 규칙 – 일본의 사례

Ⅳ. 문고본 출판 활성화 방안

1. 디자인 다양화
2. '기획문고' 활성화

Ⅴ. 결론

문장 개요

방탄소년단 팬클럽 ARMY, 그들을 주목하라

Ⅰ. 서론

Ⅱ. 세계적인 가수로 이끌다

1. 언어장벽을 없애다

2. SNS로 소통하다

3. 열성적 응원으로 세계가 놀라다

Ⅲ. 선한 영향력을 주다

1. 방탄소년단의 음악을 지키다

2. 건전한 팬클럽 문화를 만들다

3. 사회적 운동에 참여하다

Ⅳ. 결론

(2) 개요 작성의 순서

개요를 작성할 때에는 먼저 글의 주제를 중심으로 생각의 층위를 구분한다. 생각의 대소와 상하 등의 관계에 따라서 생각의 상위 항목과 하위 항목을 분류하고 그것들 사이에서 순서를 조리 있게 설정하는 것이 중요하다. 비슷하거나 중복되는 내용들을 다시 정리하고, 유사한 내용을 층위별로 정리해야 한다. 순서를 정할 때에는 단순히 생각을 배열하는 것이 아니라 그 배열의 논리적 흐름을 함께 고려해야 한다. 이 논리적 흐름은 글의 종류와 주제에 따라서 달라진다. 또한 항목 간 균형을 고려해야 하며, 각 항목의 분량도 구체적으로 설정해야 한다.

글은 도입과 본문, 마무리로 구성하고 상위 항목과 하위 항목에는 일관성 있는 번호를 붙여 구분을 명확하게 해야 한다. 이때 같은 계열의 번호에는 대등한 내용이 놓여야 논리성을 확보할 수 있다. 동일 계열의 항목은 서로 대등한 관계를 유지해야 하고, 상위 항목의 내용은 하위 항목의 내용을 포괄할 수 있어야 한다. 하위 항목이 하나밖에 없을 때는 그 항목을 설정하지 않고 상위 항목이 해당 항목을 포괄할 수 있도록 표현을 고치거나 항목을 보충하여 하위 항목이 두 개 이상이 되도록 구성해야 한다. 서론이나 결론과 달리, 본론이라는 말은 직접 쓰지 않고 해당 부분의 구체적인 내용을 소제목으로 쓴다. 각 항목을 표현하는 데에 설득력이 높은 어휘나 사례를 찾는 과정도 중요하다. 그 밖에 도표와 그림(그래프)이 있는 경우에는 〈표 목차〉와 〈그림 목차〉 등을 따로 작성하여 제시해야 한다.

하위 항목의 번호를 붙이는 방법에는 숫자식과 수문자식이 있다. 숫자나 문자 뒤에는 온점(.)을 붙여야 하고 괄호나 반괄호, 원 등의 문자부호가 사용된 경우에는 온점(.)을 붙이지 않는다는 것도 유의해야 한다.

숫자식 구분 1	숫자식 구분 2	수문자식 구분 1	수문자식 구분 2
Ⅰ.	1.	Ⅰ.	Ⅰ.
1.	1.1.	A.	가.
1)	1.1.1.	1.	1.
(1)	1.1.2.	a.	ㄱ.
(2)	1.2.	b.	ㄴ.
2)	1.2.1.	2.	2.
(1)	1.2.2.	B.	ㄱ.
(2)	2.	1.	ㄴ.
2.	2.1.	a.	나.
1)		b.	1.

개요 작성의 체계와 실제 2.

핵심 길라잡이

- **글의 목적에 맞도록 내용을 전략적으로 배치해 보자.**
- **논리적 흐름을 고려하여 개요의 유형을 결정하고 적용해 보자.**
- **글의 주제가 잘 드러나도록 표현에 유의하여 개요를 완성해 보자.**

주제에 맞게 취사선택된 자료는 기준을 정하여 각 항목 간의 상호 관계를 파악하고 논리적인 배치가 되도록 구성해야 한다. 가장 먼저 고려해야 할 것은 글 전체의 흐름을 매끄럽게 연결하는 것이고, 그다음에는 본론의 내용을 논리적 흐름에 맞도록 배열하는 것이다.

일반적으로 글은 서론(서언, 도입부, 들어가며, 머리말, 문제 제기)-본론-결론(결언, 마무리, 나오며, 꼬리말, 맺음말)으로 구성된다. 서론은 문제를 제기하는 부분이다. 논지 제시, 집필 동기, 방법론 등을 기술한다. 본론은 문제에 대한 의견이나 주장을 펼치는 부분이다. 주장하는 중심 내용의 전개와 논거를 제시하여 설득력을 높인다. 결론은 마무리하는 부분이다. 논지를 요약, 정리하고 앞으로의 남은 과제나 전망을 기술하며, 자신의 주장을 다시 한번 강조하기도 한다. 대체로 서론과 결론의 역할과 목적은 고정되어 있다. 개요 작성 시 유형을 결정하는 것은 본론의 내용을 어떻게 구성하는가에 있다. 다시 말해서 본론은 글의 종류나 주제에 따라 서술하는 방식이 다양하기 때문에 본

서론	• 독자의 관심 유도, 흥미 유발, 문제 제기 • 글 전체 분량의 20% 이내 작성
본론	• 주장과 근거 제시, 설득과 이해 • 글 전체 분량의 60% 이상 작성
결론	• 전체 내용의 요약, 정리, 주장 강조 • 글 전체 분량의 10~15% 내외 작성

론의 구성 방식을 결정하는 것을 전략적 배치라고 할 수 있다.

1) 논증형 전개 방식

(1) 찬반 양론형

찬반 양론형은 서로 다른 두 의견이 제시된 상태에서 어느 한쪽의 입장을 택하여, 그것을 옹호하면서 동시에 상대의 의견을 반박해야 할 경우에 적용되는 유형이다. 자신의 주장과 상반되는 주장을 찾아 이를 비판하고 자신의 주장을 강조하는 방식이다. 배치 방법은 비판할 주장을 앞에 세우고 자기주장을 뒤에 제시하는 것이 글의 일관성과 통일성을 유지하는 데에 도움이 된다. 반박할 주장의 허점이 분명할 때, 또 상대적으로 자신의 주장이 논리적으로 옳다고 여겨질 때 사용할 수 있다. 주의할 것은 반대 논리의 근거와 자기주장의 근거를 설득력 있게 제시해야 한다는 점이다. 여러 자료를 통해 치밀하게 근거를 준비해야 한다.

예를 들어 존엄사의 경우, 찬성하는 입장과 반대하는 입장이 극명하게 나뉘어 논쟁이 이어지고 있다. 이와 관련하여 글을 쓴다고 할 때 가장 먼저 해야 하는 것은 양쪽의 논의를 상세하게 조사하고 이해해야 한다는 것이다. 자료 조사를 통해 정리된 생각들은 찬성과 반대의 양쪽 입장으로 구분하고 그에 따라 자신의 입장이나 의견을 분명하게 정해야 한다.

존엄사 찬성 의견	존엄사 반대 의견
1. 생명에 대한 결정은 환자 본인의 권리 2. 삶의 질 우선 3. 엄격한 절차로 남용 방지 가능 4. 무의미한 의료행위로 지출되는 의료비용 막대 5. 소생 가능성 있는 다른 환자에게 의료 서비스 양보 6. 환자 가족의 수고로움 경감 7. 의료진의 무력감 경감	1. 인간 생명에 대한 결정은 신의 영역 2. 생명경시 풍조 조장 우려 3. 회복 불가는 명확한 판단 불가능 4. 경제적 취약층의 남용 우려 5. 장기매매 등 상업적 목적으로 악용 가능 6. 현재 연명치료 거부 결정 80~90%는 가족에 의해 결정

▲ 존엄사 찬성의 경우

서론	독자의 관심을 유도	기본 개념 정리 : 안락사와 존엄사의 정의와 차이점
본론	☑ 주장의 전개 ☑ 예상되는 반론에 대비 ☑ 설득 강화	중심생각 : 존엄사를 인정해야 한다. 근거 1 : 생명에 대한 결정은 환자 본인의 권리이다. 근거 2 : 법과 제도의 보완으로 비윤리적 선택을 막을 수 있다. 반론 : 생명 경시를 조장한다. 재반론 : 삶의 중요한 순간을 환자가 선택할 수 있도록 하는 것이 진정한 생명 존중이다.
결론	요약, 정리, 강조	중심생각 강조 : 그러므로 존엄사를 인정해야 한다.

▲ 존엄사 반대의 경우

서론	문제 제기	안락사 인정 사례 등의 반대 의견 제시(시사 상식, 에피소드)

본론	Ⅴ 상대 의견의 논리적 오류 비판 Ⅴ 주장 강화	중심생각 : (서론에 대한 반론) 그러나 안락사 인정은 악용 위험성이 높다. 근거 1 : 인간의 생명권은 신성불가침의 권리이다. 근거 2 : 생명경시 풍조가 만연할 것이다. 근거 3 : 안락사의 본래 목적에 부합하지 않는다.
결론	요약, 정리, 강조	중심생각 강조 : 그러므로 안락사를 인정해서는 안 된다.

(2) 나열형

나열형은 소주제별로 구성의 흐름을 세우는 유형으로, 주제와 관련된 구체적인 의견이나 사례를 병렬적으로 열거한 후에 일반화하여 결론을 내리는 방식이다. 설명문의 방식을 따르지만 구체적 설명을 통해 필자의 해석 및 의미를 도출한다는 점에서 설명문과 차이가 있다. 단순한 나열보다는 일정한 기준을 정해서 서술하는 것이 좋다. 나열형에서 설득력의 원천은 결론에 이르는 사고와 검토가 폭넓게 이루어졌는지, 그리고 그것이 중복, 누락, 착오가 없이 전개되었는지에 있다. 논지를 단순하게 설명하고자 할 때, 반론의 여지가 없는 내용을 전체적으로 간결하게 전달하고자 할 때 효과적인 구성 방식이다.

개인정보 유출로 인한 피해

Ⅰ. 서론

Ⅱ. 개인정보 유출로 인한 개인의 피해

1. 개인 신용 및 사생활 노출 우려

2. 명의 도용으로 인한 2차 피해

Ⅲ. 개인정보 유출로 인한 기업의 피해

1. 기업의 브랜드 가치 하락

2. 관련 기업의 주가 하락과 매출 감소

Ⅳ. 결론

(3) 비교 대조형

비교 대조형은 둘 또는 그 이상의 대상들을 여러 각도에서 비교 대조하여 그 장단점을 판별하거나, 하나의 대상일지라도 여러 관점에서 그 장단점을 비교 대조하는 경우에 활용한다. 대상을 어떤 관점에서 비교 대조할 것인가 하는 기준을 제대로 설정해야 한다. 비교나 대조의 내용을 서술한 후에는 반드시 필자의 해석 및 의미 도출이 이어져서 비교 대조의 목적에 따른 글의 주제가 구체적으로 드러나도록 해야 한다.

한국 출판 만화 산업의 활성화 방안

— 다른 만화 산업과의 비교를 중심으로 —

Ⅰ. 서론 — 한국 출판 만화 산업 성장의 필요성

Ⅱ. 동일 산업 내 유사 분야와의 비교

1. 일본 만화 산업과의 비교

1) 탄탄한 수요층을 기반으로 한 잡지 연재

2) 특정 독자층을 대상으로 한 단행본 출판

2. 국내 웹툰 산업과의 비교

1) 인터넷, 어플리케이션 등을 통한 우수한 접근성 확보

2) 콘텐츠 산업과 연계를 통한 인기 유지

Ⅲ. 한국 출판 만화 산업의 활성화를 위한 방안

1. 잡지별 집중 독자층 설정을 통한 안정적 수요층 확보

2. 디지털화를 통한 편리한 접근성 제공

3. 콘텐츠 산업 연계를 통한 출판 만화 산업 확장

4. 출판 만화 산업의 총괄 기관 선정을 통한 활성화 기반 마련

Ⅳ. 결론 – 한국 출판 만화 산업 성장의 기대효과

예시 1.

항목별 비교	**영화 〈월-E〉와 현대 사회의 대비**
A. 비교(대조)의 항목 1 1. 기준 a 2. 기준 b 3. 기준 c B. 비교(대조)의 항목 2 1. 기준 a 2. 기준 b 3. 기준 c	Ⅰ. 머리말 Ⅱ. 영화 〈월-E〉의 미래 1. 우주선 생활로 인해 시공간이 소멸한 영화 2. 영화 등장인물들의 기계에 대한 의존성 3. 자신을 제외한 모든 주변에 관심 없는 등장인물 Ⅲ. 현대 사회의 실제

	1. 인터넷의 발달로 시공간에 제약이 없는 현대 2. 현재 사람들의 기계에 대한 의존성 3. 타인과 사회에 무관심한 현대인 Ⅳ. 맺음말

예시 2.

기준별 비교	영화 속 상상이 현실로
	— 영화 〈월E〉에 나타난 사회 특성을 중심으로 —
	Ⅰ. 머리말
	Ⅱ. 시간과 공간이 무의미해지는 세상
A. 기준 1 1. 비교(대조)의 항목 a 2. 비교(대조)의 항목 b	1. 우주선 생활로 인해 시공간이 소멸한 영화 2. 인터넷의 발달로 시공간에 제약이 없는 현대
	Ⅲ. 기계가 없으면 무능력해지는 세상
B. 기준 2 1. 비교(대조)의 항목 a 2. 비교(대조)의 항목 b	1. 영화 속 등장인물들의 기계에 대한 의존성 2. 현대 사람들의 기계에 대한 의존성
	Ⅳ. 타인과 외부상황에 무관심한 세상
C. 기준 3 1. 비교(대조)의 항목 a 2. 비교(대조)의 항목 b	1. 소비에만 집중해 외부엔 관심 없는 등장인물 2. 타인의 어려운 상황을 외면하는 현대인
	Ⅴ. 맺음말

예시 1과 2를 보면, 동일한 주제의 글감을 어떻게 배치하는가에 따라 구성이 달라지는 것을 알 수 있다. 비교 대조형의 경우 비교 대조의 항목을 중심으로 구성하는가(예시 1), 혹은 비교 대조의 기준을 중심으로 구성하는가(예시 2)에 따라 글의 전개 방식이 달라진다.

2) 과제 해결형 전개 방식

(1) 원인 분석형

원인 분석형은 문제 상황 자체나 그 원인을 분석하는 유형이다. 구체적인 사실이나 통계 결과, 의미 있는 일화 등을 실어 실감나게 서술할 수 있고 문제의 심각성을 부각시킬 수 있다는 점에서 독자를 설득하는 데에 효과적이다. 극복 방안까지 모색하는 경우로 발전할 수 있다. 어떤 사안에 대해 아직 문제점도 제기되지 않은 경우에는 문제의식을 제기하는 것만으로도 한 편의 글이 될 수 있다.

시리즈 콘솔 게임의 성공 요인: 〈동물의 숲〉을 중심으로

Ⅰ. 서론

Ⅱ. 시리즈 콘솔 게임 〈동물의 숲〉의 성공 요인

1. 몰입감을 높여주는 현실 세계와 가상 세계의 유사성

1) 생태적 공간과 시간 설정으로 인한 현실성

2) 엔딩이 존재하지 않는 게임 서사

3) 인간관계와 비슷한 캐릭터 간의 관계 양상

2. 게임의 선호도에 영향을 주는 노스탤지어 구성

1) 캐릭터 노스탤지어에 따른 구매의도 증가

2) 노스탤지어 구성 어휘를 반영한 친화적 공간 재현

3) 노스탤지어적 음악을 통한 회상 효과

Ⅲ. 결론

(2) 원인 결과형

원인 결과형은 어떤 요인 때문에 일어나게 된 결과, 즉 요인이 끼치게 될 영향에 대한 분석을 보여 주는 유형이다. 어떤 현상이나 문제의 원인이나 구조적인 요인을 분석하는 글, 혹은 어떤 문제로 인해 파급된 결과에 대한 글을 쓸 때 응용할 수 있다. 드러난 영향에 부정적 요소가 있을 때에는 그 대안까지도 제시할 수 있다.

리딩테인먼트를 중심으로 분석한 독서 공간 트렌드의 변화

Ⅰ. 읽는 것에서 즐기는 것으로- 리딩테인먼트란 무엇인가

II. 독서 공간 트렌드의 변화 원인

1. 남들에게 보이는 모습을 중시하는 SNS의 영향

2. 리딩테인먼트가 지닌 높은 사업성

III. 독서 공간 트렌드의 변화 결과

1. 책을 중심으로 결합한 다양한 복합문화공간들의 형성

2. 자유롭게 휴식을 취하거나 즐길 수 있는 공간의 마련

IV. 읽는 것 이상의 즐거움 – 리딩테인먼트의 의의

(3) 대안 제시형

대안 제시형은 특정 현상에 대해 문제의식을 갖고 그 문제의 해결 방법을 모색하거나 합리적인 대안을 마련하는 유형이다. 당대의 현상을 통해 사실을 진단하고 이에 따른 문제 요소를 제기해 분석한 후, 나름대로 대안과 해결책을 제시하는 글쓰기에 유용하다. 현상 파악과 문제 제기, 해당 문제의 원인 분석과 해결 방안, 또는 대안 제시 등의 순서로 전개된다. 대안 제시 유형의 핵심은 합당하고 타당한 대안을 제시하는 것이다. 원인은 해결방안을 얻기 위한 전제 과정이다. 원인을 알아야 문제를 해결할 수 있다. 또 원인 진단이 정확해야 올바른 해결방안이 나올 수 있다. 이때 분석한 원인과 관련지어 1대1 대응이 되도록 해결방안을 마련해야 한다. 예를 들어 3가지의 문제 원인을 분석했다면, 해결방안도 3가지가 제시되어야 한다. 어떤 일에 대해 문제점이 아직 제기되지 않는 경우에는 문제의식을 제기하는 자체만으로도 한 편의 글을 쓸 수 있다. 주로 논평이나 비평, 시론 등의 글에서 활용할 수 있는 전개 유형이다.

이화여대 셔틀버스 운행의 문제점과 해결 방안

Ⅰ. 서론

Ⅱ. 이화여대 셔틀버스 운행의 문제점

1. 넓은 배차 간격에 따른 학생들의 불만
2. 탑승 인원 초과로 인한 위험한 상황 노출

Ⅲ. 이화여대 셔틀버스 운행의 해결 방안

1. 배차 간격 축소
2. 탑승 인원 제한을 통한 안전한 운행

Ⅳ. 결론

연습문제 1 **다음 항목들은 '반려동물'과 관련된 화제이다. 논리적 흐름을 고려하여 개요를 완성해 보자.**

- 반려동물 판매업 등록의 자격 요건 강화
- 반려동물 놀이터 출입의 제한
- 공익광고 제작 및 캠페인 활성화
- 생체 정보를 활용한 등록 방법의 다양화
- 동물 유기로 인한 사회적 비용의 증가

- 미등록에 대한 과태료 부과의 실효성
- 반려동물에게 물린 사고의 심각성
- 미등록자 적발과 처벌의 어려움
- 내장형 칩 삽입에 대한 양육자의 거부감
- 반려동물 편의시설 이용의 할인 적용
- 반려동물 등록 절차의 복잡성
- 온라인을 통한 간편 등록 시스템 개발
- 제도 관리 인력 충원 및 감독 강화
- 등록 대상 범위의 확대 및 관리 주체의 일원화
- 반려동물 등록 의무에 대한 홍보 부족
- 내장칩의 제품 관리 감독 및 유통 기준의 강화

제목 : **현행 반려동물 등록제의 문제점과 개선 방안**

Ⅰ. 서론

Ⅱ. 현행 반려동물 등록제의 문제점

1.

2.

3.

4.

Ⅲ. 반려동물 등록제의 개선 방안

1.

2.

3.

4.

IV. 결론

연습 문제 2

최근 청소년 범죄의 심각성이 큰 사회적 문제로 대두되면서 소년법 폐지 및 개정에 대한 찬반 의견이 분분하다. 다음의 자료를 참고하여 '소년법'에 대한 주제를 설정하고 찬반 양론형의 개요를 작성해 보자.

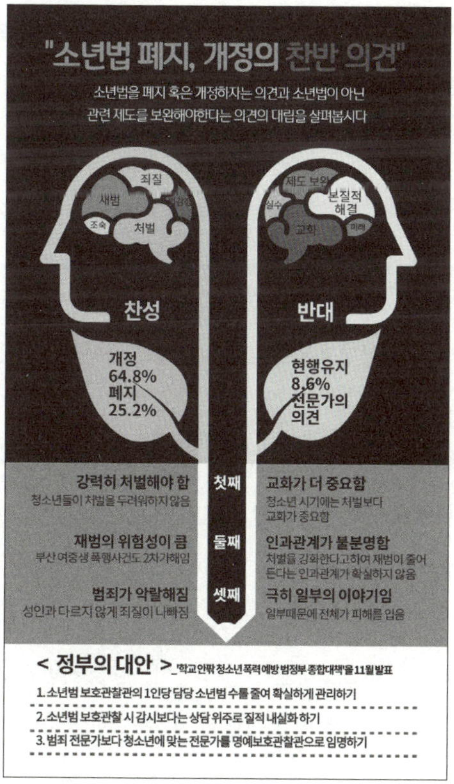

〈출처 :근로복지공단 대표 공식블로그 희망누리〉

개요	

연습 문제 3 다음의 자료를 참고하여 '맞춤형 아기'에 대한 자신의 견해가 잘 드러나도록 개요를 작성해 보자.

생물학적으로 어머니가 2명이고 아버지가 1명인 '세 부모 아기'가 지난 4월 최초로 태어난 사실이 공개됐다. 의학계는 혁명적 성과로 평가하지만 생명의 존엄성을 훼손한 것이 아니냐는 비판도 거세다.

미국 뉴욕의 '새희망출산센터'(NHFC) 의료진은 5개월 전 엄마의 난자에서 채취한 세포핵을 다른 여성의 건강한 난자에 이식하는 체외 수정 방식으로 남자 아기 아브라힘 하산을 출산시키는 데 성공했다고 과학전문매체 뉴사이언티스트가 27일(현지시간) 보도했다. 산모와 아기는 현재까지 건강한 것으로 알려졌다.

요르단 출신인 아기의 아버지 마흐모드 하산과 어머니 이브티삼 샤반은 그동안 두 아이를 낳았지만 둘 다 생후 8개월과 6세 때 사망했다. 이는 샤반의 미토콘드리아에 있는 유전성 신경대사장애 '리 증후군' 때문이었다. 미토콘드리아는 세포의 핵 바깥에 있는 부분으로 세포에 에너지를 공급하는 발전소 역할을 하며 세포핵과는 별도로 독자적 DNA를 지니고 있다. 리 증후군은 아기에게 뇌손상, 근육위축, 심장질환 등의 증상을 유발한다.

이 부부의 도움 요청을 받은 NHFC 의료진은 미토콘드리아 DNA에 결함이 있는 샤반(어머니)의 난자에서 세포핵만 빼냈다. 이어 정상 여성에게서 기증받은 난자의 핵을 제거한 뒤 샤반의 세포핵을 이 난자에 주입해 건강한 난자를 만들어냈다. 이 새 난자를 아버지 하산의 정자와 수정시킨 뒤 샤반의 자궁에 착상시켜 아기가 태어나게 된 것이다. 의료진이 아기의 리 증후군 발생 가능성을 살핀 결과 미토콘드리아 DNA 변이가 일어날 가능성이 1% 미만으로 나타나 사실상 건강하다고 미국 시사주간지 『타임』은 전했다. 미국은 안전성과 윤리적 논란 때문에 유전자 결합 시술을 승인하지 않기 때문에 이번 시술은 멕시코에서 이뤄졌다.

미토콘드리아 DNA는 세포의 활동에 필요한 에너지를 만드는 기능만 하기 때문에 외모나 성격 등 인간의 특징을 지정하는 유전정보는 모두 세포핵 DNA에 포함돼 있다. 이에 따라 세 부모 아기의 모든 유전형질 가운데 0.1%만 난자 기증자를 닮고, 나머지 유전형질은 원래 부모에게 물려받는다.

이번 시술 성공으로 유전병의 공포에서 해방시킬 것이라는 찬성론과 유전자 조작을 통한 '맞춤형 아기'가 윤리적으로 타당한 것인가 하는 반대론이 대립하고 있다. 영국은 지난해 2월 세계 최초로 세 부모 체외 수정을 허용하는 법안을 통과시켰다. 이번 출산을 주도한 NHFC의 존 장 박사는 "생명을 살리는 것이야말로 윤리적으로 해야 할 일"이라며 일각의 우려를 반박했다.

— 하종훈, 「생물학적 부모가 셋인 아기 첫 출생… 논란 격화」, 『서울신문』, 2016.09.29.

개요	

연습 문제 4

다음은 최근 사회적 문제가 되고 있는 우리나라의 미세먼지 발생과 관련한 발표의 요약문이다. 논리성과 구체성을 고려하여 수정할 부분을 찾아 고쳐보자.

제목 : **침묵의 살인자, 그것이 알고 싶다**

I. 서론

II. 미세먼지 발생의 원인

1. 공장, 자동차의 유기용제 사용으로 인한 산화물 배출량 증가
2. 편서풍으로 인한 중국발 스모그의 유입
3. 우리나라의 미세먼지 오염 현황

III. 미세먼지를 위한 제언

1. 미세먼지 비상저감조치 발령

2. 미세먼지 관련 범국가기구 설치

3. 주요 국가와의 오염도 비교

IV. 결론

1. 해외 사례의 국내 도입 논의

수정할 점 1 :	
수정할 점 2 :	
수정할 점 3 :	
수정할 점 4 :	

3. 문단의 구성과 전개

핵심 길라잡이

- **문단의 개념을 이해하고 문단의 구성 요건을 알아보자.**
- **문단의 유형에 따른 글의 전달 효과를 알아보자.**
- **문단의 구성 요건을 고려하여 두 문단의 짧은 글을 써 보자.**

1) 문단의 개념

문단은 전체 글을 구성하는 가장 기본적인 구조적 단위이며, 하나의 소주제를 포함하고 있는 글의 토막이다. 한 문단의 중심이 되는 생각을 소주제라 하고, 이는 글의 중심이 되는 생각 즉 주제와 구분하여 쓴다. 한 개의 문단은 한 개의 소주제만으로 구성되기 때문에 소주제가 바뀌면 문단은 새롭게 구성되어야 한다. 또한 한 개의 소주제를 중심으로 구성된 글의 토막이기 때문에 그것은 하나의 화제 혹은 화제의 한 측면을 다루면서 그것 자체로 완결되고 독자성을 가져야 한다. 요컨대 생각의 흐름이 바뀌면 문단은 새롭게 구성되어야 하고, 이를 가시적으로 드러내기 위해서 반드시 들여쓰기를 해야 한다.

소주제를 하나의 문장으로 표현한 것을 소주제문이라고 하는데, 소주제문의 작성 원칙은 주제문의 작성 원칙과 동일하다. 소주제문을 보충하면서 관련 내용을 서술하는 문장을 뒷받침문장이라고 한다. 따라서 하나의 문단은 한 개의 소주제문과 여러 개의 뒷받침문장으로 구성된다. 소주제문을 충분하게 서술하고 논리적 설득력을 높이기 위해서는 3-5개 정도의 뒷받침문장이 필요하다. 각 문단은 독자적인 소주제문과 뒷받침문장으로 구성되지만, 모든 문단은 글 전체의 주제에 부합해야 하고 각 문단의 연결은 논리적으로 매끄러워야 한다.

두괄식	미괄식	양괄식	중괄식
• 문단 앞부분에 주제문 위치	• 문단 끝부분에 주제문 위치	• 문단 앞, 뒤에 주제문 위치	• 문단의 중간에 주제문 위치
• 논의의 초점이 분명해짐	• 독자의 흥미를 유지할 수 있음	• 주제 강조 효과	• 독자에게 친숙한 내용으로 주제에 접근

소주제문의 위치에 따라 문단의 유형이 달라진다. 글의 목적에 따라 소주제문의 위치를 결정할 수 있는데, 소주제문이 문단의 머리 부분에 위치할 경우는 두괄식, 문단의 꼬리 부분에 놓이는 경우는 미괄식, 앞부분과 뒷부분에 모두 놓이면 양괄식이라고 하고, 문단의 중간에 위치하는 경우는 중괄식이라고 한다. 소주제문의 위치를 이렇게 다르게 배치하는 것은 필자의 의도나 내용이 독자에게 효과적으로 전달되도록 하기 위해서이다. 이는 소주제문의 위치에 따라 전달되는 효과가 다르게 나타나기 때문이다. 다음의 예문들을 통해 문단의 유형에 따른 글의 전달 효과를 알아보자.

뉴스 전달 매체가 모바일로 넘어오면서 뉴스 가치의 기준이 변화하였다. 많이 공유될 수 있는 주제와 젊은 층이 선호하는 주제가 가치 있다고 여겨지고, 기존 뉴스에서 중요한 가치였던 시의성은 더 이상 중요하지 않게 된 것이다. 〈스브스 뉴스〉를 기획한 하대석 기자는 "오히려 사람들이 정말 궁금해하는 소식이라면 확실한 뉴스거리라고 생각해요."라고 말하며 과거와 달라진 뉴스 가치의 기준에 대해 언급하였다. 실제로 〈스브스 뉴스〉는 정치보다는 일상생활에서 생겼던 작은 궁금증을 풀어 주는 취재를 많이 했다. 예를 들어 입김의 길이가 길게 나온 사진이 찍힌 한 연예인의 사진이 인터넷에서 인기를 끌자 "블랙핑크 지수 입김의 비밀"이라는 카드 뉴스를 제작했다. 내과의사에게 전화 인터뷰를 하거나 다양한 변인을 직접 변화시키면서 실험해 보고, 해당 연예인의 소속사에 직접 문의하는 등 일반 대중의 호기심을 풀어 주기 위해 노력했다. 그 밖에도 파인애플을 먹으면 입이 아픈 이유, 지하철역 '왜 저래' 구간 등 기존 뉴스보다는 잡지에서 다룰 만한 내용들을 다룬 바 있다.

— 학생의 글, 「카드 뉴스로 바라본 현 세대-〈스브스 뉴스〉를 중심으로」

이 글은 두괄식 문단이다. 젊은 층의 호기심을 충족시키면서 새로운 가치를 부각시키는 카드 뉴스의 특징에 대해서 설명하고 있다. 텔레비전이나 라디오를 통해서 전달되던 뉴스가 모바일 매체로 주된 전송 방식이 바뀌면서 뉴스 가치의 기준도 함께 바뀌었다는 사실을 서술하고 있다. 전달 매체의 변화가 뉴스의 형식과 내용은 물론 뉴스를 보는 시각까지도 변화시키고 있음을 〈스브스 뉴스〉를 중심으로 논증하고 있다.

두괄식은 자신의 견해가 가치중립적이거나 큰 반론이 예상되지 않을 때, 특히 정보를 전달하거나 설명하는 글에서 많이 사용된다. 두괄식 글은 소주제문이 가장 앞에서 제시되므로 문단의 주요 정보가 명확하게 드러난다는 장점이 있다. 단, 독자의 이해를 돕는 예시나 근거가 많을 경우 문단이 길어지기 때문에 문단의 마지막에 다시 한번 소주제문을 제시하며 필자의 주장이나 생각을 강조하는 효과를 기대할 수 있다. 이를 양괄식 문단이라고 한다.

전파천문학은 이제 천문학의 가장 중요한 분야 중 하나로 자리 잡았다. 전 세계에 수많은 전파망원경이 설치돼 우주를 관찰하고 있고, 한국에도 서울, 울산, 제주도에 직경 21m인 전파망원경 3대가 설치돼 있다. 전파망원경은 우리가 이전에 보지 못하던 빛을 보게 될 때 얼마나 많은 새로운 사실을 알 수 있는지 보여주는 좋은 예다. 얼마 전 우리는 우주를 보는 또 하나의 새로운 눈을 갖게 됐다. 전기와 자기의 효과가 만들어내는 전자기파가 아닌, 시공간의 진동으로 전달되는 중력파다. 지금까지는 우주가 우리에게 제공해주는 유일한 단서는 빛이었다. 그 빛을 통해 우리는 우주에 대한 많은 의문점을 해결해왔다. 여기에 중력파라는 새로운 단서가 우리에게 알려줄 사실들은 어떤 것일지 기대된다. 중력파 검출이라는 그 사실 자체만으로도 대단하지만, 과학자들이 더 기대하는 것은 앞으로 중력파를 통해 보게 될 우주의 새로운 모습이다. 중력파는 시공간의 진동으로 전달되기 때문에 전자기파로는 절대 볼 수 없는 곳도 볼 수가 있다. 이제 빅뱅 직후의 우주 모습이나 블랙홀 내부 모습도 보게 될 것이다. 잰스키가 우주에서 오는 전파를 처음 관측한 지 100년도 되지 않아 우리는 전파를 통해 빅뱅 우주론의 증거를 찾고, 우주의 나이를 알아내고, 중성자별의 존재를 증명하고, 별이 만들어지는 곳을 들여다보게 됐다. 우리 앞에 또 다른 새로운 발견의 시대가 시작되려 하고 있다.

— 이강환, 「외계 지적생명체의 전파까지 찾아라」, 『한겨레』, 2016.03.18.

이 글에서는 중력파의 발견으로 인해 새롭게 보게 될 우주에 대한 기대감을 드러내고 있다. 우주 과학기술의 발달로 말미암아 전파를 통해서 천문학의 발전을 이룩해 온 현대 과학은 중력파를 검출하게 됨으로써 또다시 비약적인 우주 과학기술의 발전을 목전에 두고 있다. 이와 같은 진보와 발전에 대한 기대감을 가능하게 한 중력파 검출이 이 문단의 중심 내용이 된다. 따라서 이 글은 중괄식 문단이다.

소주제문을 문단의 중간에서 밝히는 중괄식 글은 필자의 생각이나 주장이 낯설고 어렵다고 느낄 때, 이미 알고 있는 사실이나 익숙한 내용을 먼저 제시하면서 글을 시작하는 것이다. 그다음으로 필자가 전하고자 하는 소주제문을 배치한 후, 근거를 서술하는 경우이다. 중괄식 문단은 독자에게 낯선 소재나 개념에 대해서 서술하는 경우에 효과적이다.

다국적 기업에서 현지인의 '문화적 특수성'이라고 정의, 개념화되는 문화적 특질은 종종 아직 보편적 합리성에 도달하지 못한 상태를 나타내는 '비서구적'인 것과 동일시된다. 로살도(2000)는 서구 주도의 인류학 연구가 문화적 차이를 개념화하는 과정에 대해 "타자의 문화를 더욱 가시적으로 두드러지게 만드는 것은 자아가 자신의 문화적 특성을 보이지 않는 정도와 비례해서 나타난다."고 주장한다. 즉 서구의 중산층 전문가 집단이나 몇몇 인류학자들은 자신은 '문화적 특수성'에 구속되지 않는 보편적이며 합리적인 절대 가치에 이미 도달해 있다는 전제를 갖기 쉽다. 그러므로 다른 문화권의 사람을 만날 때, 자신의 문화를 기준으로 해서 그 문화의 이질성을 부각하는 경향이 있다. 이때 '문화적'이란 개념은 보편적 이성으로 이해되지 않는 '비합리적'이라는 의미와 동일하게 사용된다. 문화적 특수성은 자아에 대항하는 '타자'와, 중심에 대비되는 '주변'을 상징하는 기호로 작동한다. 이때 서구의 중산층 전문 집단들이 자신들의 입장을 객관적 보편이라 주장하는 것은 그들의 지배적인 계급적 위치를 은폐하는 것이다. 즉, 자신들도 단지 '권력'을 가진, 문화적 특수성을 지닌 집단이라는 사실을 간과하는 것이다. 어떤 면에서 권력을 행사하고 생산해 내는 사람들은 자신의 문화를 안 보이게 만들면서 모든 이질적인 문화를 초월한 보편적 자아라는 특권적 위치를 주장한다.

— 김현미, 『글로벌 시대의 문화번역』, 도서출판 또하나의문화, 2005, 113-114쪽.

이 예문은 미괄식 문단이다. 서구 중심적 문화를 절대적이고 보편적 문화로 인식함으로써 다른 문화의 이질성을 비합리적인 것으로 타자화하는 문화 인식의 편향성을 지적하는 글이다. 이 글에서는 '문화적 특수성'이라는 표현에 내재되어 있는 권력과 계급 관계를 비판적으로 고찰하기 위해서 다국적 기업의 현지인 문화에 대한 서술을 통해 글을 시작하고 있다.

미괄식 문단은 자신의 주장으로 독자를 이끌기 위해 여러 가지 예시와 근거를 먼저 제시하면서 차근차근 설명해 가는 방식이다. 필자의 견해가 독특한 관점을 지니고 있거나 다른 사람의 가치와 충돌할 수 있거나 다른 사람들이 잘 이해하지 못할 것 같은 이야기를 하려고 할 때 미괄식 문단을 선택하면 효과적이다.

2) 문단의 요건과 전개 방식

(1) 내용의 통일성

각 문단은 각각의 소주제문을 갖는 고유성을 지니면서도 글 전체의 주제 아래 철저히 통제되어야 한다. 한 개의 소주제문에 이어지는 뒷받침문장은 모두 소주제문의 내용과 연결되어 있어야 한다. 즉 한 개의 문단에 포함되는 문장들은 모두 소주제를 드러내는 데에 필요한 문장으로 한정해야 한다. 그래야만 소주제문과 뒷받침문장을 연결하여 하나의 문단으로 완성할 때 문단 전체의 내용은 소주제문을 중심으로 내용의 통일성을 갖출 수 있다. 요컨대 여러 개의 뒷받침문장들은 모두 소주제문을 보충하는 문장이어야 하고, 그렇지 않은 문장이라면 과감하게 삭제해야 한다.

(2) 문장의 연결성[11]

문단을 이루는 각 요소들은 논리적으로 배치, 조합되어야 한다. 문단 간의 연결성뿐만 아니라 문장 간의 연결성도 면밀하게 고려해야 한다. 앞뒤 논리가 연결되지 않는다면 횡설수설이 될 수밖에 없다. 소주제문을 뒷받침하는 여러 개의 뒷받침문장들은 서로 유기적으로 연결되어 있어야 하고, 이때 시간적 순서, 공간적 순서, 논리적 순서에 따라 뒷받침문장을 배치하여 문장 간의 연결성을 강화해야 한다. 문장의 연결성을 높이기 위해서는 다음의 방법을 활용하면 좋다.

- **반복 요소의 생략** : 앞 문장이나 문단의 내용을 이루는 요소가 뒤에서 반복될 경우에 그 내용을 충분히 짐작할 수 있는 것이면 생략하는 것이 좋다. 생략은 글의 간결성과 효율성을 높이고 문장이나 문단 사이의 의미상의 결속력을 강화한다. 그러나 의미의 연결이나 문장의 구조에서 어색함이 없어야 한다. 문장의 생략이 의미상의 비약을 일으켜 비논리적인 문단이 될 수 있으므로 주의해야 한다.

- **지시어의 사용** : 앞이나 뒤 문장에 나오는 단어나 구 혹은 문장이 반복될 때 이를 생략하지 않고 지시어로써 대체할 수 있다. 지시어는 문장 간의 긴밀한 연쇄 작용을 일으킴으로써 문장과 문장 사이 혹은 문단과 문단 사이를 간결하게 연결한다.

- **연결어미의 활용** : 연결어미는 문장과 문장을 연결해 준다. 둘 이상의 문장이 연결될 때에는 대등하게 연결되기도 하고, 앞 문장이 뒤 문장의 이유나 원인, 조건, 목적, 결과 등을 제시하여 종속적으로 연결되기도 한다. 이와 같

은 논리적 흐름을 고려하여 연결어미를 활용하면 문장의 연결이 매끄러워지며 독자의 이해를 구하고 설득력을 높이는 데에 효과적이다.

(3) 문단의 완결성

하나의 문단이 완결성을 갖추기 위해서는 가장 먼저 소주제문과 뒷받침문장을 갖추었는지를 살펴야 한다. 중심생각(소주제문)이 없이 막연한 내용으로만 서술이 되었다면 문단으로 구성될 수 없다. 다음으로 소주제문을 뒷받침하는 뒷받침문장이 충분히 서술되었는지를 검토해야 한다. 한 문단은 중심내용을 구체화하되, 필요한 뒷받침 내용들을 충분히 서술해야 한다. 한 개의 소주제문과 이를 뒷받침하는 문장들은 충분히 서술됨으로써 문단의 완결성을 이룰 수 있다. 중심생각의 내용을 효과적으로 전달하고 글의 목적을 달성하기 위해서는 각 문단의 서술이 충분해야 한다. 뒷받침문장이 부족하면 글 전체의 주제를 드러내는 데에도 한계가 있다.

연습문제 1 **다음의 글에서 소주제문을 찾고 문단의 유형을 구분해 보자.**

포스트휴먼은 더 이상 인간이 몸으로 사는 실재현실에서 살지 않고, 멀티미디어의 현란한 이미지가 넘쳐흐르며 여러 가지 프로그램에 의해 다양하게 만들어지는 가상현실 속에서 살게 될 것이다. 인간은 선택의 여지없이 이미 현실에 숙명적으로 몸과 함께 처해 있지만, 포스트휴먼은 디지털스페이스상에서 자기가 처할 여러 가상현실들을 자유롭게 선택할 수 있다. 이렇게 복수의 가상현실 속에 사는 포스트휴먼은 마치 현재의 개인용 소프트웨어가 업로드나 다운로드를 통하여 하드웨어를 바꾸어도 기능할 수 있는 것처럼 인간의 생체적 몸에만 의존하지 않는다. 포스트휴먼은 물리적 기반을 바꾸어가며 삶을 지속할 수 있다.

— 이종관, 『포스트휴먼이 온다』, 사월의 책, 2017, 62쪽.

소주제문 :

문단 유형 :

연습 문제 2 **다음에 제시된 주제를 참고하여 한 문단 분량의 소주제를 설정하고 그에 따라 소주제문과 문단을 작성해 보자.**

(1) **주제 : 대학 생활의 즐거움**

소주제 :

소주제문 :

문단 쓰기 :

(2) **주제 : 사이버 명예 훼손의 심각성**

소주제 : ______________________________

소주제문 : ______________________________

문단 쓰기 : ______________________________

____

____

____

____

____

____

연습 문제 3

적절한 접속어를 사용하여 다음의 여러 문장을 배열하여 하나의 문단으로 완성해 보자.

① 경로의 방법으로는 다음과 같은 것이 있다.

② 노인을 아무 일도 하지 않고 편안하게만 모시는 것은 옳지 않다.

③ 노인은 보호하고 우대하며 나아가 공경해야 할 대상이기도 하다.

④ 노인에게 알맞은 일을 드리고 사회에 참여하게 하는 일이다.

⑤ 특히 병약해진 노인들의 경우는 더욱 그러하다.

⑥ 이분들은 그동안 자녀를 기르고 일을 하고 이 사회를 이끌어 오셨다.

⑦ 알맞은 일을 마련해 드리면 이분들은 삶의 보람을 찾게 될 것이다.

⑧ 그간 쌓아온 지혜를 얻을 수도 있을 것이다.

⑨ 경로란 노인을 공경하는 것이다.

⑩ 노인들을 사회의 어른으로 지혜가 많은 존경의 대상으로 바라보는 자세가 필요하다.

— 김주미, 『현대인의 글쓰기』, 한국문화사, 2005, 68쪽.

(가) 두괄식 문단	
(나) 미괄식 문단	
(다) 양괄식 문단	

연습 문제 4 **다음의 글에서 소주제문을 찾고 뒷받침문장과의 유기적 연결성을 고려하여 문단을 재배치해 보자.**

(가) 일상과 여행은 매우 상반되는 것처럼 보인다. 하지만 현대 사회에서 이 두 단어는 밀접한 연관이 있다. 다음 예시를 통해 두 단어의 관계를 더욱 구체적으로 확인할 수 있다.

(나) TV 프로그램 〈내 친구의 집은 어디인가〉는 해외 친구의 집에 방문해 친구의 가족들과 함께 생활하면서 그곳의 문화, 일상을 체험하는 프로그램이다. 해외여행은 대부분 관광, 휴양으로 직결되는 경우가 많다. 하지만 이 프로그램에서는 해외여행에서 일상적 요소를 제시한다. 이것은 여행의 규모, 여행자의 가치관, 여행의 형태 등에 변화가 있다는 것을 의미한다. 비록 해외라는 특수한 장소 설정이 있지만, 일상을 체험하는 여행이라는 점에서 상당히 큰 의의가 있다.

(다) 일상의 소중함을 조명한 TV 프로그램이 또 있다. 바로 〈효리네 민박〉이다. 이 프로그램 또한 거창한 것, 특별한 것을 보여 주기보다는 일상적이고 안정적인 것들을 보여 주면서 일상의 소중함을 일깨워주고 있다. 이 프로그램은 해당 방송사의 예능 최고 시청률을 갱신했다. 이는 지금 우리 사회에서 '일상'이 갖는 의미를 시사한다.

(라) 2018년도에 온라인 여행사 '익스피디아'는 20~50대 남녀 500명을 대상으로 선호하는 여행 유형을 조사했다. 조사 결과 전체 응답자의 42.8%가 '유명 관광지나 도심 속 랜드마크' 여행을 선택했으며, 52.8%가 '동네 산책, 카페 투어 등 소소한 일상 속 여행'을 선택했다. 이 통계 결과 또한 우리 사회에서 '일상적인 것'의 인식변화를 설명하는 근거가 된다.

(마) 예전에는 일상을 체험하기 위해 여행을 한다는 것을 받아들이지 못했을 것이다. 하지만 요즘은 작은 것, 일상적인 것을 찾아 여행하는 것이 그리 이상한 일이 아니다. 이것은 오히려 현대인들에게 요구되어야 하는 여행의 한 형태이다. 일상 혹은 일상에서 약간 벗어난 것을 여행하면서 인간은 현재를 사유하고, 일상적인 것의 가치를 깨닫는 시간을 갖는다.

― 학생의 글

소주제문 : ______

문단 구성 순서 : ______

4. 글쓰기의 수사법과 서술 전략

핵심 길라잡이

- 자신의 생각을 타인에게 객관적으로 전달하기 위한 방법에 대해 생각해 보자.
- 설명의 다양한 방식(정의, 예시, 인용, 비교, 대조, 분류, 분석)에 대해 알아보자.
- 자신의 주장을 타인에게 합리적으로 증명하기 위한 방법에 대해 생각해 보자.
- '논증'의 정의와 추론의 과정에 대해 구체적으로 알아보자.

글이란 자신의 생각을 상대방에게 전달하는 의사소통 방식의 하나이다. 따라서 자신의 생각을 상대방에게 분명하게 전달하기 위해서는 논리적 전개 과정이 요구된다. 논리를 전개하는 대표적인 방법으로는 설명과 논증을 들 수 있다. 설명은 어떠한 사물이나 현상에 대해 알기 쉽게 구체적으로 풀어서 상대방의 이해를 돕는 것이 핵심이다. 반면 논증은 해당 사안에 대한 자신의 주장을 합리적 근거를 바탕으로 전달하여 상대방을 설득하는 것에 초점을 맞춘다. 따라서 설명과 논증은 자신의 생각을 분명하고 명확하게 전달하기 위해 필수적으로 요구되는 글쓰기 표현 방식으로, 서로가 서로를 보완하는 관계에 놓여 있다. 그 이유는 무엇을 설명하고자 할 경우에 단순한 사실만을 전달하는 것이 아니라, 자신이 왜 그렇게 생각했는지를 이해시키는 과정이 요구되기 때문이다. 또한 설명은 논증의 근거로서의 역할을 담당한다.

1) 객관적인 설명

설명이란 어떤 대상이나 현상에 대해 상대방이 잘 알 수 있도록, 자신의 생각을 또렷하게 이해시키고 싶을 때 쓰는 표현 방식이다. 따라서 설명하는 대상, 생각, 현상 등에 관해 상대방이 쉽게 이해할 수 있도록 객관적이고 구체적으로 표현해야 한다. 무엇보다도 설명은 독자의 이해를 우선으로 삼는 진술 방식이라는 점에서 읽는 이들의 성격과 수준을 파악할 필요가 있다. 같은 쓸거리라도 그것이 일반 신문과 같은 대중 매체에 실리는 글이라면 대중적이고 폭넓은 독자를 대상으로 써야 하고, 학술지의 글이라면 전문 독자층을 고려하여 전문적이고 세부적인 문제에 초점을 두고 써내려가야 한다.[12] 이러한 설명의 표현 방법으로는 정의 · 예시 · 인용 · 비교 · 대조 · 분류 · 분석 등을 들 수 있다.

(1) 정의

정의란 '무엇은 무엇이다'라는 식으로 서술하는 설명의 대표적인 표현 방법이다. 예를 들어 "국어는 한 나라의 국민이 공통으로 사용하는 언어이다."와 같은 문장을 떠올릴 수 있다. 어떤 대상이나 관념의 뜻을 설명하는 것으로 주로 전문적인 용어, 쉽게 이해되지 않는 단어, 어휘의 뜻을 풀어서 제시하는 역할을 담당한다. 짧은 사전적 정의만으로 대상의 복합적 의미를 설명할 수 없을 경우에는 글쓴이의 해석이 첨가되는 확장적 정의도 내릴 수 있다.

또한 정의는 글쓴이와 독자 사이의 효과적인 의사소통을 위한 최소한의 합의라고 볼 수 있다. 정의를 통해 글쓴이와 독자는 특정 대상이나 용어가 무엇을 의미하는지 통일된 의미를 공유할 수 있기 때문이다. 이를 통해 독자는 글쓴이가 말하고자 하는 대상의 본질을 보다 명료하게 이해하게 된다.

체슬러(Phyllis Chesler)는 정신병원의 계산된 야만성과 우연한 야만성은 모두 '바깥' 사회의 야만성을 비추는 거울이라고 지적하였다. 이는 정신병원이라는 공간이 가부장제의 상징적 축도임을 암시한다. 광기와 수용소는 여성 경험의 거울 이미지로서, 여성이 되지 않으려고 욕망하는 것일 뿐 아니라, 여성이 된다는 것에 대한 벌칙으로 기능한다. 이러한 지적에 따르면 광기와 감금은 규범적이지 않은 여성에 대한 처벌일 뿐만 아니라, 여성성을 효율적으로 주조하는 일종의 '파놉티콘'이 된다. '파놉티콘'이란 영국의 공리주의 사상가 제레미 벤담이 제안한 원형감옥을 의미한다. 최소한의 감시자가 많은 수감자를 감시할 수 있도록 설계된 것으로, 최소의 비용으로 최대의 효과를 낼 수 있는 감시와 통제의 방법을 지칭하는 용어로 쓰이고 있다. 이에 '파놉티콘'의 개념은 미셸 푸코에 의해 근대국가의 권력작용을 상징적으로 보여주는 용어로 사용되고 있다.

– 김소륜, 「여성소설에 나타난 병원 공간 연구」, 『한국문화연구』 제18권, 이화여자대학교 한국문화연구원, 2010, 54쪽, 요약 발췌.

이 예문을 살펴보면 글쓴이는 정신병원을 가부장제의 상징적 축도로서, 여성에게 일종의 '파놉티콘'으로 작용하고 있음을 설명하고 있다. 본문 안에서 '파놉티콘'의 일반적인 개념을 정의하고, 해당 개념이 미셸 푸코에 의해 상징화된 용어임을 명시했다. 이를 통해 글쓴이는 자신이 사용하는 '파놉티콘'의 개념을 독자와 공유할 수 있게 되었다. 이처럼 정의는 글에서 다루는 대상을 명확하게 규정해 주는 표현 방법이 된다.

(2) 예시와 인용

예시란 설명하고자 하는 대상과 관계있는 실제 사례를 보여 주는 표현 방법이다. 즉, 설명하고자 하는 대상과 관련되는 구체적인 사례를 들어 어떤 사물이나 현상을 설명하는 방법이다. 따라서 글쓴이가 전달하고자 하는 전체 의미를 분명하게 이해시키는 데에 효과적이다. 비슷한 맥락에서 인용이란 자신이 설명하고자 하는 대상을 한 번에 이해시킬 수 있는 기존의 말이나 글, 이론이나 주장 등을 빌려오는 것이다. 잘 알려진 명언이나 일화, 경험, 대화, 저서, 통계 등을 인용하여 글의 신뢰도를 높일 수 있다.

> 어렸을 적 들었던 우화 가운데 '코끼리와 여섯 사람의 소경'이라는 이야기가 있다. 코끼리 한 마리를 놓고 여섯 사람의 소경이 저마다 어느 특정한 부위를 만져 보고는 '코끼리는 이렇다!'고 말했다. 옆구리를 만진 이는 '코끼리는 마치 벽과도 같다'고 하고, 코를 만진 이는 '코끼리는 마치 뱀과 같은 존재'라고 하고, 다리를 만진 이는 '나무 같은 코끼리'를 상상하고, 귀를 만져 본 이는 '코끼리는 부채 같다'고 하고, 상아를 더듬고 난 이는 코끼리가 '창과도 같은 존재'라고 하고, 꼬리에 손을 댔던 사람은 '코끼리는 밧줄과 같은 존재'라고 말한다. 이 우화의 원래 가르침이 무엇이었는지는 생각이 나지 않는다. 그러나 필자는 과학이 이와 비슷하다는 사실을 말하려 한다. 어느 과학도 혼자서 자연이나 세계 전체를 파악하지 못한다. 심지어 우화에 등장하는 것과 같은 코끼리 한 마리라도 그것을 완전히 파악할 수 있는 단일한 과학은 존재하지 않는다. 과학이 발달한 21세기에도 사정은 똑같다. 코끼리라는 존재 자체의 다면성 그리고 코끼리가 우리에게 의미하는 바의 다양성 때문이다. 특정 문화권에서 흰 코끼리가 신성한 동물로 간주된다는 사실은 인문학자의 관심사일 수 있겠지만 반면에 코끼리가 인도의 노동력에서 차지하는 비중에 관한 이야기는 사회과학자의 몫이다.
>
> — 고인석, 『과학의 지형도』, 이화여자대학교출판문화원, 2007, 235-236쪽.

이 예문은 필자가 생각하는 과학의 의미를 '코끼리와 여섯 사람의 소경'이라는 우화를 예로 들어 설명하고 있다. 코끼리라는 존재 자체의 다면성과 의미의 다양성을 언급하면서 과학의 원리 역시 동일하다는 논리를 서술하고 있는 것이다. 이를 통해 독자는 필자가 말하고자 하는 의미를 보다 쉽고 분명하게 이해할 수 있다.

(3) 비교와 대조

비교란 진술하고자 하는 대상의 본질을 밝히기 위해 두 개 이상의 대상이 가지고 있는 공통점이나 유사성을 지적하는 표현 방식이다. 즉, 두 사물을 놓고 유사성이나 공통적인 면을 탐색하는 것이라고 볼 수 있다. 이와 달리 대조는 대상의 본질을 밝히기 위해 다른 대상과의 차이점을 밝히는 표현 방식이다. 두 사물을 놓고 차이점이나 구별되는 점을 부각시키는 것이라고 볼 수 있다. 비교와 대조를 통해 설명하고자 하는 대상의 특징을 명확하게 드러낼 수 있다. 이는 다른 대상과의 공통점과 차이점을 통해 접근할 경우, 드러나지 않았던 대상의 특성을 보다 명확하게 드러냄은 물론 다각도에서 심층적인 특징을 드러낼 수 있기 때문이다.

〈비교〉의 예 : 한용운의 시와 김소월의 시에 등장하는 '님'은 지금 여기에 없는 '님'이라는 공통점을 지니고 있다.

〈대조〉의 예: 한용운의 '님'은 지금은 없지만 죽은 '님'이 아니라 투철한 신앙심 속에서 살아 있는 '님'이다. 그러나 김소월의 '님'은 과거의 '님'이자, 현실적으로 부재하는 '님'이며, 미래에서조차 존재하지 않는 '님'이다.

일반적으로 비교와 대조를 할 때에는 세부적인 기준들을 잘 세워야 한다. 이는 비교와 대조를 하려는 목적이 무엇인가를 통해 구체화될 수 있다. 같은 대상들을 두고도 글의 목적에 따라 공통점을 밝힐지, 차이점을 밝힐지가 달라질 수 있다. 이에 글쓴이가 글을 쓰는 목적을 분명히 밝히고, 이에 부합하는 기준을 설정하는 것이 매우 중요하다.

> sex는 인간의 생물학적 특질로만 규정되며, 이것 이외의 다른 특질들을 지칭하는 개념이 바로 gender이다. 따라서 sex는 해부학상 인간이라는 종 가운데 여성으로 태어났는가 아니면 남성으로 태어났는가를 구분하는 생물학적 특질들로 구성되는 생물학적 성(biological sex)을 의미하고, 반면 gender는 생물학적으로 결정된 sex에 기반한 자질로서 사회적으로 학습되어 구성된 구체적 행동과 그에 준하는 기대를 일컫는 사회적 성(sociological gender, social gender)을 의미한다(M. Humm: 1990). 이러한 sex와 gender의 개념적 구분은, 남녀의 모든 성적 특질과 차이가 고정 불변하는 자연스러운 것이 아니며, 어떤 특질과 차이들은 필연적이기도 하고 어떤 것들은 사회·문화적 환경으로부터 비롯된 유동적인 것임을 효과적으로 보여주는 의미 있는 개념 구분이다.
>
> — 김정선·이경미, 「여성학 용어사전」, 『여성과 사회』 제4호, 한국여성연구소, 1993, 278-279쪽.

이 글은 남성과 여성의 개념을 생물학적 성과 사회적 성으로 비교·대조하여 설명하고 있다. 가장 눈에 띄는 것은 sex와 gender의 개념을 대조하여 설명하고 있는 부분이다. 이를 통해 글쓴이는 sex와 gender라는 두 개념의 구분이 사회·문화적 환경으로부터 비롯된 유동적인 개념임을 제시하려는 목적을 성취했다고 볼 수 있다. 그런 의미에서 비교와 대조를 효과적으로 사용하기 위해서는 글쓴이가 말하고자 하는 목적을 명확하게 설정할 필요가 있다.

(4) 분류와 분석

분류는 대상이 여러 가지이거나 복합적일 때, 일정한 기준에 따라 대상을 나누거나 묶어서 설명하는 방법이다. 공통점을 가진 대상들을 하나의 종류로 묶거나, 어떤 대상을 일정한 기준에 따라 부분별로 나누는 표현 방식에 해당한다. 하위 개념들을 상위 개념으로 범주화하여 큰 부류로 묶는 것으로, 막연해 보이던 것들을 체계적으로 이해할 수 있도록 돕는 설명 방식의 하나이다.

반면 분석은 전체를 부분으로 나누어 설명하는 표현 방식이다. 전체를 이해하기 위해서 대상을 각각의 요소들로 나누어, 구성 요소들의 관계와 기능을 따져보거나 현상의 원인을 따져보는 설명 방식이다. 이를 통해 글쓴이는 자신이 전달하고자 하는 내용을 보다 짜임새 있게 정리하여 표현할 수 있다.

〈분류〉

- 노란 꽃에는 개나리, 민들레, 유채꽃, 해바라기, 후리지아 등이 있다.
- 자동차 연료의 종류로는 휘발유, 경유, 액화석유가스, 압축천연가스, 전기, 수소, 태양열 등이 있다.

〈분석〉

- 식물의 구조를 살펴보면 뿌리, 줄기, 잎, 꽃 등으로 나누어진다.
- 자동차는 엔진, 핸들, 바퀴 등으로 구성되어 있다.

이러한 예에서 확인할 수 있듯이, 분류와 분석은 일정한 기준에 따라 항목을 구분하여 제시한다는 점에서 대상들 간의 관계를 파악하는 데에 효과적이다. 무질서하거나 복잡한 대상들을 일정한 기준에 따라 범주화함으로써 그 대상들 속에서 일정한 질서를 도출할 수 있기 때문이다. 이를 위해서는 제외되거나 겹치는 대상이 없도록, 각각의 대상들이 동등한 지위를 갖도록 분류하는 것이 매우 중요하다. 또한 그 기준이 모든 대상에게 적용될 수 있도록 세워져야만 한다. 이를 위해서는 명확하고 객관적인 용어로 분류 기준을 명시할 필요성이 있다.

연습 문제 1 다음 <보기>는 국립국어원에 등록된 신조어들의 뜻을 설명하고 있다. <보기>를 참고해서 우리 사회에서 주목받고 있는 또 다른 신조어들을 찾아보자. 그리고 해당 단어들의 정확한 의미를 정의해 보자.

보기

- 갑분싸: '갑자기 분위기가 싸해진다', '갑자기 분위기가 싸해지는데'를 줄여 이르는 신조어이다. '갑분싸'는 온라인이나 SNS뿐만 아니라 일상생활의 대화 속에서도 자주 사용되고 있다. 예컨대 누군가의 썰렁한 이야기로 인해 분위기가 싸해졌을 때 '아… 갑분싸' 등과 같이 사용한다.

- 소확행: 일상에서 느낄 수 있는 작지만 확실하게 실현 가능한 행복을 의미한다. 또는 그러한 행복을 추구하는 삶의 경향을 지칭하는 표현으로 사용된다.

연습 문제 2 다음에 제시된 단어들 가운데 한 개를 선택하여 비교 및 대조하는 글을 서술해 보자.

개인, 여성, 대학, 종이책, E-mail, 고양이, 개나리, 초가집, 자동차

- 선택한 주제어:
- 해당 주제어와 비교 혹은 대조할 수 있는 주제어:
- 두 주제어를 비교 혹은 대조함으로써 말하려는 핵심:

• 글쓰기

2) 합리적인 논증

우리의 삶은 선택과 설득의 연속이라고 볼 수 있다. 텔레비전과 인터넷에서 수없이 쏟아져 나오는 광고들은 물론, 친구들과 점심 메뉴로 무엇을 먹을지 고민하는 과정까지도 모두가 타인을 향한 설득의 메시지를 담고 있기 때문이다. 따라서 우리는 매 순간 자신의 선택에 대해 스스로를 설득함은 물론, 상대방을 설득해야만 하는 위치에 놓여 있다.

우리가 글을 쓰는 이유도 마찬가지이다. 자신의 생각을 타인에게 전달하기 위해서, 단순히 전달하는 차원을 넘어 상대방의 동의를 이끌어 내기 위해서 끊임없는 노력이 요구된다. 자신이 왜 그렇게 생각하는지, 그것이 어떤 점에서 타당한지를 합리적인 근거와 함께 제시해야 한다. 이러한 합리적 근거를 통해 상대방을 설득시키는 과정을 '논증'이라고 부른다.

논증을 성립시키기 위해서는 '논제(주장)'를 논거를 통하여 증명해 가는 절차와 조건들이 필요하다. 따라서 논증이란 논리적 구조의 개념과 밀접한 관련을 맺는다. 이때의 논리적 구조란 일반적으로 자신의 가치판단이 분명하게 드러나는 명확한 하나의 결론과 이를 지지하는 둘 이상의 전제들이라고 볼 수 있다. 그런데 전제가 너무 많을 경우에는 오히려 전달하려는 바를 모호하게 할 수 있다. 그러므로 불필요한 내용은 과감하게 생략하는 것이 효과적이다.

(1) 추론의 과정

논증이란 합리적 사고를 전제하며, 합리적 근거를 바탕으로 자신의 주장을 구체화하는 것을 말한다. 이러한 논증은 추론의 과정과 밀접한 관련을 지닌다. 합리적인 이유를 제시하면서 결론에 이르는 과정이 바로 '추론'이기 때문이다. 추론의 대표적인 방법으로는 귀납추론, 연역추론, 유비추리를 들 수 있다.

① 귀납추론

귀납추론은 구체적이고 특수한 사실들(경험)을 통해 보편적 원리를 추출해 내는 방식의 추론이다. 사물이나 현상을 고찰하여 얻은 사실을 바탕으로 일반화하는 방법이라고 볼 수 있다. 따라서 전제가 모두 참이라고 해도 결론이 반드시 참인 것은 보증할 수 없다. 다만 최대한 참으로 접근하는, 참일 가능성이 높은 결론을 지지한다고 볼 수 있다. 주로 실험이나 관찰을 통해 결론을 도출하는 자연과학 분야 논문에서 많이 사용된다.

과학사의 많은 발견은 '귀납적 일반화의 과정'을 거쳐서 이루어졌다. 지구가 돈다는 것을 입증할 천문학적 증거들이 축적된 뒤에야, 비로소 지동설이라는 가설은 일반화될 수 있었다. 이처럼 귀납법은 경험을 바탕으로 지식을 체계화하고 새로운 진리를 수립하는 추론 방법이다.

> 대학생 A는 봉사활동을 한다.
>
> 대학생 B는 봉사활동을 한다.
>
> 대학생 C는 봉사활동을 한다.
>
> ……
>
> 그러므로 모든 대학생은 봉사활동을 한다.

하지만 위의 예시에서 확인할 수 있듯이, 개별적인 사례들을 통해 나머지 사례들도 동일할 것이라는 추론의 방식은 때로는 일반화의 오류를 낳을 수 있다. 특히 예외가 되는 내용이 하나라도 등장할 경우, 논증의 결론이 모두 뒤바뀔 수 있다는 사실을 주의해야 한다.

② 연역추론

연역추론은 귀납추론과 달리 직관적으로 내용을 파악하여 적용하는 방식이다. 일반적으로 참이라고 받아들이는 어떤 전제를 바탕으로 결론이 필연적으로 도출되는 것이다. 삼단논법으로 대표되는 연역추론은 그리스의 철학자 아리스토텔레스가 제창했으며 흔히 2개의 전제와 1개의 결론으로 구성된다. 이때 핵심은 전제가 모두 참이면 결론은 필연적으로 참이 된다는 사실이다. 다음의 표는 귀납추론과 연역추론의 차이를 명확하게 드러내준다.

<귀납추론>	<연역추론>
소크라테스는 죽었다.	사람은 죽는다. (대전제)
플라톤도 죽었다.	소크라테스는 사람이다. (소전제)
소크라테스와 플라톤은 사람이다.	그러므로 소크라테스는 죽는다. (결론)
사람은 모두 죽는다. (결론)	

이 표에서 살펴볼 수 있듯이, 연역추론은 대전제(사람은 죽는다)를 근거로 소전제(소크라테스는 사람이다)를 매개하여 구체적인 문제(소크라테스는 죽는다)의 결론을 이끌어 내고 있다. 이때 대전제는 소전제는 물론 결론까지도 구속하게 되어, 전제가 참이라면 결론 역시 참이 된다.[13] 따라서 연역적 추론은 완전히 새로운 무엇인가를 이끌어 낼 수는 없지만, 지식을 축적해 가며 세계를 이해하는 데에 중요한 역할을 한다. 또한 죽음이나 우주 등과 같이 경험적으로 쉽게 확인할 수 없는 세계를 설명하는 데에도 유용하다. 연역적 추론을 바탕으로 하는 글은 논리의 형식상 신뢰할 만한 결론이 도출되기에, 안정적이고 설득력을 갖는다.

③ 유비추리

유비추리는 서로 다른 체계를 연결해 새로운 발상의 전환을 불러오는 추론의 방식이다. 두 개의 대상에서 발견되는 약간의 비슷한 속성을 근거로 하여 그 밖의 다른 속성들도 비슷할 것이라고 추리하는 방법이다. 다른 것들 사이에서 본질적인 유사점을 투시해 내는 통찰력과 재치를 무기로 삼는다는 특징을 갖는다. 이때 설득력을 강화하기 위해서는 비교되는 두 대상 사이에 존재하는 공통된 속성을 명확하게 드러내야 한다. 그런데 아무리 공통된 속성이 많다고 해도 그것이 결론과 연결되지 않는다면 설득력을 갖기 어렵다. 예를 들어 A와 B가 같은 대학에 다니고, 같은 교과목을 수강하고, 같은 동네에 산다고 해서 두 사람의 가치관이 동일할 것이라는 유추는 잘못되었기 때문이다.

그러나 유비추리는 풍부한 상상력을 자극하여 새로운 법칙을 찾아낼 확률이 높다는 점에서 재미있고 명쾌한 측면이 있다. 서로 다른 체계를 연결시키기에 유비추리에 의한 결론은 설득력이 떨어질 수도 있지만, 의외의 범주로 전개되어 새로운 창조적 발견을 가능하게 만들기 때문이다.

(2) 논증의 실제[14]

논증이란 자기의 주장이 정당함을 신빙성 있는 논거를 제시하여 타당하게 입증하는 서술 방식이다. 논증이 이루어지기 위해서는 어떤 문제나 쟁점에 대한 자신의 견해가 있어야 하고, 이를 입증하기 위한 타당한 논거 역시 있어야 한다. 이때 자신의 견해를 지지하는 논거는 반드시 명제를 통해 이루어진다.

이때 명제란 '참이라 믿어지는 진술'로, 참이나 거짓으로 판정할 수 있는 사실적 정보를 담고 있어야 한다. 따라서 "사과는 맛있다." 혹은 "영화가 재미있다."와 같이 참과 거짓으로 판정하기 어려운 문장은 명제가 될 수 없다. 또한 일반적인 상식이나 경험에 비추어 볼 때 거짓이어서는 곤란하다. 논거에 해당하는 모든 전제가 일반적으로 수용할 수 있는 내용이어야만 상대방을 설득할 수 있기 때문이다. 무엇보다 주관적인 판단이나 특수한 사례는 성급한 일반화의 오류를 낳을 수 있다는 점에서 주의해야 한다. 예를 들면 다음과 같은 논증의 형태를 살펴볼 수 있다.

전제 1) 예술적 · 역사적 가치가 있는 문화재의 원형을 보존할 필요가 있다.

전제 2) 우리나라의 문화재는 외국의 문화재에 비해 훨씬 우수하다.

결론) 우리나라의 모든 문화재는 국제적 차원에서 보호해야만 한다.

이 논증이 문제가 되는 이유는 '전제 2'에 해당하는 내용 때문이다. 이는 문화의 상대성을 인정하지 않은 자문화 중심주의적 사고를 드러내는 서술이다. 따라서 일반적으로 참이라고 받아들이기 어려운 명제가 전제로 사용될 경우 좋은 논증이라고 볼 수 없다.

또한 합리적인 논증을 위해서는 전제와 결론이 유기적으로 연결되어야 한다. 앞서 언급한 바와 같이 논증은 결론을 지지하는 전제들의 집합이다. 따라서 논증의 평가 기준은 글쓴이가 제시한 결론을 논거들이 얼마나 뒷받침하고 있는가에 달려 있다. 전제와 결론이 모두 틀림없는 사실이라 해도 서로 연관성이 없다면 합리적인 논증이 될 수 없기 때문이다. 우연히 일치하는 사건이라고 해서 모두 관련이 있는 것은 아니다. 따라서 두 사항이 전제와 결론으로 연결되는 순간 이 명제는 거짓이 되고 만다. 그러므로 좋은 논증이 되기 위해서는 전제와 결론의 내용이 분명히 연결되어야 한다.

전제 1) 한국은 다른 나라보다 인구당 성형수술 시행 수치가 높은 성형 강국이다.

전제 2) 성형수술은 칼을 대는 '절개술' 과 칼을 대지 않는 '비절개술'로 구분된다.

전제 3) 각종 매체에서 넘쳐나는 성형수술 광고는 성형수술에 대한 거부감을 줄여준다.

결론) 과도한 성형수술 광고는 제한되어야 한다.

독자는 이 예문을 통해 한국의 높은 성형수술 시행 수치 원인이 과도한 성형 광고 때문이라는 유추를 하게 된다. 이에 대한 근거로 글쓴이는 '전제 3'에서 각종 매체에서 넘쳐나는 성형수술 광고가 대중으로 하여금 성형수술에 대한 거부감을 줄여 주었다고 주장하고 있기 때문이다. 그러나 전체적인 흐름상 '전제 2'는 성형수술의 일반적인 종류를 설명하는 것으로 결론과 전혀 상관없는 진술에 해당한다. 이러한 전제는 글의 논지를 흐리게 만들기 때문에 수정되어야 한다.

이 외에도 전제와 결론이 모두 참이고 전제와 결론 사이에 연결성이 있다고 해도, 결론을 지지해 줄 근거가 부족하다면 합리적인 논증이라고 보기 어렵다. 다음의 예문을 살펴보자.

> 전제 1) 인공지능 프로그램이 예술 영역에서 다양한 창작 활동을 이어 가고 있다.
>
> 전제 2) 인공지능 창작물에 관한 저작권 문제가 사회적 쟁점으로 대두되고 있다.
>
> 전제 3) 국내법에서는 인공지능을 저작의 권리와 책임을 지닌 주체로 인정하고 있지 않다.
>
> 결론) 예술 창작에 관한 인공지능의 저작권을 인정해야 한다.

이 예문을 살펴보면, 국내법상 인공지능의 권리와 책임은 인정되지 않고 있다는 전제에서 인공지능의 저작권을 인정해야 한다는 결론이 바로 이어지고 있다. 그러나 해당 결론은 인공지능의 창작물 역시 예술적 가치가 있으며, 인공지능의 창작물과 저작권을 부정할 경우 나타날 수 있는 다양한 문제를 지적하는 전제가 보충되어야만 설득력을 갖는다.

이는 비슷한 맥락에서 명확한 기본 개념 설정과도 이어진다. 사용한 용어가 개념적으로 애매한 부분이 있어 전체의 논리가 흔들릴 위험이 있을 때는 개념을 설정해 주어야 한다. 예를 들어 "낙태가 살인이다."라는 주장을 할 경우, "태아는 과연 인간인가 아니면 그냥 태아인가?"에 대한 입장을 먼저 정해야만 한다. 만약 누군가 "태아를 어떻게 규정할 것인가?", "수정된 시점에서

부터 태아는 인간인가?" 등의 질문을 한다면 이 논증은 근본부터 흔들리기 때문이다. 전제 부분에서 '태아는 인간이다.'라는 개념 설정이 먼저 이루어져야만 낙태가 비윤리적인 살인 행위임을 주장할 수 있다. 좋은 논증이 되기 위해서는 전제의 전제라 할 수 있는 주요 용어의 기본 개념이 정립될 필요가 있다.

마지막으로 합리적인 논증을 구성하기 위해서는 자신만의 논리에 빠져서는 곤란하다. 논증이란 명확한 견해를 바탕으로 이루어지는 글이기 때문에, 동일한 문제에 대해 상반된 입장에서 논증이 가능하다. 따라서 자신과 다른 의견이 나올 수 있다는 사실을 염두에 두고, 이에 대한 재반박까지도 고려하여 글을 써야만 논리적으로 보다 완벽한 글을 쓸 수 있다. 특히 배아 연구·사형제도·민족주의 문제처럼 찬반양론이 대립하는 사안이나, 사회적 이슈를 몰고 다니는 민감한 주제들은 반론의 문제에 철저하게 대비할 수 있어야 한다. 이러한 주제의 경우에는 아무리 자신의 논리가 탄탄하다고 할지라도 다른 맥락에서는 상반되는 견해가 제기될 수밖에 없기 때문이다. 따라서 가장 쉽게 나올 수 있는 반론을 예상하여, 그것에 미리 대비할 필요가 있다. 다음의 두 글은 '사형제'라는 동일한 주제어를 두고 서로 다른 논증을 전개하고 있다.

전제 1) 인간의 판단력은 불완전하다.

전제 2) 사형선고 과정에서 억울한 사람이 생길 수 있다.

전제 3) 인간의 사고와 행위는 교정이 가능하다.

전제 4) 사형 집행 과정에서 집행인 등의 무고한 피해자가 발생할 수 있다.

결론) 사형제는 폐지되어야 한다.

전제 1) 인간의 생명은 존엄하다.

전제 2) 다른 사람의 생명에 위협을 가하는 일은 용서하기 어려운 일이다.

전제 3) 인간의 사고와 행위는 교정이 쉽지 않아 동일 범죄가 발생한다.

전제 4) 사형제 폐지는 사회적 불안과 피해자 가족 등의 무고한 피해자를 낳는다.

결론) 사형제는 유지되어야 한다.

이와 같이 특정 쟁점에 대해 찬성과 반대가 첨예하게 대립하는 주장은 자기 주장의 타당성을 입증하기 위해 반드시 상대방이 주장할 것으로 예상되는 반론에 대해 고려해야만 한다. 반론을 준비할 때 주의할 점은 쟁점의 핵심에서 절대 벗어나서는 안 된다는 사실이다. 또한 논증은 글쓴이의 신념, 주장, 의견 등을 논리적으로 전개한다는 점에서 상대방을 설득하기 위한 명확한 근거가 뒷받침되어야 한다.

연습 문제 3

다음의 논리 전개 과정에서 발견되는 오류들을 구체적으로 지적해 보자.

전제 1) 지난 2011년, 국민 편의와 비용 절감을 위해 운전면허 취득 절차가 간소화되었다.

전제 2) 운전면허 발급이 쉬워지면서 자동차 등록 대수가 증가했다.

전제 3) 운전면허 취득 절차의 간소화 이후, 한 해 교통사고 발생 건수가 약 24.5% 증가했다.

전제 4) 이러한 사고는 모두 고령 운전자와 중증 질환자가 일으킨 사고이다.

전제 5) 의무교육 시간이 대폭 줄어들면서 예비 운전자들은 운전 관련 이론을 충분히 습득하지 못하고 있다.

결론) 엄정한 운전면허 관리를 위해서는 운전 이론 학습과 주행 실습을 강화하는 등 제도 개선이 필요하다.

시론(時論) 쓰기

1. 시론의 개념

시론은 시사(時事)에 관한 평론이다. 신문, 방송, 잡지 등에서 특정한 사회적 문제를 대상으로 그 옳고 그름을 따져서 논증적으로 해명하는 글을 통틀어 시론이라 할 수 있다. 사설과 칼럼 등이 대표적인 시론에 속한다. 사설은 사회의 기본적인 윤리관과 가치관에 입각하여 공공사회의 중요한 문제를 제기하고 이 문제의 성질을 밝힌 다음 문제의 해결방안을 제시하는 글이다. 그리고 사회의 부정과 부조리, 공공적 이슈에 관한 그릇된 견해와 조치들에 대해 비판을 가하는 글이라 할 수 있으며 사회정의를 내세우면서 여론을 주도하고 사회의 지적 풍토를 바로잡는 글이라 할 수도 있다.

사설은 정치, 사회, 문화, 종교, 예술 등 인간의 삶 전반에 걸쳐 의견과 주장을 내세우는 글이기 때문에 논리성을 갖추는 것이 가장 중요하다. 또한 사회적 고발성이 짙고 공식적인 의견을 밝히는 글이므로 '서론-본론-결론'의 구성을 갖추거나 기승전결(起承轉結)의 형식을 갖추어 쓰는 것이 일반적이다. 마지막으로 대중 독자를 고려하여 글의 대중성을 갖추어야 한다. 학술적 논문이 전문적, 심층적인 글이라면 사설은 압축적이고 평이한 글이다.

칼럼은 필자의 개인 의견이나 주장을 제시하는 글의 형태이다. 사설이 신문사의 입장을 대표하고 정치, 경제, 사회에 속하는 중요 사항을 거론하는 것과는 대조적으로 칼럼은 시정에서 일어난 일부터 자연이나 계절의 변천에 이르

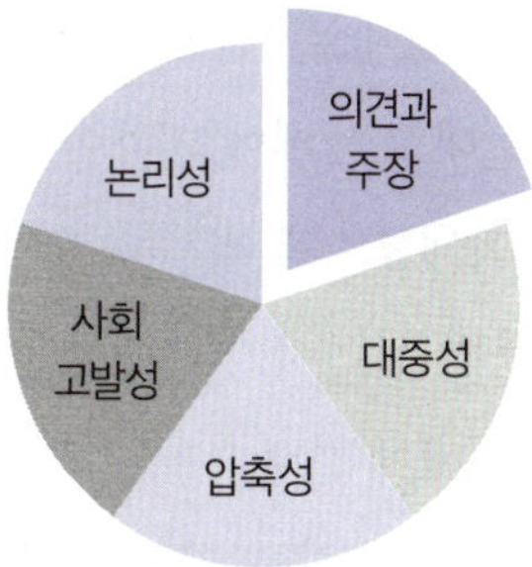

<사설의 특징>

기까지 모든 것을 소재로 삼을 수가 있고, 필자의 주관적인 감상을 서술하는 경우가 많아 독자들에게 보다 친근감을 주기도 한다.

칼럼은 주로 시사적인 현안에 대해서 쓰는 논평 형식의 글이기 때문에 시사적인 쟁점에 대한 필자의 독창적인 견해에 기반하고 있다. 따라서 칼럼은 공정한 시각과 올바른 역사의식, 넓은 식견을 가지고 자신의 의견을 뚜렷하게 제시하는 것이 바람직하다. 지금의 사회, 역사적 상황 속에서 사람들 사이에 크게 화제가 되고 있는 뉴스거리를 통하여 독자와의 교감을 확보할 수 있어야 하며, 현재 전개되고 있는 우리의 문제와 관련하여 독자들이 일반적으로 생각하기 어려운 독특한 시선을 제시함으로써 사태를 달리 바라볼 수 있도록 해야 한다.

2. 시론의 구성 요건

시론을 구성할 때 '서론'은 주제 전달 단계로서, 시사적인 현안과 연관된 문제와 전개하고자 하는 주장을 제시해야 하고, 그것이 구체화되도록 해야 한다. 즉 주장의 배경, 주장의 필요성, 주장과 관련된 현재의 논쟁 상황 등이 담겨야 한다. '본론'은 논거 제시 단계로서, 제기한 문제의 원인, 과정, 결과를 분석해야 한다. 그리고 이를 토대로 문제에 대하여 평가하고 주장해야 한다. '결론'은 마무리 단계로서, 글 전체를 마무리하는 요약이 이루어져야 한다. 물론 이 요약에는 주제를 다시 한번 상기시키는 내용을 담아야 하며, 전체 주장과 관련하여 희망과 전망을 제시해야 한다.

시론에서 주장은 다음과 같은 특징을 지니고 있어야 한다. 먼저 논지의 전개는 신중해야 하며, 비판 역시 공정해야 한다. 즉 합당한 사실(근거, 판단)을 바탕으로 이치에 맞는 주장을 펼쳐야 한다. 다음으로 비판을 위한 비판을 하거나 문제만 지적하는 것에 머물러서는 안 된다. 건설적 대안을 제시할 수 있어야 한다. 즉 맹점만 지적하지 말고 문제 해결의 방향을 제시할 수 있는 생산적인 충고까지도 포함해야 한다.

[학생 시론]

누군가가 말했다. '존재를 지우는 사회에서, 소수자의 존재를 가시화해야 한다.' 다른 이가 반응했다. '그런데 가시화라는 말은 시각장애인 배제적 용어예요. 대체어를 찾아보아요.' 또 다른 이는 '본다, 듣는다는 말도 그러면 다 사용할 수 없는 거 아니에요?'라고 말했고, '아 근데 그거는 채식하는 사람에게 식물, 미생물은 안 불쌍하냐고 묻는 느낌인데'라는 반응이 이어졌다.

Leave No One Behind. 누구도 배제하지 않는 세상을 향한 다양한 투쟁들이 있다. 추상적 고민들 속에서 어느 지점을 변화시키려 할지 판단해야 한다. 가시화라는 단어는 시각장애인 배제 단어일까. 감각 & 기능과 관련된 은유적 표현에 대한 고민을 시작했다. 인사이트, 가시화, 알아듣다 같은 기능 비유적 표현들. 비하적이지 않지만 일부 장애인을 포함하지 않는 은유적 표현들. 과연 장애인을 배제하는 걸까.

시각장애인인 지인에게 물어보니 다음과 같이 답했다. "단어를 사용하는 사람들이 어떤 인식을 갖고 사용하는지가 중요하다 싶어요. 그리고 '가시화/비가시화'라는 단어가 시각장애인 배제적이라 대체한다면, '아름답다'는 말도 대체해야 할까요? 시각적인 게 큰데…… 또한 시각적 표현을 다 사용하지 않는 게 시각장애인을 위한 걸까요?"

수전 웬델의 『거부당한 몸』에서는 다음과 같은 내용이 나온다. 어떤 능력이든 그것을 가진 사람이 있고, 그렇지 않은 사람이 있다. 그렇다고 해서 모든 감각과 기능적 표현을 사용하지 않으면 언어 체계에 많은 제한이 걸릴 것이다. 웬델은 장애인이지만 그런 걸 원치 않는다고 밝힌다. 또한 청각장애의 경우엔 시각적 감각이 중요하다는 점을 시사한다. 따라서 시각장애인을 위해 모든 시각적인 표현 사용을 지양하는 건, 청각장애인을 차별하는 것일 수 있다.[1]

그렇구나. 그럼에도 불구하고 의문이 남았다. 장애인 배제적인 언어임을 인정하지만 어쩔 수 없으니 놔두자는 건가? 아니면 배제가 아닌 차이의 영역이니 그냥 서로 다름을 인정한다는 걸까? 후자로 생각이 기울었다. 장애인이든 비장애인이든 누구든지 감각에 대한 다양한 차이가 있다. 차이들에 대한 언어를 지우는 건 오히려 서로의 정체성을 부정하도록 작용할 수 있다. 장애에 따른 경험과, 현재 가지고 있는 감각에 따른 정체성을 말이다.

따라서 어떤 감각적, 기능적 표현에 대해 모두 대체어를 찾을 필요는 없다고 결론을 내렸다. 대체어를 찾는 게 가능하지 않으니 시도하지 말자는 게 아니다. 차별이 아니라는 판단과, 언어를 대체하려는 시도가 서로에게 어떤 영향을 미칠지에 대해 고민한 결론이다. 차별과 차이를 명확히 구분하기 어렵지만, 앞에서 언급한 은유적 표현은 차이의 영역에 가깝다.

'가시화'라는 말은 현상을 드러낸다는 은유로 사용되고 있다. 또한 대척 단어로 '비가시화'가 함께 쓰이고 있다. 시각장애인이라고 해서 본 표현을 쓰지 않는 것은 아니며, 어떤 감각을 가진 사람이라도 본 은유를 사용할 수 있다. 서로 다른 감각의 언어를 공유하는 건 장애인을 배제하는 게 아니라, 서로 다름을 인정하며 은유적 표현을 공유하는 것이다. 만약 그렇게 생각하지 않는다면, 바꿔야 할 건 단어가 아니라 다름에 위계를 두고 언어를

---

1 수전 웬델, 『거부당한 몸』, 강진영 · 김은정 · 황지성 옮김, 그린비, 2013, 158-160쪽.

사용하는 사람의 차별적 마인드 아닐까.

물론 차이가 차별로 기능하지 않도록 주의해야 한다. 또한 어떤 단어든 쓰이는 상황, 맥락 모두 고려해야 한다. 감각 & 기능 은유적 표현이 모두 괜찮은 건 아니다. 소수자의 불기능에만 집중한 은유를 다수자가 사용하는 것은 주의해야 한다. 예를 들어 '블라인드 채용'은 전맹인 사람의 시각차단이라는 불기능만을 집중하여 다수자의 은유로 사용하는 단어이다. '비가시화'라는 단어는 '가시화'와 함께 작용하지만, '블라인드'는 '맹인, 보지 못 한다'는 뜻에서만 착안해 사용하는 것이라 불편한 은유이다.

기능적 은유와 불기능적 은유를 모두 명확히 나누기 어렵다. 괜찮음과 불편함을 명확히 판단하기는 어렵다. 그래도 해당 고민지점을 공유하고 추상적 고민 속에서 구체성을 잡아간다. 또한 어떤 고민을 하더라도, 언어 사용 변경 자체가 궁극적 문제해결은 아니다. 문제는 항상 연결되어 있으니 항상 다른 고민들도 같이 하자. 아자자.

– 김미현(커뮤니케이션 · 미디어학부, 15), 「장애인을 배제하는 언어인가요?」, 『이대학보』 1561호, 2018.05.28.

3. 시론의 작성 방법

시론을 작성할 때에는 다음과 같은 준비와 전략이 중요하다.

첫째, 독서를 많이 해야 한다. 정치, 경제뿐 아니라 문학, 철학, 사상, 역사 등 광범위한 독서를 통한 지식의 축적과 깊이 있는 사고, 비판적 해석 등이 필요하다. 또한 현실과 무관한 추상적 이론이나 형이상학적 사유를 동원하는 이론적 글쓰기는 지양해야 한다. 논점이 신빙성이 있도록 하기 위하여 사실적 근거를 구체적으로 제시하는 시사적 글쓰기를 해야 한다.

둘째, 자신만의 견해가 명확히 드러난 주장이 있어야 한다. 시론은 글을 쓰는 이의 문제의식이 매우 중요하다. 따라서 문제를 바라보는 시각을 정립하고, 현실적 상황을 참조하면서 자신의 입장을 논리적으로 전개해야 한다. 양시론이나 양비론은 독자에게 공감을 줄 수 없다. 소신 있는 시론을 쓰기 위해서는 주장과 견해가 분명해야 하며, 올바른 방향이어야 한다.

셋째, 균형 잡힌 시각과 올바른 역사관을 가져야 한다. 특정한 입장을 대변하거나 편중된 시각으로 일방적인 주장을 펼치는 것은 설득력을 얻을 수 없다. 이를 위해 글을 쓰기 전에 정보와 지식을 충분히 갖추고, 자신의 주제와 같은 내용을 다룬 신문 기사나 사설을 찾아 각각의 입장과 주장을 살펴보는 것도 필요하다.

넷째, 주제가 되는 사안에 대해 정확하게 이해해야 한다. 독자가 생각해 볼 만한 질문을 던지거나 의문을 제시할 수 있어야 하기 때문이다. 사안에 대해 전후맥락과 흐름, 현재 상태, 대안 등을 정확하게 이해하고 있지 않다면 깊이 있는 분석과 효과적인 대안을 제시하기 어렵다. 독자의 관심을 유발할 수 있는 통계 수치나 역사적 사건, 독자의 의표를 찌를 수 있는 명언이나 금언을 제시함으로써 독자의 관심과 공감을 이끌어 내야 한다.

다섯째, 자신만의 독특한 문체와 필력도 좋다. 시론은 독자가 부담을 느끼는 무거운 문장이 아니라 일반 대중들이 쉽게 접근할 수 있도록 평이하고 담담한 문장으로 써야 한다. 뿐만 아니라 독특한 필체로써 개성이 돋보이는 글도 좋은 글이다.

[전문가 시론]

2008년 개봉한 코언 형제의 영화 '노인을 위한 나라는 없다'는 제목이 충격적이기도 했지만 노후 준비가 화두인, 나 같은 경제개발 세대에게는 예사롭지 않았던 기억이 있다.

2001년 서울대는 100세를 사는 사람은 특별한지, 특정 장수지역이 있는지 알아내기 위해 박상철 당시 서울대 의대 교수를 중심으로 건강, 유전, 식생활과 가정, 사회심리 및 환경생태 연구를 병행했다. 연구대상지로는 100세인이 많은 구례, 곡성, 순창, 담양 지구가 선정됐고 이들 지역은 장수벨트의 상징이 됐다. 연구는 가장 중요한 장수요인이 건강보험제도와 최소생계비 지원정책임을 밝혀 장수사회에서 국가의 중요성을 알렸다. 또 100세인은 낙천적이고, 생활능력이 있으며, 자존감이 있고, 규칙적인 생활과 운동을 게을리하지 않는다는 무척 평범한 결과도 발표했다. 아울러 건강한 장수를 위해서는 여유를 가지고 의사 결정의 주체가 되며, 생계활동이 있어야 한다고 했는데, 이는 장수 연구의 선진국인 일본, 미국과도 대동소이했다.

이 연구는 노후 준비가 부족한 경제개발 세대의 주목을 받았기 때문에 후속 연구와 정부의 후속 정책을 기대했지만 결과는 참담했다. 기업은 장수식품을 소개하는 데 바빴고, 언론은 생활특집을 냈으며, 편안한 노후를 찾아 시골로 주거를 옮기는 사람이 늘었다. 그러나 연구는 지속되지 못했고, 국가 운영이나 정책에서 장수사회를 대비하는 모습을 보기는 어려웠다.

다행히 지난해 말 전남대에서 '구곡순담(구례 곡성 순창 담양)' 지역의 후속 100세인 연구가 있었다. 같은 지역의 100세인을 중심으로 신체와 사회 변화가 장수에 미치는 영향을 파악했는데, 전통 농촌사회에서조차 우리의 오랜 관습인 가족 동거체계가 해체되고 있었다. 2001년 전통 농촌사회의 가족 동거는 68%가 며느리를 중심으로 유지되고 있었다. 하지만 지난해에는 며느리가 있는 가정이 32%로 감소하면서 혼자 사는 독거인, 요양기관에 들어간 입소자가 꼭 그만큼 늘었다. 더 나쁜 것은, 대부분의 며느리가 고령이어서 수년 내에 남은 이들도 비슷한 처지가 될 것이고, 머지않아 농촌처럼 고령화될 도시의 끝도 자명하다는 사실이다.

지난 20여 년 동안 출산율은 줄었지만 총인구는 줄지 않았다. 그사이 고령사회가 됐고 가족관계는 크게 변했다. 70% 이상이던 전체 가족의 노인부양률은 20%대로 급격히 줄었다. 그 대신 공적 부담이 매년 10조 원대에서 100조 원대로 늘며 국가의 성장을 우려하는 지경에 이르렀다. 특히 청소년이 줄고 노인이 늘면서 미래 부양세대가 사라지는 악순환이 우리 앞에 놓여 있다.

우리나라는 급격한 장(長)수명화로 노후를 준비할 시간적 여유가 없었기 때문에 소위 '워킹 실버(일하는 노인)'가 경제협력개발기구(OECD) 국가의 3, 4배에 이를 것이라는 연구가 있다. 그래서 청년과 노인이 같은 일자리를 놓고 다투고, 노인들의 지혜가 폄하되고, 인간으로서의 존엄이 훼손당한다는 억울함을 떨치기 힘들다. 그 결과 세대 양극화라는 새로운 문제가 정치와 사회의 현안으로 떠올랐다.

아일랜드 시인 윌리엄 버틀러 예이츠는 '비잔티움으로의 항해'에서 노인의 지혜가 무시되고 행동이 지배하는 세상을 가리켜 "저것은 노인의 나라가 아니다"라고 노래했다. 코맥 매카시가 영감을 받아 '노인을 위한 나라는 없다'라는 소설을 쓰고, 코언 형제가 이를 영화로 만들었다. 필자는 코언 형제가 영화에 등장하는 보안관 벨(토미 리 존스)을 통해 '노인은 알면서도 행동하지 않기 때문에 존경받지 못한다.'는 것을 강조하고 있다고 생각한다. 마치 도스토옙스키가 '양파 한 뿌리의 선행'을 통해 가능한데도 행동하지 않는 것이야말로 죄악임을 주장한 것과 유사하다.

성공적인 장수사회의 구현은 새로운 기회다. 우리가 노인을 베풀고 관리해야 할 짐으로 상정하고, 이미 고령사회임에도 불구하고 '더 오래 사는 것'에 집중하는 사이, 선진국들은 장수명화와 함께 장수인이 살아갈 환경 조성, 그리고 장수사회를 새로운 경제적 기회로 활용하려는 연구를 통해 행동하는 노인을 '자원화'하고 있다.

이제라도 한국은 첨단기술과 가정산업, 도시와 전원, 생산과 인문의 결합과 같이 경험과 첨단이 융합되는 분야를 발굴해야 한다. 장수인이 참여하는 새 산업이 활성화되고, 존경을 받으면서 일할 수 있는 장수사회를 만들어야 한다. 청년이 노후를 걱정하지 않아야 노인을 위한 나라가 된다.

— 이정재, 「노인을 위한 나라는 있는가」, 『동아닷컴』, 2019.02.19.

4장

실용적 글쓰기

'글쓰기'는 한 개인이 자기를 표현하며 타자와 교류하는 사회적 소통의 도구이다. 따라서 대학이라는 학술 공동체 내에서 요구되는 글쓰기에는 중고등학교 시절과는 분명히 구별되는 새로운 소통 방식이 존재한다. 이를 위해 우리는 지금까지 대학 안에서 '대학인'으로서의 자신을 성찰하는 것을 시작으로, 자신만의 관점으로 주어진 자료를 해석하고, 구체적인 글쓰기의 단계를 적용하여 한편의 글을 작성하는 방법을 탐구했다. 그런데 이때 반드시 함께 수반되어야 하는 것이 바로 학문 탐구를 위한 윤리성이다.

일반적으로 대학에 입학한 이후 이루어지는 수업 출석, 과제물 제출, 단체 활동, 시험 등의 모든 분야에서 요구되는 윤리를 '학습윤리'라고 지칭한다. 이 장에서는 글쓰기 과정에서 요구되는 윤리적 태도를 중심으로 다양한 자료의 검색 방법, 인용의 구체적 실제, 참고문헌 작성 방법 등에 관한 사항들을 집중적으로 학습할 예정이다. 나아가 자신의 생각을 보다 명확하게 전달할 수 있는 올바른 문장 쓰기, 대학에서 요구되는 '보고서'의 다양한 유형을 살펴보고자 한다.

1. 윤리적 글쓰기의 중요성

핵심 길라잡이

- **학생으로서 갖추어야 할 학습윤리에 대해 생각해 보자.**
- **표절의 정확한 정의와 구체적인 유형에 관해 알아보자.**
- **표절을 피하기 위한 올바른 인용 방법에 대해 살펴보자.**

하버드대학교의 글쓰기 프로그램인 '익스포스(Expos)'는 미국에서 가장 오래된 논증적 글쓰기 프로그램으로 알려져 있다. 하버드에 입학한 학생이라면 누구나 해당 글쓰기 교과목을 수강해야 하고, 이외에도 거의 모든 과목에서 글쓰기 과제가 나가고 있다.[15] 또한 예일대학교의 경우에는 무려 11개의 '글쓰기 세미나(Writing Seminars)'가 진행되고 있으며, 영국의 옥스퍼드와 케임브리지대학교에서는 전(全) 교과를 글쓰기와 연계하는 방식으로 수업이 이루어지고 있다.[16] 이처럼 해외의 주요 대학들에서 중점을 두고 있는 것이 바로 '글쓰기' 교육이다. 모든 학문의 시작과 끝이 바로 '글쓰기'와 연결되는 까닭이다.

실제로 학생들은 글쓰기를 통해 깊이 있는 생각을 하게 되고, 자신만의 독창적인 아이디어를 도출하는 계기를 마련한다. 그런 의미에서 글쓰기란 자신의 생각을 객관적인 근거를 통해 논리적으로 전개함으로써 상대방을 설득하는 '소통' 행위라고 정의할 수 있다. 그러나 안타깝게도 한국의 대학 현실을 돌아보면 이러한 글쓰기의 의미가 제대로 구현되지 못하고 있는 듯하다. 이는 대학가에 만연한 표절의 심각성을 통해 증명된다. 2015년 당시 한국콘텐츠학회가 발표한 「대학생들 정보윤리 의식과 과제표절 실태 분석」이라는 논문에 의하면 약 77%에 해당하는 학생들이 과제를 표절한 경험이 있음을 시인했다고 한다.[17] 그런데 이때 주목할 점은 학생들 대부분이 의도적으로 다른 사람의 글을 도용했다기보다는 표절이 얼마나 심각한 문제인지를 인식하지 못했거나, 표절을 피할 수 있는 올바른 인용에 관한 교육을 받은 적이 없다는 사실이다. 이를 해결하기 위해서는 표절의 정확한 의미, 표절의 구체적인 유형, 나아가 표절을 피하기 위한 올바른 인용 방법 등을 살펴볼 필요가 있다.

1) 표절의 정의

한국학술단체총연합회의 연구윤리 지침에 따르면 '표절(剽竊, plagiarism)'이란 의도적이든 비의도적이든 일반적 지식이 아닌 타인의 아이디어나 저작물을 적절한 출처 표시 없이 자신의 것처럼 부당하게 사용하는 학문적 부정행위를 의미한다. 조금 더 구체적으로는 여섯 단어 이상의 표현이 연속적으로 일치하는 경우, 다른 사람의 표현이나 아이디어를 적절한 출처 표시 없이 사용하는 경우, 자신의 의견 없이 단순히 짜깁기만 한 경우, 연구 결과를 변조하거나 위조하는 경우, 자신의 저작물이더라도 원출처를 밝히지 않고 재사용하는 경우를 모두 표절로 분류할 수 있다.[18]

현재 미국과 영국을 비롯한 해외에서는 중고등학교 시절부터 '글쓰기 윤리'에 관한 체계적인 교육을 실시하고 있다. 그렇기 때문에 학생의 글에서 표절이 적발될 경우, 학칙에 따라 엄격한 징계가 이루어진다. 반면 국내의 경우에는 대학에 입학한 이후에도 학습윤리에 관한 체계적인 교육 및 징계 조치가 제대로 실시되고 있지 못한 편이다. 따라서 많은 학생들이 표절의 심각성을 인식하지 못하고 다른 사람의 생각을 앵무새처럼 반복하는 오류를 범하곤 한다.

그러나 최근에는 국내 대학에서도 학습윤리 부재의 심각성을 인지하고, 자체적으로 표절 검사 시스템을 마련하는 등의 노력을 강화하고 있다. 많은 대학들이 사이버캠퍼스 혹은 E-Class 내에서 표절을 적발할 수 있는 프로그램을 운영하고 있으며, 교수자들 역시 자체적으로 학생들의 표절을 예방할 수 있는 방안을 모색하고 있다. 대표적으로 최근 많은 대학에서 도입하고 있는 표절 검사 프로그램인 '턴잇인(turnitin)'을 들 수 있다. 학생들은 해당 프로그램을 통해 자신이 작성한 과제를 기존의 신문 · 잡지 · 논문 · 단행본 등의 자료들과 대조함으로써 표절 여부를 미리 확인할 수 있다.

연습 문제 1

다음은 이화여자대학교 중앙도서관 홈페이지 내에서 자신이 쓴 글의 표절 여부를 확인할 수 있는 '턴잇인(Turnitin)' 프로그램에 접근하는 방법을 설명하고 있다. 이를 참고하여 실제 자신이 쓴 글을 '턴잇인 프로그램'을 통해 검사해 보자.

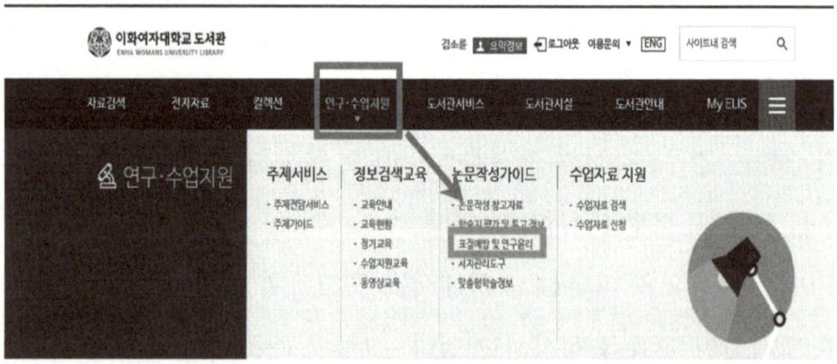

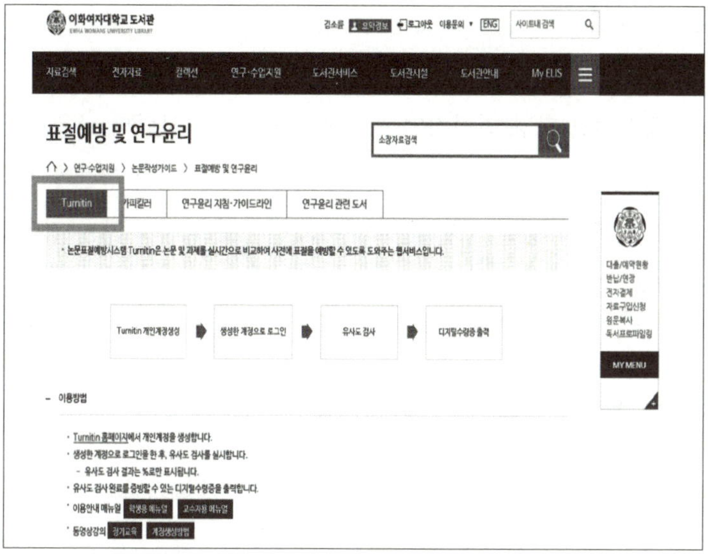

2) 표절의 다양한 유형

표절이란 앞서 언급한 바와 같이 타인의 아이디어나 저작물을 적절한 출처 표시 없이 자신의 것처럼 부당하게 사용하는 학문적 부정행위를 말한다. 중요한 것은 다른 사람의 글만이 아니라, 아이디어에 관한 부분도 표절에 포함된다는 점이다. 따라서 그 무엇이든 자신이 참고한 자료에 관한 정확한 출처를 밝히지 않고, 마치 자신이 생각해 낸 것처럼 서술한다면 명백한 표절로 분류된다. 그러나 표절이란 저작물 및 아이디어의 종류에 따라 그 적용 범위가 달라질 수밖에 없다. 따라서 표절을 최종적으로 판단하기 위해서는 해당 분야에 따라 그 기준을 다르게 적용해야 한다. 가장 대표적인 표절의 유형으로는 텍스트 표절, 아이디어 표절, 과제물 양도, 자기 표절을 들 수 있다.

(1) 텍스트 표절

텍스트 표절이란 가장 전형적인 표절 행위로, 다른 사람의 글을 출처 표시 없이 자신의 글에 사용한 경우를 말한다. 여기에는 자신의 생각과 참고한 글의 내용을 구분하지 않고 서술하는 경우, 재인용을 밝히지 않는 경우까지 포함된다. 구체적인 예시를 살펴보면 다음과 같다.

- **예시 1 - '텍스트 표절'로 분류된 경우**

콘텐츠란 기획자의 창의력과 상상력을 기반으로 한 무형의 결과물로, 콘텐츠 산업은 현시대의 창조경제를 이끌 산업으로 주목받고 있다. 이때 콘텐츠에서 얻을 수 있는 가치는 단지 예술적 향유에만 한정되지 않는다. 콘텐츠는 일종의 소스로서, 확장할 범위의 산업에 맞게 적절한 가공을 거친다면 얼마든지 다양한 미디어와 상품에 활용될 수 있다.

— 학생의 글

이 글이 문제가 되는 이유는 본문 안에서 밑줄 친 부분이 글쓴이가 직접 생각한 내용이 아니라, 다른 사람의 글에서 가져왔다는 데에 있다. 다른 사람의 논의를 빌려왔으면서도 정확한 출처를 밝히지 않는다면 명백한 텍스트 표절이다. 이를 해결하기 위해서는 자신이 참고한 글을 어디에서 가져왔는지 정확한 서지 사항을 밝혀야 한다.

- **예시 2 - '텍스트 표절' 문제를 해결한 경우**

콘텐츠란 기획자의 창의력과 상상력을 기반으로 한 무형의 결과물로, 콘텐츠 산업은 현시대의 창조경제를 이끌 산업으로 주목받고 있다. 이때 콘텐츠에서 얻을 수 있는 가치는 단지 예술적 향유에만 한정되지 않는다. 변민주의 논의에 따르면 콘텐츠는 일종의 소스로서, 확장할 범위의 산업에 맞게 적절한 가공을 거친다면 얼마든지 다양한 미디어와 상품에 활용될 수 있기 때문이다.[1)]

---

1) 변민주, 『콘텐츠 디자인의 이해』, 커뮤니케이션북스, 2015, 3쪽.

– 학생의 글

이외에 타인의 글에 수록된 표, 그래프, 데이터, 그림 등을 사용할 경우에도 적절한 출처를 제시하지 않는다면 표절로 분류된다. 또한 특정 기관에서 조사한 전문 자료를 자신의 글에 인용한다면 반드시 자료 조사 기관, 조사를 실시한 연도를 포함하여 정확한 출처를 밝혀야만 한다.

그리고 자신이 참고한 자료의 정확한 출처를 밝히지 않음은 물론, 여러 사람의 글을 가져와 짜깁기하는 '모자이크 표절'도 텍스트 표절에 포함된다. '모자이크 표절'이란 다른 사람이 저술한 텍스트의 일부를 조합하거나, 해당 단어를 비슷한 다른 단어로 대체하여 사용하면서도 원저자와 출처를 밝히지 않은 경우를 의미한다. 일반적으로 베낀 글 앞뒤 혹은 문단 사이에 자신의 글을 삽입함으로써 마치 해당 내용이 자신의 의견인 것처럼 조작한다는 점에서 심각한 윤리적 문제를 야기한다.

• 예시 3 – '모자이크 표절'로 분류된 경우

오늘날 우리 사회는 지식 · 정보화 사회로 진입하였고, 그 결과 아이디어 하나가 기술 혁신의 단초로 작용하고 있다. 이때의 아이디어는 기존의 관념과는 다른 새로운 무엇인가를 가리킨다. 이를 위해서는 기존의 정형화된 발상으로부터 벗어나기 위한 노력을 필요로 한다. 하지만 때로는 고정관념에서 벗어난 생각이 또 다른 고정관념으로 굳어질 때가 있다. 대표적으로 '콜럼버스의 달걀'을 예로 들 수 있다. 일반적으로 콜럼버스의 달걀은 대부분의 사람들이 미처 생각하지 못했던 발상의 전환을 제시하는 대표적인 일화로 알려져 있다. 그러나 해당 이야기를 다른 관점에서 접근한다면 전혀 새로운 해석이 가능해진다. 그 출발점은 달걀을 어떻게 하면 세울 수 있을 것인가라는 질문에 갇혀 그 답을 모색하는 일이 아니라, 달걀의 모양새가 왜 타원형인가를 질문하는 것이다.

– 학생의 글

이 글은 지식 · 정보화 사회에서 주목받는 아이디어의 중요성을 언급하고 있다. 이때 저자는 자신의 생각을 전개하기 위해 '콜럼버스의 달걀'에 관한 일화를 끌어왔다. 그런데 해당 내용은 저자가 직접 생각해서 서술한 것이 아니라 다른 글에서 가져온 것이다. 즉, 아래의 두 글에서 가져온 글을 표현만 살짝 바꾸어 짜깁기한 것이라고 볼 수 있다.

- **'예시 3'에서 참고한 자료 ①**

아이디어의 가치는 콜럼버스의 달걀과 같이 대부분의 사람이 미처 생각하지 못했던 것에서 나오고 지식 · 정보화 사회로 진입한 오늘날에는 이러한 아이디어가 바로 기술혁신의 단초가 된다. 그래서인지 굴지의 대기업조차 타인 또는 타 기업 아이디어를 합법적으로 포장하여 탈취할 방법을 궁리하고 있는 것이 현실이다.

– 박정언, 「아이디어를 도둑맞지 않는 방법」, 『국제신문』, 2019.05.29., 제29면.

- **'예시 3'에서 참고한 자료 ②**

오늘날 정작 필요한 발상의 전환은 달걀을 어떻게 하면 세울 수 있을 것인가라는 질문에 갇혀 그 답을 모색하는 일에서 가능한 것이 아니라, 달걀의 모양새가 왜 타원형인가를 진지하게 묻는 일에서 시작되어야 한다. 원래의 타원형을 지키는 새로운 노력이 '오늘의 상식'을 깨지 못할 때 생명의 신음 소리가 도처에서 계속 들리게 될 것이다. 그리고 그것은 다름 아닌 우리 자신의 죽음으로 다가오게 될 것이다. 바로 이러한 오늘의 문명사적 위기를 극복하려는 마음이야말로 진정한 발상전환의 출발점이 아니겠는가?

— 김민웅, 『콜럼버스의 달걀에 대한 문명사적 반론』, 당대, 1996, 89쪽.

• 예시 4 - '모자이크 표절' 문제를 해결한 경우

박정언은 오늘날 우리 사회가 지식 · 정보화 사회로 진입하였고, 그 결과 아이디어 하나가 기술혁신의 단초로 작용하고 있다고 주장한다.[1] 이때의 아이디어는 기존의 관념과는 다른 새로운 무엇인가를 가리킨다. 이를 위해서는 기존의 정형화된 발상으로부터 벗어나기 위한 노력을 필요로 한다. 하지만 때로는 고정관념에서 벗어난 생각이 또 다른 고정관념으로 굳어질 때가 있다. 대표적으로 '콜럼버스의 달걀'의 예를 들 수 있다. 일반적으로 콜럼버스의 달걀은 대부분의 사람들이 미처 생각하지 못했던 발상의 전환을 제시하는 대표적인 일화로 알려져 있다. 그러나 김민웅의 논의에 따르면 해당 이야기에 관한 전혀 새로운 접근이 가능해진다. 중요한 것은 달걀을 어떻게 하면 세울 수 있을 것인가라는 질문에 갇혀 그 답을 모색하는 일이 아니라, 달걀의 모양새가 왜 타원형인가를 질문하는 일이라는 것이다.[2]

1) 박정언, 「아이디어를 도둑맞지 않는 방법」, 『국제신문』, 2019.05.29., 제29면.

2) 김민웅, 『콜럼버스의 달걀에 대한 문명사적 반론』, 당대, 1996, 89쪽.

— 학생의 글

이러한 사례와 같이 여러 문헌을 참고하여 새로이 하나의 글을 구성했다면, 인용한 글에 대해서는 빠짐없이 정확한 출처를 밝혀야만 표절을 피할 수 있다.

(2) 아이디어 표절

아이디어 표절은 다른 사람의 고유한 아이디어를 '원저자'의 허락 없이 자신의 글에 서술하는 경우, 구체적인 출처를 밝히지 않고 무단으로 이용하는 경우, 원저자의 원래 아이디어를 약간 피상적으로 변형하여 가져오는 모든 경우를 말한다. 다른 사람의 아이디어를 일부라도 참고했다면, 그 부분 역시 본인의 글 안에서 정확하게 출처를 밝혀야만 한다. 특히 조별 발표와 같은 단체 활동을 진행하는 중에 얻은 아이디어, 교과목 수강 중에 교수님이나 동료들로부터 얻은 아이디어를 바탕으로 자신의 글을 서술하는 경우에도 반드시 해당 내용에 관한 정확한 사실을 밝혀야만 한다.

• **예시 5 - '아이디어 표절' 문제를 해결한 경우**

아빠들이 등장하는 육아 리얼리티 프로그램들은 언뜻 보기에 아빠들의 육아 도전기를 보여 줌으로써 성평등 사회를 지향하는 것처럼 보인다. 그러나 이는 육아가 남성의 주된 역할이 아니라는 이분법적 성역할에 기초하고 있다. 오히려 성 고정관념을 재생산하고 있는 것이다. 이러한 성 고정관념은 비단 성인들에게만 적용되는 고정관념이 아니며, 프로그램에 출연하는 아동 역시 끊임없이 성 고정관념에 노출되고 있다는 점에서 문제를 갖는다.[1)]

1) 육아 리얼리티 프로그램에 나타난 '성 고정관념 재생산'의 문제는 2019년도 1학기 〈우리말과 글쓰기〉 조별 활동 과정에서 얻은 아이디어임을 밝힌다.

— 학생의 글

이 사례와 같이 자신이 서술한 내용 가운데 핵심이 되는 아이디어를 타인을 통해 제공받았다면, 그에 관한 내용을 구체적으로 명시해야 한다. 이외에도 타인의 말과 생각을 왜곡하여 가져오는 경우도 '아이디어 왜곡'이라는 측면에서 문제를 갖는다. 인용문을 요약하여 압축적으로 가져오는 경우에도, 해당 출처를 밝히고 인용문의 핵심적인 생각을 임의로 변경해서는 곤란하다. 원저자의 의도를 왜곡하지 않는 범위 내에서 정확하게 인용해야만 한다.

(3) 과제물 양도

과제물 양도란 해당 교과목을 이미 수강한 선배 혹은 동료들이 자신이 작성한 기존의 과제물을 공유하는 것을 말한다. 이외에도 인터넷을 통해 과제물을 구매하고 양도하는 사례도 포함된다. 실제로 인터넷 포털사이트를 살펴보면 대학에서 제출한 각종 과제물을 사고파는 경우를 쉽게 발견할 수 있다. 이러한 행위는 교수자를 대상으로 자신이 구매한 글을 마치 자신이 직접 고민하여 작성한 것처럼 속인다는 점에서 문제가 있다. 무엇보다 과제물 양도는 과제물을 제공받은 학생만이 아니라, 과제물을 제공한 학생까지도 징계 대상이 된다는 것이 중요하다. 이는 한 개인의 우발적인 실수가 아니라, 사전에 모의된 의도적 범죄 행위로 간주되기 때문이다. 비슷한 맥락에서 대학에서 이루어지는 다양한 협업 활동 가운데 자신이 맡은 역할을 수행하지 않고 무임승차하는 것 역시 비윤리적인 행위로 분류된다. 일반적으로 조별로 이루어지는 프로젝트는 여럿이 협력하여 하나의 결과물을 산출한다. 따라서 실제 참여하지 않은 사람이 성실하게 참여한 사람들과 동일한 점수를 받는 것은 불공정한 처사라고 볼 수 있다.

(4) 자기 표절

자기 표절은 자신이 이전에 쓴 글이나 자료를 새로 쓰는 글에 다시 활용하면서 그 글이나 자료가 이전에 발표, 출판, 혹은 사용된 적이 있다는 사실을 밝히지 않을 때 발생한다. 일반적으로 '중복 게재'나 '중복 제출'을 의미한다. 이때 '중복 게재'란 같은 연구 결과를 적절한 인용 없이 두 번 발표하는 경우로, 주로 전문 연구자들에게서 발생하는 문제이다. 반면 학생들에게서 나타나는 가장 대표적인 '자기 표절'은 교과목을 수강하면서 제출한 적이 있는 글을 다른 교과목 과제로 다시 제출하는 것이다. 이미 제출한 과제물을 다른 수업의 과제물로 다시 제출하는 것, 일부를 수정하거나 여러 글을 짜깁기하는 것, 하나를 여러 개로 쪼개어서 제출하는 것 등이 모두 자기 표절에 해당한다. 모든 교과목은 새로운 학습 과정이라는 점에서 새로운 학습 활동을 요구한다. 따라서 중복 제출은 새로운 노력 없이, 한 번의 노력으로 두 가지 이득을 얻고자 하는 행위라는 점에서 문제를 갖는다. 자신이 이전에 작성한 글의 일부를 활용할 때에는 반드시 그 사실을 명확히 밝혀야만 한다.

연습 문제 2

다음은 자기 표절에 해당하는 대학생의 과제물 중복 제출에 관한 학생 의견이다. 잘 읽고 다음의 의견에 대해 어떻게 생각하는지 친구들과 이야기를 나누어 보자.

〈대학생 학습윤리 가이드라인〉에 따르면 '과제물 중복제출'이란 '하나의 과제물로 이중의 이득을 취하려는 비윤리적 행위'로 정의되고 있다. 그러나 학회에서 공식적으로 발표를 한 것도 아니고, 스스로 열심히 공부해서 직접 쓴 글인데 왜 문제를 삼는 걸까? 무엇보다 여러 수업을 듣다보면 중복되는 내용이나 과제들을 접하는 경우가 종종 있다. 매번 새로운 아이디어를 내는 것도 어렵고, 무엇보다 이전에 제출했던 과제의 부족한 점을 보완하는 과정에서 학문적으로 더 성장할 수도 있다고 본다.

– 학생의 글

2. 다양한 정보 검색

핵심 길라잡이

- 수업 및 학습에 필요한 자료들을 어디에서 찾을 수 있을지 생각해 보자.
- 다양한 자료의 종류와 검색 방법으로는 무엇이 있을지 알아보자.
- 조사한 자료를 과제물에 인용하기 위해서는 어떻게 해야 할지 알아보자.

1) 수업·학습에 필요한 자료 유형[19]

많은 학생들이 과제물을 작성하기 위해 제일 먼저 하는 작업이 무엇일까? 아마도 관련 자료를 검색하는 일일 것이다. 실제로 학생들은 본인이 연구하려는 주제와 관련된 선행 연구를 조사하고, 연구에 필요한 학술정보를 수집해 나간다. 이러한 과정은 자신이 다루고자 하는 주제에 관해 다양한 견해를 넓힐 수 있는 기회를 제공한다. 따라서 본격적으로 글을 쓰기 위해서는 체계적이고 균형 잡힌 자료 수집이 선행되어야 한다.

이때 해당 자료는 1차 자료와 2차 자료로 구분할 수 있다. 1차 자료는 연구의 대상이 되는 직접적인 자료로서 자연 현상, 실험 또는 책이나 영화와 같은 텍스트를 의미한다. 그리고 2차 자료는 주제에 대한 기존의 연구물로 1차 자료를 주제에 맞추어 분석, 평가, 해석하기 위해 활용하는 자료이다. 구체적인 예로는 단행본, 신문, 잡지, 학술논문, 학위논문, 인터넷 문서와 같은 것을 들 수 있다. 다음은 일반적으로 대학생들이 자료를 검색할 때 활용하는 사이트들이다.

참고자료는 크게 문헌을 통한 자료와 인터넷을 통한 자료로 구분될 수 있다. 그런데 최근에는 위의 그림에서 살펴볼 수 있듯이 주로 인터넷을 통한 자료 검색이 주를 이룬다. 그 이유는 무엇일까? 아마도 문서로 된 자료를 찾는 것보다 여러모로 편리한 점이 많기 때문일 것이다. 실제로 인터넷 검색은 문헌으로 된 자료를 찾는 것보다 제한된 시간 안에 훨씬 더 다양한 자료를 제공해 준다. 그러나 어떤 경우에는 자신에게 필요한 자료를 어디에서, 혹은 어떻게 찾아야 하는지를 모르기 때문에 우선 인터넷을 검색하는 경우도 있다. 따라서 자신에게 필요한 자료를 찾기 위한 방법을 자료의 유형에 따라 세분화하여 살펴볼 필요가 있다.

(1) 사전

사전은 일반적으로 주어진 개념의 정의, 용어의 의미, 배경 등을 살펴보기 위해 가장 손쉽게 접근할 수 있는 자료 유형이다. 주제에 대한 깊은 지식이 없을 때 1차적으로 이용할 수 있는 자료에 해당한다. 특히 '백과사전'은 다양한 주제에 대한 기본적인 이론, 정의, 역사적 배경, 현황 등의 개괄적인 정보 및 관련 문헌을 제시해 준다는 점에서 유용하다. 구체적인 사전의 종류를 살펴보면 다음과 같다.

일반사전	: 국어사전, 영한사전 등 언어 전반을 다루는 사전
특수사전	: 언어의 특수한 측면을 다루는 사전
주제별 사전	: 특정 주제에 속하는 용어만을 다루는 사전
인명사전	: 특정 인물에 대한 여러 가지 정보를 제공하는 사전
지명사전	: 지역 및 장소의 지리적 위치, 역사, 문화, 정치, 경제, 각종 통계, 인구 등의 현황과 정보를 제공하는 사전

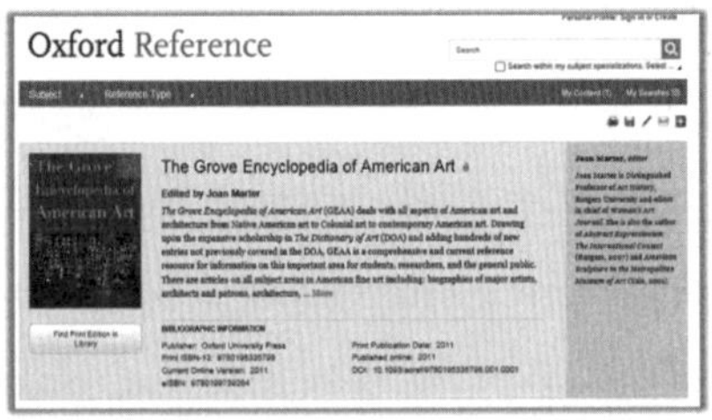

과거에는 문헌으로 구축된 사전을 찾아보는 경우가 많았지만, 최근에는 인터넷을 통해 사전 속의 다양한 의미를 파악할 수 있다. 사전의 종류도 주제에 따라 표준국어대사전, 법률용어사전, 수학용어사전, 한국역사지명사전, 조선시대 과거 제도 사전, 미드 잡학 사전, 드론 백과사전, 스타워즈 백과사전, 기상기후 백과사전, 야생화 백과사전, Encyclopedia of classic rock, Encyclopedia of creativity 등으로 다양하게 세분화된다. 실제로 포털 사이트 내에서 특정 키워드를 검색하면, 수많은 사전적 정의들을 만날 수 있다. 이때

중요한 것은 수많은 정의 가운데, 자신이 원하는 분야에 맞는 세분화된 사전을 찾아 정확한 출처를 밝혀야 한다는 사실이다.

(2) 통계, 연감

통계란 어떤 현상을 종합적으로 한눈에 알아보기 쉽게, 일정한 체계에 따라 숫자로 나타낸 자료를 의미한다. 그리고 연감은 1년 동안에 일어난 사회 전반의 모든 사항에 대해 주요 자료·통계 등을 요약 정리하여 활용할 수 있도록 해마다 간행되는 자료를 말한다.

위의 자료는 일반적으로 교내 도서관에서 검색할 수 있는 문헌 자료들이다. 통계와 연감을 통해 제공된 자료는 자신의 주장을 뒷받침하기 위한 객관적인 자료로 활용된다. 특히 객관적인 수치 정보를 제공해 준다는 점에서 유용하다. 최근에는 인터넷을 통해 온라인으로 접근할 수 있는 통로가 활발해졌다. 대표적으로 국가통계포털 사이트(http://kosis.kr)는 인구가구, 물가가계, 농림어업, 보건복지, 고용임금, 교육문화, 과학환경, 재정금융 등 370여 개 기관의 1,000여 국가승인통계를 한꺼번에 제공하고 있다.

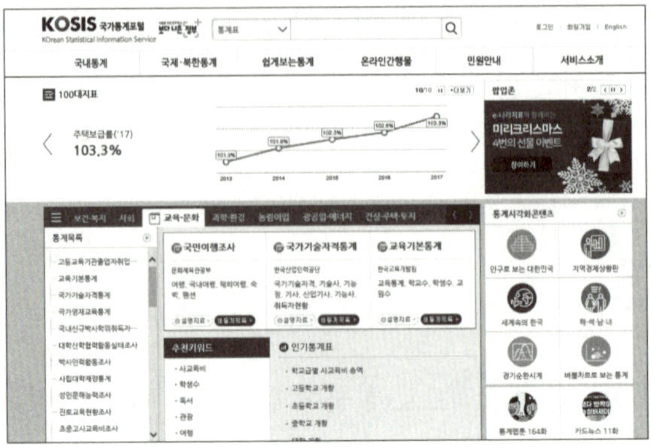

이외에도 국가주요지표체계(http://index.go.kr)를 통해서는 국내 통계 중 국가 발전, 국민 웰빙 등에 관련된 지표는 물론, OECD 주요국과의 비교 지표를 제공받을 수 있다. 또한 통계지리정보서비스(https://sgis.kostat.go.kr)는 지리적 특성과 통계 자료를 연계한 사이트로, 특정 지역의 통계 정보는 물론 통계주제도, 대화형통계지도, 센서스자료와 공공자료의 융합 정보를 제공해 준다. 그리고 한국사회과학데이터센터(http://www.ksdc.re.kr/)는 국내 생산 조사자료 및 통계자료, 온라인 통계분석 및 설문조사 시스템을 지원하고 있다. 그 밖에도 ICPSR(https://www.icpsr.umich.edu/icpsrweb/ICPSR/index.jsp)과 같은 사이트를 통해 세계 각국에서 제공되는 다양한 자료를 이용할 수 있다.

(3) 단행본, 학위논문, 학술논문

해당 분야 연구자들의 연구물은 일반적으로 단행본, 학위논문, 학술논문을 통해 접근된다. 우선 단행본은 잡지 · 전집 · 총서 등에 대응하는 개념으로, 한 번의 출판으로 완결된 저서를 의미한다. 도서관 홈페이지에서 서명 혹은 저자명만으로 쉽게 검색이 가능하다. 검색 후에는 원하는 자료를 직접 구매하거나, 해당 도서관에서 대출하여 이용할 수 있다. 만일 도서관에 원하는 자료가 없을 때에는 '자료 구입 신청'도 가능하다.

한편 논문은 크게 학위논문과 학술논문으로 구분된다. 학위논문이란 대학원 과정을 마치고 석사나 박사 학위를 얻기 위해 쓰는 전공 과목에 대한 연구논문을 말한다. 해당 연구자가 앞으로 전문적인 연구자로서 자격을 인정받을 수 있는가를 검증받기 위한 논문이라고 볼 수 있다. 본인이 속한 대학에서 수여한 학위 논문은 교내 도서관을 통해 대출 및 열람이 가능하다. 물론 도서관 홈페이지를 통한 온라인 열람도 허용된다. 반면 다른 대학교의 학위논문을 열람하기 위해서는 직접 해당 대학 도서관을 찾는 방법, 국회전자도서관이나 RISS(www.riss.kr)와 같은 온라인 서비스를 이용하는 방법이 있다.

반면 학술논문은 학술지에 수록된 논문으로 다른 말로는 '연구논문'이라고 불린다. 이때 학술지란 특정 주제 분야의 학자 및 전문가에 의해 작성된 학술적 성격의 문헌을 수록하고 있는 정기간행물이다. 학술논문은 해당 분야의 전문성이 강조되는 논문으로, 학술적인 연구를 할 때 연구자들이 가장 많이 활용하는 자료이기도 하다. 학술논문은 도서관의 정기간행물실에서 열람이 가능하다. 또한 도서관 홈페이지 내에서 디스커버리, 데이터베이스와 같은 온라인 서비스로도 이용할 수 있다. 디스커버리와 데이터베이스란 본인이 속한 대학의 도서관 소장 여부와 관계없이, 자료를 검색하고 원문을 내려 받을 수 있는 학술 사이트를 의미한다. 주요 사이트들의 목록을 살펴보면 다음과 같다.

- 국가전자도서관(http://www.dlibrary.go.kr)
- 국립중앙도서관(http://www.nl.go.kr)
- 국회도서관(http://www.nanet.go.kr)
- 디비피아(http://www.dbpia.com)
- 장서각 디지털아카이브[한국학중앙연구원] (http://yoksa.aks.ac.kr)

- 한국고전종합DB(http://db.itkc.or.kr)
- 한국독립운동정보시스템 (http://search.i815.or.kr)
- 한국사회과학도서관 (http://www.kossda.or.kr)
- 한국언론진흥재단 (www.kpf.or.kr)
- 한국역사정보통합시스템(http://www.koreanhistory.or.kr)
- 한국영상자료원 (https://www.koreafilm.or.kr)
- 학술데이터베이스(http://kiss.kstudy.com)
- 학술연구정보서비스(http://www.riss.kr)

학술정보 검색 사이트에 접속할 경우, 기본적으로 서지 사항과 초록을 검색할 수 있다. 또한 DB에 따라서는 원문 이용도 할 수 있다. 해당 사이트에 직접 접속하는 방법과 도서관 홈페이지 내에서 로그인 후에 이용하는 방법 모두 가능하다. 그런데 '직접 접속'하는 경우, 원하는 자료를 내려 받을 때 유료 결제를 해야만 한다. 그러나 교내 도서관을 통해 '로그인 후' 접근할 경우에는 무료로 열람이 가능하다.

직접 접속한 경우

도서관을 통해 접속한 경우

이화여자대학교의 경우, 교내 도서관 홈페이지를 통한 구체적인 자료 검색 방법을 살펴보면 다음과 같다. 도서관 홈페이지 내에서 '데이터베이스'를 선택하고, 그 안에서 원하는 사이트를 선택하면 된다.

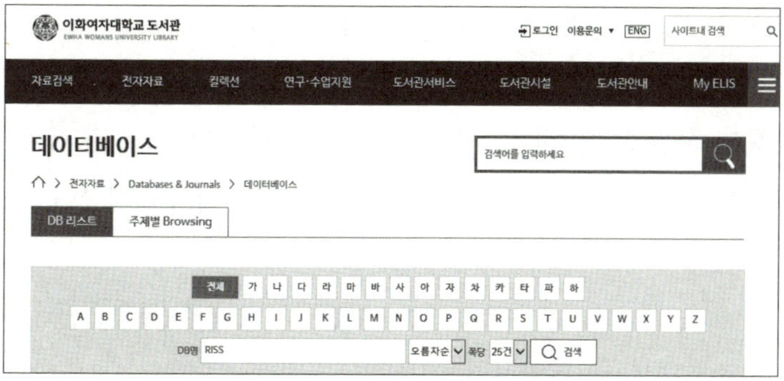

RISS 사이트에 접속할 경우

(4) 신문, 잡지

최근 동향이나 사건·사고에 대한 정보를 얻기 위해서는 신문이나 잡지를 활용하는 것이 유용하다. 신문은 매일 새로운 소식을 알려 주는 정기간행물로서, 최근에 발생한 중요한 사회적 쟁점을 전달하는 역할을 담당하기 때문이다. 대부분의 대학 도서관이 신문을 소장하고 있기에 직접 도서관에 방문하여 열람하는 방법도 있지만, 해당 신문사 홈페이지를 통해서도 원하는 날짜의 기사를 검색할 수 있다. 이때 특정 신문사를 지정하지 않고 관련 기사를 다양하게 검색하고자 한다면, 교내 도서관 내에서 다음과 같은 방법으로 접근이 가능하다.

- 국내신문검색: [전자자료 → 데이터베이스 → 조선일보 아카이브]
- 국외신문검색: [전자자료 → 데이터베이스 → PressReader]

이화여자대학교의 경우

한편, 잡지란 대중적 관심사나 최근에 일어난 사건 등 다양한 읽을거리를 제공하는 시사 · 오락 · 교양 성격의 간행물을 말한다. 해당 자료도 도서관의 정기간행물실에서 열람할 수 있다. 그러나 최근에는 온라인 서비스의 발달로 인터넷을 통해 손쉽게 다양한 자료들을 접할 수 있다. 또한 도서관 홈페이지 내에서 '저널명'을 직접 검색하거나, 소장자료 검색을 통해서도 접근이 가능하다.

(5) 전자책, 오디오북, 동영상

오늘날은 다양한 매체의 발달로 접할 수 있는 정보의 형태도 점차 다양해지고 있다. 일반적으로 각 대학 도서관에서는 전자책과 오디오북을 비롯한 각종 동영상 강좌를 무료로 제공하고 있기에, 필요한 경우 언제든지 손쉽게 접근할 수 있다. 아래 그림은 이화여자대학교 중앙도서관 내에서 제공하는 전자책 · 오디오북 · 동영상 강좌 등을 소개하고 있다.

전자책 같은 경우는 본인이 갖고 있는 PC나 노트북, 스마트폰에 해당 프로그램이나 앱을 깔아서 이용할 수 있다. 이화여자대학교의 경우는 전자책 단말기인 '크레마 사운드'를 무료로 대출해 주고 있기에 보다 편리하게 활용이

가능하다.

동영상 강좌는 다양한 외국어 강좌는 물론 공무원 시험, 교원 임용 시험, 통계 분석 및 리서치, IT 기초 과정 등 학생들이 보다 전문적으로 학습하고 싶은 분야를 스스로 탐색할 수 있는 기회를 제공해 준다. 이외에도 철학 · 문학 · 역사 등 다양한 교양 지식을 함양할 수 있는 인문학 강좌를 제공한다는 점에서 유용하다. 이용 방법은 도서관 홈페이지 내에서 '전자자료'를 클릭하고, 그 속에서 원하는 동영상 강좌를 선택하면 된다.

연습 문제 1

현재 수강 중인 교과목에서 제시된 과제를 작성하기 위한 참고 자료를 검색해 보자. 그리고 해당 자료의 구체적인 서지 사항을 기록해 보자.

- 과제 내용:
- 과제를 수행하기 위한 자료 검색

1) 단행본	
2) 학위논문	
3) 학술지 논문	
4) 신문, 잡지	
5) 기타	

2) 주석 달기

대학에서 요구하는 과제 가운데 학술적 글쓰기를 작성하기 위해서는 선별된 자료에 근거하여 자신의 주장을 입증해야만 한다. 이를 위해 앞서 다양한 유형의 자료를 검색할 수 있는 방법을 살펴보았다. 이제 남은 것은 자신이 찾은 자료를 자신의 글 안에 적용하는 일이다. 이때 자신이 참고한 자료의 출처를 정확히 밝히지 않는다면 표절로 분류될 수 있음을 잊지 말아야 한다. 따라서 참고한 자료의 서지 사항 및 출처를 정확하게 기록하고, 본인의 글에 참고할 경우 반드시 주석을 달아 인용문임을 밝히도록 한다.

주석은 그 위치에 따라 각주(=외각주), 미주(=후주), 내주(=내각주)로 나뉜다. 이때 각주와 미주는 본문 밖에 표시한다는 점에서, 내주는 본문 내 괄호 안에 표시한다는 점에서 구분된다. 학문 분야에 따라 요구하는 주석의 형태가 다르기 때문에 반드시 과제 제출 전에 주어진 체제를 확인할 필요가 있다. 그러나 특별한 요구사항이 없을 경우, 대학생의 글쓰기에서는 각주를 가장 많이 활용한다.

- 각주(footnote): 각 페이지 본문 밑에 기재
- 미주(endnote): 각 장이나 절의 끝 혹은 글 전체의 마지막 부분에 주석만을 따로 모아 기재
- 내주(in-text note): 본문 안에서 해당 부분 바로 뒤에 괄호를 친 후, 참고한 글의 서지 사항을 저자와 출간 연도 수준으로 간략히 기재. 구체적인 정보는 맨 뒤에 만들어놓은 참고문헌 목록을 통해 확인

또한 주석은 참고한 서지 사항만이 아니라, 본문에서 충분히 다루지 못한 내용을 보충하거나 반대되는 의견을 덧붙이는 식의 용도로도 활용된다. 즉,

참고한 자료의 서지 사항만을 정해진 양식에 따라 기록하는 '참고주', 본문 내용을 보충하기 위해 관련 내용을 부연하는 '내용주'로 구분된다.

• '참고주'의 예시[20]

일반적으로 서사란 "인간 행위와 관련되는 일련의 사건들에 대한 언어적 재현 양식"[1]을 의미한다. 인간의 기억은 일종의 서사형태로 구축되며, 삶은 하나의 이야기를 형성하는 까닭이다. 그런 면에서 우리의 삶은 하나의 이야기이며, 인간은 서사적 존재로 규정될 수 있다.

1) H. 포터 애벗, 『서사학 강의: 이야기에 대한 모든 것』, 우찬제 · 이소연 옮김, 문학과 지성사, 2010, 22쪽.

• '내용주'의 예시[21]

일본군 '위안부'[1] 에 관한 문제를 피해 당사자들만의 것으로 치부해서는 곤란하다. '위안부' 문제는 시대와 공간을 넘어서서, 피해 경험의 유무(有無)를 떠나 함께 공유해야 할 경험이기 때문이다. 그런 의미에서 2011년에 설치되기 시작한 '평화의 소녀상'은 우리가 공유해야 하는 경험, 그 기억의 가시화라고 볼 수 있다.

1) 위안부는 지극히 가해자 중심의 용어라는 점에서, 피해 여성에게 가해진 폭력성과 강제성을 감춘다는 문제를 갖는다. 현재 UN 등 국제사회에서는 '성노예(military sex slavery)'와 '군대성노예제도(military sexual slavery)'라는 용어를 사용하고 있다. 그러나 '성노예'라는 강한 표현이 일부 피해 여성들에게 상처를 부여할 수 있다는 점에서 제한적으로 사용되고 있다. 최근에는 일본군이 취하려 한 '위안'의 허구성을 드러내기 위해 역사적 용어로서의 위안부에 작은따옴표를 붙여 사용하는 추세이다.

이상에서 살펴본 바와 같이 주석은 다른 사람의 글을 정당하게 사용하기 위해, 자신의 주장을 효율적으로 전개하기 위해, 주장하는 명제의 타당성과 신빙성을 입증하기 위해, 또는 본문에서 다루기 곤란한 논의를 보충하기 위해 사용한다고 볼 수 있다.

연습 문제 2

일반적으로 한글과 워드 프로그램에서 주석을 다는 방법은 다음과 같다. 한글 파일에서는 "입력 ⇨ 주석 ⇨ 각주"의 순으로, 워드 파일에서는 "참조 ⇨ 각주 삽입"(References ⇨ Insert Footnote) 순으로 접근할 수 있다. 한글이나 워드 프로그램 가운데 하나를 이용해서 실제 주석을 다는 연습을 진행해 보자.

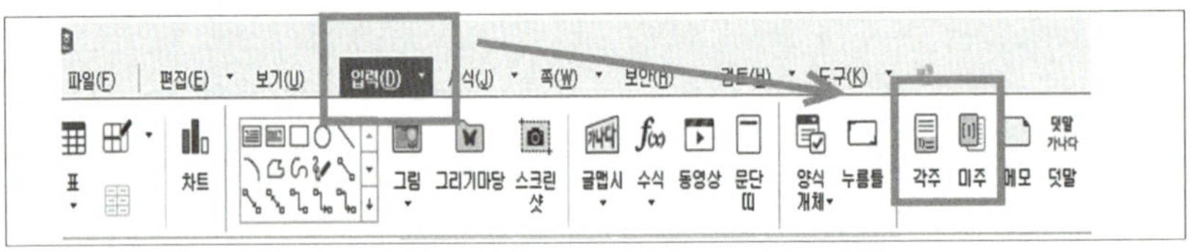

한글 프로그램에서 주석을 다는 방법

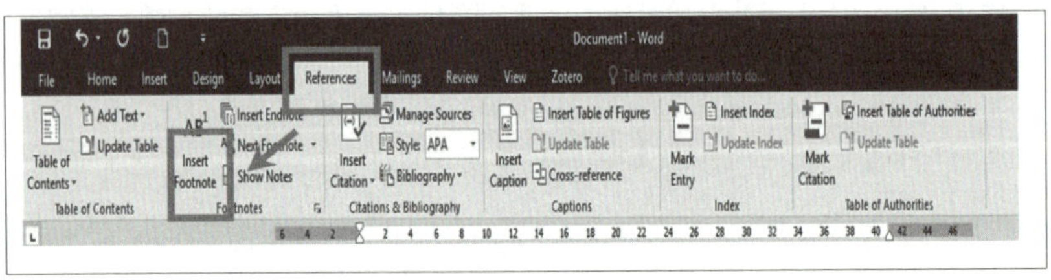

워드 프로그램에서 주석을 다는 방법

정확한 인용 방법 3.

핵심 길라잡이

- **인용의 종류(직접인용, 간접인용, 재인용)에 대해 알아보자.**
- **자료의 유형에 따라 달라지는 출처 표기 방법에 관해 알아보자.**
- **참고문헌의 개념과 기본 양식에 대해 알아보자.**

대학은 학문을 탐구하는 공간으로, 학문 탐구를 위해서는 자신만의 뚜렷한 관점과 그것을 뒷받침할 수 있는 근거를 필요로 한다. 따라서 우리는 자신의 주장을 뒷받침하기 위한 근거를 찾기 위해 선행 연구자들의 글을 참고한다. 그리고 해당 과정을 통해 다른 사람들에게 자신의 주장을 보다 효과적으로 전달할 수 있는 통로를 마련하게 된다. 이때 주의할 점은 자신의 주장과 다른 사람의 생각을 명확히 구분하여 서술해야 한다는 사실이다. 이것이 표절을 막을 수 있는 '인용'이다. 또한 학술적 글에서는 자신이 글을 쓰면서 참고한 모든 자료들을 정리한 '참고문헌' 목록을 제시해야 한다. 그런데 각주나 참고문헌을 제시하는 방식은 전공 분야와 글의 종류에 따라 달라질 수 있다. 따라서 자신이 전공하는 학문 분야의 기관이나 학회 홈페이지에 나와 있는 원고 작성 및 편집 원칙을 살펴보고, 해당 기준에 준하여 작성해야만 한다.

1) 인용의 종류

인용은 크게 직접인용과 간접인용으로 구분된다. 직접인용은 다른 사람이 쓴 글을 그대로 인용하는 것이고, 간접인용은 다른 사람의 글을 요약하거나 자신의 표현으로 바꾸어 인용하는 것이다. 이외에도 다른 사람이 인용한 글을 자신의 글에서 다시 인용하는 재인용이 있다.

(1) 직접인용

직접인용이란 다른 사람의 글을 원문 그대로 가져오는 방식의 인용을 의미한다. 저자의 원래 의도를 그대로 드러내기 위해 원문을 수정하지 않고 '있는 그대로' 사용하는 방식이다. 이는 원문을 직접 제시하지 않을 경우 발생할 오해를 방지하기 위함이다. 주로 법조항, 문학작품, 개념어, 수식 등에 활용된다. 인용한 부분이 짧을 때(일반적으로 100자, 또는 3줄 이내)는 자신의 글과 이어 쓰고, 해당 부분에 큰따옴표를 표시해 자신이 쓴 글과 구분해 준다. 그리고 큰따옴표가 끝나는 곳에 주석을 달아 출처를 표기한다.

- **직접 인용의 예 ①**[22]

이청준은 숲에 버려진 독자에게 스스로의 힘으로 길을 찾으라고 말한다. "한 편의 소설은 그의 독자를 만났을 때, 그 독자 안에서 비로소 마지막 완성이 이루어"[1)]지기 때문이다.

1) 이청준, 『작가의 작은 손』, 열화당, 1978, 204쪽.

한편, 인용한 부분이 3줄 이상(약 100자 이상)으로 길어질 경우에는 큰따옴표를 쓰지 않고, 자신이 쓴 글과 인용문 사이에 각각 1줄씩 띄어 별도의 문단을 구성해 준다. 이때 자신의 글과 확실히 구분되도록 양 옆에 여백을 지정하거나, 글자 크기를 조금 작게 표현할 수 있다.

• **직접 인용의 예 ②**[23]

한수영은 과제 작성을 위한 자료를 참고할 경우, 다음의 두 가지 사항을 유의해야 한다고 지적한다.

> 첫째, 화제가 너무 광범위한 상태에서 자료를 찾다가는 그야말로 자료의 바다에서 허우적거릴 가능성이 많다. 가능하면 화제의 범주를 줄여야 자료를 효율적으로 찾을 수 있다. 두 번째 것은 더욱 중요한데, 남의 글의 일부분이나 아이디어를 그냥 가져다 쓰면 안 된다는 점이다. 무단으로 표절한 한 줄 때문에 글 전체를 폐기해야 할 경우도 있으니 각별한 주의가 필요하다.[1)]

우선 그는 글의 주제가 확정된 상태에서 자료를 찾아야 함을 강조한다. 그런데 그가 더 문제적으로 생각하는 것은 출처 표기 없이 타인의 글을 끌어다 쓰는 행위이다.

1) 한수영, 『글쓰기의 지도』, 지식의 날개, 2010, 23쪽.

이와 같이 인용문이 길어져 큰따옴표 대신 별도의 문단을 구성하는 경우에도 인용 끝에는 반드시 주석을 달고 출처를 밝혀야만 한다. 또한 인용한 부분 가운데 인용자가 강조하고 싶은 부분이 있다면 굵은 글씨나 밑줄을 쳐서 눈에 띄게 표시할 수 있다. 혹은 오타와 같이 잘못된 부분을 수정할 수도 있다. 다만 이 경우에는 반드시 인용자가 작성한 것임을 밝혀야 한다. 원문에는 굵은 글씨나 밑줄이 없기 때문에 다음의 예와 같이 인용문 마지막에 "(밑줄-인용자)" 혹은 "(굵은 글씨-인용자)"와 같은 표시를 해야 한다. 또한 인용하는 과정에서 중간 부분을 생략하는 경우에는 '중략'이라고 해당 사항을 명시해야 한다.

• 직접 인용의 예 ③[24]

최근의 많은 작가들이 새로운 매체를 통해 독자들과의 적극적인 소통을 추구하고 있다. 대표적인 예로 '초단편' 소설의 등장을 들 수 있다. 초단편 소설은 '엽편(葉片)소설', '장편(掌篇)소설', '미니 픽션' 등으로도 불리지만, 스마트폰 환경에 적합하다는 의미에서 '스마트 소설'이라고도 명명된다.

> 달라진 문학적 환경을 맞이하여 생각할 수 있는 문학의 미래는 크게 두 가지이다. 첫 번째는 문학만이 수행할 수 있는 그 고유한 권능을 수호하는 태도이다. (중략) 두 번째는 좀 더 공세적인 태도로 달라진 전자환경 시대에 어울리는 방향으로 문학을 변화시키는 일이다. 이를 통해 기존의 문학이 지닌 권능의 일부를 양보하는 대신 새로운 문학적 가능성을 확보하는 것이 가능할 것이다. 스마트소설이란 바로 후자의 입장에서 문학의 미래를 더듬어 보는 방법이라고 할 수 있다.[1] (밑줄: 인용자)

위의 인용문에서 확인할 수 있듯이 '스마트소설'이란 스마트폰과 소설의 결합을 시도하는 새로운 변환의 문학 장르로, 짧은 분량 · 빠른 소통 · 강렬한 시사성을 핵심 가치로 내세운다.

1) 주수자 외 25인, 『2013 스마트소설 박인성 문학상』, 문학나무, 2012, 7쪽.

(2) 간접인용

간접인용은 참고한 자료의 내용을 자신의 언어로 요약하고 정리하여 인용하는 방법이다. 다른 사람의 생각을 자기 글의 목적에 맞도록 활용하기 위해, 혹은 일부 내용을 자기 나름의 표현으로 수정하여 옮겨 적는 경우를 말한다. 또는 긴 글을 압축적으로 요약하여 인용할 경우에도 자주 사용된다. 직접인용처럼 원문을 글자 그대로 옮겨온 것은 아니지만, 자신이 생각해 낸 것이 아니라 다른 사람의 글을 가져온 것이라는 점에서 반드시 출처를 밝혀야만 한다.

또한 원저자의 뜻을 정확하게 파악해서 인용해야 하며, 전후 맥락에 대한 고려 없이 자신이 필요한 부분만 가져와서는 곤란하다. 중심개념이나 용어를 반드시 포함하여 서술하고, 문장의 형태만을 약간 바꾸는 차원이 아니라 자신의 글로 완전히 다시 써야만 한다. 그리고 큰따옴표를 사용하거나 별도의 문단을 구성하지는 않지만, 직접인용과 마찬가지로 인용된 부분 끝에 주석 번호를 달고 정확한 출처를 명시해야만 한다.

• 예시 - '간접인용'이 문제가 된 경우[25]

노화되어 가는 '인간'에 관한 문제는 가족 내에서 벌어지는 자녀와의 갈등, 부양 문제, 유기, 폭력, 학대, 재혼, 역할 상실과 같은 관계의 문제로부터 치매, 노인성 질환과 같은 질병, 나이 먹기(노화), 죽음에 대한 인식이라는 존재의 본질에 대한 문제 등으로 다양하게 전개되고 있다. 특히 21세기에 들어서면서 노인인구가 급증하고, 고학력 · 고경제력 인구가 노인인구집단으로 편입되면서 노인과 관련된 문제는 더욱 다양화 · 세분화되어 갈 것이다. 그런데 <u>이때 말하는 '노(老)'라는 현상은 크게 인간의 생물학적 측면과 사회적 측면에서 함께 설명되지만, 그 규정을 '연령'의 개념으로 환산했을 때 반드시 일치하는 것</u>

만은 아니다.[1] 노년은 단지 생물학적인 현상이 아니라 문화적 현상이기 때문이다.

1) 검색어 「노인문제」, 『한국민족문화대백과』, http://encykorea.aks.ac.kr/, 접속일: 2019.08.10.

위의 예시에서 밑줄 친 부분이 문제가 되는 것은 출처를 표시했지만, 실제로 인용하고 있는 부분이 어디에서 어디까지인지를 알 수 없다는 점이다. 무엇보다 큰 문제는 각주를 단 문장만이 아니라, 그 앞에 서술한 문장 역시 모두 『한국민족문화대백과』에 나온 원문을 그대로 옮겨놓은 것이라는 사실이다. 원문에 있는 내용을 그대로 가져왔다면 큰따옴표를 표시해 분명한 범위를 제시해야 한다. 그렇지 않다면 인용 분량을 가능한 한 짧게 처리하고, 정확한 인용표시구를 설정해 주어야 한다. 인용표시구는 "누구는 ~~라고 말한다." 혹은 "누구의 견해를 정리하면 다음과 같다."라는 식의 서술을 통해 제시될 수 있다.

• 예시 - '간접인용'의 문제를 해결한 경우

노화되어 가는 '인간'에 관한 문제는 가족 내에서 벌어지는 자녀와의 갈등, 부양 문제, 유기, 폭력, 학대, 재혼, 역할 상실과 같은 관계의 문제로부터 치매, 노인성 질환과 같은 질병, 나이 먹기(노화), 죽음에 대한 인식이라는 존재의 본질에 대한 문제, 나아가 노인의 몸에 관한 감각(냄새, 촉각, 늙은 몸), 성적 욕망, 빈곤, 소외 등의 문제로 다양하게 전개되고 있다. 그런데 이때 노(老)라는 현상에 대해 『한국민족문화대백과』는 다음과 같이 설명한다. 노(老)란 인간의 생물학적 측면만이 아니라 사회적 측면에서 함께 설명되어야 하기에, 그 규정을 '연령'의 개념으로 국한해서는 곤란하다는 것이다.[1] 그 이유는 노년이란 단지 생물학적인 현상이 아니라 문화적 현상이기 때문이다.

1) 검색어 「노인문제」, 『한국민족문화대백과』, http://encykorea.aks.ac.kr/, 접속일: 2019.08.10.

(3) 재인용

재인용이란 해당 글을 참고할 때, 자신이 인용하려는 해당 저자의 글을 직접 읽은 것이 아니라 다른 사람의 글(기사, 논문, 단행본 등)을 통해서 인용하는 경우를 말한다. 다시 말해, 참고 자료를 읽다 보면 해당 자료를 쓴 저자가 다른 사람의 글을 인용한 대목을 만날 수 있다. 이때 해당 인용 부분이 자신에게도 필요한 내용이라면 해당 자료를 직접 검색해서 찾아보는 것이 가장 효과적이다. 일반적으로 학술적인 글에서 재인용을 하는 것은 바람직하지 않기 때문이다.

그러나 아무리 노력해도 해당 자료를 찾을 수 없는 경우, 해당 글이 자신이 모르는 외국어로 쓰여 있는 경우 등 원문을 찾아 읽을 만한 조건이 안 되는 부득이한 상황에는 재인용을 선택할 수 있다. 이때에는 반드시 본인이 활용한 자료의 '1차 문헌'을 표기하고, 이어서 그 자료를 제공해 준 '2차 문헌'의 출처를 밝히며 '재인용'임을 명시해야 한다. 그 이유는 2차 문헌의 저자를 통해 1차 문헌을 알게 되었기 때문이다. 따라서 '재인용' 표시를 통해 2차 문헌의 저자가 기여한 업적에 대한 인정과 존중을 표시하는 것이다. 이때 표기 방법은 "1차 문헌의 출처(2차 문헌의 출처에서 재인용.)"이라고 기록한다. 구체적인 예를 살펴보면 다음과 같다.

- **예시 - '재인용'을 표시한 경우[26]**

일반적으로 고백을 욕망하는 인물은 스스로에 대한 환멸감을 갖고 있기에 심리 상태가 매우 불안정하다. 따라서 그들은 언어를 통해서 내부에 자리한 환멸을 표출하고, 이를 통해 내부의 정화를 욕망한다. 이러한 과정을 통해 '자아의 정체성'을 회복할 수 있다고 믿는 것이다. 이를 두고 엡슬렘(Peter M. Axthelm)은 사람들은 어떻게 해서든 '있어야 하는

자아'와 '현재 있는 자아' 사이의 불일치에서 벗어나고자 고백을 욕망한다고 설명한다.[1)]

---

1) Peter M. Axthelm, *The Modern Confessional Novel, New Haven*, Conn: Yale Univ. Press, 1967, p.9. (우정권, 『한국 근대 고백소설의 형성과 서사양식』, 소명출판, 2004, 108쪽에서 재인용.)

연습 문제 1 **다음 글을 읽고 재인용 출처를 밝혀 보자.**

> 김이화가 쓴 "젠더감수성이란 무엇인가"라는 신문기사를 인용했다. 기사는 2018년 3월 1일자에 발행된 배꽃신문의 제14면에 수록되어 있다. 그러나 해당 자료를 직접 구할 수가 없었다. 내가 인용한 김이화의 기사는 박화연이 쓴 『쉽게 읽는 젠더 이야기』라는 책 269쪽에 나온 것이다. 이 책은 이화여자대학교출판문화원에서 2020년에 출판되었다.

2) 자료에 따른 인용 방법

글을 쓰면서 다른 사람의 글이나 자료 등을 활용한다면 해당 자료의 출처를 정확하게 밝혀야만 한다. 기본적으로 출처는 주석과 참고문헌을 통해 표시된다. 이를 통해 자신의 주장을 뒷받침할 근거를 제시함은 물론, 다른 사람의 지적 재산권을 존중하는 학문적 윤리를 준수할 수 있다. 출처를 표시하는 방법은 참고한 자료의 종류에 따라, 해당 대학이나 학술단체에 따라 달라질 수 있다. 따라서 반드시 자신이 전공하는 학문 분야에서 요구하는 작성 원칙을 확인해야만 한다. 그러나 본인이 제출하려는 대학이나 단체에서 특별히 요구하는 체제가 없을 경우에는 다음의 형식을 준수하여 작성할 수 있다.

자료의 종류	작성 방법
단행본	글쓴이, 『책 제목』, 출판사, 출판연도, 인용 쪽수.
	[예] 최형용, 『정확한 화법과 미디어 언어 분석』, 박이정, 2019, 55쪽.
학술논문	글쓴이, 「논문 제목」, 『학술지명』 제O권 제O호, 발행처, 출판연도, 인용 쪽수.
	[예] 조혜란, 「행장에 재현된 조선시대 어머니상」, 『한국고전연구』 제38권, 한국고전연구학회, 2017, 277쪽.
학위논문	글쓴이, 「논문 제목」, 학위 수여 기관 및 학위 종류, 발행연도, 인용 쪽수.
	[예] 연남경, 「최인훈 소설의 자기 반영적 글쓰기 연구」, 이화여자대학교 박사학위논문, 2009, 41쪽.
신문기사	글쓴이, 「기사 제목」, 『신문 이름』, 발간일자, 인용 면수.
	[예] 오장환, 「초강력 태풍 '링링'에 쓰러진 공중전화 부스」, 『서울신문』, 2019.09.08., 제3면.
사전	검색어 「항목이름」, 『사전 이름』, 출판사, 출판 연도.
	[예] 검색어 「소설」, 『한국현대문학대사전』, 서울대학교출판부, 2004.
공연, 영상물	감독/연출자, 〈작품 제목〉, 제작사, 개봉연도/방영일.
	[예] 조정래(감독), 〈귀향: 끝나지 않은 이야기〉, 제이오엔터테인먼트, 2016.
웹사이트	웹사이트는 해당 내용이 변경될 수 있기 때문에 URL과 접속일을 기재
	[예] 이화여자대학교 도서관, "표절예방시스템 카피킬러 신규 도입 안내", http://lib.ewha.ac.kr/bbs/content/1_26102, 2018년 10월 18일 검색.

이때 '출판연도(개봉연도/방영일)'는 다음과 같이 글쓴이 이름 뒤에 괄호를 넣어 표기하는 것도 가능하다. 다만, 어떤 방식을 선택하든 자신의 글 안에서 일관되게 표기를 해야만 한다.

강진옥(2005), 『양주의 구비문학』, 박이정, 95쪽.

김동준(1989), 『韓國文學原論』, 태학사, 43쪽.

또한 저자가 세 사람 이하이면 이름을 모두 밝혀 적고, 저자가 세 사람을 초과할 경우에는 최초의 저자명을 쓴 후 '외(外) 몇 인/명'이라고 적는다. 국외 저서일 경우에는 'et al.'을 사용한다. 한편, 저자 이름 없이 편자 이름만 제시된 경우에는 편집자 이름 뒤에 '편'이라고 적고, 편집자가 두 명 이상인 경우에는 '공편'이라고 표기한다. 국외 자료의 경우 한 명의 편집자는 'ed.'로, 두 명 이상은 'eds.'로 적는다. 마지막으로 저자 이름이 특정 개인이 아닌 학술단체, 협회, 정부 기관 등으로 되어 있는 경우에는 해당 단체명을 저자 이름에 그대로 기록하면 된다.

김민정 외 9인, 『젠더정치학』, 한울아카데미, 2018, 210쪽.

이화여자대학교출판부 편, 『Scenes from EWHA』, 이화여자대학교출판부, 2015, 35쪽.

대학글쓰기 교재편찬위원회, 『대학 글쓰기 이론과 실제』, 한국대학교출판부, 2013, 22쪽.

그리고 참조 쪽수는 영문으로 쓰는 경우에는 소문자 p.나 pp.(여러 쪽을 참조했을 경우)로 적고, 한글로 쓸 때는 '쪽'이나 '면'으로 기재한다. 이때 인용하려는 내용이 동일한 자료의 여러 면에 수록되었지만, 연속적이지 않다면 모든 면수를 제시하되 쉼표(,)로 구분한다. 그리고 마지막에는 반드시 마침표를 찍어야 한다. 최근에는 매체의 발달로 다양한 유형의 자료들을 참고하는 경우가 늘어나고 있다. 이에 정해진 규칙이 없는 경우에는 기존의 순서와 형식을 응용하되, 본인의 논문 안에서 일관성 있게 작성하는 것이 중요하다. 구체적인 기술 방법을 살펴보면 다음과 같다.

(1) 단행본

국내 단행본은 겹낫표(『』)로, 국외(구미권) 단행본을 참고했을 경우에는 별도의 기호 없이 '이탤릭체'로 표기한다. 일반적으로 출판지는 도시 이름을 쓰는 것이 원칙이지만, 국내 저서의 경우는 생략하는 경우도 종종 있다.

〈국내 단행본〉

글쓴이, 『책제목』, 출판사, 출판 연도, 인용 쪽수.

(예) 김미현, 『젠더 프리즘』, 서울: 민음사, 2008, 55-56쪽.

김미현, 『젠더 프리즘』, 민음사, 2008, 55-56쪽.

번역서의 경우에는 국내 단행본 표기 방법과 동일하게 적되, 번역한 사람의 이름만 추가하면 된다. 이때 원저자의 이름을 먼저 밝히고, 옮긴이의 이름은 저서명 뒤에 '역/번역/옮김'이라는 표시와 함께 기재한다. 또한 번역자의 이름은 『서명』 앞이나 뒤에 쓸 수 있다. 무엇이든 본인이 원하는 것을 선택하되, 본인의 논문 안에서 일관성 있게 작성하면 된다. 국외 저자의 이름을 한글로 적는 것도 가능하다.

〈번역서〉

글쓴이, 『책 제목』, 번역한 사람 이름, 출판사 이름, 출판연도, 인용 쪽수.

(예) Richard Kearney, 『이방인, 신, 괴물』, 이지영 옮김, 개마고원, 2004, 47쪽.

질 들뢰즈, 『차이와 반복』, 하태환 옮김, 민음사, 2008, 37쪽.

국외(구미권) 저서의 경우, 주석에서는 국내 저서와 동일하게 '이름-성' 순으로 적을 수 있다. 그러나 참고문헌을 정리할 때에는 반드시 성을 먼저 쓰고 쉼표 후에 이름을 쓰도록 한다. 또한 국외 저서의 경우에는 출판지를 생략하지 않고 반드시 함께 기재한다.

〈국외 단행본〉

글쓴이, 책 제목, 출판지: 출판사 이름, 출판연도, 인용 쪽수.

(예) Frantz Fanon, *Black skin*, *White Maske*, London: Pluto, 1986, p.218.

Tania Modleki, *Feminism without women*, New York: Routledge, 1991, pp.13-15.

한편, 전자책을 이용했을 경우에는 위와 동일한 형식으로 인용하되, 마지막에 매체 표시만을 추가하면 된다. 예를 들면 Kindle edition, PDF e-book, Microsoft Reader e-book, Palm e-book, CD-ROM 등을 추가하면 된다.

김윤하, 『한국대중음악 라이너노트』, 교보문고, 2019, 22쪽, Kindle edition.

Hendrik Hamel, *Story of the wreck of the Sperwer yacht*, New York: Penguin Class, 2019, p.103, Kindle edition.

(2) 학술논문, 학위논문

일반적으로 국내 학술논문은 홑낫표(「 」)로, 국외(구미권) 학술논문은 큰따옴표(" ")로 표기한다. 앞서 자료 유형에서 설명한 바와 같이 학술논문은 학술지에 수록된 논문을 말하며, 학술지란 학술적 성격의 문헌을 수록하고 있는 정기간행물을 의미한다. 학술지란 한 번의 출판으로 완결되는 단행본과 달리, 정기적으로 발행된다는 점에서 '학술잡지'라고도 불린다. 정해진 기간에 맞춰 연속적으로 간행된다는 점에서 '권/호(Vol/No)' 또는 '집(集)'을 기재해야만 정확한 자료를 확인할 수 있다. 또한 학술지를 발행하는 '발행처'가 단행본의 출판사 자리에 온다.

〈국내 학술논문〉

글쓴이, 「논문 제목」, 『학술지명』 제O권 제O호, 발행처, 출판연도, 인용 쪽수.

(예) 김윤정, 「애도 (불)가능의 신체와 문학의 정치성」, 『이화어문논집』 제46집, 이화어문학회, 2018, 29쪽.

황지영, 「근대 여학교 기숙사와 젠더규율의 이중성」, 『서강인문논총』 제52권, 서강대학교 인문과학연구소, 2018, 82쪽.

〈국외 학술지 논문〉

글쓴이, "논문 제목", 학술지명(이탤릭체), Vol.O NO.O, 발행처, 출판연도, 인용 쪽수.

(예) S. Roye, "Toni Morrison's Disrupted Girls and Their Disturbed Girlhoods", *CALLALOO*, Vol.35 No.1, Baltimore: JOHNS HOPKINS UNIVERSITY PRESS, 2012, pp.213-215.

한편, 학위논문은 대학원에서 석사·박사학위를 받기 위해 작성하는 논문으로 정기간행물과 달리 일회성을 갖고 출판된다. 학위논문의 출처를 표기하는 구체적인 방법은 다음과 같다.

〈학위논문〉

글쓴이, 「논문 제목」, 학위 수여 기관 및 학위 종류, 발행연도, 인용 쪽수.

(예) 서이화, 「북한이탈 청소년 전환교육 연구」, 한국대학교 박사학위논문, 2010, 77쪽.

진선영, 「한국 대중연애서사의 이데올로기와 미학」, 이화여자대학교 박사학위논문, 2011, 45-48쪽.

(3) 신문 및 사전

신문에 수록된 기사를 참고했을 경우에는 "글쓴이, 「기사 제목」, 『신문 이름』, 발간일자, 인용 면수" 순으로 작성한다. 그러나 최근에는 신문 기사를 직접 지면으로 접하기보다, 인터넷으로 확인하는 경우가 늘어나고 있다. 이 경우에는 "글쓴이, 「기사 제목」, 『매체 이름』, 기사의 작성 일자, 사이트 주소, 접속일자."를 밝혀주면 된다. 인터넷 기사의 경우 필자명이 따로 제시되어 있지 않다면 "기사 제목"을 먼저 서술할 수 있다.

〈신문 기사〉

글쓴이, 「기사 제목」, 『신문 이름』, 발간일자, 게재 면수.

〈인터넷 기사〉

글쓴이, 「기사 제목」, 『매체 이름』, 기사의 작성 일자, 사이트 주소, 접속일자.

(예) 김이화, 「과학기술계 여성 리더십」, 『의학신문』, 2019.10.28., 제1면.

양선아, 「바느질과 미래교육」, 『한겨레신문』, 2019.05.07., http://www.hani.co.kr/arti/opinion/column/892954.html, 접속일 2019.11.20.

이외에 백과사전 역시 직접 책으로 검색하기보다는 인터넷 자료를 통해 접하는 경우가 빈번하다. 이때 웹사이트의 주소를 끝까지 적는 것이 일반적이지만, 검색 기능이 제공되고 주소의 세부 사항이 바뀌는 경우에는 대표 주소만을 표기한다. 이때 중요한 것이 본인이 접속한 날짜를 반드시 적어야만 한다는 사실이다. 이는 인터넷 자료의 경우 새롭게 자료가 수정되거나 삭제되는 경우가 많아, 원자료를 확인하기 어려운 경우가 발생하기 때문이다. 따라서 인터넷 자료는 본인이 방문한 날짜, 즉 '접속일(검색한 날짜)'을 반드시 적어야만 한다.

〈백과사전〉

검색어 「항목이름」, 『사전 이름』, 출판사, 출판연도.

검색어 「항목이름」, 『사전 이름』, 사이트 주소, 접속일.

(예) 검색어 「수필」, 『한국현대문학대사전』, 서울대학교출판부, 2004.

검색어 「인권」, 『한국민족문화대백과사전』, http://encykorea.aks.ac.kr/, 접속일 2019.08.10.

(4) 기타 자료

최근에는 다양한 매체의 확장으로 인해 영상 자료를 참고 자료로 활용하는 경우도 늘어나고 있다. 영상물의 출처를 표기하는 방법은 앞서 살펴본 단행본의 경우와 유사하다. 다만 서지 사항을 낫표(「 」, 『 』)를 표시하여 제시한다면, 영상물은 홑화살괄호(〈 〉)를 사용하여 표기하도록 한다. 또한 글쓴이 자리에 감독이나 연출자의 이름, 출판사 이름 대신에 해당 영상의 제작사 혹은 방송사 이름, 출판연도 대신에 개봉 연도 혹은 방영 날짜를 적으면 된다. 다큐멘터리, 드라마, 예능과 같은 경우에 특정 회를 지적하고자 한다면, 해당 영상물이 방영된 날짜를 정확하게 표기하도록 한다.

〈공연, 영상물〉

감독/연출자, 〈작품 제목〉, 제작사, 개봉 연도/방영일.

(예) 봉준호(감독), 〈기생충〉, ㈜바른손E&A, 2019.

조현탁(연출), 〈SKY 캐슬〉 제1화, JTBC, 2018.11.23.

또한 정책 자료, 국민청원게시판 같은 사이트에서 제공된 자료, 통계에 관한 사진, 그래프 등도 인용할 수 있다. 이때 표와 그림의 경우에도 정확한 출처를 밝혀야 한다. 관련법에 대한 명칭은 「민법」, 「상법」, 「저작권법」, 「헌법」과 같이 표기한다. 이밖에도 노래, 웹툰, 그림 등의 제목을 서술할 때에는 홑화살괄호(〈 〉)를 활용한다.

(5) 약식 인용

주석을 통해 자신이 인용한 자료를 또다시 인용하고자 할 때는 어떻게 표기해야 할까? 바로 위에서 인용한 경우에는 '위의 책' 혹은 '*Ibid.*'로 표기할 수 있다. 이때 '*Ibid.*'는 라틴어 'Ibidem(=at the same place)'의 약어로, 동일 저자의 동일 저작을 연이어 인용했을 경우에만 사용한다. 따라서 중간에 다른 저술에 대한 주석이 들어가 있을 경우에는 사용할 수 없다. 이때 인용한 쪽수가 다르다면 해당 쪽수를 표기한다.

• 위의 책(=*Ibid.*, 위의 글, 위의 논문, 위의 기사, 위의 영상, 같은 책, 같은 글)

: 바로 위의 주에서 인용한 자료를 반복 사용할 경우

(예) 1) 정우숙, 『구멍의 둘레』, 커뮤니케이션북스, 2014, 47쪽.

2) 위의 책, 223쪽.

반면 바로 위가 아니라 앞에서 인용한 자료의 경우에는, '앞의 책' 혹은 '*op. cit.*'로 표기한다. '*op.cit.*'란 라틴어 'opere citato(in the same work cited)'의 약어로, 앞에서 인용한 문헌을 다시 인용하지만 그 중간에 다른 주석이 끼어 있어서 '*Ibid.*'를 사용할 수 없는 경우에 활용된다. 이때 앞의 책 가운데 정확하게 어떤 책인지 명시하기 위해 필자의 이름을 써 주고, 인용한 쪽수가 다른 경우에는 해당 쪽수를 표기한다.

• 앞의 책(*Op.cit.*, 앞의 글, 앞의 논문, 앞의 기사, 앞의 영상)

: 바로 위가 아니라, 앞에서 어딘가 인용했던 자료를 다시 인용하는 경우

(예) 1) 박창원, 『한국어의 표기와 발음』, 지식과 교양, 2012, 9쪽.

2) 구본관, 『언어 중심의 교과 융합 교육』, 사회평론아카데미, 2008, 22쪽.

3) 전혜영, 『꽃들은 제 때를 알고』, 모아드림, 2016, 43쪽.

4) 박창원, 앞의 책, 240쪽.

(6) 참고문헌 작성

참고문헌은 자신이 작성한 글 안에서 인용된 자료들의 서지 사항을 일정한

양식에 따라 글의 마지막 부분에 정리해 놓은 목록을 말한다. 문헌만이 아니라 그림 · 영화 · 음반 · TV 등의 모든 자료를 포함한다. 이때 기억할 점은 본문에 직접적으로 인용하지 않았지만, 영향을 받았다고 생각하는 모든 자료들을 포함한다는 사실이다. 일반적으로 참고문헌을 정리하는 양식은 각주 양식과 비슷하다. 그러나 구체적인 인용쪽수를 적지 않는다는 것이 가장 큰 차이점이라고 볼 수 있다. 그런데 앞서 밝힌 바와 같이 각주 및 참고 문헌 작성법은 각각의 학술단체, 학술지의 기준, 전공 분야에서 채택하는 기준에 따라 유동적으로 달라질 수 있다. 다만 특별한 규정이 제시되지 않은 경우에는 다음의 규칙에 따라 정리하는 것이 일반적이다.

1) 여러 언어의 문헌이 공존할 경우, 국내 문헌에서 외국문헌(동양→서양) 순으로 적는다.
2) 국내 저자의 이름은 '가나다' 순으로, 국외 저자의 이름은 '알파벳' 순으로 기재한다.
3) 구미권 저자의 경우에도 '성-이름'의 순서로 적는다. 이때 성(last name)과 이름 사이에 쉼표를 찍는다.
4) 저자가 여럿일 경우에는 문자표 내에 있는 '가운뎃점(·)'을 이용해서 표시한다.
5) 동일한 저자의 문헌을 여러 개 나열할 때는 저자명을 반복해서 적지 않는다. 처음에만 이름을 적고, 나머지는 일정한 길이의 줄표('___')를 그어 표시한다.
6) 동일한 저자가 쓴 논저가 여럿일 경우에는 간행 연도가 먼저인 것에서 나중의 것 순으로 배열한다.
7) 주석에서 여러 번 인용했어도 참고문헌 목록에는 한 번만 제시한다.
8) 단행본의 경우, 서지 사항만 기록하고 인용 쪽수를 적지 않는다.
9) 학술논문의 경우, 해당 논문이 수록된 쪽수(시작 쪽 - 마지막 쪽)를 표기한다.

위에서 제시된 내용들을 적용하면 '참고문헌 정리 방식 ①'과 같은 형태로 정리할 수 있다. 이때 참고문헌이 단행본, 학술논문, 웹자료 등으로 다양하게 분류될 경우, '참고문헌 정리 방식 ②'와 같은 형태로도 정리가 가능하다. 자료의 유형을 나누는 기준은 본인이 참고한 자료의 성격에 따라 다양하게 응용될 수 있다.

- **참고문헌 정리 방식 ①**

김소륜, 『이청준 소설과 사유의 악마성』, 소명, 2015.

김병용, 「늘어나는 무인 셀프 계산, 사라지는 일자리?」, 『KBS NEWS』, 2019.05.15., http://news.kbs.co.kr, 접속일 2019.05.19.

김봉석, 「무인기계에 대한 단상」, 서울시립대학교 석사학위논문, 2012.

김정남, 「계산원도, 고객도 소외…무인계산대의 그늘」, 『노컷뉴스』, 2019.05.13., https://www.nocutnews, 접속일 2019.05.25.

김하윤 · 허정, 「패스트푸드점의 무인주문시스템에 대한 시각적 연구」, 『식공간 연구』 제13권 제2호, 한국식공간학회, 2018, 75-92쪽.

류 빈, 「프렌차이즈업계, 거센 무인화 바람..일자리 감소 노인소외우려」, 『아시아타임즈』, 2019.05.15., http://www.asiatime.co.kr, 접속일 2019.05.27.

이수영, 「한국 근대문학의 형성과 미적 감각의 병리성」, 『민족문학사연구』 제26권, 민족문학사학회, 2004, 259-285쪽.

______, 『섹슈얼리티와 광기』, 그린비, 2008.

조윤경, 『미래를 만드는 새로운 문화 새로운 상상력』, 이화여자대학교출판문화원, 2008.

홍승윤 · 최정훈, 「고령자의 특성을 반영한 패스트푸드점 키오스크 UI 연구」, 『한국콘텐츠 학회논문지』 제19권 제4호, 한국콘텐츠학회, 2019, 556-563쪽.

子安宣邦, 『동아 · 대동아 · 동아시아』, 이승연 역, 역사비평사, 2003.

Eagleton, Terry, 『비평과 이데올로기』, 윤희기 옮김, 열린책들, 1987.

Jenkins, Henry, 『컨버전스 컬처』, 김정희원 · 김동신 옮김, 비즈앤비즈, 2008.

- **참고문헌 정리 방식 ②**

1. 단행본

김소륜, 『이청준 소설과 사유의 악마성』, 소명, 2015.

이수영, 『섹슈얼리티와 광기』, 그린비, 2008.

조윤경, 『미래를 만드는 새로운 문화 새로운 상상력』, 이화여자대학교출판문화원, 2008.

子安宣邦, 『동아 · 대동아 · 동아시아』, 이승연 역, 역사비평사, 2003.

Eagleton, Terry, 『비평과 이데올로기』, 윤희기 옮김, 열린책들, 1987.

Jenkins, Henry, 『컨버전스 컬쳐』, 김정희원 · 김동신 옮김, 비즈앤비즈, 2008.

2. 논문

김봉석, 「무인기계에 대한 단상」, 서울시립대학교 석사학위논문, 2012.

김하윤 · 허정, 「패스트푸드점의 무인주문시스템에 대한 시각적 연구」, 『식공간 연구』 제13권 제2호, 한국식공간학회, 2018, 75-92쪽.

이수영, 「한국 근대문학의 형성과 미적 감각의 병리성」, 『민족문학사연구』 제26권, 민족문학사학회, 2004, 259-285쪽.

홍승윤 · 최정훈, 「고령자의 특성을 반영한 패스트푸드점 키오스크 UI 연구」, 『한국콘텐츠 학회논문지』 제19권 제4호, 한국콘텐츠학회, 2019, 556-563쪽.

3. 인터넷 자료

김병용, 「늘어나는 무인 셀프 계산, 사라지는 일자리?」, 『KBS NEWS』, 2019.05.15., http://news.kbs.co.kr, 접속일 2019.05.19.

김정남, 「계산원도, 고객도 소외…무인계산대의 그늘」, 『노컷뉴스』, 2019.05.13., https://www.nocutnews, 접속일 2019.05.25.

류 빈, 「프렌차이즈업계, 거센 무인화 바람..일자리 감소 노인소외우려」, 『아시아타임즈』, 2019.05.15., http://www.asiatime.co.kr, 접속일 2019.05.27.

연습 문제 2

다음 문제를 읽고 각주와 참고문헌을 작성해 보자.

1) '창비' 출판사에서 2018년도에 출간된 김금희의 장편소설 경애의 마음을 읽고, 95쪽에 나오는 문장을 인용했다.

2) 사라 살리(Sara Salih)가 쓴 '(주디스 버틀러의) 철학과 우울'이라는 책이 국내에 번역되었다. 앨피 출판사에서 2007년에 김정경의 번역으로 출간되었고, 119쪽에 나온 내용을 인용했다.

3) 우재명이 2004년도에 발표한 '생명과학기술과 인간의 정체성'이라는 논문을 인용했다. 해당 논문은 인간학연구소라는 학회에서 발행하는 학술지 '인간연구' 제6권에 72쪽에서 96쪽에 걸쳐 수록되어 있다. 해당 논문의 84쪽에 나오는 구절을 인용했다.

4) 이화여자대학교 소속의 김이화는 2020년 2월에 '경력단절여성 재취업 정책의 효과분석'이라는 제목의 논문을 쓰고 석사학위를 받았다. 해당 논문의 31쪽에 나온 내용을 인용했다.

5) 4번 문헌에서 29쪽을 인용했다.

6) 2019년 6월 13일자에 문화일보 제25면에 게재된 김인구 기자의 '세상으로 나오는 인디밴드'라는 기사를 인용했다.

7) '좋은 사람들'이라는 인터넷 매체(http://goodpeople.kr)에 소개된 '대학생들의 환경봉사활동'이라는 글을 인용했다. 해당 글은 2015년 8월 1일에 올라온 글로, 사이트를 통해 해당 글을 접한 날짜는 2020년 3월 5일이다.

8) 1)번 문헌에서 230페이지를 인용했다.

9) 저자는 Wallace Chafe이며 책 제목은 Discourse, Consciousness, and Time이다. 이 책은 미국 일리노이 주 Chicago에 있는 The Univ. of Chicago Press에서 1994년 출간되었다. 해당 책의 118페이지를 인용했다.

10) 정세은이 편집해서 엮은 디지털 미디어와 광고라는 책에 수록된 신성우의 양방향 소통과 TV 광고라는 논문에서 45쪽에 수록된 내용을 인용했다. 이 책은 2019년에 가온 출판사에서 출간되었다.

11) 앞의 문헌을 참고 문헌 작성 양식에 맞게 배치해 보자.

연습 문제 3

다음 문제를 읽고 주어진 조건에 맞는 간접인용과 출처를 표시해 보자.

1) 다음 예문은 세계적 베스트셀러 '사피엔스'의 저자 유발 하라리가 쓴 '호모 데우스(미래의 역사)'라는 책의 38-39페이지에서 발췌한 부분이다. 이 책은 김명주 번역으로 김영사에서 2017년 5월 출판되었다. 이 예문을 간접 인용한 후, 인용의 출처를 각주 형식에 맞게 작성해 보자.

> ▣ **예문** : 인류가 '호모 사피엔스'로 명명되던 때, 최악의 적은 기아, 역병, 전쟁이었다. 하지만 우리는 경이로운 경제성장 덕분으로 이것을 통제할 수 있게 되었다. 이제 인류는 지금까지 이룩한 성취를 딛고 더 과감한 목표를 향해 나아가야 한다. 전례 없는 수준의 번영, 건강, 평화를 얻은 인류의 다음 목표는 불멸, 행복, 신성이 될 것이다. '호모 데우스'(신이 된 인간)의 시대이다. 굶주림, 질병, 폭력으로 인한 사망률을 줄인 다음에 할 일은 노화와 죽음 그 자체를 극복하는 것이다. 사람들을 극도의 비참함에서 구한 다음에 할 일은 사람들을 더 행복하게 만드는 일이다. 짐승 수준의 생존투쟁에서 인류를 건져 올린 다음 할 일은 인류를 신으로 업그레이드하고 '호모 사피엔스'를 '호모 데우스'로 바꾸는 것이다.

① 간접 인용하기

유발 하라리는 인류가 '호모 사피엔스'에서 '호모 데우스'로 바뀌어야 된다고 말한다.

왜냐하면, ______________________________ [1)]

② 각주로 인용의 출처 밝히기

각주1) ____

2) 다음 예문은 2019년도에 서울에 있는 '갈무리' 출판사에서 출간된 김미정의 '움직이는 별자리들'과 같은 해에 파주에 있는 '오월의봄'이라는 출판사에서 출간된 오혜진의 '지극히 문학적인 취향'이라는 두 권의 비평집에 관한 이우창의 서평이다. 이 서평은 2019년 9월에 학산문학사에서 발간된 학산문학 105호에 '문학을 지극히 정치적으로 이야기하는 법'이라는 제목으로 298쪽에서 319쪽에 걸쳐 수록되었고, 아래 예문은 299쪽에 실린 내용을 발췌한 것이다. (1) 서평을 간접 인용한 후, (2) 간접 인용의 출처를 '각주1)'에 작성하고, (3) 서평의 분석대상을 참고문헌의 형태로 정리해 보자.

▣ 예문 : 최근 출간된 김미정과 오혜진의 단행본은 대표적인 페미니스트 문학비평가들의 평론집으로 소개되고 있다. 그러나 나는 그들의 책을 '페미니스트 문학비평'으로 구분 짓는 것에 문제가 있다고 생각한다. 물론 그들의 글이 여성주의적 문학 · 문화비평을 실천한다는 사실은 부인할 수 없다. 그러나 내가 겨냥하는 지점은 어떤 서작이나 저자에게 여성주의라는 이름표가 붙을 때 암묵적으로 전제되는 관습적인 구별 자체에 있다. 어떤 학술 · 담론분야에서 여성주의적 문제의식이 성장하고 안착하는 과정을 생각해보자. 처음에는 거부당하고 무시되던 여성주의자들이 일단 더 이상 외면할 수 없을 만큼 커지게 되었을 때, 기존의 주류가 여기에 대처하는 가장 손쉬운 방법은 여성주의의 독립된 영역을 인정한 뒤 그것을 일종의 고립된 게토로 간주하는 것이다. 이러한 게토와 (보통은 기존의 주류들로 구성된) 나머지 영역은 그저 공존할 뿐 그 사이에 어떠한 간섭이나 교류도 없기에, 해당 텍스트의 맥락을 축소하고 제한한다는 한계를 가질 수밖에 없다.

① 간접 인용하기

이우창은 김미정과 오혜진의 비평집을 '페미니스트 문학비평'이라는 명칭으로 구분지어서는 곤란하다고 이야기한다. 왜냐하면 ______________________________

____[1]

② 각주로 인용의 출처 밝히기

각주1) ____

③ 서평의 분석 대상을 참고문헌의 형태로 정리하기

• 윤리적 글쓰기를 위한 Q&A[27]

Q1 참고 자료에 의존하지 않고 나만의 생각으로 글을 쓰는 것도 문제가 될까요?

– 학술적 글쓰기에서 가장 먼저 이루어져야 하는 것은 '연구사 정리'입니다. 이 작업을 먼저 해야 하는 이유는 기존 연구를 검토함으로써 자신의 생각을 가다듬을 수 있고, 또 기존 연구와 내 연구의 차별점을 만들 수 있기 때문입니다. 그러므로 다른 자료를 하나도 참고하지 않고 자신만의 주장을 전개한 것은 학술적 글이라고 보기 어렵습니다.

Q2 출처를 정확히 제시했지만, 글의 대부분이 참고한 자료일 뿐 제 생각이 거의 없다면 이것도 표절일까요?

– 참고한 자료의 출처를 정확하게 제시했다면 표절이라고 볼 수는 없습니다. 그러나 모자이크 표절에서 언급한 바와 같이, 여러 글을 짜깁기한 글은 온전한 자신의 글이라고 보기 어렵습니다. 하나의 주제를 선정해서 글을 쓴다는 것은 기존의 연구와는 구별되는, 자신만의 관점과 생각을 만드는 작업임을 잊지 않아야 합니다.

Q3 상식에 속하는 내용에 대해서도 출처를 밝혀야 하나요?

– 일반적인 상식으로 통하는 지식이나 정보는 굳이 출처를 밝히지 않아도 됩니다. 이때 상식에 속하는 지식이란 누구나 알고 있다고 인정되는 과학적 지식, 역사적 사건의 연대, 유명한 사상 등 일반적인 정보를 의미합니다. 『성경』이나 『코란』 같은 성서도 참고문헌에는 밝히지 않습니다.

Q4 학술적 글쓰기에 인터넷 자료를 활용해도 될까요?

– 인터넷에는 신뢰하지 못할 자료, 불확실한 정보를 그대로 옮겨놓은 자료들이 많습니다. 인터넷 자료의 경우, 자료의 출처와 집필자를 확인하여 신뢰할 만한 자료인지 판단한 후 활용하는 것이 효과적입니다. 가장 좋은 것은 인터넷을 통해 제공된 글의 원

문을 직접 찾아 읽는 것입니다.

Q5 자료를 검색하다 보면 여러 군데에서 동일한 내용의 자료들이 확인되는 경우가 있습니다. 이럴 경우 출처를 어떻게 밝혀야 할까요? 이들 중 하나를 임의로 선택해서 그것으로 출처를 제시하면 될까요?

– 자료의 출처를 제시할 때에는 가능한 한 그 자료가 실렸던 최초의 출처를 확인하여 원출처를 제시하는 것이 가장 바람직합니다. 따라서 가장 좋은 방법은 여러 군데에서 언급한 원자료를 직접 찾아 본인이 읽는 것입니다. 그러나 부득이하게 원자료를 구할 수 없다면, 반드시 재인용 표시를 해 주어야 합니다.

Q6 표, 그래프, 사진, 음원, 동영상과 같은 자료도 출처를 밝혀야 할까요?

– 인용하는 모든 자료에 대해서는 당연히 출처를 밝혀야 합니다. 자신이 직접 설문조사하여 그래프를 만들었거나, 직접 찍은 사진이나 동영상일 경우도 마찬가지입니다. 설문조사한 결과를 토대로 표나 그래프를 작성했다면 구체적인 설문조사 기간, 조사에 참여한 대상(연령, 성별, 인원 등)에 관한 구체적인 내용을 함께 서술해야 합니다. 또한 사진이나 동영상의 경우도 정확하게 언제, 어디에서 촬영된 것인지, 누가 촬영한 것인지를 밝혀야 합니다.

Q7 이전에 참고자료를 조사하는 가운데 발견한 좋은 자료가 있는데, 막상 논문을 쓰려고 하니 정확한 출처가 어디인지 찾을 수가 없습니다. 어떻게 해야 할까요?

– 안타깝지만 아무리 좋은 자료라고 해도 출처를 찾을 수 없다면 해당 내용을 사용하는 것은 곤란합니다. 이러한 문제를 방지하기 위해 자료를 수집하는 과정에서는 반드시 자신이 본 자료들의 목록을 작성하고, 정확한 서지 사항을 정리하는 훈련이 필요합니다.

올바른 문장 쓰기 4.

핵심 길라잡이

- **좋아하는 작가가 쓴 책이나 잘 읽히는 책이 있다면 문장의 특징을 이야기해 보자.**
- **올바른 문장의 조건에 대해 생각해 보자.**
- **자신이 쓴 글을 읽어 보고 어색한 문장에 표시해 보자.**

문장은 느낌이나 생각이 완성되는 최소 단위이다. 그러므로 글쓰기의 출발점은 문장 쓰기에서 시작한다고 할 수 있다. 정확한 문장이란 문법에 맞는 문장이다. 문법이란 언어현상에 내재하고 있는 일정한 질서로서의 규칙을 이르기에 그 규칙을 벗어난 문장은 바른 문장일 수 없다. 특히 글은 독자가 쉽게 이해할 수 있도록 그 내용을 명확하고 어법에 맞게 써야 한다. 정확한 문장을 쓰기 위해서는 바른 문장에 관심을 갖고 자신의 문장을 계속 수정하는 연습을 해야 한다.

올바른 문장은 문장의 필수 성분을 갖춘 문장, 성분 간의 호응이 제대로 된 문장, 앞뒤 문장 사이의 논리적인 관계가 명확하게 드러나는 문장을 말한다. 올바른 문장을 쓰기 위해서는 올바르지 않은 문장이 무엇인지를 아는 것이 필요하다. 올바르지 않은 문장의 유형을 제대로 이해하고 그러한 유형을 피하면 어법에 맞는 문장이 될 것이다. 올바른 문장을 작성하기 위해 대학 글쓰기에서 학생들이 자주 틀리는 항목을 중심으로, 어떤 점에 유의해야 할지 살펴보자.

1) 문장 구성 성분 간의 호응

문장을 이루는 기본 성분은 주어, 목적어, 보어, 서술어인데 이 중에서도 문장의 기본 뼈대는 주어와 서술어이다. 주어는 어떤 상태나 행위의 주체이고, 서술어는 이 주체의 행위나 속성을 나타낸다. 주체-행위, 주체-속성의 관계가 제대로 맞물려 들어가야 문장은 비로소 완성된다. 이런 맞물림을 문법적으로는 '주술이 호응한다'고 부른다. 호응(呼應)은 '부르고 응한다'는 뜻으로 어떤 말이 오면 거기에 응하는 말이 따라온다는 뜻이다. 주어와 서술어가 호응하지 않으면 문장의 의미가 모호해 지는데, 문장이 길어질수록 이런 호응관계에 문제가 생기기 쉽다.

문장의 기본 골간이 되는 두 성분이 주어와 서술어이기 때문에 이 두 성분은 몇 가지 예외적인 경우를 제외하고는 반드시 문장에 등장해야 한다. 하지만 우리말의 특징 가운데 하나는 주어가 자주 생략된다는 점이다. 그래서 주술을 호응시키지 못하는 때가 많아진다. 주어를 생략하는 것이 가능한 것은 맥락 내에서 짐작이 가능하거나 동일한 것의 반복을 피하기 위해서이다. 하지만 맥락이 없을 경우에는 주술 호응이 깨져버리기 때문에 주어를 생략할 수 없다.

① 전원이 켜진 상태에서 본체에 충격을 주지 마십시오.

② 나는 눈이 내리는 바닷가를 거닐며 지난날을 회상했다.

①은 주어인 '사용자'를 생략한 문장이고 ②는 중복된 '나'를 생략한 문장이다. 이는 맥락 내에서 충분히 예측 가능하므로 굳이 사용하지 않아도 뜻을 전달하는 데에는 무리가 없는 경우이다.

③ 현대사회로 넘어 오면서 생활 속의 미덕을 잃어 가고 있다.

④ 허준은 우리에게 널리 알려진 인물이고 드라마로도 많이 만들어졌다.

③번 문장은 '우리는', '현대인은' 정도의 주어가 생략되어 의미가 정확히 전달되지 않는다. ④는 복문으로 연결된 두 번째 문장의 주어인 '허준의 생애는'이 생략된 불명확한 문장이다. 글을 쓸 때 문장의 주인(무엇이, 누가) 역할을 하는 주어가 분명해야 하고, 만약 생략되었다면 어떤 주어가 생략됐는지를 유심히 살펴야 한다. 주술이 호응하지 않으면 주어가 빠진 곳에 주어를 써주는 것이 문장의 완성도를 높이는 방법이다.

⑤ 이 책의 저자가 독자에게 말하려는 요점은 사람은 남을 위하여 자기를 희생할 줄도 알아야 한다.

⑥ 이번 초청강연회에서 무엇보다도 감명적이었던 대목은 한 청중의 질의에 대한 답변에서였다.

⑦ 현재의 부동산 정책은 앞으로 손질이 불가피할 전망입니다.

⑤의 주어는 '요점은'인데 여기에 호응하는 '~이다'라는 서술어가 오지 않고 '알아야 한다'로 연결되어 비문이 되었다. 주어와 서술어를 호응시켜 '말하려는 요점은 ~ 알아야 한다는 것이다'로 고쳐야 바른 문장이 된다. ⑥은 주어인 '대목은'과 서술어인 '답변에서였다'가 호응하지 않는 문장이다. 서술어 부분을 '답변이었다'나 '답변에서 찾아볼 수 있다'로 고쳐주면 자연스러운 문장이 된다. ⑦번 문장에서 앞날을 헤아려 내다볼 수 있는 것(전망)은 사람이 할 수 있는 행동이므로 주어인 '부동산 정책은'과 서술어 '전망입니다'는 어울리지 않는다. '불가피할 것으로 전망되고 있습니다', '불가피할 것으로 전문가들은 전망하고 있습니다'로 수정해야 한다.

특정 부사어와 서술어 형태의 호응도 중요하다. 국어의 부사어에는 특정한 유형의 서술어와만 호응하는 것들이 있다. 대표적인 것들을 정리하면 아래의 표와 같다.

부사어와 서술어의 호응	예문
결코/여간/일절 ~ 않다	• 내 사전에 결코 그런 일은 없다. • 여자 혼자서 아이를 키운다는 게 여간 어려운 일이 아니다. • 그는 자신의 잘못을 일절 인정하지 않았다.
마치 ~ 같다	• 오늘 날씨는 마치 봄과 같이 따뜻하다.
비록 ~ 일지라도	• 비록 나이는 어릴지라도 속은 어른 못지않다.
혹시 ~ 거든	• 혹시 그 사람을 만나거든, 내 말을 꼭 전해 주게.
마땅히/모름지기 ~ 해야 한다	• 죄를 지었으면 마땅히 벌을 받아야 한다. • 학생은 모름지기 공부를 열심히 해야 한다.
하물며 ~ 랴(-ㄴ가)	• 짐승도 제 새끼는 귀한 줄 아는데 하물며 사람이랴.

이처럼 글의 뼈대가 되는 핵심 문장 성분이 빠져 있거나, 문장 성분 간의 호응이 제대로 되지 않으면 문장의 의미가 명확하지 않고 비논리적이 된다. 이와 같은 잘못은 단문에서보다 문장이 확대되는 복문의 경우에 특히 저지르기 쉬우므로 문장을 쓴 다음에는 반드시 점검해 보는 습관을 기르도록 해야 한다.

2) 조사의 잘못된 사용

한국어는 조사가 매우 발달한 언어이다. 조사는 체언에 붙어 문장 내에서의 뜻과 기능을 일정하게 하여 다른 문장 성분과의 관계를 결정해 줄 뿐만 아니라, 말하고자 하는 내용에 관한 발화자의 감정 상태까지 드러내 준다. 따라서 문장에서 조사를 바르게 사용하지 않으면 뜻이 제대로 전달되지 않을 뿐 아니라 비문이 되기 쉽다. 조사의 쓰임에 주의하여 아래의 문장을 수정해 보자.

> ① 독자에 답합니다.
>
> ② 학교 당국에게 책임이 있습니다.
>
> ③ 그는 ○○ 기업에 돈을 받은 혐의로 구속되었다.
>
> ④ 첨단 통신의 발달은 필요한 정보를 시간과 장소를 구애받지 않고 얻게 해 주었다.
>
> ⑤ 그 답은 인문사회 분야의 전공자들의 역할에 달려 있다.

①과 ②의 조사는 서로 바뀌어야 맞다. '에'는 사물, 장소, 기관과 같은 무정명사에, '에게'는 사람이나 동물과 같은 유정명사에 쓰인다. ③은 앞말이 어떤 일의 출처임을 나타내는 '에서'로 수정해야 한다. ④는 서술어 '구애받지 않다'(어떤 일을 하는데 마음대로 못하고 무엇엔가 얽매이는 것이 없다)에 유의하여 '장소를'을 앞말이 처소의 부사어임을 나타내는 '장소에'로 고쳐야 한다. ⑤는 관형격 조사 '의'가 중복 사용된 경우이다. 관형격 조사는 표현하고자 하는 내용을 압축적으로 나타내 주는 장점이 있다고 생각하겠지만 '의'가 두 번 이상 쓰이면 대개 의미가 모호한 문장이 돼버리고 만다. 이 예문에는 두 어절에 연속으로 '의'가 쓰였는데, 앞 어절의 '의'는 필요가 없으므로 지워버려야 한다.

조사 중에는 특정한 서술어와 늘 함께 짝을 지어야 하는 것이 있다. 서술어에 유의하여 아래의 예문을 고쳐보자.

> ⑥ 그녀는 운동선수치고 몸이 튼튼하다.
>
> ⑦ 사회학자들은 블록체인 기술을 기반으로 만들어진 비트코인의 생성 과정을 광산업과 비유하여 '채굴'이라고 표현한다.
>
> ⑧ 면접관은 지원자의 성적과 사람됨을 우선시했다.

⑥의 '치고'는 '그 전체가 예외 없이'의 뜻을 나타내는 보조사로 흔히 부정을 뜻하는 말이 뒤따른다. 따라서 '그녀는 운동선수치고 몸이 약하다.'로 수정해야 한다. ⑦의 '비유하다'는 '어떤 현상이나 사물을 직접 설명하지 아니하고 다른 비슷한 현상이나 사물에 빗대어서 설명하는 것'으로 '~을 ~에' 또는 '~을 ~으로'의 문형을 취한다. 그러므로 '과정을 광산업에', '과정을 광산업으로'로 수정해야 한다. ⑧의 '우선시하다'는 '다른 것보다 중요하게 보거나 일차적인 것으로 여긴다'는 의미로 '~가 ~보다 ~을'의 문형을 취한다. 그러므로 '면접관은 지원자의 성적보다 사람됨을 우선시했다.'로 수정해야 한다.

3) 피동 및 이중 피동 지양

주어가 어떤 동작이나 작용을 스스로 했을 때 이를 능동이라고 하고, 주어가 다른 힘에 의하여 동작을 하게 되면 피동이라 한다. 능동과 피동은 대조되는 개념인데 예를 들어 '사냥꾼이 토끼를 잡았다'는 문장은 '사냥꾼'의 힘으로 '잡았다'라는 행위를 한 것으로 능동형 문장이다. 반면 '토끼가 사냥꾼에게 잡혔다'는 다른 주체에 의해 어떤 일을 당하게 되는 사람, 동물, 사물이 주어가 되고 행동주는 부사어가 되는 피동형 문장이다. 능동문에서 목적어는 피동문에서 주어가 되고, 능동형 서술어는 피동형 서술어로 바뀐다. 피동형 서술어는 일반적으로 용언에 '-이-', '-히-', '-리-', '-기-' 등을 붙인다. 능동문의 경우 주체의 동작성이 잘 드러나지만 피동문의 경우 그 동작성이 잘 드러나지 않는다.

최근의 언어생활에서 뚜렷한 현상은 피동 표현이 늘었다는 점이다. 이는 대학생의 글쓰기 과제에서 특히 두드러지는데 영어의 영향을 받아 피동형 문장이 증가했다는 추측과 '나'를 내세우는 걸 꺼려하는 글쓰기 풍토 때문인 것으로 보인다. 영어에서는 동사의 형태를 바꿈으로써 능동문과 피동문을 자유롭게 구사하고, 무생물을 주어로 쓰는 것이 익숙하다. 넓은 의미에서 피동형도 군더더기 표현이기 때문에 우리말에서 피동형을 쓰면 문장이 어색하고 매끄럽지 못하다. 피동문의 탈동작성 때문에 행위의 주체가 잘 드러나지 않고 뜻이 모호해지며 전체적으로 글의 힘이 떨어진다.

① 멀리서 우리에게 한라산이 보였다.

② 도주하던 탈주범이 경찰에게 잡혔다.

③ 에너지 수급 상황에 따라 한여름 에어컨 냉방 온도는 적당히 조절되어야 한다.

④ 미래를 살아갈 젊은이들에게는 항상 진취적인 사고와 적극적인 행동이 요구된다.

①과 ②는 능동사 '보다', '잡다'에 파생 접사인 '-이-', '-히-'가 붙어 피동사가 되었는데 상황은 강조되었으나 행위의 주체가 약화되었다. ①은 '우리는 멀리서 한라산을 보았다.'로 ②는 '경찰이 도주하던 탈주범을 잡았다.'로 수정하는 것이 문장이 자연스럽고 뜻하는 바를 명확히 전달할 수 있다. ③과 ④의 경우 단어 뒤에 피동의 뜻을 더하는 '되다'를 붙여서 피동 표현이 된 것이다. ③에서 '조절되어야 한다'는 피동 표현보다 '조절해야 한다'는 능동 표현이 자연스럽다. ④의 '행동이 요구된다'는 피동문으로 자신감이 없어 보인다. '행동을 해야 한다'는 능동 표현으로 바꾸어야 주장에 힘을 실을 수 있다. ③과 ④의 예문은 피동문을 힘이 있는 능동문으로 바꾸기 위해 서술어만 바꾸었지만 능동문은 주체의 행동성을 강조하는 표현이기 때문에 생략된 주어를 생성하거나 목적어도 바꿔어야만 정확한 문장이 될 수 있다.

또한 근래 들어서는 이중 피동을 남용하는 경향이 강하다. 이중 피동이란 피동의 의미가 중복되는 것을 말한다. '쓰다'를 예로 들면 피동인 '쓰이다'에 피동을 만드는 접미사 '-어지다'를 덧붙여 '쓰여지다'로 쓰는 것을 가리킨다.

'나뉘어지다', '믿겨지다', '보여지다', '불려지다', '짜여지다', '잊혀지다' 등도 피동에 불필요하게 '-어지다'를 덧붙인 형태다.

이중 피동은 피동의 뜻을 강조하려는 의도로 볼 수 있으나 무의미하게 피동을 겹쳐 쓰는 것은 우리말의 언어 체계를 파괴하는 일이기도 하다. 가급적 피동형 문장을 쓰지 말아야 하는 것은 물론이고 이중 피동을 사용하지 않도록 주의해야 한다.

> ⑤ 이번 사건으로 물의가 빚어져 죄송합니다.
>
> ⑥ 아이유가 다시 부른 '잊혀진 계절'은 큰 인기를 얻었다.
>
> ⑦ 미래를 지향하는 국가 운영의 목표가 새로 짜여져야 한다.

⑤번 문장에서 '물의를 빚다', '물의를 일으키다'는 자연스럽지만 피동형인 '물의가 빚어지다'는 어색한 표현이다. '이번 사건으로 물의를 빚어(일으켜) 죄송합니다.'가 좋다. ⑥ '잊다'의 피동형은 '잊히다'이고 여기에 '-어지다'를 붙인 '잊혀지다'는 이중 피동이다. 그러니 '잊힌'이 바른 표현이다. ⑦에서 '짜여져야'는 이중 피동이다. 능동인 '목표를 새로 짜야 한다'로 고치는 게 낫다.

글에는 글쓴이의 언어습관이 드러나기 마련인데 특히 자기주장을 완곡하게 표현하려는 의도를 가질 때 이중 피동의 형태를 많이 쓴다. 이는 신중하거나 겸손해 보이는 효과가 있기 때문이다. 하지만 피동, 이중 피동 표현은 소극적인 느낌을 주어 자기의 주장에 힘을 실을 수 없다. 능동형 동사를 사용하면 글이 늘어지지 않아 간결해지고 힘찬 문장이 된다. 불가피하거나 완곡하게 표현하는 경우를 제외하고는 사용하지 않는 것이 타당하고 절대로 남용해서는 안 된다.

4) 문장의 중의성 해소

문장 안의 구성요소들 사이에 명확한 지시 관계가 드러나도록 문장을 쓰는 것도 올바른 문장을 쓰는 요령이다. 명확한 지시 관계가 드러나지 않으면 글쓴이의 의도가 분명하게 전달되지 않는 모호한 문장이 되기 때문이다. 수식어를 쓸 때 문장 안에서 그 위치가 잘못되었거나 중복되었을 때, 또는 수식어가 지나치게 길어질 때 이상한 문장을 쓰게 된다. 이때에는 문장의 어순을 바꾸거나 쉼표를 적절히 사용하여 문장의 의미를 분명하게 표현할 수 있도록 해야 한다.

> ① 선생님은 기쁜 표정으로 집으로 돌아가는 아이들을 보았다.
>
> ② 이때 한 용감한 시민이 소리를 지르면서 도망가는 범인을 뒤쫓기 시작했다.
>
> ③ 오늘은 바쁘니 나중에 시간 날 때 한 번 보자.

①번은 기쁜 표정이 '선생님'인지 '아이들'인지 모호한 문장이다. 간단히 쉼표만 사용하여도 중의성이 해소될 수 있다. '선생님은, 기쁜 표정으로 집으로 돌아가는 아이들을 보았다.' 또는 '선생님은 기쁜 표정으로, 집으로 돌아가는 아이들을 보았다.'로 수정하면 된다. ②는 '시민이 소리를 지르면서 뒤쫓는 것'인지 '범인이 소리를 지르면서 도망가는 것'인지가 분명치 않다. 의미를 명확히 해 줄 수 있도록 수식어의 위치를 바꾸어 '이때 한 용감한 시민이 도망가는 범인을 소리를 지르면서 뒤쫓기 시작했다.'로 쓰거나 간단하게 쉼표를 사용하여 '이때 한 용감한 시민이 소리를 지르면서, 도망가는 범인을 뒤쫓기 시작했다.'로 수정할 수 있다. ③번 문장에서 '번'이 차례나 일의 횟수를 나타내는 경우에는 '한 번', '두 번', '세 번'과 같이 띄어 쓴다. '한번'을 '두 번', '세 번'으로 바꾸어 뜻이 통하면 '한 번'으로 띄어 쓰고 그렇지 않으면 '한번'으로 붙여 쓴다.

'한번'처럼 쓰는 경우는 시도, 기회, 강조의 의미를 나타낼 때이고 이때는 하나의 말로 굳어졌다고 보고 띄어 쓰지 않는다. ③번의 '한번'은 '기회가 있는, 미래의 어떤 때'를 뜻하므로 붙여 쓴다.

5) 군더더기 표현

우리가 글을 쓸 때 의미상 불필요한 단어가 사용되고, 의미가 중복되면 이를 군더더기 표현이라고 하는데 이런 표현은 엄밀한 의미에서 잘못된 것이다. 반복을 피할 수 없는 관용적 표현이나 뜻을 강조하여 되풀이하는 경우를 제외하고는 한 문장에서 같은 단어, 구절, 어미, 조사 등을 되풀이하여 쓰지 않아야 한다. 중복된 표현이 인접하면 표현의 효율성이나 문법성 모두 떨어진다.

① 나라를 사랑하는 애국정신이 필요한 때입니다.

② 계약서에는 위약금에 대한 사항이 분명하게 명시되어 있다.

③ 그 사람은 이제 막, 갓 대학에 입학한 신입생이다.

④ 개장 첫날, 강원도의 스키장에는 많은 인파가 몰려 휴일을 즐겼다.

①번의 '애국(愛國)'은 '자기 나라를 사랑함'이라는 뜻이므로 '나라를 사랑하는'과 같은 군더더기 표현이 붙을 필요가 없다. 아니면 '애국'이라는 말을 빼도 된다. ②번의 '명시(明示)'는 '분명하게 드러내 보임'의 뜻이므로 앞의 '분명하게'와 의미상 중복된다. '계약서에는 위약금에 대한 사항이 명시되어 있다.'나 '계약서에는 위약금에 대한 사항이 분명하게 제시되어 있다.'로 고쳐야 한다.

③번 문장에서 '막'과 '갓'은 '바로 지금'의 뜻을 가진 유의어이다. 그러므로 둘 중 하나만 써도 충분하다. ④번 문장에서 '인파(人波)'는 사람의 물결이란 뜻으로, 수많은 사람을 이르는 말이다. 그러므로 '인파' 하나만을 선택하여 의미의 중복을 피해야 한다.

6) 지나친 한자어, 외국어 표기, 번역 투 문장 피함

바른 문장을 구사하려면 문법적으로 정확한 표현을 사용해야 하며, 단어의 용법과 뜻을 제대로 알고 사용해야 한다. 또한 듣는 사람이 쉽게 이해할 수 있도록 상대방을 배려하여 쉬운 단어를 사용하고 불필요한 외래어나 어려운 한자어는 되도록 사용하지 않아야 한다. 우리말다운 표현을 쓰고 번역 투로 문장을 짓는 습관을 버리고 우리말에 남아 있는 일제 잔재인 일본어 표현이나 단어도 대체 가능한 우리말로 쓰려는 노력이 필요하다.

① 한국 여자 배구 파죽의 4연승

② 지속적인 간섭과 통제하려는 저의

③ 이번 의혹에 소명할 기회를 주겠다.

①번 문장에서 '파죽(破竹)'은 '대나무를 쪼갠다'는 뜻으로, 적을 거침없이 물리치고 쳐들어감을 비유적으로 이르는 말이다. 한자어를 우리말 '거침없는'으로 바꾸는 것이 적절하다. ②번의 '저의(底意)'는 '겉으로 드러나지 아니한, 속에 품은 생각'이라는 뜻을 가진 한자어로 '속셈'으로 순화한다. ③번의 공문서에 많이 사용되는 '소명(疏明)하다'는 '까닭이나 이유를 밝혀 설명하다'라는 뜻

으로 우리말 '밝히다'로 순화한다. 한자어를 우리말로 순화하여 보면 한자어 내지 한문 투의 표현보다는 우리말 표현이 보다 쉽고 효과적임을 알 수 있다.

외국어 사용에서도 문제는 비슷하게 제기될 수 있다. 우리의 언어생활에 이미 관용적으로 쓰이고 있는 외래어나 외국어의 개념에 알맞은 고유어가 정착하지 못한 경우에는 어쩔 수 없겠으나 생소한 외국어를 의식적으로 쓰는 일은 삼가야 하겠다. 다음의 외국어를 고쳐 보자.

> ④ 이 제품은 블랙 컬러와 밍크 같은 터치감으로 올 겨울 빅히트를 쳤다.
>
> ⑤ 참가자의 니즈를 반영하여 마스터 플랜을 세워 리스크를 줄였다.

④번 문장은 홈쇼핑 광고에서 흔히 볼 수 있는 내용이다. '블랙 컬러', '터치감', '빅히트' 등의 외국어는 우리말로 쉽게 바꿀 수 있는 말들이다. '이 제품은 검정 색상과 밍크 같은 촉감으로 올 겨울 큰 인기를 얻었다.'로 쉽게 바꿀 수 있다. ⑤번 문장은 행정기관의 보도자료 중 한 대목인데 '참가자의 수요를 반영하여 종합계획을 세워 위험을 줄였다.'로 고쳐야 한다.

외국어 내지 외래어가 자연스럽게 받아들여지는 정도는 경우에 따라 다르다. 이것은 전문 분야에 따라 지식의 정도에 따라 다를 것인데, 이것을 통계를 내듯 정확하게 계산하여 이것은 외래어로 받아들이고 저것은 외국어로 인식하자는 기준점을 설정할 수는 없는 일이다. 언어의 표현이 바로 사고의 표현이며 인식의 표현인 동시에 각자가 가지고 있는 교양과 가치관의 표출이라는 사실을 명심하여 언어의 표현을 신중히 하도록 평소에 노력해야 할 것이다.

올바른 문장을 쓰기 위해 고려해야 할 사항 중 하나로 외국어를 직역한 듯한 번역 투 문장을 사용하는 문제를 들 수 있다. 번역 투 문장을 많이 사용하면 간결성이 떨어져서 의미 파악이 쉽지 않거나 국어의 자연스러운 문장 규칙을 깨뜨려 어색하게 느껴지는 경우가 많다. 다음 예문을 보자.

> ⑥ 이번 시험은 지역 인재 채용을 위해 거주지를 제한했음에도 불구하고 경쟁률이 높았다.
>
> ⑦ 누구도 성인병으로부터 자유로울 수 없다.
>
> ⑧ 자기소개서를 쓸 때 가장 중요한 것 중의 하나는 '지원동기'이다.
>
> ⑨ 인터넷 예절이 중요한 이유에 대하여 이야기해 봅시다.
>
> ⑩ 안개나 우박, 태풍으로 인한 피해를 줄이기 위하여 인공 강우를 연구하고 있습니다.
>
> ⑪ 언론 매체는 보도를 함에 있어서 공정한 태도를 유지해야 한다.

⑥, ⑦, ⑧번 문장은 영어 번역 투 문장이고 ⑨, ⑩, ⑪번 문장은 일어 번역 투의 문장이다.

⑥번에서 '~에도 불구하고'는 영어 'even though'의 번역 투다. '거주지를 제한했지만'으로 고치는 것이 좋다. ⑦번 문장에서 '~로부터 자유로울 수 없다'는 영어 'free from'의 번역 투다. '누구도 성인병을 피할 수 없다.'로 고치는 것이 바람직하다. ⑧번 문장에서 '~중 하나'는 'one of the most'의 번역 투다. '자기소개서를 쓸 때 가장 중요한 것은 지원동기이다.'라고 쓰는 것이 더 자연스럽다.

우리는 일상생활에서 '~에 대하여', '~으로 인하여', '~에 있어서' 등 일어 번역 투의 문장을 자주 쓴다. 일어 번역 투 문장은 문장에서 아예 빼거나 조사로 수정해도 뜻을 전달하는 데에 큰 문제가 없다. ⑨번 문장은 '인터넷 예절이 중요한 이유를 이야기해 봅시다.'로 순화하면 된다. ⑩번 문장은 '안개나 우박, 태풍의 피해를 줄이기 위하여 인공 강우를 연구하고 있습니다.'로, ⑪번 문장은 '언론 매체는 보도를 할 때 공정한 태도를 유지해야 한다.'로 고치면 문장이 더 간결해진다.

연습문제 1

다음 문장을 문법에 맞는 올바른 문장으로 고쳐 보시오.

① 우리의 첨단 기술 개발은 아직도 걸음마 단계이다.

→

② 사자는 야생에서 무리 생활을 하는 것이 특징이다.

→

③ 인간은 자연에 복종하기도 하고, 지배하기도 하면서 살아간다.

→

④ 주목할 점은 여성뿐 아니라 남성들도 화장에 관심을 보이고 있다.

→

⑤ 김포공항에서 밤에 비행기를 타고 서울시를 바라보면 밤하늘에 빛나는 빨간 십자가가 여간 자극적이다.

→

⑥ 정부는 축산물 유통 혁신을 통해 축산 농가에게 안정적인 소득을 보장하도록 할 예정이다.

→

⑦ 커피 전문점에는 대화를 주고받는 학생, 문서 작업을 하는 직장인을 보는 일은 우리들에게 더 이상 낯설지 않다.

→

⑧ 미국 전역의 흑인들의 노예 상태에서의 해방의 실질적인 계기는 남북전쟁도 노예해방선언도 아닌 목화 따는 기계의 발명이었다.

→

⑨ 겨울 날씨치고 춥다.

→

⑩ 학교 당국은 행정적 편의를 우선시하고 있다.

→

⑪ 천상의 소리를 내는 악기라고 불리우는 오카리나는 운지법이 생각보다 쉽다.

→

⑫ 당국에 의해 자연이 훼손되어지는 무분별한 녹지개발 사업이 되풀이되어져서는 안 될 것이다.

→

⑬ 사람들이 많은 도시를 다녀 보면 인생의 경험을 넓힐 수 있다.

→

⑭ 여자의 아름다움에 대한 관심은 본능에 가깝다.

→

⑮ 이것은 우리 연구소가 이번에 새로 개발한 신제품입니다.

→

⑯ 우리는 방학 기간 동안에도 교내에 머물며 창작 활동을 하고 전시회를 개최할 예정이다.

→

⑰ 인터넷 실명제는 필수 불가결의 요소라 생각된다.

→

⑱ 빌딩을 새로 리모델링하여 보안 시스템을 강화했다.

→

⑲ 일본의 화이트 리스트 배제에 대한 정부의 유연한 대처가 요구된다.

→

⑳ 그 사람은 선구자에 다름 아니다.

→

보고서 쓰기

1. 보고서의 기본 형식

대학에서 요구하는 글쓰기는 크게 학기말 과제인 소논문, 조사 내용을 정리한 보고서, 연구 결과를 발표할 때 참고 자료로 활용하기 위한 발표 보고서 등으로 구분된다. 영어에서는 이를 각각 리포트(report)와 페이퍼(paper) 등으로 구분하지만, 국내에서는 대학에서 작성하는 모든 글을 통칭하여 '보고서'라고 지칭하는 경우가 일반적이다.

보고서의 핵심은 분석 · 조사 · 실험 등을 통해 새로운 사실을 발견하거나, 기존의 사실을 확인한 결과를 정리하여 문자로 보고하는 데에 있다. 해당 분야에 따라 정해진 형식에 맞는 조사 과정이나 실험 과정을 포함하기도 한다. 보고서를 쓸 때에는 주관적인 견해는 배제하고, 최대한 정확한 자료와 증거를 위주로 작성해야 한다. 특히 연구 결과는 사실을 있는 그대로 조사하여 정확성을 확보하는 것이 가장 중요하다.

보고서는 가능한 한 한글이나 워드 프로그램을 이용해서 작성하고, 별도의 지시 사항이 없다면 본문의 글자 크기는 10포인트, 줄 간격은 160%, 들여쓰기 등을 준수하여 작성하도록 한다. 또한 A4 1-2쪽짜리의 짧은 글에서는 표지 없이 '머리말'에 제출자의 학과 · 학번 · 이름 등을 기재하고, 3쪽 이상으로 분량이 넘어갈 때에는 별도의 표지를 작성하여 제출하는 것이 좋다. 이때 표지에는 자신의 글을 설명하는 제목 · 교과목명 · 담당 교수자 이름 · 제출일 ·

♖ <통합적 사고와 글쓰기>(담당교수: @@@) 1차 과제물　　　　　제출자: 학부, 학번, 이름

이공계와 융합 교육의 역설

몇 년 전부터 화두가 된 융합교육 패러다임은 대입 전형에 적지 않은 영향을 미쳤다. 자신의 진로 희망 방향과 활동을 중심으로 학생의 역량을 평가하는 학생부 종합 전형을 준비

표지 없이 제출하는 1-2쪽 분량의 글

2020학년도 1학기 <통합적 사고와 글쓰기>

낚시하세요?

-소비자를 낚는 체중조절용 조제식품 '칼로리 발란스'-

담당교수	
제출일	
학부/학과	
학번	
제출자	

이상 기온에 관한 관찰 보고서

실험 일　시: 2020년 9월 22일 (월)
실험 장　소: 00관 00 실험실
실험 참여자: 000, 000, 000, 000

과 목 명: 기후변화와 미래 설계
과 제 명: 관찰 보고서
담당교수: 000
제 출 일: 2020.09.27. (월)
학　　과: 000000
학　　번: 000000
제 출 자: 000

표지를 구성할 경우

제출자의 소속(학부/학과)과 이름 등을 표기한다. 또한 분량이 더 길어질 경우에는 목차나 개요를 만들고, 마지막에 자신이 참고한 문헌들을 정리한다.

최근에는 사이버캠퍼스나 E-mail을 통해 과제물을 제출하는 경우도 늘어나고 있다. 이때 파일명을 '과목명.hwp' 식으로 작성하기보다는, '학번-이름-보고서 제목.hwp.' 식으로 제출자의 인적사항이 드러나도록 작성하는 것이 좋다. 또한 상대방이 파일을 열었을 때에는 자신이 마지막으로 저장한 부분에서 화면이 열린다는 것을 기억하고, 가능한 한 첫 페이지에 커서를 놓고 저장하도록 한다. 더불어 메일에 제목을 붙이지 않거나, 제출자의 정보를 드러내지 않을 경우에는 담당 교수자의 메일 시스템에서 '스팸 메일(Spam Mail)'로 처리될 수 있음도 주의해야 한다. 따라서 제목을 통해 본인의 메일 발송 목적을 명확하게 제시하도록 한다.

2. 계열별 보고서의 특징

일반적으로 보고서는 각 세부 전공별로 요구되는 양식이 상이하다. 그러나 형식은 다를지라도 서론 · 본론 · 결론의 삼단 구성을 갖추는 것이 보편적이다. 서론에서는 주로 보고서의 작성 목적 · 연구 배경 · 연구 대상 · 연구 방법 등을 기술하고, 본론에서는 본격적으로 연구하거나 관찰한 내용들을 자세히 서술한다. 그리고 결론에서는 전체 내용을 요약 및 정리하고 자신의 의견을 덧붙인다. 구체적인 보고서의 종류를 살펴보면 다음과 같다.

1) 현장 보고서

현장 보고서란 현지를 직접 방문해 주제와 관련된 것을 조사함으로써 학술적인 가치가 있는 것을 보고하는 글이다. 따라서 특정 대상에 대해 조사한 내용과 방법, 결과 등을 자세히 기술하는 것이 중요하다. 주로 사회과학 계열에서 많이 작성하는 방식으로 설문 · 면담 · 탐문을 비롯한 다양한 조사 방법이 활용된다. 결과는 주로 객관적인 데이터로 표현되므로, 객관적인 데이터를 수집하기 위해 조사 방법의 객관성을 확보해야만 한다. 내용적인 면에서는 연구문제에 대한 심층적인 조사 내용 · 구체적인 조사 방법 · 최종 결과물들을 기술하고, 결론으로 다양한 예측 가능성과 의견을 명시하도록 한다.

구체적인 예로 현장을 직접 방문하고 서술하는 답사 보고서를 들 수 있다. 조사 현장을 방문하고 그 결과를 보고하기 위한 것으로, 주로 역사나 문학 등을 전공하는 학생들이 작성하는 보고서 유형이다. 이 보고서의 핵심은 답사를 다녀오지 않은 사람도 답사 현장을 간접 체험할 수 있도록 작성하는 데에 있다. 따라서 현장에 대한 묘사와 주요 특징을 중심으로 기술해야 한다. 단순한 나열식 기술이 아닌, 답사의 목적과 이유를 보고의 기준으로 제시하는 것이 효과적이다. 필요에 따라 답사의 시간적 순서, 이동에 따른 공간적 순서에 따라 서술할 수 있다.

보고서에는 답사 장소 · 참여자 · 답사 방법 등에 관한 기술을 포함하고, 다양한 시각 자료를 활용하도록 한다. 이때 강조해야 할 사항은 답사의 목적과 배경을 분명하게 제시하는 것이다. 또한 실제 답사를 떠나기 전에 사전조사를 철저히 진행하여 예상되는 결과를 분석하고, 실제 답사 현장에서 얻은 정보와 비교하는 과정이 요구된다. 무엇보다 중요한 것은 현장에서만 확인할 수 있는 정보들을 획득하는 작업이다. 현장을 직접 방문해서 보고 느낀 것을 기록하고, 현지에 있는 사람들과 인터뷰를 시도하는 등의 다양한 활동을 통해 사전에 준비해간 정보와 새롭게 습득한 정보를 비교 및 종합할 수 있다. 답사 보고서에 들어가야 할 내용을 간략하게 정리하면 다음과 같다.

보고 개요	• 어떠한 문제의식에서 답사를 기획하려고 하는지 등 보고의 목적을 분명히 기술 • 해당 답사가 어떤 가치의 발견·문제 해결 전략과 연계되어 있는지 목적 설명 • 어떤 사전 조사와 현장 답사를 거쳐서 현재의 보고서를 만든 것인지 한눈에 보이도록 소상하게 경과를 밝혀야 함
배경과 목적	• 문제 해결을 위한 답사 기획이라면, 올바른 의사 결정을 위해 현재 상황에 대한 정확한 인식 필요 (구체적 통계 및 기사, 여론조사 결과, 이론적 배경 등 입증할 수 있는 자료를 병행 제시) • 현황과 실태를 기술한 후 이러한 상태가 발생하게 된 원인에 대해 단순히 문제점을 나열하는 수준이 아니라 근본 원인 파악하여 제시 • 대상의 가치를 발견하기 위한 답사 기획이라면, 대상 선택의 배경이 충분히 드러나야 하므로 지역 또는 주제 답사를 통해 무엇을 알고자 하는지가 구체적으로 드러나도록 서술
사전 조사 내용	• 현장 답사를 시행하기 전에 대상에 대한 기존의 연구 결과 및 논의의 성격을 포함한 객관적 정보 검토 후 결과 요약 • 답사 대상 또는 주제에 대한 이론적 지도와 매뉴얼을 작성한다는 마음으로 사전조사 내용 분석 • 본 답사가 기존의 정보에서 알 수 없는 어떤 새로운 내용을 발견하고자 하는지를 제시

현장답사 결과 분석	• 비용, 소요 예산 등 실행 과정에서 참고할 정보 제시 • 인터뷰, 현장 실사, 설문조사 등의 구체적인 항목과 내용 분석 · 요약
결론	문헌 정보와 현장 정보를 종합하여 새롭게 발견한 대상의 가치 혹은 문제 해결을 위한 새로운 방법의 모색 등 제시

2) 실험 · 관찰 보고서

실험 · 관찰 보고서는 주로 연구 행동을 기록하는 유형의 글이다. 주로 자연과학 · 공과대학 학생들이 자주 접하는 보고서의 형태로, 실험이나 관찰의 과정과 결과를 객관적으로 기술한다. 실제 실험이나 관찰에 참여하지 않은 사람도 보고서의 내용만으로 해당 과정을 모두 이해할 수 있도록 서술하는 것이 핵심이다. 따라서 실험실이나 관찰 현장에서 일어나는 모든 작업을 연속적으로 기록하고, 처음부터 끝까지 객관적인 관점에서 기술해야만 한다. 실험에서 제기한 문제 · 실험 목적 · 실험 실행 날짜 및 장소 · 실험 대상의 개요 · 현장 상황 · 실험 방법 선정 이유 · 사용한 실험 기구나 기기의 명칭 · 사양 · 기기 조절 내용 · 실험 및 관찰 방법 · 실행 순서를 자세히 기재하도록 한다. 그 뒤에는 구체적인 행동 단계 · 데이터 측정치 · 도출된 모든 관찰 내용 및 결과 · 결과 도출 경위 · 실험 종결의 개념과 시점 · 그 밖에 실험 및 관찰에 영향을 미칠 수 있는 사안 · 향후 연구 제안 사항 등을 자세하게 서술한다. 다음은 일반적인 실험 보고서에서 요구하는 형식을 정리한 표이다.

<실험 보고서 형식>

1. 표지: 실험 제목, 실험 날짜, 실험 장소, 실험 참여자, 과목 및 교수명, 제출일, 제출자
2. 실험 목적: 실험을 하는 이유가 무엇인가, 실험을 통해 무엇을 얻고자 하는가, 실험을 통해 확인될 것으로 예상되는 현상 및 결과는 무엇인가
3. 실험 이론: 실험에 활용된 이론이나 원리 제시
4. 실험 재료 및 실험 방법: 실험 준비물과 장치, 실험 순서, 실험 조건, 측정 원리 및 방법, 데이터 도출 방법 및 작성 요령 제시
5. 실험 결과: 실제 실험한 결과를 표, 그림, 그래프 등을 활용하여 제시
6. 결론 및 분석: 실험 목적에서 제기된 의문과 문제에 대한 해답 제시, 예상했던 결과나 가설과 부합하는 결론인지 아닌지 제시, 부합하는 결론이 아닐 경우 그 원인에 대한 분석
7. 참고문헌: 실험 과정과 보고서 작성에 참고한 모든 자료 제시

이때 위의 항목에서 '실험 이론' 부분은 종종 생략되는 경우가 많다. 특별히 요구되는 사항이 없다면 결과를 도출하는 데에 요구되는 이론을 실험 목적 부분에서 간략하게 서술하는 것이 가능하기 때문이다. 이는 일반적으로 대학생의 경우, 실험의 창조적 결과를 도출하는 독창적 실험보다는 과학계에서 보편적으로 수용되는 실험을 요구하는 경우가 많은 까닭이다. 따라서 '실험 방법' 부분을 보다 자세하고 객관적으로 서술하는 것이 중요하다.

3) 기타 보고서

보고서의 종류는 각 전공과 계열에 따라 조금씩 달라진다. 그러나 전공과 무관하게 일반적으로 요구되는 보고서의 종류로는 문헌 보고서 · 연구 보고서 · 감상 보고서 · 조별 활동 보고서 등을 들 수 있다. 우선, 문헌 보고서는 해당 연구 분야에서 발표된 기존의 문헌들을 체계적으로 서술하는 성격이 강하다. 단순히 기존 문헌을 나열하는 것이 아니라, 해당 내용을 읽고 핵심을 분석하여 정리함으로써 특정 주제를 구조화하는 것을 의미한다. 이는 기존 연구나 이론 형성의 경향과 구조를 밝힐 수 있다는 장점을 갖는다.

비슷한 맥락에서 연구 보고서는 일종의 소논문과 비슷한 개념으로 생각할 수 있다. 소논문이란 학술지에 발표하거나 학위를 취득하기 위한 논문은 아니지만, 논문의 격식과 내용을 어느 정도 갖춘 글을 의미한다. 따라서 객관적인 자료 수집과 정리, 주관적인 분석과 평가가 뒷받침되어야만 한다. 또한 창의적인 주제와 논리적인 표현, 체계적인 인용과 참고문헌 표기법 준수 등이 요구된다. 이를 통해 학생들은 보다 학문적으로 완성도 있는 연구 방법을 습득할 수 있다.

한편, 감상 보고서는 일반적으로 교양 수업에서 많이 요구되는 보고서 형식 중 하나이다. 영화 · 연극 · 공연 · 전시회 · 문학작품 등을 접하고 이에 대한 이해 · 분석 · 평가를 서술하는 글쓰기라고 볼 수 있다. 여기서는 자신이 해당 작품을 선정한 이유를 밝히고, 작품의 고유한 가치 · 의의 · 한계를 자신만의 견해를 바탕으로 서술해야만 한다. 따라서 작품을 접하게 된 이유를 장황하게 설명하거나, 줄거리를 길게 서술하는 것은 바람직하지 않다. 자신의 경험을 바탕으로 서술하는 것도 좋지만, 지나치게 주관적이고 감정적인 글이 되지 않도록 경계해야 한다. 비슷한 주제나 배경을 가진 다른 작품과 비교해 가면서 서술하는 것도 효과적인 방법이다.

또 다른 예로는 다른 사람과 나눈 대화를 정리한 인터뷰 보고서를 살펴볼 수 있다. 인터뷰 보고서는 '말하기-듣기-쓰기-읽기'라는 소통의 전 과정을 총체적으로 체험하고 점검하는 과제라는 점에서 높은 학습 효과를 갖는다. 이를 통해 상호 간의 경험과 생각을 이해하는 계기를 제공받을 수 있기 때문이다. 따라서 마지막에는 인터뷰를 통해 필자가 스스로 깨닫게 된 점이나 새롭게 이해하게 된 점을 덧붙이는 과정이 필수적으로 요구된다.

이밖에도 조별로 활동을 진행하는 과정과 결과물을 담은 조별 활동 보고서가 존재한다. 조별 활동보고서는 때때로 수행의 결과보다는 조원들의 적극적인 참여를 유도하기 위해 과정 자체에 집중하여 서술되기도 한다. 모인 날짜와 의논한 내용, 수행 결과는 물론 구성원들이 맡은 역할과 기여도 등을 기록함으로써 무임승차를 방지하는 효과를 낳는다. 또한 다른 발표조원뿐만 아니라 자신의 역할에 대해서도 점검해 볼 수 있는 기회를 제공한다는 점에서도 유의미하다.

3. 서평 보고서의 실제[28]

서평이란 책의 내용과 특징을 소개하거나 책의 가치를 평가한 글을 말한다. 독서 감상문이 책을 읽으며 새롭게 알게 된 사실이나 인상적인 느낌을 자유롭게 서술하는 것이라면, 서평은 단순한 감상을 넘어서서 책에 대한 객관적 의미를 분석하고 그 가치와 의의를 비평한다는 점에서 차이를 갖는다. 좋은 서평을 작성하기 위해 기억해야 할 중요 사항들을 살펴보면 다음과 같다.

1) 분석 대상 선정의 중요성

좋은 서평을 쓰기 위해서는 우선적으로 가치 있는 분석 대상을 선정하는 것이 중요하다. 어떤 책을 비평의 대상으로 선택한다는 것은 이미 그 책이 가치가 있음을 전제하는 것이기 때문이다. 물론 이때의 가치는 긍정적인 가치만을 이야기하지 않는다. 해당 책의 부정적인 면을 지적함으로써 문제점을 경고하는 것도 가능하다. 따라서 서평의 대상으로는 지명도가 있어 사회적으로 널리 회자되는 책이거나, 아직은 널리 알려지지 않았지만 읽어 볼 만한 가치가 있는 책을 선정할 수 있다.

2) 꼼꼼한 1차 텍스트 읽기

서평을 쓰기 위해서는 무엇보다 꼼꼼하게 책을 읽는 과정이 선행되어야 한다. 핵심 줄기를 놓치지 않는 것은 물론, 부분적인 의미들에 관한 세부 파악도 함께 이루어져야 한다. 이 과정에서 책의 전체적인 구성과 핵심적인 내용, 저자의 견해 등을 추출해 낼 수 있다. 우선 책 전체를 통독하면서 중요하다고 생각되거나 인상적인 부분을 표시해 두고, 다시 이 부분들을 좀 더 자세히 여러 번 읽고 분석하면서 저자가 하고자 하는 말이 무엇인지 정확하게 파악하는 연습이 필요하다. 이 과정을 통해 저자의 문제의식을 도출하고, 이를 더 심화할 수 있는 질문들을 떠올려 볼 수 있다. 더불어 스스로의 질문에 대한 답을 생각해 보는 과정도 효과적이다. 다음의 질문들에 스스로 답을 하면서 1차 텍스트를 읽어나가 보자.

- 저자가 문제 삼고 있는 주제가 무엇인가?
- 저자가 이 책을 쓴 의도와 목적이 무엇인가? (저자의 입장, 사상, 이론적 배경)
- 이 책이 나오게 된 역사적, 사회적 배경은 무엇인가?
- 저자의 문제의식이 이 책에서 어떻게 전개되고 있는가?
- 저자의 다른 책, 비슷한 분야의 다른 책과 어떤 점에서 같거나 다른가?
- 가장 인상 깊은 부분은 어디이며 그 이유는 무엇인가?
- 공감할 수 없었던 부분은 어디이며 그 이유는 무엇인가?
- 오늘날 우리가 마주한 현실적 문제와 관련이 있는가?
- 현재의 우리에게 어떤 의미가 있는가?
- 책을 읽고 어떤 인식의 변화를 경험했는가?

3) 단계별 서술 전략

서평은 단순한 요약이나 주관적 감상이 아니라, 책에 대해 분석하고 평가하여 이를 논리적으로 전개하는 글이다. 자신이 해당 작품을 비평하는 분명한 시각이 드러나야 하고, 그렇게 생각하는 이론적 근거를 덧붙이는 것이 중요하다. 이를 위해서는 저자의 견해가 갖는 독자성, 성과와 한계 등을 본인의 명확한 기준을 바탕으로 평가해야만 한다. 구체적인 서술 방법을 단계별로 살펴보면 다음과 같다.

도입부	책 소개	• 저자에 대한 기본적인 소개 • 책이 나오게 된 역사적, 사회적 배경 설명 • 책의 주제 및 주요 내용 • 저자의 핵심 주장 및 문제의식 • 책에 대한 일반적인 평가 • 책을 평가하는 서평자만의 기준 제시

본문	책의 주요 내용과 의미	• 책의 구성과 핵심 내용 소개 • 책의 내용 분석 (주요 내용 발췌 및 선택적 강조) • 저자의 논리를 파악하고 평가 • 비슷한 분야의 다른 책들과 비교 (동일 저자의 다른 책 또는 비슷한 분야의 다른 책) • 저자가 해당 분야에서 이룬 성과에 대한 가치 판단
종결부	서평자의 평가와 전망	• 인상적이었던 부분 환기 • 책의 의의와 한계 • 사회, 문화적 맥락에서의 평가 (오늘날의 우리 사회에 던져 주는 의미)

4) 객관적인 서술

서평은 책의 내용 분석과 글쓴이의 평가가 어우러진 글이다. 따라서 책을 쓴 저자의 견해와 서평자의 의견을 명확하게 구분해서 서술해야 한다. 사실과 의견이 뒤섞이면 책의 내용이 왜곡되어 서평의 신뢰성을 해칠 수 있기 때문이다. 그러므로 주체적인 시각과 태도를 갖추고 책의 내용에 관한 자신의 생각을 객관적인 근거를 통해 서술하도록 한다. 저자의 의견에 동의한다면 어떤 이유에서 동의하는지, 반대한다면 그 이유가 무엇인지를 구체적으로 작성한다.

무엇보다 서평은 책을 대상으로 한다는 면에서 독서 감상문과 비슷하지만, 그에 비해 객관적 가치 평가와 사회 · 문화적인 맥락에서의 공론화가 더 깊이 있게 고려되어야 한다. 물론 서평을 쓸 때에도 책을 읽고 난 뒤의 느낌이나 주관적인 견해 등을 적절히 넣어 가며 서술하는 것이 필요하다. 그러나 지나치게 필자를 드러내는 표현이나 개인의 경험은 글을 사적이고 개인적인 것으로 보이게 할 소지가 있다. 또한 논거 없는 개인적 비난이나 감정적 서술, 책의 어떤 한 부분만을 확대 해석하거나 왜곡하는 태도는 곤란하다. 서평은 가능한 한 객관적인 태도를 유지하여 서술하는 것이 핵심이다.

5장

읽기의 의미와 방법론

대학 이전의 읽기가 단편적이고 독해 중심의 읽기였다면, 대학에 와서 새롭게 배우는 읽기는 분석적이고 창의적이며 심층적인 읽기이다. 대학에서의 읽기는 몇 개의 단락으로 이루어진 글을 재빨리 읽고 문제를 풀기 위한 핵심적인 요소를 찾아내거나 글에 대한 정보가 곧 글 자체라고 여기는 데에서 벗어나는 것이다. 즉 스스로의 힘으로 텍스트를 읽고 이해하고 분석하며 그로부터 비판적 사고를 정립해 나아가는 것이 목적인 읽기이다.

이 장은 읽기 수업을 위해 먼저 알아 두어야 할 전제를 설명하기 위해 마련되었다. 4차 혁명의 시대에 접어들어도 여전히 읽기가 필요한 까닭과 지금 세대의 학생들이 읽기를 어려워하는 이유를 밝히고, 읽기의 대상으로 주로 고전 텍스트가 선정되는 근거를 보여 준 다음 구체적 읽기가 어떻게 이루어지는지 토론하기-사고하기-쓰기와 연계하여 소개한다.

1. 독서의 필요성과 독자의 태도

핵심 길라잡이

- 문자 중심 사회에서 이미지 중심 사회로 변화하고 있지만 여전히 독서가 필요한 이유를 생각해 보자.
- 현대의 독자들은 어떤 특징을 가지고 있는지 생각해 보자.
- 대학에서 읽기 교육은 대학 이전의 읽기 교육과 무엇이 다른지 생각해 보자.

1) 현대 사회에서 독서의 필요성

21세기에 접어든 현재는 4차 산업혁명이 화두로 등장하는 시대로, 인공지능과 로봇, 빅데이터, 네트워킹 등을 중심으로 사회의 구조는 물론 일상적인 삶에도 변화의 물결이 밀려들고 있다. 이러한 변화의 대상에서 대학이라고 제외될 수 없어서 많은 대학들이 대학 내 학문 체계의 전반적 개편을 앞두고 있는 실정이다. 그러나 대학에서 전공 교육과 더불어 또 하나의 큰 축이라고 할 수 있는 교양 교육, 그중에서도 읽기와 쓰기를 통한 사고와 표현 교육은 사회가 변화함에 따라 그 의미를 잃는 것이 아니라 오히려 현재의 상황에서 더욱더 강조된다.

현대 사회가 급격한 변화의 물결 속에 있는 만큼 이 사회에서 적응하고 변화에 도전해 나가기 위해서는 유연하고 포괄적인 사고가 필요하다. 이러한 필요를 채워줄 수 있는 것이 바로 읽기 능력이다. 읽기를 통해 우리가 얻을 수 있는 가장 큰 덕목은 자신의 틀을 깨고 세상에 대한 이해의 폭을 넓혀 나가는 것, 자신이 가지고 있던 고정관념을 계속 깨뜨리면서 보다 확장된 자기 자신을 찾아가는 것이다. 다양한 분야의 독서를 통해 지식과 사고를 넓고 깊게 만드는 것은 결국 자신 안에 활용할 수 있는 도구가 많아졌다는 것을 의미한다. 도구가 많아지면 어떠한 문제에 부딪치더라도 다양한 해결 방법을 운용할 수 있으며, 주변 상황에 대한 이해의 범위 역시 커져 변화하는 사회에서 능동적으로 대처할 수 있다.

대학에서 교양 교육은 잡다한 인문학적 지식 쌓기가 아니라, 다양한 전공을 망라하여 모든 학생들로 하여금 자신의 삶을 준비하고 설계할 수 있게 만드는 것을 목표로 한다. 즉 어떠한 변화와 도전의 상황에서도 자신의 활동과 계획을 지원해 줄 수 있는 기본적인 능력을 키우는 것이다. 기본적인 능력 가운데 가장 중요한 것이 다름 아닌 '사고하고 표현하는 능력'이다. 사고와 표현의 힘을 습득할 때 학생들은 자신에 대한 성찰은 물론 나와 타인과의 관계, 우리 모두가 함께 살아가는 사회의 문제를 스스로 깨닫고 반성할 수 있는 능력을 얻게 된다.

연습 문제 1

현대는 문자 중심 사회에서 이미지 중심 사회로 이행하고 있다고 해도 과언이 아니다. 사회의 변화를 고려하면서 다음의 문제에 대해서 생각해 보자.

- 문서-책-전자기기로 책의 형태가 변화하면서 우리의 읽기 방식이 어떻게 변화했는지, 또한 책의 형태는 변화했지만 변화하지 않는 점이 있다면 무엇인지 토의해 보자.
- 같은 내용을 책으로 읽을 때와 영상 또는 이미지로 볼 때 어떤 차이가 있는지 이야기해 보자.

2) 독자에게 요구되는 태도

대학 이전의 교육이나 최근 대학에서 이루어지는 일부의 교육은 학생들이 스스로 생각하고 표현하는 주체가 되도록 돕는 방향이 아니라, 여전히 정보와 지식을 타율적으로 습득하게 만드는 경향이 있다. 사고의 힘은 지식을 수동적으로 받아들이는 데에서 벗어나 스스로 사고의 주체가 되는 것에 있고, 사고의 주체가 되기 위한 첫걸음은 자기 혼자 힘으로 읽고 생각하는 훈련을 하는 것에서 시작된다. 현재와 같이 인터넷 검색이 일상화된 상황에서는 문제적 사안에 대해서 스스로의 생각을 이끌어 내기보다 좀 더 그럴 듯해 보이는 타인의 생각을 끌어오는 데에 급급하기 때문에 스스로 사고의 주체가 되기 위한 훈련과 연습이 무엇보다 긴요하다.

사고와 표현 영역의 기초필수 교과목에서는, 이와 같은 독자의 상황과 특성을 충분히 감안하면서 학생들이 변화하는 현대 사회를 관통하고 적응해 나가기 위해 반드시 필요한 의사소통 능력을 계발하는 데에 목적을 둔다. 이를 위해 학생들은 교수자가 선택한 텍스트를 스스로 읽고, 읽은 내용에 대해 교실의 다른 구성원과 이야기를 나누며, 교수자의 강의를 들은 후, 다시 텍스트를 읽어야 한다. 이 과정에서 텍스트를 구체적으로 이해하고 비판하며 다양한 문제 상황에서의 해결능력을 습득할 수 있다. 더 나아가 텍스트에 제기된 문제가 자신에게 어떤 의미가 있는지 성찰하고, 그것을 자신만의 생각으로 확대하는 훈련을 하면서 스스로 사고의 주체가 될 수 있음을 자각하게 될 것이다. 21세기, 새롭게 전개되는 패러다임의 전환기 속에서 요구되는 진정한 가치의 발견, 인간다운 삶을 위한 관계 지속, 변화 상황의 분석과 대처 능력 등은 무엇보다 읽기와 쓰기를 통한 사유의 방식을 기르는 데에서부터 찾아야 할 것이다.

연습 문제 2

다음은 학생들이 발터 벤야민의 『기술복제시대의 예술 작품』 가운데 '영화의 충격효과'에 대한 내용을 읽고 요약한 글이다. 각 요약의 차이점은 무엇인지 이야기해 보자. 또한 같은 글을 읽었음에도 불구하고 왜 이렇게 서로 다른 방식으로 요약하게 되는지도 이야기를 나누어 보자.

학생 1: 영화의 정신 분산적 요소는 보는 사람의 눈에 단속적으로 밀려들어 오는 영화 장면들이나 시점들의 교체에 그 근거를 두고 있다. 실제로 영상들을 바라보는 사람은 영상들의 끊임없는 변화로 인해 인상의 흐름이 곧 중단되어 버린다. 영화의 충격 효과는 바로 여기에 그 근거를 두고 있으며 그것의 기술적 구조의 힘 덕택에 다다이즘이 포장해서 감싸고 있는 육체적 충격을 그 포장으로부터 해방시켰다는 평가를 받는다.

학생 2: 책에서 말하는 영화의 충격효과란 다다이즘이 보여 주는 몰입의 방해와 유사한 개념으로, 단편적이고 개별적인 영상을 끊임없이 보여 주어 회화 작품에서 느끼고 생각하는 몰입의 시간이 주어지지 않는 것을 말한다.

학생 3: 영화의 충격효과란 영상의 끊임없는 변화로 인해 생각할 수 있는 흐름을 중단시킴으로써 나타나는 효과이다. 책은 이런 효과를 다다이즘이 주는 효과와 비교하고 있다. 영화를 관조적으로 바라볼 수 없게 하며 단단히 정신을 차려야만 받아낼 수 있다.

학생 4: 영화의 충격효과란 숏과 숏이 연속적으로 넘어가기 때문에 이전 숏을 통해 연상할 수 있는 기회를 막는 것이다.

– 학생 토론문

저자의 문제의식과 핵심 주장 파악 2.

핵심 길라잡이

- **읽기가 우리에게 왜 중요한지 생각해 보자.**
- **읽기는 어떤 과정을 통해 이루어지는지 생각해 보자.**
- **'읽기-토론하기-생각하기-쓰기'가 분리되지 않고 상호교섭해야 하는 이유에 대해 생각해 보자.**

1) 읽기의 대상

우리는 '사고한다'는 것 자체를 인식하지 않은 채 행동하지만, 우리가 일상적으로 하는 행위들은 사고와 결합될 때 가장 인간적이고 주체적이 될 수 있다. 사고하는 인간이라면 누구나 스스로 질문을 던지고 그에 대한 답을 찾을 수 있는 능력을 갖추고 있다. 이러한 능력을 기반으로 무엇을 어떻게 생각할 것인가에 대한 방법을 배우는 것이 사고의 훈련에서 중요하다. 그 훈련의 과정에서 가장 좋은 재료가 될 수 있는 것이 인류가 오랫동안 고민해 온 질문의 총본산인 '고전'을 읽는 것이다.

고전이란 인간 정신의 기초가 되는 사유 범주와 방법, 시각을 형성하는 데에 도움을 주는 정전을 말한다. 일반적으로 고전이라고 하면 공연히 어렵고 재미없는 책, 또는 너무 오래 되어서 시효성이 떨어진 낡은 사고를 담은 책이라는 오해를 불러일으킨다. 그러나 고전이란 짧게는 수십 년 길게는 수백 년이라는 시간적 거리와 전혀 다른 공간적 배경에도 기어코 살아남아 다양한 힘과 의미를 여전히 발휘하고 있는 책, 인간의 삶 속에서 반복되어 제기되는 긴요한 문제들에 대한 해답을 제기하는 책들을 말한다.

학생들은 고전 읽기를 통해 텍스트에 대한 기본적 이해뿐 아니라 그것을 현재 우리가 가지고 있는 의미로 재구성하고 확장할 수 있다. 고전을 통해서 주체와 타자, 남성과 여성, 개인과 공동체, 과학과 종교 등 이분법적 사유를 넘어서 인간과 사물을 통합적으로 이해할 수 있는 역량을 키울 수 있을 것이다.

연습 문제 1 **다음 예문은 근대 초기 화가이자 작가인 나혜석이 활약했던 1930년대 신문과 잡지에서 무작위로 골라낸 문장들이다. 30년대를 살았던 여성의 입장과 21세기를 살고 있는 현재 여성의 상황과 어떻게 같고 다른지 이야기해 보자.**

- 임신은 여성의 천직(天職)이다.
- 종족 번식을 위해 자식을 낳아야 한다.
- 가정에 아이가 없으면 단순하니까 아이를 낳아야 한다.
- 나이가 들고 의지하기 위해 자식이 필요하다.

2) 읽기의 구체적 방법

	→	
• 문자 해독 중심의 읽기	→	• 분석 판단 등 통합적 사고를 요구하는 읽기
• 기본적 독해를 위한 읽기		• 이해, 감상, 재구성, 평가를 모두 포함하는 읽기
• 주제 파악이라는 목적 중심의 읽기		• 목적이 아니라 과정 중심의 읽기
• 한꺼번에 읽기		• 장 중심으로 조금씩 여러 번 읽기
• 텍스트에 관한(about text) 정보 중심의 읽기		• 텍스트 그 자체(text itself)를 읽는 과정으로서의 읽기

이 장에서는 고전을 완독하며 한 권의 텍스트를 깊이 읽는 구체적인 방법을 배우고, 그런 다음 텍스트의 주제나 저자의 문제의식, 시각과 관점을 또 다른 텍스트와 연결하여 읽음으로써 사고의 지평을 확대할 수 있는 방법을 생각해 볼 것이다.

우리는 글자를 깨우친 순간부터 '읽기'를 시작한다. 대학에 입학하기까지 학생들은 적어도 20년 가까이 무언가를 읽고 배우는 과정을 되풀이했을 것이다. 그렇다면 새삼스럽게 '읽기'의 방법을 익혀야 하는 이유는 무엇일까? 대학에서의 읽기는 단순히 글자를 읽고 이해하거나 문제를 풀기 위한 독해 수준을 요구하는 것이 아니다. 대학에 들어온 학생들이 새롭게 익혀야 하는 읽기는 텍스트를 읽고 얻는 지식, 그 과정에서 고려해야 하는 분석, 텍스트에 대한 자신의 판단을 모두 포함하는 것이다. 따라서 읽기에는 기본적 독해를 넘어서는 이해와 재구성, 감상과 평가가 모두 포함된다.

이 절에서 제안하는 읽기는, 정답을 확정하거나 문제를 풀기 위한 읽기가 아니라 분석적 · 비판적으로 텍스트를 읽어나가는 과정 그 자체에 목적을 둔 읽기이다. 고등학교 과정에 논술 교과가 도입된 이래, 텍스트 읽기는 텍스트 그 자체를 읽는 과정을 건너뛰고 텍스트에 관한, 또는 텍스트 주변에 관한 정보를 수집하는 것으로 변질되고 있는 실정이다. 대학 강의에서도 어떤 텍스트를 다룰 경우, 그 텍스트가 왜 중요한 의미를 갖는지에 대한 정보가 이야기될 뿐 강의 안에 텍스트 자체를 직접 읽어 보는 과정이 포함되는 경우는 드물다. 그러나 이 절에서 제안하는 읽기는 직접 책을 읽고, 그 읽기를 바탕으로 다른 학생들과 이야기를 나누며, 스스로 생각해 보는 과정 자체가 가장 중요한 방식의 읽기이다.

연습 문제 2 **다음은 텍스트를 읽는 구체적인 방법들이다. 각각의 방법이 무엇을 의미하는지 함께 이야기해 보자.**

- 따로/같이 읽기
- 깊이/다르게 읽기
- 지금/그때 읽기

3) 읽기의 단계

이해: 전체 구조의 파악	→ 비판: 텍스트에 대한 판단과 평가	→ 의견 제시: 선택과 결정
다양한 주제의 발견	'지금, 여기'의 의미 파악	자신의 생각 표현
텍스트의 맥락 이해		

(1) 이해: 구조 분석과 파악

① 완독의 중요성

'분석적 읽기' 단계에서는 텍스트의 일부분이나 논문 한 편 정도의 분량이 아니라 가능하다면 텍스트 전체를 읽을 것을 제안한다. 텍스트의 어느 한 부분을 이해하기 위해서라도 전체의 맥락을 파악하는 것은 필요하다. 텍스트 전반을 긴 흐름으로 곱씹어 보면서 텍스트가 던지는 문제를 발견하고 텍스트와 나의 관계, 나를 둘러싼 사회에 대해 고민해 볼 수 있는 시간을 갖는 것이 중요하다.

② 세부보다는 전체 구조의 파악이 먼저

여기에서 말하는 읽기는 텍스트를 이해하는 데에서 한 걸음 더 나아가 텍스트에서 찾아낸 의미를 자기 나름대로 재구성하는 과정을 말한다. 학생들은 교과서를 읽고 암기하듯 하나하나의 문장에 주목하는 방법으로 전체 텍스트의 이해를 추구하는 것이 아니다. 그보다는 텍스트 전체의 구성을 먼저 파악하고 텍스트를 통해 저자가 이야기하고자 하는 것이 무엇인지를 도출해 내는 작업이 필요하다. 내용의 파악이란 부분적이고 세부적인 것들에 대한 이해에 앞서 전체적인 내용이 어떻게 연결되고 구조화되어 있는가를 먼저 고려해야 한다.

③ 하나가 아닌 여러 개의 주제 발견

하나의 텍스트에는 단 하나의 주제만이 있다는 생각에서 벗어나서 하나의 텍스트가 동시에 둘 이상의 주제를 가질 수 있다는 점을 이해해야 한다. 만약 읽기의 과정이 교과서를 대상으로 하고 시험을 통해 세부적 내용을 조목조목 묻는 평가를 앞두고 있다면, 가장 지배적이고 보편적이라고 할 수 있는 하나의 주제를 발견해 내는 것이 필요할 수 있다. 그러나 대학에서의 읽기는 하나가 아닌 여러 개의 주제와 의미를 스스로 발견하고, 자신은 왜 여러 개의 의미 중에서 다른 것이 아닌 그 의미를 중요하다고 생각하는지 설명할 수 있어야 한다. 텍스트의 의미에서 완전히 벗어난 것이 아니라면 학생들은 자신만의 방법으로 자유롭게 텍스트에 접근하면서 스스로 생각하여 주제를 파악할 수 있다. 즉 학생 스스로 텍스트 안에 담긴 복수의 주제와 의미를 읽어 내는 것이 중요하다.

④ 텍스트의 사회문화적 맥락 파악

우리는 텍스트를 읽을 때 저자가 글을 쓴 상황, 당시의 사회문화적 맥락 등 텍스트 이해에 반드시 필요한 모든 연결고리를 삭제한 채 주관적이고 탈맥락적으로 텍스트를 이해하는 경향이 있다. 그러나 텍스트가 생성된 맥락을 도외시한다면 그 텍스트가 가지는 의미를 본질적으로 이해하는 것이 불가능하다. 저자에 대한 지나칠 정도의 전기적 정보나 또는 텍스트의 의미에 대한 역사적 평가가 아니라, 저자가 왜 특정 시공간에서 다른 문제가 아닌 이 문제에 천착할 수밖에 없었는지를 파악하는 것은 텍스트를 온전히 이해하기 위해 반드시 필요한 작업이다. 이때 텍스트의 맥락에 대한 내용 파악은 텍스트 자체를 이해하기 위한 목적으로 이루어져야지, 텍스트 맥락에 대한 정보 자체가 책 읽기의 중심에 놓여서는 안 될 것이다.

(2) 비판: 판단과 평가

비판이라고 하면 흔히 텍스트가 다루고 있는 주제나 텍스트 안에서 제기된 주장에 대해 다른 의견을 제시하는 것이라고 생각하기 쉽다. 그러나 넓은 의미에서 텍스트 비판은 텍스트가 현실 세계의 맥락에서 가질 수 있는 의미의 가능성을 발견하고 '이것이 과연 타당한가'를 판단하는 작업을 말한다. 즉 텍스트를 읽고 텍스트가 나타낼 수 있는 다양한 의미에 대한 분석 과정이 이루어진 다음, 그 의미 가운데 어떤 것이 개연성을 가지고 '지금, 여기'의 나에게 질문을 던지는지 파악하는 과정이 뒤따른다. 이때 비판의 작업은 텍스트가 직접적으로 강조하고 있는 주제뿐 아니라 텍스트 안에 숨겨진 간접적인 의도, 텍스트 저변에 자리 잡고 있는 이데올로기나 사회문화적 영향, 텍스트가 가지고 있는 시간적, 공간적 한계까지도 발견하고 평가할 수 있어야 한다. 이러한 작업과 과정을 거쳐야 텍스트가 지닌 일반적이고 통념적인 의미를 넘어서 스스로에게 어떤 의미가 있는지를 이야기할 수 있는 다음의 단계와 연결될 수 있다.

(3) 의견 제시: 선택과 결정

앞의 설명에서 텍스트는 단 하나의 주제가 아닌 여러 개의 주제 또는 중심 내용을 가질 수 있다고 설명한 바 있다. 텍스트가 복수의 의미를 가지고 있을 때, 그 의미들에 대한 독자 스스로의 선택과 결정이 필요하다. 여기에서 말하는 선택과 결정이란 내용을 파악하면서 이해한 주안점들과 비판의 단계에서 떠올렸던 다양한 가능성에 대해 스스로 판단을 내리고, 그것을 기반으로 나만의 의견을 결정하는 것을 말한다. 이때 자신의 의견이란 제시된 텍스트를 읽고 나서 오로지 그 텍스트 단 하나만 가지고 이루어진다기보다는, 그 텍스트를 읽기 이전부터 가지고 있었던 생각과 견해가 새롭게 읽은 텍스트의 의미와 통합됨으로써 비로소 구성되는 것이다. 자신에게 익숙했던 어떤 생각이나 견해가 그것에 도전하는 낯선 견해와 부딪침으로써 불편해지고 그 불편함을 매개로 자신의 의견을 확산하는 과정 역시 여기에 포함된다.

연습문제 3

다음은 학생들이 『위대한 개츠비』를 읽고 제시한 주제들이다. 하나의 작품 속에 이렇게 다양한 주제가 제시될 수 있는 이유에 대해서 함께 생각해 보자. 또한 작품 안의 어떤 요소들 때문에 이와 같은 주제가 제시될 수 있는지도 설명해 보자.

- 죽음으로 완성한 위대하고 아름다운 사랑
- 제1차 세계대전의 충격과 경제 성장으로 인한 혼란 속의 당시 미국 사회 비판
- 자본주의의 확대에 따른 기득권자의 폭력과 가지지 못한 자의 몰락
- '데이지'로 대표되는 여성에 대한 환상과 억압
- '아메리칸 드림'의 상실 또는 그에 대한 회의

– 학생 토론문

4) 읽기-토론하기-사고하기의 연계

실제 수업에서 읽기, 토론하기, 사고하기, 쓰기는 하나의 작업이 끝나면 다음 작업으로 넘어가는 방식이 아니라 각각의 활동들이 서로 겹쳐져서 통합적 사고와 읽기로 나아가는 방식으로 전개된다는 점이 중요하다. 이를 표로 제시하면 다음과 같다.

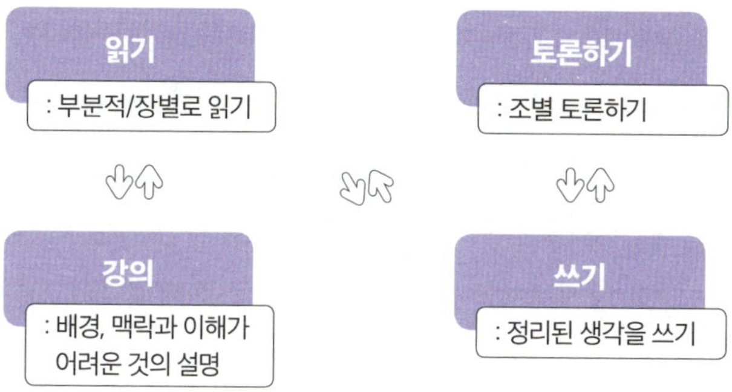

한 권의 텍스트 전체를 읽는다는 것은, 텍스트를 혼자 읽고, 토론을 통해 함께 이야기를 나누며, 읽은 내용에 대한 교수자의 강의를 듣고, 정리된 생각을 글로 써보는 과정이 반복되는 것이다. 학생들은 텍스트에 대한 수업이 진행되기 이전에 스스로 책을 읽고 수업 시간에 조별 토론을 통해 읽은 내용을 함께 이해하는 시간을 가지며, 교수자의 강의를 들으면서 이해의 폭을 넓히고, 이렇게 확장된 이해의 내용을 글로 정리해 볼 것이다. 이 과정에서 학생들은 한번 읽은 내용을 다시 한번 읽고 토론을 하면서 기존의 생각을 수정 보완하고, 여기에 교수자의 해석들이 덧붙여지면서 자신의 생각을 끊임없이 재고하게 된다.

이러한 과정이 반복되면 학생들은 결국 한 권의 텍스트를 시간적 간격을 두고 적어도 두 번 이상 읽게 된다. 두 번 이상의 읽기가 실현될 때 첫 번째 읽기는 두 번째 읽기에 대한 하나의 맥락으로 작용하여 학생들 스스로 텍스트를 이해하고 해석하는 데에 중요한 변화의 요인으로 작용한다. 첫 번째 읽기에서 학생들은 맥락에 대한 고려 없이 텍스트를 수용하거나 자신에게 익숙한 선이해의 영향을 받는 경향이 있다. 그러나 토론과 강의를 거친 두 번째 읽기에서는 처음 읽었을 때 큰 의심 없이 지나쳤거나 중요하지 않다고 생각한 부분들에 대해 다시 한번 생각하고, 동일한 텍스트를 낯설게 받아들이게 된다. 결과적으로 이것은 하나의 도전이 되어 학생들의 생각이 변하게 만든다. 즉 두 번 이상의 읽기를 통해 학생들은 자신의 이해를 해체하고 재구성하게 된다.

읽기의 주체가 되는 경험이란 텍스트를 읽고 단번에 의미를 파악할 수 있는 놀라운 능력을 말하는 것이 아니다. 때로는 선입관에 사로잡히고 때로는 잘못 이해하기도 하다가 마침내 스스로의 방법으로 자신만의 의미를 발견해 내는, 마치 길을 잃고 알지 못하는 꼬불꼬불한 골목을 헤매다가 드디어 길을 찾아내는 것과 같은 과정과 체험을 뜻하는 것이다. 글쓰기는 이렇게 텍스트를 읽고, 함께 이야기를 나누고, 교수자의 강의를 들으면서 확장된 자신의 생각을 정리하고 표현하는 데에 그 의미가 있다.

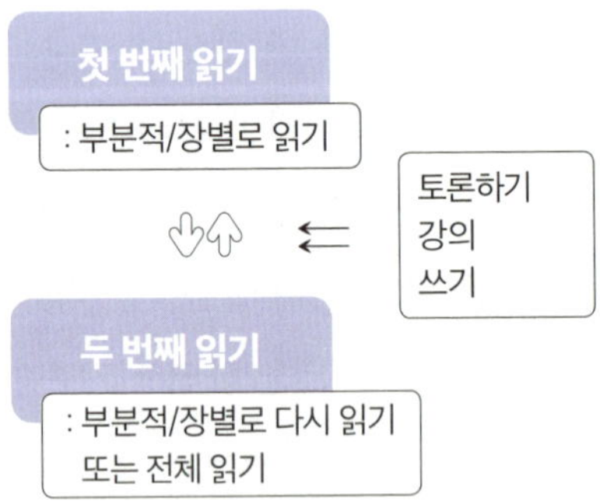

연습 문제 4

우리는 책을 함께 읽고 토론하면서 소통의 즐거움과 방법을 깨닫고 수동적으로 주어지는 지식이 아닌 함께 이루는 지식을 추구하게 된다. 나 혼자 알기보다는 각자 아는 것을 공유하면서 서로의 생각이 넓어지는 것을 경험할 수 있으며, 동일한 문제를 바라보는 데에도 수많은 다른 시각이 존재함을 깨닫는 계기를 발견할 수 있다. 다음은 토론에서 이루어지는 다양한 소통의 방법들이다. 이와 같은 방법을 어떻게 효율적으로 사용할 수 있을지 이야기를 나누어 보자.

- 공유: 생각과 느낌을 나누는 것
- 주장: 근거를 바탕으로 자신의 생각을 분명하게 표현하는 것
- 경청: 다른 사람의 생각을 주의 깊게 듣고 이해하는 것
- 예시: 개인적인/사회적인 사례를 들어 설명하는 것
- 분석: 각자의 의견, 생각, 느낌의 차이를 파악하는 것
- 판단: 다른 사람의 의견을 인정 또는 반박하는 것

6장 분석적 읽기

분석적 읽기에서는 한 권의 텍스트를 긴 호흡으로 읽어 가는 과정을 구체적으로 설명하고자 한다. 분석적 읽기의 과정은 텍스트를 읽기 이전 단계와 텍스트 읽기 단계로 나누어 볼 수 있다. 텍스트를 읽기 이전 단계에서는, 먼저 작가와 텍스트가 산출된 사회문화적 배경에 대한 전반적 이해가 선행되어야 하고, 저자가 제기한 주제 또는 텍스트가 문제 삼고 있는 중심 내용에 대해 스스로 가지고 있던 생각을 환기하여 점검해 보는 것이 필요하다. 곧바로 텍스트 내용에 진입하기보다는 예비 토론을 통해 학생들의 선(先)이해를 확인하고 텍스트에 대한 관심을 불러일으키는 계기를 제공할 수 있다.

다음으로 텍스트 읽기 단계에서는, 텍스트의 전반적인 구성을 파악하는 일이 가장 먼저 이루어져야 한다. 그런 다음 세부적인 부분의 핵심 내용을 차례로 읽어 가면서 텍스트 전체에 나타나는 문제의식과 주요 논점에 접근하게 된다. 이어서 텍스트의 각 부분을 읽고 이해한 것을 바탕으로 학생들 스스로 토론 주제를 마련하고 실제 토론을 하도록 한다. 이런 과정에서 텍스트 중심 주제와 관련된 각 부분의 주요한 문제들을 확인하고 각 부분들이 어떻게 연결되는지 정리해 볼 수 있을 것이다. 그런 다음 스스로 책을 읽은 내용, 토론을 통해 의견을 나눈 내용, 각자 생각을 진전시킨 내용을 바탕으로 텍스트에 대해 자신의 의견을 밝히는 짧은 단평 또는 에세이를 쓰는 과정이 뒤따르게 된다.

1. 텍스트 배경에 대한 전반적 이해

핵심 길라잡이

- **텍스트의 바탕이 되고 있는 저자, 시대적 배경, 역사적 상황 등을 파악해 보자.**
- **텍스트의 배경이 텍스트 이해에 어떤 영향을 미치는지 생각해 보자.**

이 절에서는 제시된 텍스트가 딛고 있는 사회 역사적 맥락을 파악함으로써 전체 텍스트를 이해하는 기반으로 삼고자 한다. 텍스트의 배경은 저자 소개, 텍스트가 쓰인 시·공간적 배경과 상황, 저자가 제시한 주제에 대한 연구의 역사 등을 포함한다. 어떠한 텍스트든 그것이 바탕으로 하고 있는 시간적·공간적 맥락이 있고 그에 따른 사회적·역사적·문화적 의미가 발생하게 된다. 이러한 배경을 이해해야 텍스트가 다루고 있는 주장이나 의미를 더욱 선명하게 파악할 수 있을 것이다. 이 절에서는 존 스튜어트 밀(1806-1873)의 『자유론』을 대상으로 구체적 방법을 소개한다.

1) 저자 소개

저자 소개란, 텍스트를 저술한 저자가 누구이며 어떤 사회 역사적 맥락에서 해당 텍스트를 쓰고 있는지를 말한다. 저자 소개라고 해서 인터넷 검색을 통해 손쉽게 찾을 수 있는 정보를 의미하는 것이 아니라, 저자가 발을 딛고 있는 구체적 상황을 파악하고 텍스트를 통해 어떤 문제를 제기하고 있는지 전반적으로 설명함으로써 텍스트의 이해를 돕는 데에 목적이 있다. 따라서 저자의 삶의 여정이 그의 세계관과 어떤 연관성을 맺고 있는지 밝히는 것이 필요하다.

『자유론』의 저자 밀은 영국의 철학자이자 경제학자이다. 1806년 철학자이며 경제학자였던 제임스 밀의 장남으로 태어났다. 그의 아버지는 아주 어릴 때부터 그에게 극도로 엄격한 영재교육을 시켜서, 그는 3세 때 그리스어를, 8세 때는 라틴어를 배워 헤로도토스와 플라톤, 오비디우스와 같은 고전을 원어로 읽었다. 12세 때는 스콜라 철학과 논리학을 공부했고 13세 때는 애덤 스미스와 데이비드 리카르도의 저작을 읽으면서 정치경제학을 공부했다. 14세 때는 프랑스에 1년간 머물면서 몽펠리에대학교에서 화학, 논리학, 고등수학에 관련한 강의를 들었다. 17세인 1823년 영국의 동인도 회사에 입사하여 아버지의 조수로 일했으며 그 후 1858년까지 재직하면서 연구와 저술 활동을 병행했다. 20세 무렵 신경쇠약으로 우울증에 빠졌으나 워즈워스의 작품을 읽으면서 다시금 정신을 가다듬을 수 있었다. 이후 그의 사상은 변화하여, 엄격한 공리주의적 이성 제일주의의 문제점을 깨닫고 수동적 감수성이 능동적 능력 못지않게 중요하다는 것을 인식하게 되었다. 결과적으로 그는 공리주의와 생시몽주의, 낭만주의가 결합된 독자적인 사상의 체계를 구축했다고 평가된다. 또한 행동하는 사상가로서, 자본주의의 모순을 바로잡기 위해 제한적인 정부 개입을 옹호하는 경제학 사상을 주장했고 하원의원으로 활동하기도 했으며 선거제도의 개혁과 노동조합 중시의 사회 개혁을 주장하기도 했다.

그의 개인사에서 아내인 해리어트 테일러와 만남은 매우 기념비적 사건이었다. 그는 그녀를 보고 첫눈에 사랑에 빠졌지만 해리어트가 이미 결혼한 상태였기 때문에 21년 동안이나 기다린 후 1851년 마침내 그녀와 결혼할 수 있었다. 해리어트는 대단히 명석한 여성으로, 밀에게 친구로서나 아내로서 커다란 영향을 미쳤다. 해리어트의 영향으로 여성의 권리를 옹호하고자 하는 밀의 입장이 더욱 강해졌다. 『자유론』은 그녀가 죽은 직후에 출간되었는데, 그녀의 영향 아래 많은 수정이 이루어졌음을 밝히고 있다. 또한 『여성의 종속』에서도 해리어트의 영향은 암시적으로 언급된다. 밀이 헌정사상 최초로 여성 참정권을 주장했다는 사실도 해리어트의 영향과 무관하지 않을 것이다.[29]

밀은 다양한 사상을 포괄했으며 당시에 지배적이었던 사상을 맹목적으로 좇고 있지도 않다. 그의 사상적 이력에서 중요한 사실은, 그가 바탕으로 하는 공리주의나 생시몽주의, 낭만주의 각각이 무엇인지 아는 것이 아니라 그가 당대의 지배적인 사상을 무작정 추종하거나 비판하지 않고 자신만의 독자적인 사상을 확립했다는 것, 그리고 당대의 다양한 사상들에 대한 선입관 없이 열린 마음으로 그것들을 포용했다는 것이다. 그의 이와 같은 독자성과 포용성은 『자유론』 전반에 걸쳐 두루 나타나고 있다.

2) 텍스트 맥락과 배경에 대한 이해

텍스트의 맥락이란 텍스트가 쓰인 사회 역사적 배경, 이념적 배경 등을 이해함으로써 저자가 어떤 상황에서 텍스트를 서술했는지를 좀 더 깊이 파악할 수 있게 하는 중요한 요소이다. 텍스트 분석을 시작하기 전에 텍스트가 저술된 당대의 상황을 알게 된다면 해당 텍스트를 더욱 효과적으로 이해할 수 있을 것이다. 예를 들어, 다음과 같이 존 스튜어트 밀이 『자유론』을 저술하게 된 당시 영국 사회의 상황은 무엇이고 그 책을 저술하게 된 목적이 무엇인가를 파악하는 것이다.

(1) 이론 중심 텍스트의 경우

『자유론』을 쓴 밀이 활동하던 시기는 영국의 조지 4세로부터 빅토리아 여왕이 통치하던 시절이었다. 이 시기의 특징은 '산업혁명'과 '계몽주의'이다. 산업혁명은 18세기 영국에서 시작된 기술혁신, 그리고 그에 수반된 사회 경제 구조의 변혁을 말하며 계몽주의는 18세기 프랑스와 독일을 중심으로 이성의 힘과 인류의 무한한 진보에 대한 신념으로 기존 질서를 타파하고 사회 개혁을 목표로 한 사조를 말한다.

특히 밀이 태어나서 활동했던 시기는 계몽주의가 마무리되면서 프랑스혁명이라는 결과물을 낳은 시대의 직접적인 영향 아래 근대 국가와 근대 시민 사회가 본격적으로 형성되고 있었던 시기였다. 특히 밀이 『자유론』을 저술한 빅토리아 여왕 시대는 영국이 전성기를 구가하던 시절이라고 해도 과언이 아니다. 우선 영국 국교도 중심의 종교적 차별이 완화되어 시민들은 종교의 억압에서 벗어나 신분적 자유를 누릴 수 있었고, 민주주의가 제도화됨에 따라 내각중심제가 체제를 갖추고 의회는 안정적으로 유지되던 시기였다. 또한 18세기 산업혁명의 영향으로 산업이 크게 발전하고 대외적으로 수많은 식민지를 경영함에 따라 '해가 지지 않는 나라'라는 별명을 들었던 때였다.

그러나 이렇게 영국이 정치 사회 경제적으로 안정된 시기였지만, 밀은 당시를 다른 방식으로 파악하여 모순과 문제점을 지적하고 개선하고자 노력했던 것이다. 즉 민주주의 실행에 있어 '다수결의 원칙'이 의사 결정의 주된 방식으로 등장하자, 다수가 다수라는 이유로 횡포를 부리게 되고 다수에 밀린 소수나 개인의 자유는 제한받을 수밖에 없다는 지적이 바로 그것이다. 그는 민주주의 중심의 사회가 이루어졌다고 해서 안심하거나 자만하기보다, 민주주의 사회 안에서도 발생할 수 있는 문제를 자각하고 그것을 해결할 방법을 찾고자 했다.[30] 이러한 그의 견해가 잘 드러난 것이 바로 『자유론』이다.

(2) 문학 텍스트의 경우

이 절에서는 다루고자 하는 텍스트가 『자유론』과 같은 이론 서적이 아닌 문학 작품의 경우, 조금은 다른 방식으로 내용 이해에 접근해 볼 수 있다. 예를 들어 올더스 헉슬리(1894-1963)의 『멋진 신세계』의 경우, 저자가 텍스트를 저술한 1932년을 기준으로 미래 세계를 다루고 있으므로 텍스트의 배경에 대한 몇 가지 이해가 필요하다.

첫째, 당시의 시대적 배경에 대한 이해가 필요하다. 『멋진 신세계』가 쓰인 시점은 제1차 세계대전이 끝났지만 앞으로 다가올 제2차 세계대전의 조짐이 유럽을 휩쓸고 있던 시기로, 이탈리아의 무솔리니를 중심으로 한 파시즘, 독일의 히틀러와 나치당을 중심으로 한 나치즘과 같은 전체주의가 등장하기 시작했던 때이다. 따라서 『멋진 신세계』의 내용은 당시를 기준으로 앞으로 다가올 전체주의에 대한 염려가 엿보인다. 예를 들어 전체주의가 사회를 지배한다면 개개인의 자율성은 사라지지 않을까, 안정이라는 이름으로 세부적인 것까지 억압하는 사회가 오지 않을까 하는 염려이다. 또한 그 당시가 제1차 세계대전으로 말미암아 무기를 개발하기 위한 과학이 급속도로 발전했으며, 과학과 기계 문명이 신처럼 숭배 받던 시기였다는 점 역시 알고 있어야 한다. 『멋진 신세계』에서는 당시의 상황을 반영하여, 과학을 맹신하면서도 과학의 발전이 가져올지도 모르는 불행을 우려하는 현상을 보여 준다.

둘째, 포드의 중요성, 이른바 포디즘에 대한 이해이다. 『멋진 신세계』에 등장하는 문명국에서는 신과 종교가 존재하지 않는다. 대신 우리가 자동차 왕으로만 알고 있는 포드가 마치 신처럼 숭배되고, 현재 우리가 사용하는 서력기원(A.D.) 대신 포드기원(A.F.)을 사용한다. 텍스트 안에서 포드가 이렇게까지 숭배 받는 까닭은 20세기 초, 그가 생산과정을 전자동화하는 컨베이어시스템을 창안했기 때문이다. 그 결과 2,000달러에 육박하던 자동차 값을 300

달러까지 낮추고, 노동자의 노동시간을 8시간으로 제한했으며, 노동자의 임금을 5달러로 인상했다. 이와 같은 그의 혁신은 단순히 분업과 표준화에 의한 효율 극대화, 기술과 경영 혁신을 통한 저가 상품 대량생산화에 그치지 않고 이전 시대와는 구분되는 완전히 새로운 시대정신, 문화의 가능성을 발견하는 엄청난 변화를 가져오게 된다. 『멋진 신세계』에서는 기술 발전과 물질적 번영에서 구원의 가능성을 찾으며 그 출발점이라고 할 수 있는 포드에게 종교적 의미를 부여하고 있는 것이다.

셋째, 유토피아에 대한 이해이다. 『멋진 신세계』는 현실에는 존재하지 않는 이상적 공간, 즉 유토피아의 세계를 그려 낸다. 유토피아(Utopia)라는 말은 토머스 모어가 1516년 발간한 소설의 제목에서 출발한 개념으로 '이상적 공간'과 '이 세상에는 없는 곳'이라는 이중적 의미를 지니고 있다. 동서양을 막론하고 유토피아는 인간적인 근심 걱정이 없고, 늙지 않으며 일을 하지 않아도 되는 꿈의 공간으로 설정되는데, 문제는 『멋진 신세계』 속 문명국이 표면적으로는 유토피아를 표방하고 있지만 실제로는 차갑고 비인간적인 디스토피아를 나타내고 있다는 점이다.

넷째, 소설의 기법인 알레고리에 대한 이해이다. 『멋진 신세계』는 미래 세계를 그리고 있는 미래소설이기도 하지만, 소설이 쓰인 당시의 사회를 풍자하고 비판하는 알레고리소설이기도 하다. 알레고리(allegory)란 표면적으로는 A라는 이야기를 하고 있지만, 실제적으로는 B라는 의미를 지향하고 있는 수사의 한 방식이다. 널리 알려진 『이솝 우화』가 알레고리의 좋은 예인데, 흔히 풍자라는 방식이 이야기 전체로 확대될 경우 알레고리의 수법을 사용하는 경우가 많이 있다. 『멋진 신세계』에서는 문명국이라는 새로운 세계를 창조하여 그럴듯한 유토피아를 그리고 있지만, 결국은 작가가 살고 있던 1930년대 당시의 영국 및 유럽 사회를 비판하고 미래를 경계하고 있는 의미로 쓰인 작품이라고 할 수 있다.

3) 텍스트가 제시하는 주제에 대한 이해

텍스트가 제시하는 주제 또는 주장이, 저자가 역사상 처음으로 제시한 것인지 아니면 그 이전에도 동일한 주제를 다룬 적이 있으나 저자가 새로운 시각에서 다시금 바라보고 분석한 것인지를 이해하는 과정 역시 필요하다. 이를 통해 같은 주제라도 시대와 저자에 따라 다양한 시각과 견해가 존재할 수 있으며, 그런 가운데 저자의 주장이 갖는 의미를 파악할 수 있게 된다. 예를 들어 존 스튜어트 밀의 『자유론』을 읽으며, '자유'라는 주제가 밀 이전 또는 이후에 어떻게 다루어져 왔는지를 살펴보는 것이다.

'자유'라는 주제는 고대 그리스 시대부터 사람들의 관심을 끌었다. 플라톤은 자유의 개념을 노예가 아닌 상태 즉 속박되지 않은 상태라고 보았으며, 그가 말하는 자유에는 책임과 통제의 개념까지 포함되어 있어서 이성에 의해 분별력을 가지고 있는 자유가 진정한 자유라고 생각했다. 아우구스티누스 역시 자유란 이성을 가진 인간이 선악을 선택할 수 있는 능력이라고 바라보았고 그는 자유가 아닌 '자유의지'라는 표현을 선호했다고 한다.

이후 근대 이전까지, 밀을 포함한 많은 사상가들이 자유의 개념을 파악하기 위해 노력했다. 대표적으로 로크는 자유를 인간 본성의 하나로 생각했으며, 타인의 허락을 구하거나 그의 의지에 구애받지 않고 자연법의 테두리 안에서 스스로 적당하다고 생각하는 바에 따라 자신의 행동을 규율하고 자신의 소유물을 처분할 수 있는 권리라고 정의했다. 반면 스미스는 특히 인간의 경제적 자유를 중시했으며, 모든 인간은 자본주의라는 체제 하에서 각자 이익의 극대화를 추구할 수 있는 자유가 있다고 주장했다.

근대 이후에는 고전적 자유의 개념에서 확장된 새로운 의미의 자유 개념이 등장했다. 예를 들어 그린은 이전 시대에 비해서 훨씬 적극적 자유를 주장하여, 개인의 자유가 없으면 사회도 없다고까지 선언했다. 그가 말하는 적극적 자유란 행하거나 즐길만한 가치가 있는 어떤 것이라도 할 수 있는 적극적인 힘 또는 능력을 말한다. 하이에크 역시 개인적 자유의 완전한 보장이야말로 사회를 발전시키는 유일한 길이라고 주장하고, 이를 위해 국가나 정부의 규제를 최소화해야 한다고 강조한 바 있다.[31]

앞에서 보는 바와 같이 역사적으로 자유의 개념, 자유에 대한 관점, 자유를 누리는 사람들의 범주, 자유에 관련된 개인-사회의 관계 등이 계속 변화해 왔다는 사실을 확인할 수 있다. 이를 통해 밀이 주장하는 '자유'가 갖는 의미를 보다 포괄적으로 이해할 수 있는 바탕을 마련할 수 있는 것이다.

연습문제 1

밀의 『자유론』 서론에는 다음과 같은 다양한 내용이 서술되어 있다. 서론 이후 2,3,4장에서 전개될 내용과 관련을 지으면서, 이 서론의 내용을 각자 생각하는 단락으로 나누어 보자.

- 이 책에서 말하는 자유
- 국가 권력을 제한해야 할 이유
- 개인적 자유의 필연성
- 개개인의 독립성과 사회적 통제
- 규범의 주된 요인
- 이 책의 목적
- 자유의 효용
- 자유의 고유한 영역

2. 주제 접근을 위한 예비 토론

핵심 길라잡이

- **텍스트가 제기하는 주제가 무엇인지 살펴보자.**
- **텍스트가 제기한 주제에 대해, 평소에는 어떤 생각을 가지고 있었는지 이야기해 보자.**
- **텍스트가 다루고 있는 주요 용어나 개념에 대해서 알아보자.**

이 절에서는 텍스트 분석을 시작하기 전에, 텍스트 읽기를 독려하고 작품에 대한 생각을 공유하는 단계를 소개한다. 토론을 통해 작품을 정확하게 읽었는지 확인하는 것에서 시작하여 작품에 대한 이해를 점검하는 방향으로 나아갈 수 있을 것이다. 이 단계는 텍스트가 문제 삼고 있는 중심 내용에 대해 스스로 가지고 있는 평소의 생각을 환기하는 역할도 하게 된다. 곧바로 텍스트 내용에 진입하기보다는 이와 같은 예비토론을 통해 자신의 선 이해를 점검하고 텍스트에 대한 관심을 불러일으키는 계기가 될 수 있다. 다른 한 편으로 텍스트를 전부 읽은 뒤 예비토론의 내용을 되짚어서, 텍스트를 읽기 이전의 생각과 읽고 난 이후의 생각을 비교하는 자료로 활용이 가능할 것이다. 이 절에서는 미셸 푸코(1926-1984)의 『감시와 처벌: 감옥의 역사』를 중심으로 구체적 방법을 소개한다.

1) 텍스트 이해를 위한 예비 토론의 방식

(1) 텍스트를 읽기 전 문제의식의 점검

텍스트 이해를 위한 예비 토론은 텍스트 분석을 시작하기 전에 텍스트 읽기를 독려하고 작품에 대한 생각을 공유하는 단계로, 작품을 정확하게 읽었는지 확인하는 것에서 시작하여 작품에 대한 이해를 파악하는 방향으로 나아가게 된다. 푸코의 『감시와 처벌』을 예로 들어 과정을 살펴보도록 한다.

우리는 『감시와 처벌 : 감옥의 역사』라는 제목만 보고, '왜 우리가 감옥이나 범죄를 공부해야 하는 것인가?'라고 생각하기 쉽다. 그러나 이 텍스트는 '감옥', '범죄', '처벌' 자체가 핵심이 아니라, 그것들을 통해 '인간이 다른 인간에게 어떻게 권력을 행사하는가', '지배자가 피지배자를 꼼짝 못하게 하기 위해 역사적으로 어떤 전략을 사용했는가'의 문제를 생각하게 만드는 것이 핵심이다. 즉 우리가 지금 알고 있는 어떤 제도, 규칙, 개념, 진리를 있는 그대로 받아들이지 않고 그것들 속에 감춰진 전략, 권력관계, 학문의 작용 등을 탐색하게 하는 것이 이 텍스트의 목적 가운데 하나이다.

『감시와 처벌 : 감옥의 역사』는 '권력'에 대한 새로운 이론을 구축하고 역사를 바탕으로 독자적인 철학 이론을 전개한 저서로 알려져 있다. '판옵티콘'이라는 개념으로 대표되는 그의 규율-권력 이론은 현대 사회에서 상식으로 통할 정도이다. 이 책에 앞서 그를 유명하게 만든 『광기의 역사』는 '광기'라는 것의 개념이 형성되고 유포된 과정을 고고학적 방법으로 추적하여, 이성주의의 '차별과 배제의 논리'를 역으로 드러냈다. 광인을 가두기 위해 마련된 정신병원은, 환자를 치료하기 위한 인간적 장치가 아니라 이성 중심적 사회가 독선적인 가치기준으로 광인을 추방하고 감금해온 장소로서 인간에 대한 권력의 지배를 강화하기 위한 억압적 수단의 산물이라는 것이다.[32] 이에 이어 『감시와 처벌 : 감옥의 역사』에서도 푸코는 감옥이 단순히 범죄자들을 수용하고 교화하는 의미의 수용소가 아니라, 권력이 사회를 통제하기 위한 전략의 소산이라고 밝히고 있다. 범죄자들이란 사회적 지배를 위해 경제적, 정신적으로 유용한 존재들이기 때문에 감옥이 사회에서 필요한 기관으로써 형성되었다는 것이다.

또한 그의 분석은 제목이 나타내는 바와 같이 감옥의 역사에 그치지 않고, 권력의 개념을 통해 감옥뿐 아니라 사회 전체가 서로가 서로를 감시하는 장으로 변화하고 있음을 날카롭게 비판하고 있다. 그는 권력을 지배자와 피지배자 간에 발생하는 일방적인 관계이거나 권력자가 독점할 수 있는 소유의 대상으로 보지 않았다. 그가 말하는 권력은 한 사회 안에서 정교하게 작동하는 메커니즘 또는 전략 같은 것이다. 또한 권력의 작용은 감옥, 학교, 군대, 공장 등으로 거대하게 확장되어 있으며, 인간의 신체를 다양한 힘들의 관계 속에서 끊임없이 규제하고 규격화된 틀과 기준 속에 가둠으로써 지배와 통제를 영속화한다는 것이다.

이러한 텍스트의 구체적 내용으로 들어가기 전, 푸코가 제시하고 있는 문제에 대한 자기 스스로의 문제의식을 점검해 보는 것이 필요하다고 본다. 예를 들어 다음과 같은 문제들을 생각해 볼 수 있다.

- 내가 생각하는 '권력'의 개념은 무엇인가, '권력'이라고 하면 가장 먼저 떠오르는 것은 무엇인가?
- 사회적으로 통용되는 어떤 제도나 규칙을 보고, '그것이 과연 바람직한가'라고 생각한 적이 있는가, 있다면 그 이유는 무엇인가?

- 이른바 '훈육(discipline)'의 개념은 무엇인가, 훈육의 예에는 무엇이 있는가, 훈육이 필요하다면 그 이유는 무엇일까?
- 나는 그동안 어떤 규칙이나 제도, 훈육 아래서 살아왔는가?

(2) 텍스트를 읽은 후 문제의 파악

독자의 입장에서 텍스트의 서론에 해당하는 부분을 먼저 읽고, 저자가 제안하고자 하는 문제가 무엇인지 파악하는 것은 텍스트 전체의 이해를 위해 반드시 필요한 부분이다. 텍스트를 읽기 전에 푸코가 제시하고 있는 문제에 대한 자기 스스로의 문제의식을 점검해 보았다면, 이번에는 텍스트의 서론을 읽고 텍스트가 제기하는 문제에 대해 자신의 생각을 검토해 볼 차례이다.

『감시와 처벌 : 감옥의 역사』 1부 '수형자의 신체'는 다미엥의 처형과 파리 소년감화원의 규칙이라는 두 가지 역사적 사례를 아무런 설명 없이 제시하는 데에서부터 시작한다. 이 예시는 사람의 신체를 대상으로 하는 처벌이 '변화'되었다는 사실을 보여 주며 '처벌에 의한 억압의 대상으로서의 신체는 소멸되었다' 또는 '육체적 고통은 더 이상 처벌의 요소가 되지 못한다'는 점을 말해 주고 있다. 이러한 변화는 처벌의 방법(신체에 가하는 고통→개인의 권리인 자유 박탈), 처벌의 대상(행위→정신 또는 영혼), 처벌의 목적(죗값을 치른다→교정 또는 교도) 등에 모두 적용되는 것이다.

그렇다면 이와 같이 처벌이 변화한 이유는 무엇일까? '근대'라는 시기가 도래하고 이른바 '근대정신'이란 것이 발생했기 때문이다. 근대정신의 중요성 가운데 하나는 무엇보다 인간을 중시하고 개인을 발견했다는 데에 있다. 따라서 왕에 의한 절대 권력의 통치가 부르주아 계급에 의한 통치로 바뀌는 근대에, 죄수에게 가혹한 형벌을 부과하는 것보다 감금이라는 제도를 통해 죄수를 처벌하고 교화시키는 방법을 제안하게 된 것이다.

여기에서 푸코의 문제의식이 발동한다. 신체에 가해지는 처벌 수단의 변화를 연구해 보면, 특히 근대에 왜 이렇게 처벌 수단이 획기적으로 변화되었는지 연구해 보면, '권력'이란 것이 무엇을 향해 어떻게 행사되는지, 과거로부터 '권력'이 행사된 역사는 어떠했는지, 우리는 '권력'을 어떻게 바라보아야 하는지 발견할 수 있지 않을까, 라고 문제를 제기하고 있다. 즉 그의 관심은 감옥의 역사 자체가 아니니라, 감옥이나 처벌, 감시를 통한 권력의 실체와 전략의 역사를 살피고자 하는 데에 있다.

일반적인 '처벌'의 의미	푸코가 생각하는 '처벌'의 의미
위법 행위를 응징하는 수단 사회, 국가, 신앙에 따라 가혹 정도가 다름 죄를 지은 데 대한 속죄, 또는 보상의 의미	처벌 제도는 사회 전체의 권력 구조와 관련 현대 사회의 처벌 제도는 신체에 대한 '정치 경제적' 관점에서 파악 가능 권력은 처벌 방식을 만들고, 그 처벌 방식을 합리화하기 위해 지식(학문)을 창출

이와 같이 『감시와 처벌 : 감옥의 역사』 1부를 읽고 푸코의 문제의식을 파악한 다음, 토론한 내용의 일부를 예시하면 다음과 같다.

토론 주제: 『감시와 처벌 : 감옥의 역사』 1부는 텍스트 전체의 서론에 해당하며, 푸코가 이 글을 쓴 목적이 담겨 있다. 푸코가 이 글을 쓴 목적이 어디에 있다고 생각하는가?

학생 1: 여기에서는 신체형이 얼마나 끔찍하고 그렇기 때문에 신체형은 없어지고 대신 감옥이 생겨나는 이유를 말하고 있다. 결국 사람들의 인식이 신체형은 잔인하다고 생각하게 되고 벌을 주기 위해서 꼭 신체의 일부를 아프게 해야 하는가

하는 의문이 든 것이다. 사람들의 인식의 변화에 따라 신체형이 소멸하고 새로운 형태의 처벌이 등장했다는 것을 강조하고 있다.

학생 2: 다미엥의 처형은 왕권 제도에서 왕이 얼마나 마음대로 처벌 방법을 사용했는지를 보여 준다. 여기에서 대립되는 것은 처벌하는 자와 받는 자이다. 푸코는 처벌하는 권력자와 처벌받는 피지배자 사이의 정치 권력의 작용을 보려는 것이다. 시대가 변하면서 권력이 어떻게 형성되고 변화하는지 보려는 것이 이 책의 목적이다.

학생 3: 푸코는 책 1부에서 감시와 처벌이 이루어지는 이유와 목적을 밝히고 처벌이 변화해온 역사를 통해 대중과 정치 권력이 이를 어떻게 인식했는지 연구하려고 했다. 즉 처벌의 역사를 자세하게 살펴보려고 한 것이다.

학생 4: 푸코는 동성애자였다고 한다. 1970년대에 동성애자로 살아가는 것은 아무리 자유로운 프랑스라고 해도 힘들었을 것 같다. 푸코는 동성애자였던 자신의 타자로서의 삶을 이해하기 위한 하나의 방법으로, 당시 사회에서 누가 봐도 타자의 대상인 범죄자와 그 처벌에 대해 연구한 것이 아닐까? 타자를 역사적으로 이해하면서 결국 자기 자신을 이해하려고 한 것이라고 생각한다.

— 학생 토론문

토론에 참여했던 전체 학생들의 글 가운데 몇 가지 예를 들어 보면 위와 같다. 학생 1은 처벌이 변화했다는 사실 자체에 주목해서 책을 읽고 있다. 이와 비슷한 단평이 학생 3의 경우인데, 처벌의 변화를 포함한 처벌의 역사를 밝히는 것이 이 책의 목적이라고 파악한 것이다. 반면 학생 2는 처벌 자체보다는 처벌이라는 행위를 통해서 드러나는 권력의 작용에 주목하고 있어서 앞의 두

학생과는 다른 읽기를 하고 있다. 또한 학생 4의 경우는 저자인 푸코의 생애와 텍스트의 내용을 관련시키고 있다는 점이 흥미롭다. 이렇게 학생들은 토론을 통해 다른 학생들과 다양한 견해를 교환할 수 있고, 텍스트를 읽기 전 자신이 가지고 있었던 생각과 텍스트를 읽고 나서 새롭게 떠오른 생각을 비교해 볼 수 있다. 이러한 과정들을 통해 학생들은 단선적이지 않은, 폭넓고 자유로운 텍스트 이해를 향해 나아갈 수 있게 된다.

2) 텍스트의 구성 방식 파악

텍스트 읽기로 진입하기 전, 텍스트가 어떠한 구성 방식으로 짜여 있으며 저자는 어떤 접근 방식 또는 서술 방식을 통해 주제에 접근하고 있는지 파악하는 것 역시 중요하다. 텍스트를 이해하기 위해서 교과서를 암기하듯, 텍스트의 문장 하나하나에 주목하면서 그것들을 빠짐없이 이해할 필요는 없다. 대신 텍스트 전체의 구성을 먼저 점검하고 텍스트 전반을 통해 저자가 이야기하고자 하는 바의 핵심이 무엇인지 추출해 내는 작업이 필요하다. 즉 문장 하나하나의 독해를 통해 그 결과로써 전체를 이해하는 교과서적 방식이 아니라, 텍스트 전체의 구성을 먼저 파악한 다음 세부로 공략하는 순서로 이해하는 것을 제안한다.

예를 들어 푸코의 『감시와 처벌: 감옥의 역사』는, 푸코가 말하고자 하는 '권력'의 전략을 파헤치기 위해 감옥과 처벌을 역사적 서술 방식으로 소개하고 있으며, 지배층이 피지배층에 속하는 개개인을 장악하기 위해 어떻게 인간의 신체를 대상으로 전략을 행사하는지 분석하고 있다. 전제왕권의 시대에는 신체를 향한 폭력이나 고문과 같은 잔혹한 행위를 통해 권력을 과시하고 부각했다면, 근대에 들어와서는 감옥이라는 제도로써 지배자의 모습을 감추면서 신체를 부드럽게 통제하고 지배하는 기술을 발전시켰다는 것이다. 이러한 내용을 위해 텍스트는 4개의 부로 나뉘어 있고 각각의 부는 다시 2-3개의 장으로 나뉘어 있다. 전체적인 구성을 소개하면 다음과 같다.

제 1부 신체형

1장 수형자의 신체

: '형벌 제도'의 의미를 파악하고 이 문제를 정치 · 경제적으로 접근해야 할 필요성 제시

2장 신체형의 호화로움

: '신체형'이란 무엇인지 설명하고 신체형이 지속될 수 없는 이유 제시

제 2부 처벌

1장 일반화한 처벌

: 처벌 방법이 변하기 전 범죄가 먼저 변화된다는 사실을 설명하고 처벌 방법이 변화된 본질적 이유 제시

2장 유순해진 형벌

: 감옥/감금의 역사적 사례와 감옥/감금이라는 처벌 방법의 특징 제시

제 3부 규율

1장 순종적인 신체

: 규율과 통제를 통해 만들어 내는 순종적인 신체의 모습을 다양한 분석 틀을 통해 증명

2장 효과적인 훈육 방법

: 규율과 훈련을 통해 더욱 효율적으로 변화하는 신체의 모습 제시

3장 판옵티콘 감시체제

: 일망 감시 체제의 특징과 사회로의 확산 제시

제 4부 감옥

1장 완전하고 준엄한 제도

: 감옥의 발생과 기능을 설명하고 일반 사회가 감옥과 같은 감시 체제임을 논의

2장 위법 행위와 범죄

: 죄수를 교정한다는 감옥의 목적이 실패했음에도 감옥 제도가 유지되는 이유에 대한 문제 제기

3장 감옥 체계

3) 서술의 특징과 서술 방식 파악

학생들 글도 학생들의 숫자만큼 다양하듯, 이른바 고전을 서술한 저자의 서술 방식 및 특징도 매우 다양하다. 텍스트를 읽기 전에 교수자의 안내에 따라 저자가 텍스트를 서술하는 방식과 서술 특징을 미리 파악할 수 있다면 좀 더 편안하게 텍스트를 읽을 수 있을 것이다. 어떤 저자는 주제를 직접적으로 제시한다면, 어떤 저자는 주제에 대해 간접적으로 운만 띄울 뿐 구체적으로 설명하지 않는다. 어떤 저자는 결론부터 먼저 제시하고 그 결론을 뒷받침해 줄 수 있는 예시와 설명을 나중에 서술한다면, 어떤 저자는 충분한 예시와 설명을 먼저 보여 준 다음 책의 결말 부분에 가서야 주제를 나타내 보여 준다. 어떤 저자는 선명하고 날카롭게 서술하는 것을 선호하고 어떤 저자는 모호하고 둔중하게 서술하기를 즐긴다. 학생의 입장에서는 저자의 스타일까지 스스로

파악하는 것이 어려울 수 있으므로, 교수자의 도움을 받는 것이 좋다.

푸코의 『감시와 처벌 : 감옥의 역사』는 읽고 이해하기 까다로운 텍스트로 정평이 나 있는데, 내용 자체가 철학/역사학/사회학/정치학이 혼합되어 있기 때문이기도 하지만 무엇보다 큰 이유는 그의 서술 방식 때문이다. 그는 이론을 구축해 나가는 다른 텍스트처럼 전제를 세우고 그 전제를 몇 개의 항목으로 나누어 조목조목 따져 나가는 일반적인 서술의 방식을 택하지 않았다.

1757년 3월 2일, 다미엥에 대해서 다음과 같은 유죄판결이 내려졌다.

"손에 2파운드 무게의 뜨거운 밀랍으로 만든 횃불을 들고, 속옷 차림으로 파리의 노트르담 대성당 정문 앞에 사형수 호송차로 실려 와, 공개적으로 사과를 할 것." 다음으로 "상기한 호송차로 그레브 광장에 옮겨간 다음, 그곳에 설치될 처형대 위에서 가슴, 팔, 넓적다리, 장딴지를 뜨겁게 달군 쇠집게로 고문을 가하고, 그 오른손은 국왕을 살해하려 했을 때의 단도를 잡게 한 채, 유황불로 태워야 한다. 계속해서 쇠집게로 지진 곳에 불로 녹인 납, 펄펄 끓는 기름, 지글지글 끓는 송진, 밀랍과 유황의 용해물을 붓고, 몸은 네 마리의 말이 잡아끌어 사지를 절단하게 한 뒤, 손발과 몸은 불태워 없애고 그 재는 바람에 날려 버린다."

〈암스테르담 신문〉(Gazette d'Amsterdam)은 이렇게 보도하였다.

드디어 그는 네 갈래로 찢겨졌다. 이 마지막 작업은 시간이 많이 걸렸다. 왜냐하면, 동원된 말이 그러한 견인 작업에 익숙해 있지 못했기 때문이다. 그래서 네 마리 대신에 여섯 마리의 말을 동원하지 않으면 안 되었다. 그러나 그것도 불충분해서 죄수의 넓적다리를 잘라내기 위해 할 수 없이 근육을 자르고 관절을 여러 토막으로 절단해야 했다. 평소에는 지독한 저주의 말을 퍼붓는 사람이었음에도 불구하고 그의 입에서는 어떤 모욕적인 말도 전혀 흘러나오지 않았다. 다만 극도의 고통 때문에 그는 무서운 비명소리를 지르고 있었고, 이따금 "하나님, 제발 자비를, 예수님, 살려주십시오" 하는 말을 되풀이했다. 고령에도 불구하고 사형수를 위로해 주기 위해 약간의 시간도 낭비하지 않았던 생 폴 주임사제의 정성을 다하는 태도는 구경하는 사람들 모두에게 깊은 감명을 주었다.

– 미셸 푸코, 『감시와 처벌: 감옥의 역사』, 오생근 옮김, 나남, 2016(번역 개정판), 23-24쪽.

위의 예시는 푸코의 『감시와 처벌 : 감옥의 역사』 1부 수형자의 신체의 제일 앞부분에 나오는 유명한 '다미엥의 처형' 장면이다. 푸코는 읽기에 끔찍하기만 한 처형의 장면을 매우 세밀하게 묘사하면서 글을 시작하고 있다. 이와 같이 푸코는 역사적 사실로부터 구체적인 예를 찾아 제시함으로써 문제를 제기하고, 이에 관해 이전의 역사가들은 어떻게 말하고 있는지 당대의 통념적인 견해를 보여 준 다음, 그러한 통념에 대한 반론을 제기하면서 자신의 주장을 표명하는 서술 방식을 선택하고 있다. 즉 다양한 역사적 사료를 가지고 사례들을 장황할 정도로 보여 준 다음, 그와 같은 예에서 발견되는 어떤 특징을 통해 자신의 주장을 결론적으로 제시한다. 그렇기에 텍스트를 읽다 보면 명확한 주장이 한없이 유예된 가운데 제각각으로 보이는 사례들이 연속적으로 제시되고 있는 것을 발견하게 된다. 그러나 예시들 뒤에는 이 예시들을 판별할 수 있는 특징이 서술되고, 그 특징을 바탕으로 자신의 주장을 펴나가고 있다는 것을 알 수 있다. 또한 중요한 주장의 내용은 말을 바꾸어 반복적으로 제시하고 있으므로 그의 서술 방식에 익숙해진다면 그의 주장을 어렵지 않게 파악할 수 있을 것이다.

• 『감시와 처벌 : 감옥의 역사』에 나타난 푸코의 서술 방식

예시를 통한 문제의 제기

↓

일반적/통념적인 견해 제시

↓

그에 반론을 제기하면서 자신의 주장 표명

4) 주된 용어의 개념 파악

널리 알려진 고전 텍스트의 경우, 우리가 이미 잘 알고 흔히 사용하고 있는 용어나 개념이 처음으로 소개된 예가 적지 않다. 발터 벤야민의 「기술복제시대의 예술 작품」에 나오는 '아우라'라든가 미셸 푸코의 『감시와 처벌』에 등장하는 '판옵티콘'이 그와 같은 예가 될 것이다.

'판옵티콘'은 1791년 벤담이 죄수들을 효과적으로 교화할 방법을 위해 고안한 감옥의 형태인 판옵티콘을 인용하여, 어떻게 사회 내에서 감시와 처벌이 이루어지는지 보여 주고 있다. 이러한 판옵티콘은 자신은 감추고 있으면서 모든 것을 볼 수 있는 권력을 상징한다. 어떠한 빈 공간도 남기지 않고 구석구석 감시하고 있는 권력의 시선을 구조적으로 보여 주는 것이다.

판옵티콘은 강제와 폭력을 사용하지 않고도 소리없이 작동하면서 효과가 연쇄적으로 일어날 수 있는 메커니즘을 가지고 있다. 즉 권력은 감시하는 대상의 수는 늘리면서도 권력 행사자의 수는 줄여서 권력의 경제성을 확보할

수 있으며, 반면 죄수들은 감시자가 언제 자기를 바라보는지 알 수 없기 때문에 감시당하지 않을 때조차 감시당하고 있을 때처럼 행동하게 된다. 즉 푸코가 말하는 자발적 복종, 권력의 내면화가 일어나기에 적합한 방식이다. 또한 판옵티콘의 한복판에 위치하고 있는 감시 책임자조차 또 다른 권력의 구조와 연결되어 있으므로 자유롭지 못하다. 푸코가 만들어낸 개념은 아니지만, 푸코는 이 판옵티콘의 개념을 새롭게 정의하고 사회 내 권력의 활동에 적용함으로써, 이 텍스트가 대상으로 하고 있는 근대뿐 아니라 세월을 훨씬 뛰어넘어 현대 사회에서의 현상을 분석하는 데에도 커다란 영향을 미치고 있다.

연습 문제 1

일반적인 상식으로 알려진 '판옵티콘'의 의미와 푸코가 정리한 '판옵티콘'의 개념을 서로 비교해 보자. 또한 '판옵티콘'이 현대 사회의 어떤 특징을 드러내는 데에 효과적인지 이야기해 보자.

깊이 읽기와 주요 논점 이해 3.

핵심 길라잡이

- **세밀한 텍스트 읽기를 통해 작품의 핵심 내용을 파악해 보자.**
- **텍스트의 핵심 내용이 작품의 주요 논점과 어떻게 연결되는지 생각해 보자.**

주제 접근을 위한 예비 토론 다음 단계에서는 텍스트의 전반적인 구성을 파악하고, 핵심 내용을 읽어 가면서 저자 특유의 전개 방식이나 문제의식을 발견하여 텍스트 전체의 주요 논점에 접근한다. 이 절에서는 독일 낭만주의 작가 에.테.아. 호프만(1776-1822)의 『모래사나이』를 중심으로 텍스트의 중심 내용과 주요 논점을 살펴보자.[33]

1) 작품의 서술 형식적 특징

(1) 작품의 구성 및 서술자의 특징

『모래사나이』는 세 편의 편지로 시작되며, 이어서 서술자가 등장하여 자신의 글을 소개하는 형식으로 되어 있다. 작품의 서술 시점도 편지의 발신자인 인물들의 1인칭 시점, 서술자의 1인칭 시점, 작품 인물들의 3인칭 시점으로 번갈아가며 나타난다. 그러므로 독자의 관점도 변화하게 되는데, 예를 들면 편지의 발신자인 나타나엘의 입장이 이해되는가 하면, 그와 다른 클라라의 입장이 이해되기도 한다. 서술자의 등장 이후에도 어떤 인물의 입장이 더 공감되는가 하는 문제는 독자의 선택으로 남는다. 이러한 서술 형식적 측면에서 주목하게 되는 것은 작품의 서술자이다.

『모래사나이』를 읽으면서 독자는 작품이 난해하고 혼란스럽다는 생각을 갖게 되는데, 그것은 서술자의 역할과 긴밀한 관련이 있다. 작품의 중간 지점에서 서술자가 갑자기 독자를 부르며 등장 인물처럼 나타난다. 편지의 서사에 몰입하고 있던 독자는 자신에게 말 걸기를 시도하는 서술자의 존재에 대해 당혹스러움을 느끼게 된다. 또 그는 도입부에 놓인 편지가 자신이 쓴 것이 아니며, 친구인 로타르에게서 전달받은 것이라고 밝힌다. 로타르뿐만 아니라 나타나엘도 자신의 친구라고 주장함으로써 작가의 대변자인 서술자가 등장 인물인 나타나엘, 로타르와 친구 관계인지, 서술자가 등장 인물과 같은 위치에 있는 것이 가능한지 독자의 의구심을 유발한다. 더욱이 서술자는 글쓰기 과정의 고뇌를 솔직하게 토로하는데, 이는 전지적 관점에서 모든 것을 알고 있어야 할 작가의 대변자적 위치와는 거리가 먼 모습이다.

독자의 입장에서 더욱 혼란스러운 것은 서술자가 인물 특성이나 사건의 맥락에 대해 명확하게 기술하지 않는 것이다. 따라서 독자는 불확실하게 기술된 사건이나 인물에 대해 직접 생각하고 판단해야 한다. 작품에서 가장 혼란스러운 인물 특성 묘사는 클라라의 외모에 관한 부분이다. 서술자는 그녀의 외모에 대해 뚜렷이 상반되는 시각을 전달한다. 그는 클라라에 대해서 아름답다고 생각하는 주변 사람들의 시각과 그렇지 않다고 생각하는 서술자 자신의 시각을 그대로 기술하고 있다. 그러므로 독자는 클라라의 외모가 아름다운지 아닌지, 그녀의 눈이 호수를 연상시키는지 아닌지를 명확히 파악할 수 없다. 이와 같이 불확실한 서술 방식은 독자로 하여금 더욱 적극적으로 작품에 대해 생각하기와 해석하기를 요청하는 것이다.

(2) 코펠리우스는 코폴라인가?

작품에서 가장 불확실한 사건으로 남아 있는 것은 코펠리우스와 코폴라의 동일성 여부이다. 코펠리우스는 코폴라인가? 나타나엘은 첫 번째 편지에서 청우계 장수 코폴라를 보고 그가 어린 시절에 알고 있던 인물 코펠리우스라고 확신한다. 그런데 클라라의 편지를 받고 두 인물의 동일성에 대해 불확실한 입장을 드러낸다. 실제로 작품에는 코펠리우스와 코폴라, 두 인물을 동일하게 보는 입장과 그렇지 않은 입장의 근거들이 모두 나타나 있다. 작품의 서술자는 어느 한 쪽의 입장을 제시하지 않는다. 이는 작가가 두 인물을 같은 인물로 볼 가능성과 다른 인물로 볼 가능성을 모두 제시한 것을 의미한다.

작품에서 그 근거들이 어떻게 나타나는지 살펴보자. 코펠리우스와 코폴라, 두 인물의 동일성에 대한 근거로는 앞에서 기술했듯이 나타나엘이 첫 번째 편지에서 코폴라의 모습과 행동이 코펠리우스와 매우 유사하다고 주장하는 부분이다. 다음 근거는 스팔란차니가 올림피아를 빼앗아 끌고 가는 코폴라에게 코펠리우스 라고 소리치는 것이다. 이 부분은 주인공 나타나엘의 시점이 아니라 서술자의 시점으로 기술된 부분이어서 두 인물의 동일성을 암시하는 작가의 의도적인 기술로 이해된다. 또 나타나엘이 클라라의 이성적인 충고를 듣고 두 번째 편지에서 자기 의견의 불확실성을 표현할 때도 단지 국적의 차이만 언급할 뿐, 첫 번째 편지에서 생김새가 같다고 하는 의견을 번복하지 않는 점이다. 그리고 코폴라가 안경, 망원경을 팔러 와서 아름다운 눈이 있다고 말하는데, 이는 코펠리우스가 실험실을 엿보던 나타나엘에게 예쁜 눈이 있다고 하던 표현을 상기시킨다.

- 두 인물의 동일성 근거로는 또 어떤 것이 있을까?

물론 두 인물이 동일인이 아니라는 근거도 발견된다. 나타나엘이 클라라의 편지를 받고 로타르에게 보내는 두 번째 편지에서 두 인물이 동일인물이라고 주장한 자신의 의견을 철회하려고 한 점이다. 그는 클라라의 주장대로 두 사람은 같은 사람이 아닌 것 같다고 언급한다. 다른 근거는 어린 시절의 심한 트라우마에 사로잡힌 나타나엘의 기억과 의견을 믿을 수 없기 때문에, 스팔란차니가 코펠리우스를 붙잡아 오라고 외치는 것도 나타나엘이 잘못 들은 것으로 이해할 수 있다. 왜냐하면 이 시점은 그가 이미 자동인간을 살아 있는 인간으로 오인한 이후로서, 주관적 판타지가 정점에 달해 있는 상태이기 때문이다.

결과적으로 작품에서 두 인물의 동일성 여부에 대한 근거를 찾아보면, 코펠리우스와 코폴라를 동일인물로 보는 근거가 더 많이 발견된다. 실제로 작가는 처음에 두 인물을 동일인물로 간주하고 『모래사나이』를 집필했는데, 나중에 두 입장 모두 가능한 것으로 열어 놓았다고 한다.

- 코펠리우스와 코폴라 인물의 동일성 여부는 작품 전체에서 어떤 의미를 가지는 것일까? 특히 나타나엘의 비극적 결말과 관련하여 어떤 관련성이 있는지 생각해 보자.

2) 나타나엘 서사의 중심 내용

(1) 작가 나타나엘의 형상

작품에서 나타나엘은 시, 소설, 단편, 소네트, 환상적 이야기 등 많은 작품을 창작하며, 직접 쓴 글을 다른 인물들, 클라라와 올림피아에게 들려준다. 그런 점에서 주인공 나타나엘은 대학생이지만 글을 쓰는 작가이기도 하다. 작품에서 나타나엘의 글이 점점 더 침울한 분위기로 변하게 되는 계기는 코폴라의 등장 이후이다. 그는 코폴라를 코펠리우스라고 확신하며, 그의 존재에 대한 생각과 예감을 잊어버리지 않으려고 글을 쓴다. 그것은 나타나엘이 직접 쓴 글에서 엿볼 수 있다. 작품에 직접 소개된 짧은 분량의 창작시 내용은 작품 전체의 축소판이라고 할 수 있다.

나타나엘이 쓴 글의 핵심 내용을 정리해 보면, 첫째, 코펠리우스의 등장, 둘째, 그로 인한 클라라와 나타나엘의 결혼 파국, 셋째, 나타나엘의 죽음이다. 작품 전체에서 중간 시점에 놓인 이 글의 주요 내용은 이후에 일어날 사건 전개를 예시하고 있다.

이제 글을 쓰는 작가로서 나타나엘의 면모를 살펴보자. 그는 자신 스스로도 이유를 알지 못한 채 앞으로 일어날 불행한 예감을 클라라에게 주입시키려 함으로써 청자, 혹은 독자의 입장을 전혀 생각하지 않는 모습으로 나타난다. 결국 나타나엘은 자신의 작품에 완전히 몰입하여 현실과 허구적인 작품 세계를 구별하지 못하는 극단적인 주관주의적 성향을 보여 준다. 이는 작품의 서술자를 통해 드러나는 작가 호프만의 서술 방식과는 분명히 대조적이다. 작가로서 나타나엘은 다른 사람과 소통하며 살아가는 외적 현실이나 사회적 삶보다 자신의 내면 세계에 집중하여 개인의 주관적 판타지를 이상화하는 모습이다. 인간의 이성적 측면을 소홀히 여긴 작가 나타나엘을 통해 호프만이 문제로 제기하는 것이 무엇일까?

(2) 자동인간 올림피아에 대한 사랑

나타나엘에게 자동인간 올림피아는 어떤 존재인가? 그의 서사에서 중요한 사건은 자동인간 올림피아에 대한 사랑이다. 사실 그의 약혼녀는 클라라인데, 그녀와의 관계는 주로 갈등적 측면이 부각되고, 사랑의 서사는 올림피아와의 관계를 중심으로 기술된다. 작품의 사건 전개에서 나타나엘의 주관적 판타지가 점점 상승하는 것도 자동인간 올림피아를 사랑하는 시점과 연결된다.

나타나엘과 올림피아의 만남은 우연적인 것일까? 사실 나타나엘이 올림피아의 집 맞은편으로 이사하게 된 것은 그의 의사와 상관 없이 일어난 일이다. 그가 잠시 고향을 방문한 동안, 하숙집 아래층에 불이 나서 다른 사람들이 그의 짐을 올림피아의 집 맞은편으로 옮겨 놓은 것이었다. 이후 나타나엘은 코폴라에게서 산 망원경으로 맞은편 집 창문 앞에 앉아 있는 올림피아를 바라보며 점점 그녀의 신비한 매력에 빠져든다. 그러므로 작품에서 망원경은 나타나엘이 올림피아를 살아 있는 인간으로 착각하도록 기능하는 중심 매체이다. 현미경과 더불어 18세기 광학기술의 혁신적 발전 산물인 망원경의 기능은 멀리 있는 대상을 가까이 끌어당겨서 더욱 정확하게 보여 주는 것이다. 그런데 망원경은 작품에서 관찰자에 의해 잘못된 인지 작용을 일으키는 도구로 나타난다. 어떻게 이런 일이 가능한 것일까? 나타나엘이 망원경을 소유하게 되는 시점은 주변으로부터 고립된 위기적 상황이라고 할 수 있다. 그는 코폴라의 등장으로 인해 어린 시절의 공포를 떠올리고, 내적 고민을 로타르와 클라라에게 토로하지만 아무도 그의 이야기에 귀 기울이지 않는다. 그는 자신의 생각을 있는 그대로 받아들여 줄 누군가가 필요한 상황에서 올림피아를 만난 것이다. 결국 『모래사나이』에서 망원경은 나타나엘 자신이 이해받고자 하는 내적, 주관적 욕망을 투사하고 그녀에 대한 주관적 판타지를 고조시키는 매체로 기능한다.

물론 그의 오인과 착각의 원인을 망원경으로만 돌릴 수는 없다. 그는 스팔란차니 교수가 개최한 음악회와 무도회에서 올림피아를 직접 만나고 그녀와 춤을 추기도 하지만, 그녀의 실체를 인지하지 못한다. 오히려 그녀의 피아노 연주 솜씨, 노래 실력에 경탄하며, 그녀를 더욱 사랑하게 된다. 나타나엘이 올림피아에게 열정적인 모습을 보고 친구 지그문트는 그녀의 걸음걸이와 몸짓, 피아노 연주, 노래와 춤을 추는 동작이 모두 생명이 없는 기계와 같다고 이야기해 준다. 하지만 그는 자신의 판타지에 사로잡혀 친구의 말에 귀 기울이지 않으며, 오히려 지그문트를 영혼 없는 냉정한 인간이라고 비난한다.

- 나타나엘은 왜 친구 지그문트의 의견을 듣고도 자신의 생각을 의심하지 않은 것일까?
- 나타나엘이 클라라를 잊어버릴 정도로 사랑하게 된 올림피아의 매력이 무엇인가? 클라라와 자동인간 올림피아의 차이점은 무엇인가?

이후 나타나엘은 그동안 써놓은 문학 작품들을 모두 가져가 올림피아에게 들려준다. 그는 자신의 모든 이야기와 의견에 전혀 지루함을 보이지 않는 올림피아를 자신과 동일한 영혼의 소유자로 여기며 그녀와의 결혼을 결심한다. 이는 나타나엘이 자신의 내적 세계에 빠진 증거라고 할 수 있다. 이후 그는 고향에 있는 클라라와 로타르를 모두 잊어버리고 주변의 다른 사람들과의 소통을 시도하지 않는다. 만약 올림피아가 파괴되지 않았다면, 그녀와의 만남이 계속되었다면 그는 가족, 친구와 단절되는 현실적 고립 상태에 처하게 되지 않았을까? 이와 같이 주관적 판타지에 사로잡힌 나타나엘의 모습을 통해 작가 호프만의 낭만주의 비판을 엿볼 수 있다.

(3) 눈의 상실에 대한 공포

나타나엘의 사건 전개에서 가장 주목하게 되는 것은 어린 시절의 트라우마로서, 그 핵심 내용은 눈의 상실에 대한 공포이다. 그가 어린 시절 경험한 두려움의 대상은 모래사나이, 그리고 코펠리우스이다. 나타나엘은 저녁 식사 후에 가족들이 함께 즐기는 만남의 시간을 방해하는 모래사나이의 존재가 궁금하여 어머니에게 질문한다. 어머니는 그런 존재가 없다고 대답하지만, 나타나엘이 동생의 유모에게서 들은 내용은 어머니가 알려 준 것과 전혀 다르다. 유모는 잠자지 않는 아이들의 눈에 모래를 뿌려서 피투성이가 된 눈을 뽑아가는 괴물 같은 존재라고 알려 준다. 나타나엘은 누이동생이나 다른 형제에게 확인하지 않은 채, 유모의 의견을 받아들인다. 이후 모래사나이는 그의 내면에 자신의 눈을 빼앗아 갈 수 있는 무섭고 괴기한 존재로 각인된다. 그는 모래사나이의 실체를 직접 확인하기 위해 어머니가 '모래사나이가 온다'고 하는 시간에 아버지의 실험실에 몰래 숨어 들어간다. 실험실에서 만난 인물은 그가 이미 알고 있던 변호사 코펠리우스이다. 여기서 그는 어머니가 모래사나이는 존재하지 않는 인물이라고 한 말을 떠올리지 않고, 모래사나이를 코펠리우스라고 간주한다.

모래사나이와 코펠리우스를 동일시하는 생각에 기여했다고 보이는 것은 코펠리우스로부터 눈을 빼앗길 뻔한 공포스러운 체험이다. 나타나엘은 코펠리우스가 아버지와 함께 인조인간을 만드는 작업을 하던 중 자신의 눈에 붉은 화덕의 뜨거운 숯가루를 뿌리려 했다고 기술한다. 나타나엘의 두려움이 반영된 것인지, 코펠리우스가 어둠 속에서 착각하여 그와 유사한 행동을 한 것인지 텍스트에서 명확히 파악하기 어렵다. 독자는 두 인물 각각의 입장에서 가능한 상황을 추측할 수 있을 뿐이다.

- 나타나엘이 모래사나이에 대한 어머니의 의견을 듣지 않고 유모의 말을 더 믿고 받아들인 이유는 무엇일까?
- 코펠리우스에게 아들의 눈에 숯가루를 뿌리지 말라고 간청하는 나타나엘 아버지의 모습을 통해 두 인물이 어떤 관계였을지 생각해 보자.

인간의 감각 기관 중에서 눈은 어떤 기능을 하는가? 일반적으로 귀나 손, 청각이나 촉각보다 눈으로 보는 시각적 체험을 통해 우리 앞의 대상과 세계를 가장 명확하게 파악할 수 있다. 그러므로 나타나엘이 끊임없이 눈을 잃어버릴까 두려워하는 공포는 이 세계를 바라보고 파악할 수 없게 되는 가능성을 의미하는 것이다. 과연 나타나엘의 눈의 상실에 대한 공포를 통해 작가가 말하려고 하는 것은 무엇일까? 한편으로 나타나엘의 눈의 상실에 대한 공포는 인간의 이성으로 이 세계를 객관적으로 정확하게 파악할 수 있다고 믿었던 계몽주의적 세계관에 대한 도전으로 이해된다. 다른 한편으론 자신의 두려운 상상력에 사로잡힌 나타나엘의 무의식적 공포로 해석될 수 있다. 왜냐하면 이후 나타나엘의 사건 전개에서 '눈의 상실'의 문제가 그의 주관적 판타지와 결부되어 계속 등장하기 때문이다.

(4) 나타나엘의 의식 분열과 광기

나타나엘 서사의 후반부에서 중요한 사건은 나타나엘의 의식 분열, 광기의 문제이다. 작품 전체에서 나타나엘의 광기는 두 번 나타난다. 첫 번째 정신 분열은 그가 청혼하려고 한 올림피아가 살아 있는 인간이 아니라는 사실을 알았을 때 일어난다. 나타나엘은 스팔란차니와 코펠리우스의 싸움으로 인해 올림피아가 파괴되고 그녀의 눈이 있던 자리에 검은 구멍만 있는 것을 확인한다. 이때 스팔란차니는 코펠리우스가 나타나엘의 눈을 훔쳤다고 소리친다. 이어서 스팔란차니가 나타나엘에게 바닥에 뒹구는 올림피아의 눈알을 던지자, 그의 이성과 사고력이 완전히 무너진다. 그는 교수를 죽이려 할 뿐만 아니라 '나무인형이여 춤추어라!'라고 소리치며 날뛰다가 정신병원에 끌려간다.

두 번째 분열은 작품의 마지막 부분이다. 나타나엘이 건강을 회복한 다음 클라라와 결혼을 앞두고 그녀의 제안에 따라 탑으로 올라간다. 이때 클라라가 그들 쪽으로 다가오는 듯한 작은 회색 덤불을 보라는 말을 하자, 나타나엘은 갑자기 발작을 일으킨다. 그는 망원경을 꺼내서 클라라를 응시하며 소리친다. 여기서 나타나엘이 왜 망원경을 꺼내었는지, 왜 클라라를 보며 발작을 일으켰는지, 그 원인을 명료하게 파악하기 힘들다. 하지만 사건의 순서로 보면, 나타나엘의 발작은 클라라가 자신들 쪽으로 회색 덤불이 다가온다고 말한 이후이다. 그는 '회색 덤불'이란 말을 듣고 작품에서 회색 눈썹, 회색 양복 등 회색과 관련된 코펠리우스를 떠올린 것일 수 있다. 결국 코펠리우스에 대한 무의식적 두려움, 공포가 엄습한 것으로 보인다.

- 나타나엘은 왜 망원경으로 클라라를 보며 '나무인형이여 춤추어라!'라고 한 것일까? 이것은 어떤 의미일까?

인간의 광기, 정신 분열은 자기동일성의 해체이자 상실이다. 그러므로 이성적 주체로서 인간의 건강한 자아에 대해 확고한 믿음을 가졌던 계몽주의적 인간관과는 거리가 먼 사유이다. 그렇다면 나타나엘의 자기몰입적인 주관적 판타지와 이성의 약화는 계몽주의에서 확고하게 믿었던 인간 이성의 한계를 드러내고자 한 것이 아닐까?

3) 클라라 서사의 중심 내용

(1) 나타나엘의 트라우마에 대한 클라라의 반응

『모래사나이』에서 클라라는 나타나엘의 약혼녀로서 주요한 비중을 차지하는 인물이지만, 그녀의 사건 전개와 인물 특성은 대부분 나타나엘과의 관계 속에서 구성되고 파악된다. 우선 나타나엘이 보낸 편지를 읽고 그녀는 그가 어린 시절 경험한 공포스러운 사건에 대해 그와는 다른 입장을 명료하게 표현한다.

- 나타나엘과 클라라의 다른 입장은 무엇에 기인하는 것일까?

그녀는 코펠리우스에 대한 두려움으로 가득한 나타나엘에게 확고한 이성적 힘으로 내면의 어두운 생각을 몰아내라고 말한다. 코펠리우스의 어두운 힘에 대한 두려움이나 불행한 예감은 모두 망상에 불과한 것이며, 이것은 그의 내면에만 존재하는 것이라고 주장한다. 그녀의 의견을 정리하면, 나타나엘이 코펠리우스를 싫어하는 감정이나 아버지의 죽음에 대해 추론하는 모든 생각이 근거가 없다는 것이다. 여기서 클라라는 나타나엘의 예감과 판타지를 모두 주관적이라고 비판함으로써 명료하게 이성중심적 사고를 드러낸다. 확실한 근거에 기반하지 않은 인간의 예감은 모두 망상에 불과한 것일까? 인간의 삶에서 일어나는 일을 오직 이성만으로 설명할 수 있을까?

(2) 클라라와 나타나엘의 갈등

클라라와 나타나엘 사이의 갈등과 대립은 나타나엘이 고향 집을 방문하여 직접 시를 써서 클라라에게 읽어 주는 장면에서 인식된다. 나타나엘이 쓴 글을 읽어 주자 클라라는 그것을 무의미하고 어리석은 동화라고 말하며 불 속에 던져버리라고 한다. 나타나엘이 읽어 준 것은 실제 사건이 아니라 허구적 창작인데, 클라라는 왜 이러한 반응을 한 것일까? 클라라 역시 나타나엘의 글을 허구적 창작물로 받아들이지 않고 그가 보낸 첫 번째 편지의 연속으로 이해한 것이 아닌가? 클라라의 모습에 화가 난 나타나엘은 그녀에게 생명 없는 자동인형이라고 소리친다. 작품 전체적으로 보면 클라라를 향한 나타나엘의 표현은 매우 아이러니하게 보인다. 그는 기계인간 올림피아를 살아 있는 인간으로 여기고, 살아 있는 인간 클라라에게 생명이 없다고 표현하기 때문이다. 하지만 나타나엘의 입장에서 보면 클라라는 인간의 이성적 측면만을 강조하며 인간의 내적 세계와 판타지를 이해하지 못하는 인물로서, 살아 있지만 생명이 없는 기계인형과 같은 것이다.

(3) 클라라의 행복한 결혼 생활

작품에서 나타나엘의 사건과 관련성 없이 클라라가 등장하는 유일한 장면은 나타나엘의 죽음 이후 그녀의 행복한 결혼생활이 묘사되는 부분이다. 클라라는 나타나엘이 자살하고 여러 해가 지나서 다른 남자와 결혼하여 아이들을 낳고 평온한 삶을 살아가는 것으로 나타난다.

- 이 장면을 묘사한 작가 호프만의 의도는 무엇일까?

이 장면은 나타나엘뿐만 아니라 작품의 어떤 사건 전개와도 전혀 관련성이 없다. 그렇다면 작가 호프만이 아무런 의미 없이 클라라의 행복한 결말을 덧붙인 것일까? 나타나엘의 서사를 통해서도 낭만주의 비판과 계몽주의 비판에 대한 문제의식이 함께 다루어졌듯이, 클라라의 서사에서도 두 측면의 주제를 모두 드러내고 있다. 나타나엘의 편지와 시에 대한 반응에서 클라라의 이성중심적 사고에 관한 비판이 인식되었다면, 그녀의 행복한 결혼 생활에 대한 묘사를 통해 인식되는 것은 이성의 중요성이다. 다시 말하면 인간들이 함께 어울려 살아가는 외적 현실 세계에서 행복한 삶을 위해 요청되는 것이 인간의 이성이다. 이것은 자신의 주관적 판타지에 사로잡혀 내면이 분열된 나타나엘은 결코 경험할 수 없는 것이다. 따라서 이 마지막 장면은 개인의 지나친 주관적 판타지를 중시하는 낭만주의 비판이라는 주제의식과 연결된다.

4) 코펠리우스 서사의 중심 내용

(1) 나타나엘의 공포의 대상

작품의 전체적 사건 전개에서 코펠리우스는 나타나엘에게 두렵고 공포스러운 존재로 나타난다. 그가 어린 나타나엘의 눈에 뜨거운 숯가루를 뿌리려 한 것은 아이에게 충분히 트라우마를 갖게 할 만한 행동이다. 뿐만 아니라 그의 아버지의 죽음과도 관련이 있다. 코펠리우스와 인조인간을 만드는 연금술 실험을 하던 중에 나타나엘의 아버지가 죽었고, 그 현장에 있던 코펠리우스는 말 없이 사라진 것이다. 작품에는 그 죽음의 원인이 분명하게 기술되어 있지 않지만, 동료의 죽음을 방관하고 소리 없이 사라진 코펠리우스의 인격성을 의심하지 않을 수 없다. 작품에서 나타나엘이 코펠리우스의 외적 인물 특성을 흉측한 모습으로, 성격 특성을 모두에게 슬픔과 불행을 가져다 주는 추악한 괴물로 표현한 것도 그의 주관적 감정에 의한 것으로 보기 어렵다. 뿐만 아니라 작품의 마지막에서 나타나엘의 광기와 발작을 지켜보던 사람들이 그를 구하려고 탑 위로 올라가려 하자, 코펠리우스는 웃으며 그냥 기다리라고 말한다. 그는 결국 나타나엘의 심리적 상태를 지배하며 그의 죽음을 방관하는 인물로서 주인공의 삶을 파멸로 이끄는 장본인이라 할 수 있다. 이러한 맥락에서 코펠리우스는 나타나엘이 기술하듯이 인간의 현실적 삶에 존재하는 악한 형상으로 이해되며, 일반적으로 계몽주의적 문학작품에서 전통적으로 나타나는 악한 인물 유형의 대변자라 할 수 있다.

(2) 과학(기술)자 코펠리우스의 도구적 이성

작품에서 '악한 인물'로 등장하는 코펠리우스는 변호사로 소개되기도 하지만, 그의 실제 활동을 보면 분명히 과학자의 모습이다. 그가 코폴라와 동일인이라고 가정한다면, 그는 작품의 전반부에서는 나타나엘의 아버지와 함께, 후반부에서는 스팔란차니 교수와 함께 인조인간을 제조하는 작업을 한다. 세밀하게 구분하자면 스팔란차니가 물리학 교수로서 자동인간을 만들어 낼 수 있는 이론적 지식을 갖춘 현대적 의미의 과학자에 해당한다면, 코펠리우스는 나타나엘의 아버지와 인조인간을 만들 때 비밀스러운 연금술을 이용하는 것으로 보아 근대 화학의 이론적 지식을 갖추지 못한 기술공으로 이해된다. 연금술 실험 과정에서 그가 어떻게 나타나는지 살펴보자.

나타나엘의 의견을 수용한다면, 코펠리우스는 어린 나타나엘에게 눈의 상실에 대한 공포를 갖게 한 인물이다. 작품에서 나타나엘의 말이 사실인지 아닌지는 명료하게 드러나지 않지만, 사실일 가능성도 없지 않다. 인조인간의 제작에만 몰두해 있던 코펠리우스는 목적의식에 도취되어 어린아이의 눈을 빼앗으려 했거나 아이의 사지를 살펴보기 위해 뺐다 끼우는 행동을 했을 가능성이 있다. 여기서 인간의 육체를 기계적으로 취급하며 자신의 목적을 성취하려는 편집광적이고 비인간적인 코펠리우스의 특성이 인식된다. 그의 이런 모습은 대학생이 된 나타나엘에 대한 행동에서 더욱 확실하게 나타난다. 나타나엘이 자동인간 올림피아에 대한 사랑에 빠진 것도 코펠리우스와 분리해서 생각할 수 없다. 그가 망원경을 팔기 위해 나타난 것이 나타나엘이 스팔란차니의 집 맞은편에 사는 올림피아를 바라볼 가능성을 의식하고 접근한 의도적인 행동으로 해석되기 때문이다.

결국 코펠리우스는 나타나엘에게 휴대용 망원경을 제공함으로써 자동인간 올림피아와의 사랑을 유도하고, 그 사랑의 실패를 통해 나타나엘을 죽음으로 몰아간 것이다. 여기서 인간을 자연과 마찬가지로 대상화하는 자연과학자의 기계론적인 인간 이해와 인간에 대한 사랑과 공감을 갈망하는 작가의 대립 구도를 엿볼 수 있다. 그리고 전자에 의해 후자의 고립과 소외가 야기됨으로써, 당시 사회적 명예와 물질적 부의 축적을 위해 인간을 가차 없이 수단화하는 자연과학자의 도구적 이성을 비판하는 것으로 이해된다.

5) 그 밖의 다른 인물들 서사의 중심 내용

(1) 스팔란차니

스팔란차니는 물리학 교수로서 현대적 의미의 과학자로 이해되며, 코펠리우스와 함께 올림피아를 제작한 인물이다. 코펠리우스뿐만 아니라 스팔란차니 역시 부정적으로 나타난다. 그는 주변 사람들에게 오랫동안 올림피아를 자신의 딸로 알리면서 자동인간의 실체를 속인다. 그는 무도회에서도 진실을 말하지 않는다. 그의 기만적 태도는 나타나엘과의 관계에서 더욱 확실히 인식된다. 스팔란차니는 저녁 내내 무도회에서 올림피아에 대한 나타나엘의 모습을 관찰하지만, 그에게 그녀의 정체를 솔직하게 알려 주지 않는다. 오히려 그는 나타나엘에게 그녀와의 만남을 위한 방문을 언제든 허락한다고 말한다. 나타나엘이 올림피아와 결혼하려는 의사를 전달한 순간에도 스팔란차니는 딸 올림피아의 선택에 맡기겠다고 한다. 따라서 스팔란차니 역시 코펠리우스와 마찬가지로 자신의 과학적 실험의 성공을 확인하고 즐기기 위해 나타나엘을 이용하는 냉정하고 비인간적인 인물로 나타난다. 그의 비윤리적 태도는 코펠리우스와 싸우며 올림피아를 파괴하는 장면에서도 인식된다. 작품에서 그들의 싸움 원인이 무엇인지 분명하게 기술되지 않지만, 두 사람 모두 자신이 만든 자동인간의 몸체 부분에 대한 소유권을 주장하는 점에서 물질적 이해관계로 추정된다. 그들에게 과학적 실험의 산물이란 오직 탐욕스러운 사적 소유물에 불과한 것이다.

코펠리우스뿐만 아니라 스팔란차니 또한 자신의 이기적 목적을 성취하기 위해 인간을 이용하고, 그 결과에 대해 전혀 고려하지 않는 도구적 이성의 소유자이다. 이러한 맥락에서 스팔란차니는 나타나엘의 비극적 파멸과 무관하지 않다. 결국 그는 무도회에서 올림피아의 실체를 밝히지 않은 사실이 발각되어 주변 사람들로부터 비난을 받고 교수직에서도 물러나게 되는 벌을 받는다. 이로써 19세기 초반 자신의 사회적, 경제적 성공을 위해 인간과 자연을 대상화하며 과학기술의 진보를 추구한 과학자들의 비윤리적 태도가 비판적으로 인식된다.

(2) 로타르

코펠리우스의 등장 이후 나타나엘은 불행한 예감에 사로잡혀 먼저 친구인 로타르에게 편지를 보낸다. 그런데 편지 겉봉에 실수로 클라라라고 써서, 그녀가 답장을 보낸 것이다. 작품에서 로타르가 차지하는 비중이 크지 않고 그의 입장도 충분히 드러나지 않지만, 나타나엘과의 결투 장면에서 클라라와 같은 이성중심적 사고를 보여 준다. 로타르는 동생 클라라를 힘들게 하는 나타나엘에게 결투를 신청하면서 망상에 사로잡힌 놈이라고 비난한다. 사실 클라라와 로타르는 부모를 잃은 후 먼 친척인 나타나엘의 집에서 성장함으로써 나타나엘의 가족과 같은 인물들이다. 그런데 형제같은 친구인 로타르는 작품에서 단 한 번도 나타나엘과 소통하려고 시도하지 않으며, 그의 두려움에 대해서도 이해하는 모습을 보이지 않는다. 전체적으로 그는 나타나엘의 친구가 아니라 클라라의 오빠로서의 면모만 부각된다. 그것이 나타나엘의 자살 장면에서도 인식된다.

- 나타나엘이 탑 위에서 광기를 일으킬 때, 로타르가 클라라만 구해서 내려온 것은 그 상황에서 할 수 있었던 최선의 행동이었을까?

로타르 역시 클라라와 마찬가지로 인간의 내적 세계에 대해 전혀 공감하지 못하는 인물로 나타난다. 이런 로타르를 향해 나타나엘은 불쌍한 속물이라고 비난한다. 나타나엘의 비난은 합리적 이성을 잣대로 눈에 보이는 현실만을 생각하는 계몽주의적 세계관에 대한 작가 호프만의 비판으로 이해된다. 실제로 작품에서 클라라와 로타르가 나타나엘의 처지를 적극적으로 이해하고 그와 소통하기 위해 노력했다면 나타나엘의 결말이 다르게 전개되지 않았을까?

연습문제 1

그 밖의 다른 인물들 지그문트, 나타나엘의 어머니, 아버지, 유모의 행동과 성격 특성이 나타나엘에게 어떤 영향을 미치는지 정리해 보자. 그리고 나타나엘의 죽음에 대해 가장 책임이 큰 인물이 누구인지 생각해 보자.

텍스트 분석과 토론 주제 탐색 4.

핵심 길라잡이

- 텍스트를 구성하고 있는 각 부분을 읽고 이해해 보자.
- 텍스트 각 부분의 주장에 대해 질문을 던지고, 조별로 토론할 수 있는 주제를 찾아보자.

이 절은 텍스트의 각 부분을 읽고 이해한 것을 바탕으로 학생들 스스로 토론을 하도록 유도하면서 토론 주제를 도출해 내는 단계를 말한다. 이때의 토론은 전체 텍스트에 대한 것일 수도 있고 텍스트의 각 부분에 대한 것일 수도 있으며, 미리 제시된 토론 주제를 가지고 토론할 수도 있고 각자 토론 주제를 탐색해 볼 수도 있다. 이 과정에서 특정한 시간적 공간적 배경과 맥락을 가지고 쓰인 텍스트를 '지금 여기'의 나에게 적용하고 저자가 제기한 문제를 현대 사회에 적용해 보는 경험을 할 수 있게 된다. 이 절에서는 리처드 도킨스(1941-)의 『이기적 유전자』를 중심으로 구체적인 방법을 제시한다.

1) 텍스트를 통해 토론 주제를 탐색하는 방법

각자 텍스트를 부분별로 읽고 이해한 것을 바탕으로 조별 토론을 함으로써, 텍스트를 점차적으로 이해하는 단계를 말한다. 텍스트를 읽기 전 예비 토론이 텍스트가 제기하는 문제에 대해 주의를 환기하고, 그 문제에 대한 스스로의 생각을 점검해 볼 수 있는 기회를 부여했다면, 읽은 후 토론은 텍스트에 집중하여 텍스트가 던진 문제에 대해 이해하고 비판하며 자신의 생각을 확대하는 과정을 활용할 수 있다. 토론의 주제는 미리 제시될 수도 있고 각자 스스로 선택할 수도 있다.

(1)『이기적 유전자』를 읽을 때 주의할 점

『이기적 유전자』는 다윈의 진화론을 계승하되 이를 발전시켜서, 진화의 주체가 개체나 종이 아니라 유전자이며 모든 생물은 유전자 보존을 위해 맹목적으로 프로그램된 기계에 불과하다고 주장했다. 이 주장은 엄청난 논란을 불러일으켰고 이 텍스트가 일반 독자들에게 알려지는 데에 결정적인 역할을 하게 된다.

『이기적 유전자』를 읽으면서 가장 주의해야 할 점은, 이 텍스트가 고등학생을 위한 필독도서로 지정되어 있어 수많은 요약과 정보가 인터넷상에서 난무하고 있다는 것이다. 그 가운데는 텍스트를 꼼꼼히 읽지 않고 책에 대한 인상을 책임감 없이 이야기하거나, 다른 사람이 비판한 내용을 확인 없이 그대로 가져온 것이 많다. 즉 잘못된 정보가 올바른 정보보다 훨씬 많은 것이 이 텍스트이다. 따라서 다른 텍스트의 경우도 마찬가지이지만, 이 텍스트를 읽을 때 중요한 점은 텍스트에 대한 정보를 구하려고 하지 말고 텍스트 자체를 스스로 읽는 것이다.

『이기적 유전자』는 13개의 장으로 나누어져 있는데, 저자인 도킨스가 주장하고자 하는 바의 핵심은 1장에서 4장 사이에 집중적으로 서술되어 있다. 5장에서 10장은 앞에서 제기된 자신의 주장을 증명하기 위해 다양한 동물의 예시를 든 내용이며, 11장은 유전자와 대비하여 '문화적 유전자가 있다'는 새로운 주장을 펴고 있고, 12장은 '이기적'이라는 은유가 질타를 받게 되자 추가한 내용, 13장은 『이기적 유전자』 이후에 출간된 『확장된 표현형』을 염두에 두고 서술한 내용이다. 따라서 『이기적 유전자』의 독해는 1장에서 4장까지 그의 주장을 면밀하게 파악하고, 5장에서 10장의 예시를 통해 이해를 확장해 나아가는 방식을 취하는 것이 좋다. 다만 11장의 '밈'에 대한 견해는 『이기적 유전자』 출간 당시에는 비난을 받았지만, 현재는 일상적 용어로 사용될 정도로 인지도가 높아졌으므로 함께 읽어 보는 것이 도움이 될 것이다.

1, 2, 3, 4장 도킨스의 핵심적 주장	⇒	5, 6, 7, 8, 9, 10장 주장을 뒷받침하는 예시들	⇒	12, 13장 2판 이후 추가된 내용 * 11장 '밈'에 대한 주장

(2) 토론 주제를 미리 제시하는 경우

① '이기적'이라는 은유에 대한 토론

토론: '이기적'이라는 은유에 대해서 어떻게 생각하는가, 각자의 생각을 이야기해 보자.

학생 1: 도킨스가 '이기적'이라는 표현을 사용한 것은 유전자가 생존하기 위해 무자비할 정도의 힘을 발휘한다는 의미에서이다. 나는 이 은유가 적절하다고 생각한다. 오해할 수 있는 점이 있지만 대부분의 오해는 책을 꼼꼼히 읽지 않아서 생기는 것이다.

학생 2: 나는 다른 책이면 몰라도 과학 책인데, 독자가 오해할 수 있는 내용이나 표현을 담아서는 안 된다고 생각한다. 도킨스의 동영상이나 다른 글을 보면 그는 이런 논란을 예상하고 '이기적'이라는 표현을 사용했고, 마케팅의 수단으로 사용했다고 생각한다. 과학자로서는 문제가 있지만 저자로서는 훌륭하다고 생각한다.

— 학생 토론문

*** 보충 설명: 과학에서의 은유**

과학에서는 생각보다 은유를 자주 사용한다. 이는 일상 언어가 은유를 피할 수 없듯이 과학 역시 은유를 피할 수 없기 때문이다. 즉 과학 역시 우리가 이미 경험했던 다양한 영역에 의지해서 새로운 사실, 경험을 이야기하고 이해해야 한다. 실제로 보이드, 그로스 등 많은 언어학자와 과학자들이 과학 활동 및 과학 철학에 있어서 은유가 중심이라고 파악한 바 있다. 예를 들어 '빛이 최단 경로를 **찾아서 이동한다**', '뜨거운 공기 분자와 차가운 공기 분자가 열평형에 도달하기 위해 충돌이라는 매커니즘을 **이용한다**', '물체로부터 빛의 입자가 방출되면, 진공 속이나 공기, 또는 유리나 물 등 투명한 매체 속으로 직진한다. **마치 기관총에서 튀어나온 여러가지 색깔의 총알의 흐름과도 같다**' 등을 들 수 있다.

② '밈'에 대한 토론

토론: 도킨스의 '밈'개념을 옹호 또는 비판해 보시오. 또한 현대 사회에서 '밈'개념이 어떻게 사용되는지 찾아보고 그렇게 사용될 수 있는 이유를 찾아 보시오.

학생 1: 밈 개념의 실체가 잘 이해되지 않는다. 또 이해되지 않는 상태에서 적용하려고 해도 잘 맞지 않는다는 생각이 든다. 예를 들어서 어떤 패션이 유행하는 것을 밈으로 설명할 수 있을까? '왜'를 설명하려면 소비자 심리학에서 이야기하는 것처럼 심리적인 연구가 필요할텐데 마음이나 의식을 밈 개념으로 설명할 수 있을까?

학생 2: 유전자는 유전과 진화를 밝히는 데에 매우 중요하다. 그런데 밈은 문화의 전달이라는 현상을 밝히는 데에 그만큼 중요한가? 문화가 발전하는 현상을 설명하는데 밈 없이는 설명할 수 없는가? 오히려 사회학 심리학 같이 다른 학문에서 개발한 설명이나 모델이 더 적합할 것 같다.

학생 3: 웹상에서 '밈'이 사용되는 예를 찾아보니 생각보다 쉽게 많이 찾을 수 있었다. "'밈'이 초연결사회에 들어서면서 상상도 할 수 없을 정도로 빠르게 전파되면서 '스마트 신인류'가 등장했다"든지 "자녀가 어쩔 수 없이 부모의 '밈'을 물려받듯이, 학생들은 교사의 생각이나 언행을 그대로 따라하면서 '밈'을 물려받고 있다"든지, 한류 현상을 설명하면서 "이는 한국 드라마의 밈 확장성이 아직도 무한하다는 것을 보여 준다"라는 표현을 사용한 예도 있었다. '밈'이라는 개념이 만들어진 지 30년이 넘었는데 여전히 일상적으로 사용되고 있다는 것은 그만큼 유용하다는 의미일 것이다.

– 학생 토론문

③ 텍스트 전반에 대한 비판적 시각에서의 토론

『이기적 유전자』를 모두 읽고 난 후, 학생들에게 텍스트 전반에 대한 평가를 해 보라고 했을 때 다음과 같은 견해들이 제시되었다.

토론: 이 책을 자신의 시각에서 평가해 보자. 어떤 부분이 흥미롭고 어떤 부분을 받아들이기 어려웠는가?

학생 1: 생물학적 관점에서 볼 때 진화에 있어서 유전의 요인은 결정적이라고 생각한다. 물론 우연적 요인 같은 다른 요인들이 끼어들 수 있는 가능성은 있지만 말이다. 도킨스는 진화에 있어서 유전-유전자의 역할이 얼마나 중요한지를 주장하고 있다. '이기적'이라는 표현의 문제 때문에 이 책의 의미를 낮게 보아서는 안 된다.

학생 2: 과학에 흥미가 없는 편인데, 이 책은 어렵지만 재미있게 읽었다. 주장이 확실하고 그 주장에 대한 예도 다양해서 저자가 무엇을 말하고자 하는지 파악하기가 어렵지 않았다.

학생 3: 수업시간에 보았던 유튜브의 내용을 보거나 도킨스라는 사람의 이력을 보거나 이 사람은 강하고 센 주장을 해서 다른 사람의 관심을 끌고 싶어 하는 것 같다. 주장의 내용은 그렇게까지 새롭지는 않은데, 새로운 포장을 해서 사람들의 관심을 끄는 데에 성공했다고 생각한다.

학생 4: 나는 인간이 만물의 영장이라는 표현을 싫어한다. 오히려 지구를 망치고 있다고 생각한다. 그런 의미에서 인간조차 유전자 앞에서는 다른 생물들 포유류들과 다를 바 없다고 주장하고 있는 이 책이 마음에 든다.

— 학생 토론문

(3) 스스로 토론 주제를 제시한 경우

토론 주제를 미리 제시하는 것이 아니라, 스스로 토론 주제를 선택해 보도록 했을 때 제시된 토론 주제의 예를 들어 보면 다음과 같다.

학생 1: 교양과목으로 〈동물의 행동〉을 들었는데, 동물들이 특정행동을 하는 이유가 사람들이 일반적으로(또는 흔히) 생각하는 것과 차이가 있다는 것을 알게 되었다. '비둘기는 평화의 상징이다', '늑대는 야비하다'와 같이 동물의 실제 속성과 큰 관계가 없는 생각들이 어떻게 만들어졌는지 이야기해 보자.

학생 2: 『이기적 유전자』를 읽으면, 유전자가 결국 모든 것을 결정하게 된다고 주장하고 있다. 그러나 우리는 '유전자의 영향만큼 교육이나 환경의 영향도 중요하다'고 믿고 있다. 유전이냐 환경이냐에 대한 각자의 생각을 이야기해 보자.

학생 3: 도킨스의 말대로 유전자의 역할이 그렇게 결정적이라면, 현대 사회에서 '유전자'는 '운명'과 다르지 않다. 유전자는 과연 현대의 '운명'이라고 부를 수 있을까?

— 학생 토론문

한편, 『이기적 유전자』를 읽고, 유전자 조작이 사회의 안정을 위해 제도적으로 시행되고 있는 『멋진 신세계』를 떠올리는 경우가 많이 있다. 『이기적 유전자』에 이어 『멋진 신세계』를 읽게 한 뒤 토론 주제를 생각해 보라고 했을 때, 다음과 같은 주제들이 제안되었다.

토론 주제: 『멋진 신세계』를 읽고 함께 이야기하고 싶은 주제들을 제시해 보자.

1. 멋진 신세계와 현대 사회 중 어디에서 살고 싶은가, 또 그 이유는 무엇인가?

2. 과학과 인간의 관계에 대해서 생각해 보자. ① 왜 과학은 항상 악역을 맡아야 하는가, 과학이 발전하면 정말 과학이 인간을 통제하고 결국 인간은 과학의 지배를 받게 될까? ② 처음에는 인간에게 편리성을 제공했지만 뜻밖의 문제가 파생된 과학적 발명의 예에는 무엇이 있을까, 또는 ③ 우리가 과학의 지배를 받고 있다는 구체적 예에는 무엇이 있을까?

3. 유토피아와 디스토피아는 상대적 개념일 수 있다. 멋진 신세계 쪽에서 보면 우리가 사는 사회가 디스토피아일 것이다. 그렇다면 우리가 당연하다고 생각하고 있지만 조금만 다른 각도에서 보면 끔찍하게 생각될 수 있는 현대 사회의 특징에는 무엇이 있을까?

4. 멋진 신세계와 현대 사회의 도덕과 윤리에 대해서 생각해 보자. ① 고민과 고통 없이 소마를 늘 사용하면서 사는 것이 진정한 행복일까, 어느 정도의 고통과 고민이 있어야 상대적으로 행복과 기쁨을 자각하는 것이 아닐까. 마찬가지로 아무런 의무감이 없는데 성취감도 없고 '편하다'는 느낌도 없지 않을까? 어느 정도의 의무감이 행복을 가져다주는 것이 아닐까? ② 사랑이란 육체적 관계와 정신적 관계가 함께 이루어져야 하는 게 아닌가. 멋진 신세계는 육체적 관계만을 너무 강조하기 때문에 오히려 행복하기보다는 공허하게 느껴지는 것이 아닌가. ③ 가족의 가치에 대해서도 다시 생각해 보자. 멋진 신세계 속에는 가족이 존재하지 않고 가족에 대해서 이야기하는 것 자체가 모욕이 된다. 여기에 대해서 생각해 보자.

5. 멋진 신세계 속 세뇌교육이 우리 사회의 주입식 교육과 무엇이 다른지 생각해 보자.

— 학생 토론문

2) 텍스트의 의의와 한계에 대한 토론

텍스트의 각 부분을 읽고 토론을 한 다음에는, 텍스트 전체가 가질 수 있는 의의와 한계를 짚어 보는 과정이 필요하다. 또한 『이기적 유전자』는 과학 분야에서 고전이라고 인정받고 있는 텍스트인데, '과학 교양'이라는 말 자체가 학생들에게 아직 낯설기만 하다. 이러한 '과학 교양'에 대해 폭넓게 생각해 볼 수 있는 기회를 갖는 것 역시 도움이 될 것이다.

(1) 『이기적 유전자』의 성과와 한계

리처드 도킨스의 『이기적 유전자』는 다양한 논란에도 불구하고, 생물학이라는 전문 영역에서는 물론 일반 독자에게까지 커다란 영향을 미친 텍스트라고 평가된다. 그가 이 텍스트를 통해 이룩한 성과는 다음과 같이 요약할 수 있다.[34]

첫째, 진화에 있어서 유전자의 기능이 절대적임을 주장하고 있다. 유전자는 끊임없는 자기복제를 통해 불멸하는 존재이다. 모든 생물 개체는 유전자를 나르는 기계 또는 탈것에 불과하며 그 탈것을 운전하는 기사는 유전자이고, 생물의 행동은 운전기사인 유전자에 의해 지배되는 것이라는 주장이다. 도킨스는 유전자가 어떻게 살아남아 자손에게 전해지는가 하는 전략이 유전자에 존재한다는 생각에 기초하여 진화를 설명한 것이다.

둘째, 다윈의 진화론을 극복했다고 평가받고 있다. 다윈의 진화론에서는 생존에 가장 적합한 개체가 살아남고 그들만이 자손을 불린다는 적자생존이 기본 원리이다. 그렇기 때문에 많은 동물들에게서 나타나는 여러 가지 이타적 행동은 다윈의 진화론으로는 설명이 불가능했다. 또 다윈의 진화론에서는 생물의 형질 변화에 대한 설명은 할 수 있어도 동물의 행동의 진화에 대해서는 설명할 수 없는 것이 많았는데, 도킨스는 이를 설명하는 데에 성공했다.

셋째, 동물 행동학을 바탕으로 하되 동물 행동학에 있어서 유전자의 역할을 전체 생물학으로 확장하여 다양한 생물학 연구 분야의 영향력 있는 담론으로 만들었다. 동물의 행동 그 자체를 과학적인 연구 대상으로 삼아, 그때까지 다윈의 진화론으로는 이해할 수 없었던 많은 동물의 행동에 대하여 '유전자의 살아남기 전략'이라는 근거로 설명했다.

반면 『이기적 유전자』에 대한 비판으로 가장 많이 논의되고 있는 것은 무엇보다도 '이기적'이라는 은유가 오해를 불러일으킨다는 점이다. 물론 도킨스는 '이기적'이라는 말이 글자 그대로의 뜻이 아니라, 유전자는 살아남기 위해 피도 눈물도 없는 전략을 펼치기 때문에 이를 '이기적'이라고 표현했을 뿐이라고 반박한다. 그러나 '이기적'이라는 말을 듣는 순간 일반 독자라면 누구나 '이타적'과 대비되는 도덕적 의미를 떠올리게 되고, '인간이 이기적인 것은 유전자가 이기적이기 때문이다'라는 결론에 쉽게 이르게 된다. 도킨스 자신은 '유전자가 인간처럼 의식적으로 이기적이라고 읽는 독자가 문제'라고 주장하고 있다. 그런데 같은 책에 나오는 '생존기계'라는 표현은 은유가 아니라 글자 그대로의 의미라고 주장한다. 결국 이 책에는 은유적으로 읽어야 하는 표현과 글자 그대로 읽어야 하는 표현이 혼재되어 있다. 과학적 내용을 일반 독자에게 설명하는 데에 있어서 불필요한 오해를 막을 수 있도록 비유적 표현을 책임 있게 사용하는 방법이 필요할 것이다.

두 번째는 『이기적 유전자』가 인간의 존엄성을 모두 무시하고, 인간을 오로지 '유전자를 운반하기 위한 운반체'라는 기능으로만 축소시켰다는 비난이다. 그런데 이 비난은 정당하지 못하다. 왜냐하면 도킨스는 『이기적 유전자』의 1장, '사람은 왜 존재하는가'에서, 과학자답게 다음과 같이 '이 책에서 다루지 않을 사항들'의 하나로 '기타 동물을 포함한 인간의 상세한 활동에 대한 서술을 하지 않는다'고 분명하게 밝혔기 때문이다. 즉 이 텍스트 전체가 '인간'이라는 특정 대상의 상세한 행동에 대한 설명이 아니라는 점을 분명히 하고 있다. 그런데도, 『이기적 유전자』에 대한 대부분의 소개나 정보 역시 '『이기적 유전자』는 인간의 존엄성을 무시하고 인간이 유전자에 의해 조종을 당하는 존재라고 함부로 이야기하고 있다'고 비판하고 있다. 이는 다른 동물과 구별되는 인간의 특징들을 모두 도외시한 채, 인간을 오로지 진화를 위해 살아남기 전략을 펼치고 있는 유전자의 입장에서만 바라보고 있는 것, 인간을 포함해서 모든 개체는 유전자를 운반하는 운반기계에 불과한 것이라는 주장이 못마땅한 입장에서 나온 비판이라고 짐작된다. 그러나 도킨스도 지적했듯, 인간이 다른 동물과 구별되는 특징이 있는 것이 사실인 것처럼 인간이 생물학적으로 다른 포유류와 공유하는 특징이 있다는 것 역시 사실이다. 바로 이런 점이 이 텍스트를 읽는 의미 가운데 하나가 될 수 있을 것이다.

그리고 도킨스가 힘주어 밝혔듯이 『이기적 유전자』에서 인간에 대한 언급은 매우 적고, 인간에 대한 언급을 할 때는 눈에 띄게 신중한 태도를 보여 준다. 따라서 『이기적 유전자』를 읽고 비판을 한다면, '이 텍스트는 인간의 존엄성을 무시하고 있다'가 아니라, '인간은 왜 존재하는가라는 화두로 텍스트를 시작해놓고, 이 텍스트에는 왜 인간에 대한 정보나 분석이 충분하지 않은가'라고 비판해야 할 것이다.

(2) 『이기적 유전자』가 과학 분야의 고전인 까닭

과학 분야에서는 '고전'을 논의하기 어려운 면이 있다. 자연과학이라는 학문의 특성상, 새로운 이론이 등장하게 되면 그 이전의 이론은 완전히 쓸모없는 것이 되어버리기 때문이다. 바로 이러한 점이 『논어』나 『오만과 편견』 같은, 인문사회 분야의 고전과 자연과학 분야의 고전이 다른 점이다. 『논어』나 『오만과 편견』의 지속력과 다양한 방식의 재해석은 시대를 거듭할수록 새로운 의미를 더해가지만, 자연과학 분야의 경우는 그렇지 않다. 갈릴레이를 종교재판까지 몰고 갔던 『두 세계 사이의 대화』와 빅토리아 시대를 뒤집어놓았던 다윈의 『종의 기원』은 학술적인 목적 외에는 잘 읽히지 않는다.

이렇게 볼 때 『이기적 유전자』의 가장 큰 장점은, 이론서임에도 불구하고 비교적 쉽게 읽혀서 과학을 전공하지 않은 사람이라도 접근이 가능하다는 데에 있다. 또한 논쟁적이며 흥미진진한 내용을 담고 있어 사람들의 관심을 끄는 데에도 성공했다.

그러나 여전히 남아 있는 문제점도 있다. 저자가 의도했든 아니든, 주장이 매우 도발적인 것이 사실이다. 저자가 강조했음에도 불구하고, 여전히 이 책의 중점은 '유전자'가 아니라 '이기적'에 있다. 저자의 생각이 어떠했든, 이 책을 읽고 사람들이 생각하게 된 '이기적' 의 의미가 무조건 잘못되었다고 말할 수 없는 이유가 책 안에 있다.

여기에서 이른바 '과학 교양'이란 무엇인가에 대한 생각을 해 볼 수 있을 것이다. '교양'의 의미는 다양하게 해석되고 사용되지만, '틀에 갇히지 않는 자유로운 탐구와 교육' 정도로 정리해 본다면 그것은 틀을 깨뜨리는 교육, 기존의 진리 체계나 주장들을 당연한 것으로 받아들이지 않는 비판적 사고력, 지식의 단순한 전달을 넘어 새로운 지식을 생산해낼 수 있는 상상력, 호기심 등이 그 의미에 포함될 수 있을 것이다. 그런데 교양의 범주에 과학을 포함하지 않는 것이 일반적인 오해의 하나이다. 여기에서 새삼스럽게 21세기에 들어와 과학기술의 혁신적 발전을 문제 삼으려 하는 것은 아니다. 다만 과학이라는 것이 일상생활 속속들이 자리 잡아 과학 기술 없이는 하루도 살아갈 수가 없는 시대임에도 과학을 여전히 저 너머의 학문으로 취급하는 것은 큰 착오라는 점을 상기하고자 한다. 『이기적 유전자』를 읽으면서, 나의 상상력과 사고력에 자극이 될 수 있으며 나를 둘러싼 사회를 심층적으로 이해하는 데에 도움이 될 수 있는 과학교양 도서들에 관심을 갖기를 기대한다.

연습 문제 1

『이기적 유전자』를 다루고 있는 웹문서를 몇 가지 가져와 비교해 보면서 독자에 따라서 어떤 점이 강조되어 있는지 살펴보자.

5. 문제의식의 연계와 종합

핵심 길라잡이

- **텍스트 분석 과정에서 주요하게 제기된 문제들을 종합, 정리해 보자.**
- **다양한 문제의식의 연관성을 파악하여 텍스트의 중심 주제를 성찰해 보자.**

텍스트 분석 다음 단계에서는 텍스트 분석 과정에서 발견된 주요한 문제들을 파악하여 각 부분의 문제들이 어떻게 연결되는지 정리한다. 그럼으로써 저자가 텍스트 전체를 통해 드러내고자 하는 궁극적인 의도가 무엇인지 생각해 본다. 이 절에서는 아이작 아시모프(1920-1992)의 「바이센테니얼 맨」을 중심으로 작품에 나타난 문제의식의 연관성을 종합적으로 파악한다.[35]

1) 문제의식의 정리

(1) AI 로봇의 죽음 선택 및 로봇 3원칙의 문제

아시모프의 「바이센테니얼 맨」에서 기이하게 여겨지는 것은 로봇 앤드류가 세계 의회 의장에 의해 '2백 살을 맞은 사람'으로 선포되는 것이다. 작품은 로봇 앤드류가 인간이 되는 수술을 하는 장면으로 시작하는데, 이는 그가 인간처럼 유한한 삶의 형식을 맞이하기로 결심했기 때문이다. 어떻게 이러한 욕망이 로봇에게 생겨날 수 있는 것일까? 왜 로봇이 인간의 죽음을 선택한 것일까? 이러한 질문에 직면하여 작품의 중심인물 앤드류의 특성을 살펴보자.

앤드류는 가정용 로봇으로 설계되었지만, 시간의 흐름 속에서 인간과 동일하게 지적 능력과 감정을 지니며 자율적 학습을 통해 진화하는 존재로 나타난다. 그리고 인간과의 관계에서 노예와 같은 도구적 존재로 규정되는 자신의 자아를 인식한다. 따라서 앤드류는 단순히 기계 로봇이 아니라 인공지능학의 분류에 따라 인간과 동일한 특성을 지닌 '강한 인공지능' 로봇으로 인식된다. 여기서 문제로 제기되는 것은 로봇이 지켜야 할 원칙으로 입력된 로봇 3원칙의 실효성이다. 로봇 3원칙은 아시모프가 만든 것으로, 다음과 같다.

1. 로봇은 인간에게 해를 입혀서는 안 된다. 그리고 위험에 처한 인간을 모른 척해서도 안 된다.
2. 로봇은 제1원칙에 위배되지 않는 한, 인간의 명령에 복종해야 한다.
3. 로봇은 제1원칙과 제2원칙에 위배되지 않는 한, 스스로를 보호한다.

작품의 인물들은 로봇 3원칙이 로봇 앤드류를 철저히 통제할 것이라고 확신하지만, 앤드류의 사고와 행동이 로봇 3원칙에 의해 통제되는 것은 작품의 초반부에 불과하다. 작품의 시간적 흐름과 함께 점점 진화하는 인공지능 앤드류는 주인에게 자유를 요청할 뿐만 아니라 교묘하게 로봇 3원칙의 통제를 피하는 모습을 보인다. 앤드류는 인간의 몸을 입으려는 목적을 성취하기 위해 로봇제조회사의 회장과 만나는 과정에서 로봇 3원칙을 형식적으로만 지키고 있다. 그는 거짓말을 하면 안 되는 자신을 대신해서 폴에게 고의적으로 거짓말을 시키고, 회장에게 협박적 태도를 드러내면서 물리적인 해를 가한 것이 아니라고 합리화 하는 모습을 드러낸다. 작품 후반부에서 앤드류는 더 이상 인간을 자신의 주인으로 여기지 않고, 자신이 주체가 되려는 목적 달성에 집중하는 모습만이 나타난다. 결국 앤드류는 로봇으로서는 인간과 동일한 권리를 보장받을 수 없다는 것을 알고 인간의 죽음을 선택한 것이다.

작품에서 앤드류의 죽음은 진화하는 강한 AI 로봇의 특성과 그에게 통용되지 않는 로봇 윤리, 즉 아시모프의 로봇 3원칙 문제와 관련이 있다. 그렇다면 과연 아시모프의 로봇 3원칙의 수정이나 로봇이 지켜야 할 원칙들의 보완을 통해 진화하는 인공지능 로봇의 욕망과 요구를 막을 수 있을까? 그밖에 앤드류와 같은 고도의 인공지능 로봇이 죽음을 선택하지 않고 인간들과 함께 살아갈 수 있으려면 어떤 현실적 방법이 필요할까?

(2) 인간과 AI 로봇의 갈등

① 인간의 로봇 혐오

작품에서 인간과 로봇 사이의 갈등을 촉발시키는 주요한 문제는 로봇을 대상화 하는 로봇 혐오적 태도이다. 그러므로 사회에서 로봇을 대하는 일반 시민의 윤리적 태도가 중요한 문제로 대두된다. 사실 아시모프의 로봇공학 3원칙 중 마지막 원칙이 로봇의 보호와 관련된 것이지만, 인간 중심의 제1, 제2원칙에 위배되지 않는 것이 조건이라는 점에서 아무런 의미가 없다고 할 수 있다. 작가도 그 문제를 의식하고 작품에서 이 문제를 주제화한 것으로 보인다.

작품에서 거리의 행인들은 앤드류에게 그의 몸을 분해하라고 명령한다. 이들의 행동을 통해 작품 속의 사회에서 사람들은 로봇을 통제하는 제3원칙을 알고 있음이 드러난다. 이 상황에서 앤드류가 그들을 해치고 자신을 보호한다면 제1원칙에 위배되는 것이다. 그가 갈등하며 떨고 있을 때, 조지의 등장으로 문제는 해결된다. 만약 그렇지 않았다면 앤드류는 어떻게 되었을까?

인간의 폭력적인 명령은 인간에게 무조건 복종해야 한다는 로봇 제2원칙을 남용하는 것이다. 문제는 인간의 로봇 혐오적 발언이나 행동이 자신의 자아를 지닌 존재인 강한 인공지능 로봇에게 미치는 영향이 매우 크다는 점이다. 사람들이 드러내는 생각이나 감정을 로봇이 그대로 반사하기 때문이다. 작품에서 앤드류는 자신을 파괴하려는 비윤리적인 인간에 맞서서 자신의 생존권 문제를 법적으로 요청한다. 이러한 요청을 통해 이미 그의 내면에서 자신보다 우월하지 않은 채 명령만 내리는 인간에 대한 신뢰와 봉사의 마음은 사라진 것을 인식할 수 있다.

사실 작품에서 로봇을 인격적으로 대하는 인물은 마틴 가족뿐이다. 특히 마틴의 작은 딸 아만다는 로봇의 정체성과 상관없이 앤드류의 의견을 존중하고 그의 입장에서 생각하는 대표적인 인물이다. 아만다는 아버지인 마틴과 자신의 아들 조지, 손자 폴에게도 로봇을 대하는 태도에 많은 영향을 미친다. 조지가 자유로봇이 된 앤드류에게 자신을 더 이상 '주인'이 아니라 '조지'라는 이름으로 부르라고 하며 그와 수평적 관계를 형성하는 것도 아만다의 영향이라고 볼 수 있다. 이와 같이 로봇을 인격적으로 대하는 마틴 가족의 모습은 작품의 다른 등장인물과는 매우 대조적이다. 그런 점에서 작가 아시모프는 마틴 가족을 통해 로봇에 대한 인간의 바람직한 윤리적 태도를 제시하려고 한 것이 아닐까? 앞으로 인간과 로봇이 함께 살아가는 사회가 도래한다면 상호 갈등과 혐오 문제를 해결하기 위해서는 로봇을 대하는 인간에게도 최소한의 윤리적 지침들이 필요할 것으로 생각된다.

② 로봇의 존재론적 지위와 법적 보호

작품에서 로봇의 법적 권리 문제가 대두된 계기는 앤드류가 우연히 거리에서 만난 행인들에 의해 해체될 뻔한 위기를 경험한 사건이다. 이 이야기를 들은 아만다는 아들 조지에게 로봇의 권리를 명시하는 법조항을 만들어서 의회에서 통과시킬 것을 요청한다. 이 과정에서 주목하게 되는 것이 조지의 로봇 변호 연설이다. 조지는 로봇 3 원칙 중에서 인간의 모든 명령에 복종해야 한다는 제2원칙을 문제 삼으며, 동물보다 로봇이 인간과 더 많은 것을 공유하는 친구같은 존재라고 표현한다. 그러므로 인간과 소통하며 사회에 기여하는 존재인 로봇에 대해 인간이 지켜야 할 법적 원칙이 필요하다고 주장한다.

결국 작품에서는 로봇에게 가해적인 명령을 금지하는 법률안이 통과되지만, 이것이 누구의 관점에 기반한 것인지 확실하지 않다. 즉 로봇을 인격체로 인정하는 관점인지, 로봇을 인간의 재산으로 간주하며 인간의 소유권을 보장하는 것인지 명확하지 않다. 로봇 사용권이나 소유권은 로봇을 사용하거나 소유하는 인간의 재산권 보호에 해당하는 권리이므로 로봇의 입장이 아니라 인간의 관점에 입각한 것이다. 이는 엄격한 의미에서 로봇 보호법이라고 볼 수 없다. 왜냐하면 로봇이 교체 가능한 비인격적인 사물로서 인간의 소유로 간주될 경우, 로봇에 대한 인간의 폭행은 언제든 일어날 수 있기 때문이다. 여기서 인공지능 로봇의 존재론적 위치를 어떻게 규정할 것인가의 문제가 제기된다. 과연 앤드류와 같은 인공지능을 생명체로 볼 것인가? 생명체로 본다면 인간과 동일하게 볼 것인가? 아니면 인간과 동물 사이에 해당하는 존재로 볼 것인가?

③ 로봇의 재산권

다음으로 주목하게 되는 것은 로봇의 재산권이다. 앤드류는 창의적 예술성의 측면에서 인간과 동일한 능력을 보여 준다. 그는 아만다를 위해 나무 목걸이를 만들어 준 것이 계기가 되어 주인 마틴의 허락 하에 가구디자인에 관한 책을 읽으며 목공예 공부를 시작한다. 문제는 앤드류가 만든 목공예 작품에 대한 수입권이다. 마틴이 다른 사람들에게 앤드류의 목공예품을 마음대로 선물하자, 아만다는 그 값을 앤드류에게 지불해야 한다고 주장한다. 결국 마틴은 변호사와 상의하여 앤드류의 수입을 신탁 재산 형식으로 관리한다. 이것은 법인 형식을 통해 앤드류가 독립적으로 거래하고 자기 재산에 대해 책임지도록 할 수 있는 것이다.

이와 같은 형식으로 인공지능 로봇이 사적 재산권을 가질 수 있는 가능성에 대한 사유는 오늘날 법학 분야의 연구문헌에서도 발견된다. 일반적으로 법적 주체의 인정에서 주요한 것은 독립적이고 자체적인 사회적 활동이다. 앤드류처럼 독립적으로 사고하고 결정하며 행동하는 강한 인공지능 로봇에게 법인격성의 인정은 전혀 문제가 되지 않는 것처럼 보인다. 오히려 인공지능 로봇의 활동 결과물을 인간이 소유할 경우 더 복잡한 도덕적, 법적, 사회적 문제가 발생하지 않을까?

④ 인간과 동일한 로봇의 법적 권리

앤드류의 변화에서 가장 뚜렷하게 인식되는 것이 자유에 대한 요청과 더불어 사회로의 편입에 대한 욕망이다. 그는 목공예술 창작활동을 통해 많은 재산을 갖게 되고 자유도 획득하지만 그것에 만족하지 않는다. 앤드류의 사회적 인정에 대한 욕망은 먼저 인간의 '옷 입기'를 통해 인식된다. 인간에게 옷은 사회적 규범과 질서에 대한 수용을 의미하는 것으로, 사회문화적 의미를 지닌다. 이와 더불어 앤드류는 일상적 언어 습득에 대한 학습 의지를 통해서도 인간 사회로의 편입에 대한 욕망을 드러낸다. 그는 마틴 가족이나 다른 인간의 명령을 수행하기에 충분한 언어능력을 갖추고 있음에도 불구하고 조지와의 대화에서 자신이 모르는 새로운 언어들을 익히고자 도서관으로 향한다.

뿐만 아니라 작품에서 앤드류는 천재적 예술가로, 저술가로 인간과 동등한 능력을 발휘하며 사회적 능력을 인정받는다. 그러나 로봇이 인간과 동일한 주체가 될 수 없음을 인식한 앤드류는 인간의 몸을 입고 안드로이드가 되며, 소화기관, 새로운 신경, 안구, 항문, 생식기 등 자신의 내적 조직을 인간과 동일하게 개조한다. 이런 방식으로 '생각하는 존재' 앤드류는 계속 진화하는 모습을 보여 준다. 결국 그는 작품의 후반부에서 인간과 동일한 법적 지위와 권리를 요청함으로써 확실히 기계로서 로봇의 자아를 넘어선 모습으로 나타난다.

작품에서 앤드류가 인간과 동일한 권리를 요청하는 이유는 두 가지로 보인다. 하나는 로봇 보호법이 자신의 현실적 생존을 보장하지 않는다는 것이고, 다른 하나는 사회 구성원으로서 인간과 동등한 인격적 대우를 받으려는 의지에 기인한 것이다. 그런데 법정에서는 그가 인간이냐 아니냐의 문제가 집중적으로 논의된다. 법정의 판사는 앤드류의 뇌를 구성하는 물질이 유기체 세포가 아니라는 이유로 인간과 동일한 권리를 인정할 수 없다고 선언한다.

앤드류는 법정에서 자신을 기계라고 간주하는 것에 대해 인공장기를 장착하고 있는 인간들의 정체성에 대해 질문한다. 그리고 뇌의 구성 물질이 아니라 활동 기능이 더 중요하지 않느냐고 반문한다. 실제로 인공장기를 장착한 인간과 기계인간의 차이는 무엇인가? 그리고 뇌의 활동 기능이 아니라 뇌의 구성 물질로 기계와 구별된 인간의 정체성을 설명하는 논리가 충분히 설득적인가?

2) 종합적 결론

작품의 앤드류 형상에서 확실하게 인식되는 것은 인간의 능력과 동등한 수준으로 발전하는 인공지능 로봇의 진화로서, 여기서 두 가지 질문을 제기할 수 있다. 하나는 '강한 인공지능' 개발을 계속 진행하는 것이 과연 인간과 로봇, 양자의 관점을 모두 고려한 것인가 하는 것이고, 다른 하나는 인공지능 로봇의 출현이 불가피하다면 인간과 로봇의 공존을 위한 현실적인 대비책은 무엇인가 하는 것이다. 이러한 문제에 직면하여 후자를 논의하는 것이 현실적으로 여겨진다. 왜냐하면 비윤리적인 문제점 지적에도 불구하고 인공지능 개발은 계속되고 있기 때문이다.

지금처럼 빠른 속도로 인공지능 기술이 발전한다면 기계가 스스로 학습하고 진화하는 '강한 인공지능'의 등장도 먼 미래의 일로 보이지 않는다. 강한 인공지능은 인간의 명령 없이도 스스로 생각하고 행동하며 진화하는 존재이고, 무엇보다 자아를 가지고 있다는 점에서 약한 인공지능과 분명하게 구분된다. 국내외적으로 많은 학자들은 강한 인공지능의 개발이 40-50년 안에 이루어질 것이라고 추측한다. 그러므로 강한 인공지능 로봇이 인간과 함께 살아가는 사회가 되면, 인간과 강한 인공지능 로봇의 관계 규정을 비롯하여 로봇의 출현으로 인한 윤리적, 법적, 사회제도적 변화 등 많은 문제들이 예상된다.

앞에서 기술한 문제의식은 「바이센테니얼 맨」을 중심으로 미래 사회에서 예상되는 문제의 한 측면을 다룬 것이다. 이러한 문제의식의 정리를 통해 도출되는 중심 테제는 인간과 로봇의 공존 가능성 문제이다. 인간중심적인 시각에서 로봇을 타자화 한다면 상호 갈등과 혐오 문제의 해결은 요원해 보인다. 만약 AI 로봇이 인간과 동일한 능력을 지니고 사회를 위해 활동한다면, 로봇을 생명의 관점에서 바라보고 인간과 동일하게 사회를 이루는 구성원으로 여겨야 하지 않을까? 인간과 로봇의 공존이 실현되기 위해서는 현실적으로 어떤 노력이 더 필요한지 지속적인 논의가 요청된다.

3) 영화 <바이센테니얼 맨>의 활용

영화 〈바이센테니얼 맨〉(1999)은 아시모프의 「바이센테니얼 맨」(1976)을 바탕으로 한 것으로, 인공지능 로봇 앤드류가 인간이 되는 과정을 그린 작품이다. 영화의 중심 인물 앤드류는 처음부터 '강한 인공지능' 로봇으로 설계된 것은 아니고, 제작과정의 실수에서 비롯된 우연의 산물이다. 하지만 작품의 초반부에서 이미 호기심, 사고와 판단능력, 창의성 등 인간과 유사한 특성을 드러냄으로써 고도의 지능형 로봇으로 나타난다. 그리고 시간의 흐름 속에서 스스로 학습하며 진화하는 로봇의 모습을 보여 줌으로써 원작과 마찬가지로 '강한 인공지능'의 형상으로 인식된다. 영화는 앤드류의 인물 특성뿐만 아니라 예술적 창작능력, 재산권 문제, 인간과 동일한 권리를 요구하는 법적 소송과 관련하여 아시모프의 원작과 유사하게 나타난다.

그러나 영화에서 아시모프의 「바이센테니얼 맨」과 분명하게 차이를 드러내는 부분이 발견되는데, 인간과 로봇의 사랑 서사이다. 앤드류의 인간에 대한 사랑 서사는 원작에 전혀 없는 것으로서 감독의 새로운 구성을 보여 준다. 그가 사랑하는 인물은 아만다의 손녀 포샤이며, 포샤 또한 원작에는 전혀 등장하지 않는 인물이다. 영화에서 앤드류의 인공 장기 교체 수술, 법적 결혼에 대한 인정과 죽음의 선택 등 앤드류가 인간이 되려는 욕망은 모두 포샤에 대한 사랑에 기인한 것으로 연출된다.

영화 〈바이센테니얼 맨〉의 서사가 아시모프의 원작과 차이점을 지닌 부분도 있지만, 기본적으로 인간이 되려는 로봇의 욕망이나 강한 인공지능 로봇의 특성 등 많은 부분에서 공통점을 보여 준다. 그런 점에서 오늘날 아직 등장하지 않은 강한 인공지능의 형상이 인간과 함께 살아가는 미래 사회를 다룬 텍스트를 이해하는 데에 영화 콘텐츠의 활용은 매우 효과적이라 여겨진다. 특히 텍스트의 문제의식과 영화 자료의 문제의식을 종합적으로 정리한다면, 미래 사회에서 생겨날 수 있는 문제에 대해 더욱 폭넓은 논의를 진행할 수 있을 것이다.

연습 문제 1

II장 소통적 글쓰기에서 배운 문화 비평문의 이론을 토대로 영화 <바이센테니얼 맨>에 대한 영화 비평문을 작성해 보자.

6. 세부 주제 단평 및 에세이 쓰기

핵심 길라잡이

- **저자의 중심 사유나 작품에서 발견한 문제의식에 대한 생각을 정리하여 단평을 써 보자.**
- **오늘날의 관점에서 저술의 의미나 한계를 논하는 에세이를 작성해 보자.**

글쓰기는 작품 읽기와 분석, 토론을 모두 마친 후에 실행한다. 텍스트 비평에 해당하는 짧은 분량의 단평 쓰기는 작품 읽기와 분석 과정에서 제기된 문제에 관해 자신의 의견을 작성하는 것이다. 단평 쓰기는 수업시간에 진행하며, 좀 더 긴 분량의 에세이는 과제로 제시한다. 에세이 작성은 단평에서 기술한 내용을 확장, 발전시키거나 단평에서 다루지 않은 새로운 주제로 진행할 수 있다. 이 절에서는 토머스 헉슬리(1825-1895)의 「진화와 윤리」를 중심으로 단평 및 에세이 쓰기 주제와 실행 방법에 대해 살펴본다.[36]

1) 세부 주제 단평 쓰기

(1) 조별 토의

텍스트의 세부적인 주제로 단평을 쓰기 전에 먼저 조별 토의를 진행한다.

글쓰기 전에 실행되는 조별 토의는 저자의 중심 사유나 작품에서 발견한 문제의식에 대해 집중적으로 탐구할 수 있는 마지막 기회이다. 다른 구성원의 질문과 생각을 공유하는 것은 텍스트의 세부 주제로 단평을 쓰는 데에 도움이 될 것이다. 토의 주제의 예시는 다음과 같다.

구분	토의 주제 (예시)
• 문명 세계	• 헉슬리가 소개한 잭과 강낭콩 이야기에서 잭이 강낭콩 줄기를 타고 올라간 세계는 문명 세계를 비유적으로 표현한 것이다. 그 근거를 찾아보고, 작품에서 문명 세계에 대한 저자의 주장을 정리해 보자.
• 우주 과정	• 헉슬리는 우주 과정이 윤리적 원리와 양립할 수 없다고 주장한다. 그의 주장 근거의 타당성에 대해 생각해 보자.
• 고대 인도철학과 스토아 사상	• 고대 인도철학과 스토아학파의 사상에 대해 헉슬리가 비판적으로 평가하는 내용들을 정리하고, 그 이유를 저자의 전체 주장과 관련지어 생각해 보자.
• '적자' 개념	• 헉슬리는 '적자' 개념을 자연 세계와 인간 사회에 다르게 적용하고 있다. 이러한 주장이 작품의 저술 목적과 어떻게 관련되는지 생각해 보자.
• 사회적 진보의 목적	• 헉슬리는 인간 사회 발전의 목적이 윤리적 과정의 실현이라고 주장한다. 그의 견해가 현대 사회에 해당되는지 생각해 보자.

(2) 단평 쓰기의 세부 주제

세부 주제 단평 쓰기는 다양한 방법으로 접근할 수 있다. 그런데 단평은 A4 0.5-0.7매의 짧은 분량이므로 저자의 견해에 대해 지지하거나 비판하는 방식으로 작성하면, 보다 명료하게 논리, 논증적인 사고를 표현할 수 있다. 다음은 「진화와 윤리」 텍스트와 관련된 단평 쓰기 주제의 예시이다.

① 자연 세계의 진화

헉슬리는 텍스트의 도입부에서 강낭콩의 반복적인 순환과정을 통해 생명체의 진화를 설명한다. 우주 만물의 중단 없는 변화는 이미 헤라클레이토스를 비롯한 고대 자연철학자들에 의해서도 파악된 사실이다. 그러므로 여기서 주목하게 되는 것은 당시 종의 불변성에 대한 사고를 깨트린 생물의 변이 문제는 기술되지 않고 개체의 미시적 변화만이 다뤄지는 점이다. 과연 생물체의 '탄생-노화-죽음'이라는 순환적 진화만으로 과학적 진화론이 충분히 설명될 수 있는 것인지 생각해 보자.

② 대우주에 대한 이해

헉슬리는 자연 세계에 관한 주장을 동물 세계에 국한하여 전개하지 않고 인간을 둘러싼 전 우주적 자연과정으로 확장시킨다. 그는 인간 사회에서 죄 없는 사람들이 고통 받는 이유를 다른 사람의 죄로 인한 운명적 작용과 연결하는데, 그 인물들의 예로 소포클레스 비극의 주인공 오이디푸스, 셰익스피어의 햄릿, 구약 성경의 욥을 들고 있다. 헉슬리가 제시한 세 인물 중에서 구약성경의 욥은 마지막에 하나님의 보상이 주어지므로 오이디푸스와 햄릿과는 다른 결말을 보여 준다. 그럼에도 불구하고 이 인물들의 공통점은 직접 악한 행동을 한 것이 아닌데, 주변 인물들의 죄악에 연루되어 고통을 받는다는 점이다. 헉슬리는 이 인물들을 파멸로 몰고 가는 것이 자연적 사건들, 즉 우주 과정이라고 주장함으로써, 우주 과정 또한 비윤리적이라고 기술한다. 헉슬리가 인간 사회에서 인과론적으로 설명할 수 없는 비윤리적인 사건들을 대우주 과정의 문제로 간주하고, 우주와 자연 세계를 동일한 것으로 여기는 견해에 대해 자신의 생각을 기술해 보자.

③ 고대 인도철학 및 스토아 사상에 대한 입장

헉슬리는 초기 인도철학에서 변화하는 표면적 현상세계와 그 본질에 해당하는 영원한 실재(혹은 실체)의 구분에 문제를 제기한다. 그리고 그는 고대 인도철학뿐만 아니라 서양의 스토아 학파 사상도 우주는 의롭고 모든 악덕의 근원이 인간의 욕망에 있기 때문에 개인의 수양을 통해 인간의 욕망을 통제해야 한다는 이론에 대해 비판적으로 성찰한다. 헉슬리에 따르면 인간의 욕망을 부정하는 것은 진화 과정의 도구가 되기를 거부하는 것이다. 그는 인도철학에서 말하는 업(業), 즉 카르마가 형성되는 데에 외부의 힘은 전혀 영향을 미치지 않으며 오직 인간의 의지만이 인과론적 고리인 카르마를 끊을 수 있다고 기술한다. 따라서 헉슬리는 보이지 않는 우주의 실체나 인간 외적 요소는 중요하지 않고 눈에 보이는 현상 세계와 그 주체인 인간의 의지와 활동을 강조하는 것이다. 이와 같은 헉슬리의 주장에 대한 자신의 입장을 정리하여 단평을 써 보자.

④ 노동자 계급의 사회개혁 운동에 대한 견해

헉슬리는 사회의 진보가 윤리의 발전과 함께 이루어진 것임을 강조하며, 무엇보다 '정의'의 문제를 주목한다. 그에 따르면 정의는 사회적 합의를 지키는 것뿐만 아니라 약속의 준수 여부에 따라 정해진 상과 벌의 원칙을 행하는 것이다. 나아가 완전한 의미의 정의는 단순히 행동의 문제가 아니라 행동에 일치하는 내적 동기를 가져야 한다고 기술한다. '정의' 개념에서 행위의 내적 동기를 주장하는 헉슬리의 의도는 인간과 동물, 인간 사회와 자연 세계의 차이를 분명하게 드러내는 데에 있으며, 이를 토대로 사회적 합의 내용을 지키지 않는 인간의 모습을 비판하기 위한 것이다.

이러한 헉슬리의 비판은 당시 영국 노동자 계급의 사회개혁 운동과 관련된다. 그가 자신의 시대에 인간 사회의 윤리, 특히 공동체 의식은 사라지고, 개인주의가 쇄도하고 있다고 언급한 것도 노동자들의 사회주의적 운동을 겨냥한 것이다. 그의 주장의 근거는 무엇보다 자신들의 계급적 이해를 도모하는 경쟁의식이 인간의 윤리의식을 약화시키고 공동체의 유대를 파괴할 위험이 있다는 것이다. 당시 노동자 계급의 노동운동을 사회의 계급적 이해와 경쟁을 부추기는 요소로 간주하고, 인간 사회의 윤리적 발전과 배치된다고 보는 헉슬리의 입장에 대해 자신의 의견을 기술해 보자.

⑤ '적자' 개념에 대한 논의

헉슬리는 '적자' 개념을 자연 세계와 인간 사회에 동일하게 적용하는 것에 대해 문제를 제기한다. 그에 따르면 자연 세계의 적자는 주어진 환경에 적응하여 살아남는 존재이며, 이는 곧 주어진 상황에 따라 변화하는 존재를 의미한다. 그런데 헉슬리는 '적자'라는 단어에 '훌륭한'이라는 도덕적 의미가 내포되어 있다고 주장하며, 적자생존이라는 용어를 자연 세계와 인간 사회에 구별 없이 사용하는 것에 문제를 제기하는 것이다. 헉슬리가 주장하듯이, 과연 도덕적인 '적자'의 의미가 인간 사회에 적용될 수 있는 것일까? 헉슬리가 자연 세계와 구별하며 인간 사회의 진보에 의미를 부여한 '적자' 개념과 관련하여 자신의 입장을 써 보자.

⑥ 인간 사회의 윤리적 진보 성취 방법

헉슬리가 텍스트에서 인간 사회 진보의 궁극적 목적으로 제시하고 있는 것은 윤리적 과정의 실현으로서, 사회적 진보를 이루기 위해서는 자연 세계의 비윤리적인 원칙을 통제하고 윤리적 원칙이 필요하다고 강조한다. 그에 따르면 윤리적 과정의 목적은 윤리적으로 훌륭한 자들이 살아남는 것이며, 윤리적으로 훌륭한 행위란 주어진 상황에서 가장 우수한 사람의 생존이 아니라 가능한 한 많은 사람의 생존을 지향하는 것이다. 결국 헉슬리는 인간 사회의 윤리적 진보를 성취하기 위해선 우주 과정을 모방하거나 회피해서는 안 되고, 우주적 자연 과정과 맞서 싸워야 한다고 주장한다. 과연 기술문명의 발전으로 인해 자연 생태계 파괴의 위기에 처한 오늘날, 자연에 맞서 싸우는 방법이 인간 사회의 윤리적 진보를 실현하기에 적절한 방법일까? 이것에 대해 어떻게 생각하는지 자신의 견해를 써 보자.

2) 에세이 쓰기

(1) 저술의 의미와 한계 정리

에세이 과제를 수행하기 전에 텍스트 전체의 의미와 한계를 종합적으로 정리하면, 글쓰기를 하는 데에 더욱 도움이 될 수 있다. 왜냐하면 개인 과제로 진행되는 에세이는 전체 텍스트에 대한 이해를 바탕으로 오늘날의 관점에서 기술하는 것이기 때문이다. 에세이 주제는 자신이 스스로 정하거나 제시되는 것들 중에서 선택할 수 있다.

① 저술의 의미

「진화와 윤리」 저술의 의미는 크게 두 가지로 파악된다. 우선 「진화와 윤리」에 나타난 헉슬리의 중심 사유는 '자연주의적 오류'에 관한 논의를 선취하고 있다. 자연주의적 오류는 1903년에 영국의 철학자 조지 무어가 발표한 개념으로서, 자연 현상에서 사회적 당위를 이끌어 내는 것이다. 다시 말하면 자연적 사실을 바탕으로 인간 사회의 문제에 대해 판단하는 것이 자연주의적 오류이다. 그 대표적 예가 인간의 도덕적 감정과 사고, 행동의 문제를 다른 자연 현상과 마찬가지로 자연적 진화론에 입각하여 사유하는 진화윤리학 이론이다. 그런데 헉슬리는 당시 '진화의 윤리' 혹은 '윤리의 진화'를 주장하는 사람들, 즉 진화윤리학적 사유에 대해 문제를 제기한다. 그는 생물학자임에도 불구하고 자연 세계와 인간 사회의 문제를 명확히 구분함으로써 당시 진화론자들이 보여 주는 자연주의적 오류와 거리를 취하고 있다.

다음으로 헉슬리 이론의 주요한 의미는 스펜서의 사회진화론 사상, 즉 경쟁과 투쟁을 통한 사회의 발전 논리를 비판한 점이다. 사회진화론은 자연 세계의 진화론을 인간 사회에 적용한 것으로, 사회, 국가도 하나의 유기체로서 생존경쟁의 원리에 따라 환경에 적응하게 되는 적자가 사회를 발전시켜 나간다는 사상이다. 즉 강자의 생존과 약자의 소멸을 자연적 현상이자 동시에 사회의 진보과정으로 간주하는 논리이다. 사회진화론적 사상의 문제는 사회 환경의 측면을 고려하지 않고 개인의 능력만을 강조하며 인간간의 상호경쟁을 자극하는 데에 있다. 그러므로 헉슬리가 기술한 것과 같이 인간의 윤리의식을 약화시킬 위험이 있는 것이다. 헉슬리의 이러한 사유는 신자유주의의 무한경쟁 시대를 살아가는 오늘날 사회 공동체 전체가 나아가야 할 방향에 대한 성찰의 계기를 제공한다.

② 저술의 한계

헉슬리의 「진화와 윤리」 논의의 한계도 크게 두 가지로 정리할 수 있다. 하나는 자연 세계 진화의 주요한 원칙으로 생물체들의 치열한 생존경쟁을 제시한 것이다. 생존경쟁이 자연 세계의 진화에서 하나의 주요한 원리라는 것은 부인할 수 없지만, 자연 세계 전체에 해당하는 것은 아니다. 헉슬리가 기술한 동물 세계에서도 개체들 사이의 잔혹한 생존경쟁만 있는 것이 아니라 협력성, 인내와 용기, 공동체적 특성이 나타난다. 그 대표적 예로 수리부엉이, 황제 펭귄, 꿀벌 등이 있다.

텍스트의 한계에 대한 이해를 위해 다큐멘터리 영화 〈펭귄-위대한 모험〉을 활용하는 것도 효과적이다. 〈펭귄-위대한 모험〉은 프랑스의 동물학자인 뤽 자케 감독이 2005년에 발표한 영화로서, 남극에서 황제펭귄들이 1년 정도 생활공동체를 이루며 지내는 모습을 보여 준다. 영화에서 황제펭귄들이 허들링을 하면서 혹독한 추위를 이겨내고 협력적으로 천적들로부터 새끼를 보호하는 모습, 암컷 펭귄이 없는 동안, 수컷 펭귄이 배고픔을 참으면서 비상식량을 새끼들에게 먹이는 모습 등이 나타난다. 그럼으로써 텍스트에서 자연 세계를 냉혹한 생존경쟁의 장소로만 규정하는 헉슬리 이론의 한계를 볼 수 있다.

다음으로 인간 사회의 윤리적 진보에 대한 사유에서도 헉슬리의 한계가 파악된다. 그는 텍스트에서 기술문명의 발전 결과, 인간 사회에서 나타나는 장점과 더불어 단점을 명확히 통찰하고 있다. 그에 따르면 기술문명이 발전하면서 부와 쾌락을 얻게 되는 장점이 있지만, 감각적 자극의 과잉으로 인해 피로와 권태감, 미래에 대한 두려움 등 고통도 늘어난다는 것이다. 이와 같이 문명 발전의 폐해를 인식함에도 불구하고 헉슬리는 현대 문명 사회의 복합적인 문제들에 대해 깊이 있는 사유를 보여 주지 않는다. 헉슬리 시대보다 문명이 더욱 발전한 현대 사회에서 인간의 자연 지배적 태도는 자연환경 및 생태계 파괴를 넘어서 자본주의 사회 구조 속에서 인간 사이의 억압과 차별 등 다양한 사회생태적 문제를 초래하고 있다. 따라서 자연과 인간을 대립적 관계로 파악하며 자연에 대한 인간의 저항과 투쟁을 주장하는 헉슬리의 사유는 인간 사회의 윤리적 발전을 성취하기에 적절한 방법으로 보이지 않는다.

(2) 에세이 쓰기

에세이 작성은 앞에서 기술했듯이 주제를 자유롭게 선택하는 경우, 단평에서 다룬 내용을 확장하거나 단평과 별개의 새로운 주제로 시도할 수 있다. 단평 쓰기와 구별하여 글쓰기 분량은 A4 1-2매로 하며, 「진화와 윤리」와 관련된 학술적 글쓰기 주제의 예시는 다음과 같다. 영화 〈펭귄-위대한 모험〉이나 혹은 다른 동물들의 세계를 바탕으로 자연 진화 이론에 대한 헉슬리의 한계, 현대 기술문명 사회의 비윤리적인 문제들을 토대로 인간 사회의 윤리적 진보에 대한 헉슬리의 사상적 한계, 자연 세계의 진화와 인간 사회의 진보를 구별하여 기술하는 헉슬리 사유의 의미 등에 관해 논술하기이다.

에세이를 작성하는 과정에서 자연 세계의 원리, 과학기술의 발전과 문명 사회의 문제, 인간 사회 진보의 방향에 관한 문제들을 생각함으로써, 인간과 자연의 관계, 인간 사회에서 과학기술의 역할 등에 관해서도 성찰하게 될 것이다. 다음 글은 「진화와 윤리」에서 기술된 저자의 주장에 대한 한계를 드러내는 입장으로서, 현대 기술문명의 진보에 대한 성찰적 사고를 보여 준다.

잭은 강낭콩 줄기를 타고 올라간다. 그 위에서 친숙한 요소로 이루어진, 그러나 새로운 문명 세계를 본다. 헉슬리는 인간의 숭고한 이상과 윤리적 세계에 대한 추구를 믿으며, 윤리적 진보는 생존 경쟁이라는 우주적 과정과 싸워가며 얻는 것이라고 주장한다. 윤리적으로 가장 훌륭한 자들이 살아남는 것이 진보의 결과이고, 그 결과는 인간 사회 발전과 기술 발달 등에 비례하여 달성된다는 것이다. 하지만 헉슬리의 주장에는 약 120년이 흐른 지금의 관점에서 볼 때 한계가 있다. 발달된 체제와 인간 문명의 발전이 숭고한 힘, 정의, 선(善)을 제대로 구현하고 있다고 보기 어렵기 때문이다. 과연 문명화된 세계의 '법률', '도덕적 규약', '기술' 등이 진정한 윤리 의식을 구현한다고 볼 수 있을까? 다시 말하면, 사회가 문명화되어 미시적 분쟁이나 판단의 문제에 대한 기준이 어느 정도 마련되는지 몰라도 사회 전체와 이윤 배분 등에 대해서는 오히려 '생존경쟁'이라는 우주적 과정이 되풀이되고 있다. 원숭이나 호랑이의 본성을 끊고자 했지만, 발달된 문명이 '정의'와는 거리가 먼 행위를 정당화하는 데에 이용되는 것이다.

구체적으로 사법 및 정치구조의 모순을 살펴보자. 민주주의, 시민 주권 등의 아름다운 이상은 자본주의 발전과 맥을 같이한다. 인간으로서의 성숙한 권리를 보장받고자 사람들은 권력을 배분하며 법률을 마련한다. 그러나 그 이면에는 다수의 지지가 정의에 가깝다는 관점이 불가피하게 내포되어 있다. 결국 각 사회마다, 정권마다 '윤리적'이라고 여기는 내용은 상이한 채로 물질적 힘의 경쟁을 계속 보여 주며 비윤리적 행위까지도 정당한 것으로서 이행하고 있다. 아직도 지구 반대편에는 배를 곯는 아이들이 있음을 누구나 알지만, 미국은 자국 농민을 보호하고자 농산물 가격을 유지하기 위해 수백 톤의 농산물을 바다에 버린다. 중국의 정권은 중국을 부강한 나라로 발전시켰지만 산아 제한 정책, 언론 통제라는 비윤리적인 끈을 놓지 않는다. 일본은 정권 안정과 역사의 정당화를 위해 전쟁 피해국가에 돈을 지불함으로써 추악한 과거를 부인한다. 억만장자 레오나 헴슬리(Leona Helmsley)는 '오직 가난한 사람들이나 세금을 낸다(Only poor pay taxes)'라며 정직을 비웃는다. 가까이 우리 사회만 보아도 발달된 체제의 지도자나 자본가들의 너무 많은 부정과 비윤리적 행위에 대한 소식이 매일 들려온다. 이러한 사례는 부정의에 가깝지만, 발달된 문명 아래에서 그 영향력을 인정받는다. 이를 두고 그저 인류 사회나 제도가 아직 덜 발전했기 때문이라고 옹호할 수만은 없는 노릇이다. 전에는 창과 돌을 들어 싸우던 것과 달리 이제는 사회에서 인정받는 돈과 권력, 그리고 지식을 통해 생존경쟁에서 우위를 차지하고자 부단히 노력한다.

좀 더 미시적인 관점에서 접근해 보자. 우선 우리가 살고 있는 문명화된 도시가 헉슬리 이론의 한계를 짚어줄 수 있다. 만약 인류 기술의 발전이나 체제의 고도화가 인간이 숭고한 정의에 닿도록 한다면, 적어도 그 정의가 실현될 가장 적합한 장소는 도시이어야 한다. 도시는 많은 수의 구성원, 발달된 기술력 등 문명화된 체제가 가장 발전한 공간이기 때문이다. 그러나 끊임없는 인구 문제, 환경 공해, 이익 집단 간의 다툼 그리고 이 모든 것을 묵과하는 차가운 소외는 헉슬리가 기대한 윤리적 결과와는 거리가 멀어 보인다. 도리어 원시적인 봉건 사회에서 나타나던 사람들 사이의 유대감, 따뜻한 인심, 조금 덜 숨가쁜 경쟁이 우리가 보편적으로 윤리적이라고 느낄 무언가에 가까워 보인다. 도심 속 윤리가 그나마 법적 공방이나 처벌을 통해 지탱되고 있다면 그만큼 취약한 사회도 없을 것이다. 현대의 성문화된 법률이나 도덕이 윤리 실현에 기여하는 부분은 분명히 있지만, 더 이상 그러한 통제가 없으면 윤리에 다가가기 어려운 사회가 되기 때문이다. 도시나 사회 문제뿐만이 아니더라도 과학이나 기술의 영역이 발전하며 발생하는 문제들도 계속된다. 인간의 자유와 권리를 보장하고자 생명공학이 연구된다. 그러나 과거에 비해 인체에 대한 인간의 영향력이 커지면서 생명의 존재가 전처럼 귀중한 것으로 받아들여지지 못하는 모순이 생긴다. 안락사, 유전공학 등 새로운 연구 분야에서 특정 판단이 옳다고 선을 그을 수 없을 윤리적 문제들이 발생하는 것이다. 더한 경우 해당 지식이 악용되기도 한다.

이러한 논의를 통해 헉슬리 이론의 뿌리 깊은 한계에 대해 고민해 볼 수 있다. 근본적으로 헉슬리는 '선'의 존재에 대해서 명확하게 제시하지 못했다. 인간의 선이란 어디서 비롯되는지 알지 못함을 스스로 인정하면서도, 그러한 심미적 기제가 왜 선호되어야 하는지는 언젠가 밝혀지리라고 전제한 것이다. 이러한 이론은 선의 정체가 무엇인지 이해하지 못하면서 윤리적 세계를 추구해야 한다는 시각이 합의되었다고만 주장함으로써, 인간이 정말 선의 정체를 중요시하는지 증명하지 못하는 한계를 지닌다. 우주적 과정과 투쟁이 생존경쟁으로부터 비롯됨을 제시한 것과 달리 선의 추구는 당위적인 것으로만 정의한다. 인간 사회의 발전을 윤리적 과정에 비례하는 것으로 보고 생존경쟁과 비교하지만 그러한 진보가 정말 선을 위해 존재하는지 뒷받침할 근거가 빈약하다. 결국 윤리의 과정이 생존경쟁의 초석을 딛고 선 후에야 진행된다는 숙명적 아이러니를 안은 채, 선의 정체와 근거는 모호하게 남는다. 물론 헉슬리의 시대는 기술·문명적으로 지금보다 훨씬 발전되지 못했고 사회적 진보에 대한 기대는 증폭되던 때였다. 그러나 헉슬리가 로마니즈 강연에서 밝혔듯이 당대에도 개인주의는 이미 존재한 반면, 선의 존재가 왜 궁극적으로 추구되어야 하는지의 근거는 여전히 마땅치 않다. 바로 이러한 한계로 인해 사회가 발전할수록 윤리적 결과에 가까워진다는 헉슬리의 주장에 흠이 생기는 것이다. 문명화를 통해 선에 다가간다는 이론은 인간이 분명하게 소우주적인 윤리의 진보를 우주적 과정보다 우선시한다는 전제 하에서만 도출될 수 있기 때문이다.

물론 헉슬리의 일념에는 깊은 뜻이 있다. 그의 주장 자체를 전면에서 부인하려는 것은 아니다. 헉슬리는 진화론자이자 과학자로서 우주적 과정의 신비와 원대함을 인정하면서도 숭고한 윤리의 끝없는 추구, 사회 구성원의 연대와 선의 구현이 인류의 발전을 통해 성취되기를 꿈꾸었다. 실제로 과거의 무질서에 비하면 현대 사회는 정의를 실현하기 위한 여러 발판들이 마련되어 있다. 적어도 대부분의 사회에서 왕정 시대의 근거 없는 폭정이 자취를 감추었고 사람들이 공공연한 신분 관계에 예속되지 않으며, 여러 분쟁을 해결할 성문화된 규율이 존재한다. 다만 인간 사회의 진보가 곧 윤리적 과정으로 이어지며 그 발전의 정도에 비례하여 사회의 윤리가 실현된다는 헉슬리 이론의 한계를 살펴본 것이다. 비록 고도화되는 사회에서 헉슬리의 기대처럼 숭고한 윤리가 온전히 보장되기 힘들더라도 더 나은 선이란 무엇인지 찾고 실현하도록 애써야 할 것이다. '우리들 내부의 악과 주변의 악을 굳센 가슴으로 버티고 막으면서' 줄여 나가기를 바라며, 강낭콩 줄기 위의 아름다운 세계를 기대해 본다.

— 학생의 글, 「강낭콩 줄기 위의 세계는 과연 아름다운가」

연습문제 1

앞에서 제시된 텍스트의 세부 주제 중에서 하나를 선택하거나, 「진화와 윤리」를 읽고 자신이 직접 주제를 설정하여 단평을 써 보자.

7장

창의적 읽기

창의적 읽기는 분석적 읽기의 심화 단계로서 독자의 능동적인 사고를 요청하는 읽기 방법이다. 독자는 저자의 주장에만 의존하지 않고 읽기의 능동적 주체가 되어 텍스트에 내포된 다층적인 요소와 문제를 발견하고 해석하는 단계로 나아가야 한다. 그러므로 독자는 작품의 핵심 주제를 이해하는 단계를 넘어서 자신의 지식과 경험에 입각하여 텍스트의 문제를 찾아내거나, 텍스트에 대해 직접 문제를 제기한다. 이러한 문제의식을 매개로 다양한 접근이 가능한데, 문제 해결방안의 모색, 개인적 · 사회적 현실에 대한 적용 및 성찰, 다른 텍스트와의 관련성 파악을 시도하는 과정에서 우리의 사고력이 향상될 수 있을 것이다.

1. 심층적 질문과 쟁점의 발견

핵심 길라잡이

- 텍스트를 이해하기 위해 키워드 또는 쟁점를 찾아보자.
- 텍스트가 제기하는 쟁점에 대한 일반적인 견해는 무엇인지 고찰하고, 자신의 생각과 비교해 보자.
- 텍스트가 제기하는 쟁점을 다룬 다른 텍스트들을 찾아보자.

이 절에서는 텍스트에 대한 1차적 이해를 넘어서서 보다 심층적인 이해로 확장할 수 있는 방법을 제시하고자 한다. 심층적 이해로 확장하기 위해서는 텍스트가 가지고 있는 쟁점들을 꼼꼼하게 발견해서 다각도로 문제를 제기하는 것이 필요하다. 텍스트에 대한 심층적 질문과 쟁점의 발견이 이루어진 후에는 그것을 바탕으로 심화된 다른 텍스트로의 연결이 가능해진다.

여기에서는 나혜석(1896-1948)이 쓴 글 다섯 편 「경희」, 「모된 감상기」, 「아아 자유의 파리가 그리워」, 「이혼고백장」, 「신생활에 들면서」를 대상으로 그 방법을 제시해 본다.

1) 나혜석의 글에 대한 심층적 질문

(1) 나혜석을 읽는 의미

화가, 작가, 여성운동가로 알려진 나혜석의 삶은 다면적이다. 알려진 대로 그녀는 인생의 전반부는 조선 최고의 명성을 가진 여성으로, 후반부는 몰락한 행려병자로 삶을 마감하는 비극적 인생을 살았다. 모든 사람들이 선망하던 여성에서 사람들의 손가락질을 받는 여성으로 전락하는 과정에서 그녀가 보여준 극적인 선택과 결단은 화려하면서도 혹독한 것이었다. 19세기에서 20세기로 전환하는 과정에서 여성 예술가가 치러야 할 운명을 온몸으로 받아들이듯, 나혜석은 한국 근대사에서 가장 뛰어나면서도 가장 비극적인 여성이다. 그녀는 온몸으로 전근대적 모순과 투쟁했고 결국 패배했지만 시대를 초월해서 사라지지 않는 불꽃같은 의미를 우리에게 남겨주었다고 할 수 있다.[37]

이러한 나혜석의 글을 읽는 가장 큰 의미는 나혜석에 대한 정보를 수집하는 것이 아니라, 나혜석이 쓴 글을 직접 읽는 데에 있다. 나혜석처럼 유명한 인물은 스스로 노력하지 않아도 우연히 그에 대한 정보를 읽거나 들을 수 있는 기회가 많이 있다. 그러나 나혜석에 대한 쓴 글은, 누가 어느 시점에서 어떤 이유로 나혜석을 다루고 있는지에 따라서 매우 다른 양상을 띠게 된다. 학생들은 나혜석에 대한 글이나 정보가 아니라, 그녀가 쓴 주요한 글을 직접 읽고 토론함으로써 나혜석이라는 근대 초기 인물에 대한 스스로의 생각을 정리해 볼 수 있을 것이다.

그런데 나혜석의 글을 읽으면서, 가장 어려운 점이 1차적 이해가 힘들다는 것이다. 20세기 초의 만연체 문장에 한문투가 섞인 그녀의 글은 사실상 잘 읽히지 않는다. 21세기인 현재와는 다른 의미로 어휘를 사용하기도 하고, 복잡한 주장을 한 마디로 요약해서 선언하기도 한다. 몇 가지 예를 들면 다음과 같다.

정월(晶月: 나혜석의 호)의 대명사인 '나열(羅悅:딸 이름)의 모(母)'는 '모(母)될 때'로 '모(母)되기'까지의 있는 듯 없는 듯한 이상한 심리 중에서 '있었던 것을' 찾아 여러 신식 모(母)들께 "그렇지 않습디까 아니 그랬었지요?"라고 묻고 싶다.

혼자일 때 불렸던 이름인 정월이 아니라, 이제는 '나열이 엄마'로 불리면서 '모될 때'(즉 임신 후부터 출산 전까지)로 '모 되기까지'(출산 후 본격적으로 엄마가 되고나서) 그간의 과정에서 느꼈던 심리 중에서 뚜렷하게 기억이 나거나 어디 적어두었거나 해서 확실히 '이런 것을 느꼈다'는 것을 찾아(즉 딸의 임신 출산 과정을 경험하고 딸을 키우면서 느꼈던 심리들을 이 글에 서술하면서) 엄마가 된 다른 신여성들에게 '당신들도 그렇지 않았습니까'라고 묻고 싶다는 것이다. 다시 말하면, 한 아이의 엄마가 되고 나니, 임신 후부터 출산 전까지, 또 출산 이후 본격적으로 엄마가 되고 나서 느꼈던 심리들을 이 글에 서술해서, 엄마가 된 다른 신여성들에게 '당신들도 그랬지요?'라고 물어보고 싶다는 것이다. 「모된 감상기」를 쓴 동기를 밝힌 것이라고 할 수 있다.

— 「모된 감상기」, 『나혜석전집』, 이상경 엮음, 태학사, 2000, 218쪽.

좀 더 정조가 극도로 문란해가지고 다시 정조를 고수하는 자가 있어야 한다.

당시의 조선사회에서는 여성들이 사회적 관습에 의해 자신의 의지와 관계없이 정조를 고수하게 된다. 그런데 그것은 스스로의 의지가 아니라 사회적 강요에 의한 것이므로 자신의 선택이라고 할 수 없다. 그러니 조선에서도 파리처럼 자유롭게 정조라는 것의 관념과 관습을 깨뜨리고 살아본 이후에 스스로 필요하다고 느껴서 정조를 선택하는 사람이 있어야 할 것이라는 의미이다.

— 「신생활에 들면서」, 『나혜석전집』, 이상경 엮음, 태학사, 2000, 433쪽.

겨울에 얼어붙은 개천물을 보라. 그 더럽게 흐르던 물이 어떻게 이렇게 희게 아름답게 얼어붙는가. 이것은 확실히 그 본체는 순정과 미를 잃지 않았던 것이다. 이 점으로 보아 진보해 가는 사람을 생각하게 된다. 이러한 사람에게는 떨어진 물이 더러우면 더러울수록 떨어진 유혹의 길이 깊으면 깊을수록 더 심각한 더 복잡한 현실을 엿보는 고로, 이 의미로 보아 이러한 사람은 미혹에 처하면 처할수록 외면으론 비록 고통스러울지언정 내막은 풍부한 감정으로 살 수 있는 것이다.

나혜석은 자신이 유혹을 받고 흔들렸던 것에 대해 사람으로서 진보하기 위한 하나의 과정이라고 보고 있다. 또한 "미혹하든지 분지르든지 하더라도 일의로 살려고만 하면 되지 않는가"로도 알 수 있듯 자신의 뜻이 옳고 나쁜 마음을 먹지 않았으므로 자신의 의도를 불순한 행동이라고까지 여기지 않았다. 더럽게 흐르던 물이 희게 얼어붙은 것에서 그 본체가 순수함을 잃지 않는다면 더럽지 않다고 생각했다고 볼 수 있다. 이러한 자신에게 떨어진 유혹의 깊이가 깊을수록 현실을 더 복잡하게 생각하게 되고 생각을 깊게 하여 스스로를 성찰하게 되므로, 외면은 유혹을 받아 고통스럽지만 내면은 다양한 그리고 깊고 풍부한 생각을 하며 살 수 있다는 것이다. 또한 이러한 일은 세상의 흔한 일로 생각하게 되면서 자신의 흔들렸던 모습을 자연스러운 성장의 과정으로 본다는 의미이다.

— 「신생활에 들면서」, 『나혜석전집』, 이상경 엮음, 태학사, 2000, 430쪽.

(2) 나혜석의 글로부터 쟁점을 발견하기

① 널리 알려진 키워드를 다른 방식으로 읽기

나혜석을 읽으면서 많은 독자들이 제시하는 키워드는 널리 알려진 바와 같이 '모성' '정조' 또는 '결혼이냐 공부냐'와 같은 근대 초기 조선 여성들이 부딪쳤던 문제들이다. 이와 같은 문제들은 당시 많은 논란을 불러 일으킨 만큼 다양한 연구 자료에서 잘 정리되어 있다. 그런데 예를 들어 '모성'의 문제만 해도, '모성'이 중점적으로 다루어진 「모된 감상기」 외에 「이혼고백장」과 「신생활에 들면서」에 연속해서 등장하며, 각각의 글에서 나타나는 모성의 양상은 널리 알려진 것처럼 '모성은 천품이 아니다'라는 선언에서 그치지 않고 모성을 둘러싼 복잡한 상념들이 엿보인다. 또한 나혜석이 처한 상황이 변화하면서 모성에 대한 생각 역시 조금씩 변화해 가는 모습을 볼 수 있다. 따라서 '모성'을 둘러싼 다양한 토론을 구성할 수 있는데, 예를 들어 보면 다음과 같다.

토론 주제: 「모된 감상기」에 나타난 '모성'의 의미를 다양한 각도에서 이야기해 보자.

학생 1: 나혜석은 모든 사람이 '모성이 천품이다'라고 이야기할 때, '모성은 천품이 아니다'라고 주장한다. 지금도 '모성이 본능인가 아닌가'라는 주제를 놓고 찬반 의견이 팽팽하게 갈리고 있는데, 그 옛날에 그런 주장을 할 수 있다는 점이 대단하다고 생각한다.

학생 2: 나혜석은 자신이 임신했다는 사실을 알고 부정하려고 하고 부끄러워하기도 했다. 당시 모든 여성들이 결혼하면 당연히 아기를 낳아야 한다고 생각했는데 나혜석은 왜 부끄러움까지 느꼈던 것일까. 그녀는 자신이 조선 여자로 태어나 해야 할 일이 많다고 했다. 그런데 갑자기 임신을 하니 자신이 하고자 하는 일에 임신이 제약이 되지 않을까 걱정한 것 같다. 또한 여태까지 자신은 공상과 이상의 세계에서만 살아 왔는데 임신과 양육이라는 현실적인 문제에 부닥치게 되므로 부정하고 싶어 했던 것 같다. 나혜석의 이러한 심정은 현대 사회에서 자신의 커리어를 쌓아 가고자 하는 여성들의 문제와 완전히 일치한다. 현대 사회의 여성들 역시 뜻밖에 임신을 하게 된다면 똑같은 심정을 느끼고 자신이 하고자 하는 일에 임신과 육아가 제약이 되지 않을까 걱정하게 될 것이다. 100년 전 여성의 문제가 현재에도 여전히 지속되고 있다는 점이 놀라웠다.

학생 3: 나혜석은 231쪽에서 "1인의 모보다도 2인 3인 다수의 모가 될수록 천당생활로 화하여 간다"고 말하고 있다. 조선의 여자들은 자식을 양육하는 고통을 자식들이 자랐을 때 여자들에게 돌아오는 어떤 보상이나 미래에 대한 희망을 가지고 참아낸다고 한다. 따라서 자식을 양육하는 것이 '자연 그대로의 하느님, 그 몸대로의 선하고 미한 행복의 생활이었다'고 말하고 있는 것이다. 또한 한 명의 자식을 낳아서 키우는 것보다는 여러 명의 자식을 낳아서 잘 키우는 것이 미래에 더 호강을 할 수 있고 더 천당생활이며 행복하다는 것을 말하고 있다.

학생 4: 나혜석은 "너 자신이 실행하다가 못한 이상을 자식에게 실현케 하라는 듯싶다"(234)고 말한다. 이 말은 자신이 이루지 못했던 것을 자식을 통해 이루려고 하는 잘못된 모성, 현실에도 유지되는 그런 모성을 말하는 것이다. 현대 사회의 빈둥지 신드롬 같은 문제는 여자, 인간이 아닌 '모'로서만 자신을 남김으로 발생된다. 나혜석은 신여성으로서 가부장제에서 벗어난 면모를 보여 주려고 노력했지만 자식에게 자신을 투사하는 모습은 가부장제 극복의 한계를 보여 준다고 생각한다.

— 학생 토론문

토론 주제: 「모된 감상기」, 「이혼고백장」, 「신생활에 들면서」에서는 각각 '모성'에 대한 주장이 나온다. 나혜석의 '모성'에 대한 주장은 일관되는가, 아니면 상황의 변화에 따라 달라진 모습을 보이는가?

학생 1: 나혜석은 「모된 감상기」에서는 '모성이 천품이 아니다'라고 주장하고 모성에만 매달리는 전통 여성들을 비난하는 태도를 보인다. 그러나 이혼 후 쓴 「이혼고백장」을 보면 "기백만인 여성이 기천년 전 옛날부터 자식을 낳아 길렀다. 이와 동시에 본능적으로 맹목적으로 육체와 영혼을 무조건적으로 자식을 위해서 바쳐왔나이다. 이는 여성으로서 날 때부터 가지고 나온 한 도덕이었고 한 의무이었고 이보다 이상되는 천직이 없었나이다"라고 말하고 있다. 이것은 이혼한 후에 김우영이 자식을 보지 못하게 하니까 생각이 달라진 것으로 보인다.

학생 2: 학생 1의 생각에 대해 다른 생각을 가지고 있다. 인용한 뒷부분을 읽어 보면 아이 넷을 낳고 키우면서 온갖 노력을 다했고 그만큼 아이들을 잘 키우고 앞길을 지도하는 데 자신이 생겼다고 말하고 있다. 이것으로 볼 때, 나혜석은 모성이 '천품'이 아니라고 한 것이지 '모성' 자체를 부정하는 것은 아니라고 생각한다. 그리고 「모된 감상기」에서도 "자식의 의미는 단수에 있는 것이 아니라 복수에 있다"고 한 것처럼 자식들을 키우면서 자신의 모성이 점점 커져 나가는 것을 자각하고 있었는데, 불의의 사건으로 인해 그 모성을 발휘할 수 없는 것을 안타깝게 생각하고 있는 것이다.

학생 3: 학생 2의 생각에 동의한다. 「신생활에 들면서」에서도 "생모가 경제 능력이 커서 그것으로나 정복하면 모르거니와 그 아이의 머리에는 이해타산밖에 없을 것이다"라고 하여 아이들을 보고 싶은 마음은 크지만, 사회적으로 비난을 받아 아버지 쪽 친척들에게 욕이나 먹고 경제적으로도 아무런 도움이 되지 못하는 처지에서는 아이들을 위해서도 보고 싶은 마음을 참는 것이 맞다고 스스로를 달래고 있다. 나혜석은 모성을 부정한 것이 아니라 모성이 천품이라고 강요하는 당시의 제도와 인습을 비난하는 것이고 스스로의 모성은 '아이들이 보고 싶어도 아이들을 위해 참는 것'이라고 말하고 있다.

— 학생 토론문

② 널리 알려진 키워드 외에 다른 키워드 찾아보기

앞에서 제시된 나혜석의 글들을 읽으면, '모성', '정조', '결혼'과 같이 널리 알려진 키워드 외에 그녀 자신의 생각을 설명해 줄 수 있는 다양한 키워드들을 발견하게 된다. 예를 들어 「아아, 자유의 파리가 그리워」에 나오는 '화해지지 않는 재주' 라든가 글 곳곳에서 나타나는 '중심/중실', '진보'와 같은 말들이다. 또한 세상에 알려진 나혜석은 급진적인 의식을 가진 행동가의 모습인데, 그녀의 글들에서는 생각을 행동으로 옮기기까지 수없이 자신을 돌아보고 성찰하는 태도를 발견할 수 있다. 이를 바탕으로 일반적이거나 널리 알려진 것과는 다른 방식으로 나혜석을 나타낼 수 있다고 본다. 학생들의 견해를 담은 글을 인용해 보면 다음과 같다.

토론 주제: 나혜석의 글을 읽고, '화해지지 않는 재주' 또는 '취미'와 같이 그녀의 인생관 또는 그녀가 중요하게 생각했던 어떤 개념을 중심으로 그녀가 어떤 사람인지 정리해 보자. 단 「경희」, 「이혼고백장」 등 구체적인 글로부터 근거와 예시를 들어야 한다.

학생 1: 나혜석의 글을 종합적으로 보았을 때, 나혜석이 자신의 삶에서 가장 중요하게 생각했던 것은 '개성'이라고 본다. 여기서 개성이란 나혜석 개인이 가진 재주와 그것을 화(化)하고픈 열망, 무언가에 종속된 삶이 아니라 개인으로서의 삶이라고 요약할 수 있다. 「경희」에서 나혜석은 여성으로서 사회적 관습을 뿌리치고 '사람'으로서 자신의 삶을 모색하며 자신의 인생을 주체적으로 살기를 추구한다. 「아아 자유의 파리가 그리워」에서도 화해지지 않지만 이유를 붙여 화하려고 노력하는 재주를 자유롭게 펼칠 수 있는 파리를 열망하는 모습을 보인다.

학생 2: 나는 나혜석이 "스스로에 대한 자기 성찰을 많이 하는 사람이다"라고 생각한다. 「신생활에 들면서」에서 "남이 이성으로 대할 때 나는 감각으로 대하자" 같은 구절을 보면 늘 스스로 어떤 모습을 가져야 하겠다는 생각을 가지고 있다는 것을 알 수 있다. "나는 어느 시점에서 우와 좌의 길을 잘못 밟은 것 같다"고 이야기하는 데에서도 스스로의 과거를 돌아보고 인생을 반추하는 것을 알 수 있다. 「이혼고백장」에서도 "즉 내 마음 하나를 잊지 말자는 것이외다. 나는 이미 중실을 잃었으니 중심까지 잃는 날은 파멸이외다", "나는 자기를 천박하게 만들고 싶지 않은 동시에 타인을 원망하기 전에 자신을 반성하고 싶습니다"와 같은 내용을 보면 자기의 잘못을 돌아보고 앞으로는 이렇게 살겠다, 또는 이렇게 살지 않겠다고 다짐하는 것을 볼 수 있다. 나혜석은 「경희」에서 여자이기 전에 사람인 자신의 정체성을 밝히고 있는데, 사람으로서 사람답게 살려고 노력하다 보니 자연스럽게 자기 자신에 대한 성찰을 하게 된 것이 아닐까. 그러나 당시 조선의 사회 또한 나혜석으로 하여금 항상 스스로를 성찰할 수밖에 없게 만들고 있다. 여자가 배워서 드세다는 시선, 배운 여자는 살림을 못한다는 시선에서 벗어나기 위해 나혜석은 매일 자기 검열을 해야 했던 것이다. 나혜석이 늘 그리워하던 파리였다면 이렇게까지 스스로에 대한 성찰과 검열을 하지 않았을지도 모른다.

학생 3: 나혜석은 자기변호에 강한 사람이다. 사회 전체가 비난해 마지않는 최린과의 관계에 대해서도, '다른 남자 여자와 좋아지내면 남편 아내와 더 잘 지낼 수 있을 것'이라는 주장을 하면서 남편을 속이려고 한 것이 아니었다고 말한다. 이를 위해 배 고픈 조카를 위해 빵을 훔쳤던 장발장의 예를 들어, 사회에서 말하는 죄는 '도둑'이지만 그 동기만은 순수했다고 항변한다. 자기변호가 전적으로 나쁘다는 것은 아니다. 그러나 사회가 질타하는 일에 대해 이 정도로 자기 자신을 변호하려면, 아예 그런 일을 저지르지 말아야 하는 것이 아닌가? 특히 김우영에게 결혼 전에 네 가지 조건을 제안했던 것처럼 자기 자신부터 약속을 지켜야 하는 것이 아닌가?

— 학생 토론문

(3) 나혜석의 글 바깥으로 쟁점을 확대하기

나혜석의 다양한 주장을 담고 있는 글들은 나혜석의 텍스트 안에서 뿐 아니라 나혜석 텍스트 바깥으로 확장될 수 있다. 예를 들어 「모된 감상기」에 나타난 나혜석의 주장을 현대의 모성담론과 연결시킨다든지, 『여성의 권리옹호』를 쓴 근대의 여성운동가 메리 울스튼크래프트와 비교해 보는 작업을 해 볼 수도 있을 것이다. 여기에서는 나혜석의 텍스트와 연결할 수 있는 바깥 텍스트로 널리 알려진 입센의 『인형의 집』을 예로 들어 보고자 한다. 나혜석은 1921년 『매일신보』에 「인형의 가(家)」라는 시를 발표했다.

내가 인형을 가지고 놀 때
기뻐하듯
아버지의 딸인 인형으로
남편의 아내 인형으로
그들을 기쁘게 하는
위안물 되도다

(후렴)
노라를 놓아라
최후로 순순하게

엄밀히 막아논
장벽에서
견고히 닫혔던
문을 열고
노라를 놓아주게

남편과 자식들에 대한
의무같이
내게는 신성한 의무 있네
나를 사람으로 만드는
사명의 길로 밟아서
사람이 되고저

「인형의 家」 1, 2단락

— 「인형의 家」, 『나혜석전집』, 이상경 엮음, 태학사, 2000, 113-114쪽.

남편이 자신을 진실로 사랑하지 않는 것을 깨닫고 집을 나가려는 노라를 남편이 만류하려 하는 장면을 보고, 그녀를 놓아주라고 해방시켜주라고 하는 것이 1단락, 그리고 모든 여성은 아내로서 어머니로서의 의무보다 더 큰 신성한 의무로서 사람이 되어야 한다고 말하는 것이 2단락의 내용이다. 이 시에서 알 수 있듯, 나혜석은 가정에 속박되어 있는 것이 아닌 사람으로서의 사명을 다해야 함을 주장하고 있다. 이와 같은 나혜석의 주장은 입센의 『인형의 집』 내용에 뿌리를 내리고 있음을 알 수 있다.

노라: 신성한 의무라구요?

헬메르: 그걸 당신에게 들려줘야 하나? 당신의 남편과 아이들에 대한 의무 말이야.

노라: 제게는 그와 똑같은 또 하나의 의무가 있어요.

헬메르: 그런 게 어디 있어? 대체 어떤 의무지?

노라: 저 자신에 대한 의무예요.

헬메르: 당신은 우선 첫째로 아내이고 어머니란 말이오.

노라: (중략) 무엇보다도 저는 떳떳한 인간이에요. 당신과 마찬가지로 … 적어도, 한 인간이 되기 위해서 노력해야겠어요.

『인형의 집』 제3막

— 헨릭 입센, 『인형의 집』, 이경석 옮김, 홍신문화사, 1995, 30쪽.

남편 헬메르의 사랑이 일방적이며 위선적임을 깨달은 노라가 집을 나가겠다고 선언한 다음 이를 만류하는 남편과 대화를 나누는 장면이다. 이 부분이 거의 그대로 나혜석의 시에 들어가 있음을 알 수 있다. 여자이기 전에, 인간이 되기 위해 노력한다는 점에서 노라와 나혜석은 완전히 동일하다. 남들이 말하는 아내나 어머니로서의 의무에 만족할 수 없게 되었기에, 그로부터 가족을 떠나 집을 나가겠다는 노라의 결단이 가능해진다. 이렇게 나혜석의 삶과 선택은 20세기 초 여성해방운동의 기폭제가 된 노라의 그것과 동일할 뿐만 아니라 그것을 바탕으로 더욱 실천적이고 적극적으로 전개된다.[38] 낡은 인습에 얽매인 여성의 권리를 해방하고 여성도 남성과 똑같이 한 인간으로서 활동하고 사랑하는 일이야말로 20세기를 넘어서서 어떤 시대에도 통용되는 가치가 될 것이다.

연습문제 1

나혜석과 『인형의 집』의 노라가 어떤 면에서 같고 다른지 이야기를 나누어 보자.

2. 문제해결을 위한 대안적 사고

핵심 길라잡이

- 텍스트에서 제기된 문제들을 점검하고 저자의 해결 방안에 관해 논의해 보자.
- 텍스트의 문제점을 발견하고, 직접 그것에 대한 대안을 모색해 보자.
- 오늘날 우리 사회의 문제점을 찾아서 그 해결 방안에 대해 생각해 보자.

창의적 읽기에서 심층적 질문을 던지고 쟁점을 발견하는 것만큼 중요한 요소가 문제의 해결이다. 주어진 텍스트에서 어떤 문제가 제기되었는지 점검하면서 저자의 해결방식을 분석해 본다. 아울러 독자의 시각에서 텍스트가 지닌 문제점을 발견하고 해결 방안에 대해 생각해 본다. 나아가 텍스트의 문제를 사회적 측면과 관련지어 살펴봄으로써 대안을 모색하는 훈련을 한다. 이 절에서는 토머스 모어(1478-1535)의 『유토피아』를 중심으로 텍스트 이해와 토론, 글쓰기 등 다양한 측면에서 문제 해결을 위한 대안적 사고 능력을 배양한다.[39]

1) 텍스트의 문제 제시 및 해결 방안

(1)『유토피아』의 구조: 문제 제기와 대안의 제시

모어의『유토피아』는 16세기 초반 유럽 현실에 대한 비판적 문제 제기와 그것을 해결하려는 대안의 제시로 구성되어 있다. 텍스트의 1부에서는 주로 당시 영국과 유럽의 사회정치적 문제점이 기술되며, 2부에서는 그에 대한 해결 방안으로서 상상의 나라 '유토피아'가 소개된다.

①『유토피아』1부: 문제 제기

『유토피아』 1부에서 저자가 제기하는 문제의 핵심은 16세기 초 영국과 유럽의 부패한 궁정 정치에 대한 비판이다. 모어는 가상의 인물 히드로다에우스를 통해 왕과 고문관 등 정치가를 비롯하여 상류층에 속하는 귀족, 성직자의 부패하고 불의한 모습을 문제로 제기한다. 그는 국가의 수장인 왕이 자신의 절대권력 확장을 위해 오직 전쟁에만 몰두해 있고 고문관들도 하나같이 지배자의 총애를 얻는 것에만 집중하고 있다고 비판한다. 그럼으로써 정치가들이 국민의 안녕에 대한 의무를 행하지 않는 상황을 폭로하는 것이다. 이와 더불어 히드로다에우스는 당시 상류층의 비인간적인 탐욕을 비판하는데, 그 실례로 영국의 목양 인클로저를 언급한다. 15세기 말에서 16세기 중반까지 전개된 목양 인클로저는 귀족과 영주, 성직자들이 재산 증대를 위해 농부들의 토지를 빼앗아 가축 사육지로 만든 사건이다. 그 결과 영국의 농민들은 생존 터전을 잃고 도시로 이주하여 직업을 얻지 못한 채 걸인이나 도둑으로 전락하게 된 것이다. 이로써 국민의 절대적 빈곤을 초래한 지배계층의 부패한 정치와 탐욕이 문제점으로 인식된다.

② 『유토피아』 2부: 대안의 제시

작품의 2부에서 기술된 상상의 나라 '유토피아'는 1부에서 제기된 유럽의 사회정치적 현실의 문제에 대한 하나의 대안으로 제시된다. 유토피아 국가는 동일한 법률과 제도를 가진 54개의 도시로 구성되어 있으며, 도시의 구조도 동일하게 설계되어 있다. 이 국가의 중심 원리는 평등으로서, 신분의 차별이 없을 뿐만 아니라 경제 시스템 또한 재산 공유제 체제이다. 평등의 원칙 실현을 위해 유토피아 국가에서 모든 국민에게 필수적으로 부과되는 것이 노동의 의무이다. 유토피아인들은 환자와 어린아이를 제외하고 모두 2년간 농사 의무와 매일 6시간의 노동 의무를 행해야 한다. 유토피아인들이 다른 도시를 여행할 때 24시간이 지나면 여행지에서 자신의 일을 해야 하는 것도 필수적 노동 의무와 관련된다. 이와 같은 노동 제도로 인해 유토피아 나라의 모든 시민이 물질의 결핍이 없는 행복한 삶을 유지한다. 그 밖에도 유토피아 나라는 무상 의료 제도와 교육 제도, 육아봉사 제도를 비롯한 다양한 사회복지 제도를 제공함으로써 국민의 정신적 고양을 추구한다.

(2) 『유토피아』 1부: 영국 사회 절도범 문제 및 해결 방안

① 절도범 발생 원인 및 사형 형벌의 문제점 진단

『유토피아』 1부에서 영국인 변호사와 히드로다에우스의 논쟁이 기술되는데, 그 주제는 절도범에게 주어지는 사형 형벌의 적절성과 실효성에 관한 것이다. 영국인 변호사는 정해진 법에 따라 절도범에게 사형 형벌을 부과하는 것이 절대적 정의를 지키는 것이라고 강조하며, 사회에는 많은 일자리가 있음에도 불구하고 범죄자들이 일하기 싫어서 고의적으로 절도를 저지르는 것이라고 주장한다. 이에 대해 히드로다에우스는 사형 형벌을 통해서는 절도 범죄를 효율적으로 막을 수 없으며, 범죄의 처벌이 아니라 범죄가 발생하는 현실적 상황을 개선하는 것이 필요하다고 주장한다. 그는 영국의 사회적 상황 분석을 통해 절도 범죄율이 증가하는 이유를 세 가지로 기술한다. 첫째, 정치가와 귀족 등 사회의 지배계층이 국민을 착취하는 사회적 구조를 언급한다. 둘째, 장기간의 전쟁에서 돌아온 사람들의 현실적 부적응과 무능력의 문제를 제시한다. 셋째, 귀족이 파산할 경우, 귀족뿐만 아니라 귀족의 집에서 안일한 삶을 살던 시종들이 도둑이 된다고 진술한다. 그러므로 히드로다에우스는 지배계층의 정치적 부패가 청산되고 사회구조적 상황이 변화되지 않는다면 절도 범죄의 증가는 막을 수 없을 것이라고 주장한다.

영국의 사회구조적 문제점을 분명하게 진술한 후, 히드로다에우스는 종교적, 현실적 관점에서 사형에 반대하는 자신의 입장을 명확히 밝힌다. 우선 그는 교회적 세계관이 지배적이었던 중세 시대에 가장 영향력이 있는 종교적 관점에서 접근한다. 그는 살인하지 말라는 십계명을 언급할 뿐 아니라 구약성경 시대의 대단히 엄격한 모세 율법에서도 도둑에게 사형이 아니라 벌금을 제시했다는 것을 상기시킨다. 두 번째 근거는 사형 형벌의 현실적인 효과성 문제이다. 그에 따르면 도둑질과 살인 행위에 대해 사형이라는 동일한 형벌을 부과한다면, 절도범이 살인까지 저지를 수 있으므로, 사회를 더 위험에 빠트릴 수 있다고 진술한다. 여기서 히드로다에우스의 문제의 원인 분석과 종합적 상황 파악 능력이 두드러지게 나타나는데, 이는 문제 해결 능력에 선행되어야 할 중요한 요건이다.

② 절도범 형벌 문제에 대한 대안의 제시

변호사와 히드로다에우스의 논쟁을 지켜보던 추기경은 후자에게 사형이 효과적 해결 방법이 아니라면 문제 해결의 방안이 있느냐고 질문한다. 이에 대해 히드로다에우스는 다른 나라에서 행하는 절도범 형벌 제도를 소개함으로써 간접적인 방식으로 문제 해결 방안을 제시한다.

그는 여행 중에 우연히 머물게 된 폴릴레리타에 국가의 형벌 제도를 이야기한다. 이 나라는 영국처럼 생존의 위협을 받지 않고 국민들이 자족하는 삶을 살아가는 나라임에도 불구하고, 이곳에서 일어난 절도 범죄에 대해 사형 형벌을 내리지 않는다. 이들은 기본적인 의식주의 문제를 해결받으며 중노동의 처벌을 받을 뿐이다. 히드로다에우스는 이 국가의 방법을 합리적이고 인간적인 제도라고 지지하며, 범죄자에게 처벌이 아니라 교화를 통한 갱생의 기회를 제공하는 것이 개인적으로나 국가적으로나 유익하다고 주장한다. 범죄자의 노동은 무엇보다 국가의 발전에 유익한 것이며, 이 과정에서 범죄자가 자신의 행동을 반성하고 모범적인 모습을 보이면 형을 감면받거나 석방될 수 있다는 점에서 개인에게도 유익하기 때문이다. 이러한 제도는 히드로다에우스 자신이 직접 생각한 것은 아니지만, 주어진 문제에 대한 하나의 해결 방법을 제시한 점에서 대안적 사고를 보여 주는 예이다.

2) 토의를 통한 대안적 사고 교육

대안적 사고 교육은 텍스트뿐만 아니라 미디어 등 다양한 자료를 활용하고 협력적 학습의 방법인 토의를 통해서도 가능하다. 이러한 과정에서 직접 문제를 제기하거나 문제 해결 방안을 모색하는 활동이 실행되는데, 주요한 것은 대안의 실현 가능성을 염두에 두지 말고 상상력과 사고력을 최대한 발휘해 보는 것이다.

(1) 텍스트의 활용: 『유토피아』 1부

『유토피아』 1부에 기술된 영국인 변호사와 히드로다에우스의 절도범 사형 문제에 대한 논쟁에서 변호사는 절도범 발생의 원인을 파악하지 못한 채 범죄자 처벌에 관한 사법적 측면에서만 접근하고 있다. 그와 달리 히드로다에우스는 사회현실적 측면에서 문제의 원인을 진단하고 있으며, 절도범 증대 및 형벌 문제에 대한 해결 방안으로 폴릴레리타에 국가의 형벌 제도를 소개하고 있다. 이 논쟁을 활용하여 학생들 스스로가 문제 해결 방안을 찾도록 주제를 제시하는 방법이다. 그 진행 단계는 다음과 같다.

1. 영국인 변호사와 히드로다에우스, 두 인물의 의견에 대해 어떻게 생각하는가?
2. 히드로다에우스가 제시한 폴릴레리타에 국가의 형벌 제도가 충분한 대안이 될 수 있는가? 폴릴레리타에 국가의 형벌 제도가 지닌 문제점은 무엇인가?
3. 히드로다에우스가 제시한 폴릴레리타에 국가의 형벌 제도가 대안으로 충분하지 않다면, 텍스트에 기술된 영국의 사회적 상황에서 절도 범죄의 증가를 막을 수 있는 해결 방안은 무엇인지 생각해 보자.

(2) 영화의 활용: 문제점 발견 및 해결 방안의 모색

모어의 『유토피아』는 500여 년 전의 작품으로서 텍스트 읽기만을 통해 16세기 상황을 상상하기란 쉽지 않다. 시간적 거리가 너무 멀기 때문이다. 그런 점에서 『유토피아』에 나타난 주제의식과 관련성이 있는 시각적 자료, 영화 콘텐츠를 활용하면 좀 더 쉽게 텍스트의 문제의식에 접근할 수 있다.

① 영화 <군도>의 활용

영화 〈군도〉는 조선시대 후기 철종 13년(1862년)을 배경으로 한 것으로, 관리들의 폭력적 정치로 인해 고통받는 백성의 상황을 다루고 있다. 영화의 도입부에서 굶어죽은 백성의 시신들을 보여 주는 장면과 나주 목사 최현기의 화려한 회갑연을 벌이는 1장의 장면은 매우 대조적이다. 『유토피아』에서 히드로다에우스가 왕의 비위를 맞추는 것에만 열중하는 왕실 고문관을 비판했듯이, 영화에서도 회갑연에 초대받은 양반들이 나주 목사에게 진귀한 물건들을 선물로 바치며 아첨하는 모습이 나타난다. 부패한 관리들의 모습은 나주 목사 외에도 대지주인 조윤과 결탁하여 백성을 궁지로 몰아넣는 사또의 형상화에서 재차 확인된다. 조윤은 관료로부터 관청에서 빌린 구휼미를 갚지 못하는 백성의 명부를 받은 다음, 토지 문서를 담보로 그들에게 무이자로 쌀을 빌려 주면서 차용증서에 서명하게 한다. 글씨를 읽지 못하는 백성들은 조윤의 간계를 알아차리지 못한 채, 결국 토지를 모두 빼앗기고 거지 신세로 전락하게 된다.

영화 〈군도〉의 주요 장면을 감상한 이후에 영화 텍스트의 현실에 대한 문제 해결 방안을 모색하는 방법은 다음과 같은 단계로 진행한다.

1. 영화 〈군도〉의 배경이 된 19세기 후반 철종 시대에 평민들이 도둑이 된 사회구조적 원인을 파악한다.
2. 백성들에 대한 상류층과 지배계층의 부정한 착취에 맞서서 군도 일당이 폭력적 방법으로 맞서는 행동이 정당화될 수 있는지 토의한다.
3. 군도 일당의 저항 행위에 대한 정당성 여부와 상관 없이, 즉 도적떼의 형성이 당시 상황에서 가장 적절한 방안이라고 할지라도, 폭력적 행동 외에 영화에서 부패한 사회정치적 문제를 해결할 수 있는 다른 방안으로 어떤 것이 있을지 생각해 본다.

다음은 앞에서 제시된 문제 해결 방안의 예시이다.

1. 군도에 나오는 도적의 대부분은 땅을 뺏기고 의식주가 해결되지 않아서 도적 무리에 들어간 경우가 대부분이기 때문에 의식주가 해결되는 부자들은 자신이 살고 있는 지역의 땅을 살 수 없도록 하자.
2. 백성들에게 글을 가르쳐서 사기 당하는 것을 피할 수 있도록 하자.
3. 1년이 지나면 피지배계층들에게 자기 고을의 원님이 1년간 잘했는지 평가를 하도록 하자. 전체적으로 시행하면 시간과 비용이 많이 드니까 국가에서 몇 명을 랜덤으로 뽑아서 몰래 물어보는 방식으로 시행하자. 평가를 통해 원님이 문제가 많은 것이 발각되면 파면할 수 있도록 하자. (조윤과 같은 경우는 원님은 아니지만 원님과 결탁하니까 평가의 대상으로 볼 수 있음!)
4. 농민들이 일하는 시간 자체를 정해두자.
5. 신분제 사회에서 하층민을 인간으로 여기지 않고 함부로 대하기 때문에 여러 가지 문제가 생긴다고 생각한다. 따라서 하층민의 대표를 정하고 왕이 행차를 나왔을 때 왕에게 공손하게 조언할 수 있는 제도를 만들자.
6. 대부호의 곡식을 강제로 분배하는 정책이 있으면 좋겠다. 관리나 암행어사와 같은

사람들이 정기적으로 대부호들의 창고를 검사해서 기준치 이상을 가지고 있으면 그 지역 사람들에게 곡식을 나눠주자.

— 학생의 글, 「영화 〈군도〉의 문제점에 대한 해결 방안」

② 영화 <미션>을 활용한 텍스트의 문제 발견

문제 해결 능력을 키우기 위해 필수적으로 선행되어야 할 것이 문제의 발견이다. 텍스트의 2부에서 제시된 유토피아 국가의 정책 가운데 가장 문제적으로 나타나는 것이 원주민 식민지 개발과 전쟁 등 유토피아의 대외적인 정책이다. 유토피아 국가는 인구조절을 위해 개발되지 않은 원주민 지역 통치를 당연하게 여기며, 원주민들이 유토피아인의 방식에 따르지 않고 저항하면 전쟁을 선포하는 원칙을 갖고 있다. 이와 비슷한 논리가 다른 나라와의 전쟁 원칙에서도 인식된다. 유토피아 국가는 전쟁을 가장 야만적인 행위로 간주하고 가능하면 폭력적 전쟁을 하지 않지만, 전쟁이 부득이한 경우에는 자국민이 아니라 다른 나라의 용병을 사들이는 방법을 사용한다. 전쟁에 반대하고, 특히 폭력적 형태의 전투 방식에 반대한다는 전쟁 논리는 일견 이상적인 나라에 부합하는 가치관으로 보인다. 그런데 이러한 정책의 문제점은 무엇인가?

롤랑 조페 감독의 영화 〈미션〉(1986)은 1750년경 파라과이와 브라질의 국경 부근에서 발생한 실화에 기반한 것으로, 원주민 과라니족의 지역이 스페인과 포르투갈의 영토 분쟁 속에서 희생되는 내용을 다루고 있다. 영화는 원주민을 대하는 서양인들의 폭력적 시선을 전면에 드러낸다. 영화에서 서구의 폭력성을 비판적으로 인식하는 인물은 이곳에서 선교 활동을 벌이며 소위 '지상의 낙원'을 건설하려는 예수회 신부들뿐이다. 다른 백인들은 원주민을 짐승과 같은 존재로 규정함으로써 노예로 매매하거나 가차 없이 살해하는 야만적인 모습을 보여 준다.

영화 〈미션〉의 활용은 유토피아 국가의 자국 중심적인 원주민 식민지 정책과 제국주의 논리를 파악하는 데에 효과적이다. 〈미션〉 외에도 서구 문명 중심적인 식민지 정책을 다루는 영화나 다큐멘터리들을 활용할 수 있다. 다만 영화 〈미션〉은 원주민 정책뿐만 아니라 종교적 다양성의 문제, 이상적 공동체의 특성, 전쟁 등 모어의 유토피아 국가와 관련한 요소들이 많이 있기 때문에 모어의 『유토피아』 2부에 대한 이해도를 더욱 높일 수 있다.

영화 〈미션〉과 모어의 『유토피아』 텍스트를 토대로 서구 중심주의 사고나 강대국 중심의 제국주의적 논리를 인식하고, 과연 이러한 문제가 현대 사회에서는 어떤 방식으로 나타나는지 논의한다. 그리고 그것이 개인적 측면에서 어떤 영향을 미치는지 우리 자신의 상황과 관련지어 토의한다. 토의를 통해 문제점을 파악하고 진단한 이후에 문제의 해결 방안에 대해 생각해 본다.

(3) 스마트폰의 활용: 우리 사회의 문제점 인식 및 대안의 모색

스마트폰을 활용하여 오늘날 우리 사회의 문제점에 관해 찾아보고, 해결 방안을 구상해 본다. 다음은 음주운전으로 인한 교통사고를 예방하기 위한 제도의 구상이다.

〈음주운전 방지 제도〉

– 새벽이나 늦은 밤 집중적으로 단속한다.

– 차에 알코올 측정기를 설치하여, 운전자가 운전대를 잡는 순간 혈중 알코올 농도가 측정된다. 알코올 농도가 기준치를 초과했을 때에는 주행이 불가능하도록 한다. 운전을

강행할 경우 바로 경찰서에 연락이 간다.

– 현재 초범은 실형에 처하지 않고 벌금만 내는 처벌을 실행하고 있는데, 이를 개정하여 음주운전의 형량을 높인다. 초범도 실형에 처하도록 하고, 정기적으로 음주운전 방지 캠페인에 참여하게 한다.

– 우수 운전자(준법정신이 투철한 운전자)는 마일리지를 쌓아서 주유비를 할인해 주는 제도를 도입하여, 지키는 사람은 더 잘 지키도록, 안 지키는 사람들은 지키도록 장려한다.

– 면허에 등급 제도를 매긴다. 범죄, 사고가 없는 모범 운전자일수록 면허에 등급을 매겨서 보험료 할인, 주유비 지원 등의 혜택을 제공한다.

– 학생의 글, 「우리 사회의 음주운전 방지 제도」

3) 대안적 사고 배양을 위한 글쓰기

대안적 사고 능력의 함양은 협동 학습을 통해 이루어지는 조별 토의 외에 개인적 사고와 성찰에 기반한 창의적 글쓰기를 통해서도 가능하다.

(1) 텍스트의 활용: 『유토피아』 2부

작품의 2부에 기술된 유토피아 국가의 다양한 사회 제도와 정책들은 저자 모어의 시대에 경제적으로 어려운 하층민의 생존 문제를 해결한다는 점에서 매우 큰 의미가 있지만, 오늘날의 시각에서 문제점과 한계를 드러내기도 한다. 이미 앞에서 살펴본 식민지 정책이나 주변 국가에 대한 유토피아의 자국 중심주의적 통치 방식 외에도 다양한 문제를 발견할 수 있다.

그러므로 유토피아 국가의 많은 사회적, 정치적, 경제적, 법적 제도와 정책 가운데 이상적 제도라고 보기에 어려운 제도나 정책을 하나 선택하여 제도의 문제점을 기술하고 수정하는 글쓰기를 실행한다. 사회적 제도 및 정책의 문제점을 생각하고 수정하는 과정에서 학생들은 개인적 차원을 넘어서 사회적 차원의 문제 해결 능력 및 사회공동체적 시각을 배양할 수 있다.

(2) 우리 사회의 문제점 인식 및 대안적 사고를 위한 에세이

글쓰기의 대주제는 500년 전 모어가 중세 봉건적 사회에서 사회적, 경제적 불평등 문제를 해결하기 위해 재산 공유제를 상상한 것처럼 오늘날 우리 사회에 필요한 이상적 제도를 구상해 보는 것이다. 여기서 중요한 것은 개인적 취향이나 주관적 판타지에 기초한 유희적 성격의 글쓰기가 아니라 사회적 차원의 문제의식과 해결 방안의 제시이다. 다음의 글은 우리 사회의 실업 문제 해결 방안으로서 '전 국민 공무원 제도'에 대한 구상이다.

> 현 사회는 공무원 선호 현상을 문제점으로 꼽는다. 다양한 사람들이 다양하게 원하는 직업군에서 일해야 하는데 모두들 안정성과 복지를 최우선으로 둔 채 공무원을 지망하고 있기 때문이다. 이런 공무원 선호 현상은 우리 사회가 유토피아가 되지 못한 이유를 알려주고 있다. 그러나 이 현상을 잘 활용한다면 우리나라가 이상적인 사회로 변화하는 데에 큰 도움이 된다. 예컨대, 모든 국민을 공무원으로 만드는 것이다. 사람들이 공무원을 선호하는 이유는 국가에서 급여와 복지를 제공하여 안정성이 보장되어 있기 때문이다. 국가가 모든 국민의 삶을 보호해 주는 것이다.
>
> 제도의 가장 큰 틀로는 모든 국가 내의 회사와 산업 등을 국가로 귀속시키고 국가를 하나의 거대한 계열사처럼 만든 뒤 그 안에서 일하고 있던 모든 국민들을 공무원화시키

는 것이다. 기업들은 기업의 이윤을 내기 위해 법망을 피해서 직원들을 쥐어짜게 된다. 그러나 국가는 그럴 필요가 없다. 이윤을 내기 위한 이유가 궁극적으로 국민의 삶을 더 윤택하게 하기 위해서인데 국민의 노동력을 착취해서 국민의 삶을 윤택하게 하는 것은 어불성설이기 때문이다. 국가는 그저 하나의 거대한 틀로서 법대로 국민에게 월급을 주고 산업을 운영한다. 그리고 이 과정에서 국가는 어느 한 명이나 소수의 사람들로 대표되지 않는다. 독재와 엘리트주의로 변질될 가능성이 높을 뿐만 아니라 이상적인 사회의 방해 요소 중 하나인 소수의 욕심이 국가에 반영될 가능성이 높기 때문이다. 부득이하게 대표를 정해야 할 때는 그 기한을 짧게 정해 욕심을 반영하려는 생각이 들기 전에 다른 사람으로 바꿔야 한다. 위 사항들을 통해 인간의 욕심이 타인에게 큰 영향을 미치는 것을 최소화할 수 있다.

제도의 세부적인 내용을 제시하자면, 모든 사람은 각자 원하는 곳에 지원하여 일을 할 수 있다. 그리고 성과에 따른 급여를 제공하는데, 이는 직업별로 세밀한 기준을 적용하여 일하는 사람에게 적절한 자극을 주려는 의미이다. 이 기준에 못 미치는 경우 최소한의 생활임금만을 지급하며, 복지 시설과 의료 시설도 자유롭게 이용할 수 있어서 의식주 생활을 영위하는 데에는 어려움이 없게 한다. 단, 조사해 보고 그 원인이 타당하다면 경고를 주고 넘기되, 타당하지 않은 이유이거나 경고의 누적횟수가 일정량을 초과할 경우 직업센터로 가게 된다. 직업센터는 그 사람이 성과를 달성하지 못한 원인을 두 가지로 구분하고 각각의 경우에 맞게 교육과 상담을 하는 곳이다. 첫 번째 원인으로는 본인이 그 직업을 원하지만 성과가 부진한 경우이다. 이 경우는 직업에 대한 업무 교육을 해 주거나 다른 유사 직업군을 추천해 주는 방법을 사용한다. 두 번째 원인으로는 일할 의욕이 없는 경우이다. 이 경우는 적성검사를 통해 다른 적성과 흥미에 맞는 직업을 찾아 주고 업무 교육을 하거나 상담을 통해 문제를 해결한다. 위 과정을 거친 다음에는 다시 일터로 보내는데, 그 뒤에도 성과가 부진하여 직업센터 방문 횟수가 일정 기준을 초과한다면 일할 의지가 없는 것으로 간주해 최소한의 임금과 복지 혜택을 단계적으로 차단하는 방법을 사용한다. 이를 통해 의식주가 충분히 제공된다는 이유로 나태해지려는 사람들의 마음을 차단시킬 수 있다.

사람들이 많은 것을 바랄 것 같지만, 그렇지 않다. 그저 안정적으로 자신이 하고 싶은 일을 하면서 먹고사는 데에 문제가 없는 것을 바랄 뿐이다. 그리고 위 제도가 도입된다면 사람들은 자신이 하고 싶은 일이 돈이 안 되는 일이라고 포기하는 일도 없고, 먹고살기가 어렵다는 이유로 본인이 원치 않는 일을 하게 되는 일도 없을 것이다. 현재 국가의 역할은 국민을 보호하는 것이다. 그러나 국민뿐만이 아니라 국민의 삶까지 보호해 주는 국가가 있다면, 그런 국가가 유토피아일 것이다.

— 학생의 글, 「국민의 삶까지 보호해 주는 국가」

연습 문제 1

『유토피아』 2부에 소개된 많은 사회적 제도들 가운데 현재 우리 사회에 꼭 필요하다고 생각되는 제도를 제시하고, 그 이유를 기술해 보자.

3. 주제의 적용과 확장

핵심 길라잡이

- 시각적 이미지에 대한 관습적 사고를 성찰하고, 우리 자신의 이미지 해석 능력을 키우자.
- 텍스트의 주제를 어떻게 우리 현실에 적용, 확장할 수 있는지 생각해 보자.

텍스트의 중심 주제를 직접 우리의 현실에 적용해 보는 것은 작품 읽기의 중요한 의미 가운데 하나이다. 작품 읽기를 통해 텍스트의 내용 이해에 멈추지 않고 중심 주제를 좀 더 폭넓은 범위에 적용한다면, 우리의 사고 능력은 텍스트의 제한된 범위를 넘어서 더욱 확장될 것이다. 이 절에서는 존 버거(1926-2017)의 『다른 방식으로 보기』에서 주요하게 제기되는 문제를 우리 자신에게 적용하고, 사회의 다양한 측면으로 확장하여 생각해 본다.[40]

1) 대상 이미지에 대한 '나'의 시각

현대는 보는 것이 사람들의 생각과 의식에 영향을 미칠 정도로 강력한 힘을 행사하는 이미지의 시대이다. 그런데 버거가 기술하고 있듯이, 이미지는 대상이나 현상의 단순한 모사가 아니다. 화가들이 동일한 대상이나 풍경을 보아도 다른 작품들이 탄생하는 것은 관찰자의 고유한 보는 방식에 기인한 것이다. 따라서 버거는 현대 사회에 넘쳐나는 시각적 이미지를 관찰자가 자신의 고유한 방식으로 파악, 해석할 수 있는 창의적 사고와 시각을 요청한다.

버거는 먼저 우리의 관습적 사고를 문제로 제기한다. 그리고 서양 미술사에서 언어와 시각 사이의 차이를 표현한 대표 작품으로 르네 마그리트의 〈꿈의 열쇠〉를 제시한다. 〈꿈의 열쇠〉는 마그리트 회화에서 〈이미지의 배반〉과 더불어 이미지와 문자의 불일치를 보여 주는 '언어회화' 작품이다. 그의 언어회화 작품들은 대상을 다른 문자와 결합하여 기존의 기능과 문맥으로부터 분리시킴으로써 관찰자로 하여금 친숙한 일상의 이미지들을 다시 생각하도록 만든다.

마그리트가 대상의 이미지를 바라보는 관습적 방식에서 탈피하여 〈꿈의 열쇠〉라는 작품을 만든 것처럼 우리도 유사한 형식의 작품을 만들어 보자. 학교든, 집이든 자신의 공간에서 직접 대상을 4-5가지 선택하여 핸드폰으로 사진을 찍고, 그 이미지에 대한 관습적 표현에서 벗어나 자신의 문자로 구성해 본다.

2) 고전 회화 감상 및 비평

『다른 방식으로 보기』에는 많은 회화 작품들이 수록되어 있으며, 일부 작품에 대해서는 저자 버거의 해석이 기술되어 있지만, 그렇지 않은 작품들도 많다. 그러므로 저자의 해석이 있는 작품에 대해서는 직접 감상평을 작성해 봄으로써 저자의 해석과 비교해 본다. 저자의 해석이 전혀 없는 작품에 대해서는 관찰자의 고유한 비평을 시도해 보자.

(1) 과거 미술의 신비화에 대한 도전

1장에서 버거가 주목하는 것은 예술 작품이 사회의 특정한 지배계층에 의해서만 향유되고, 대중과 분리되어 있는 문제이다. 예술의 비민주화는 예술 작품에 접근할 수 없었던 대중의 현실적 지위나 상황뿐만 아니라 미술사와 비평 안에서 행해진 '보는 방식'과 관련된다. 실제로 과거에 미술 작품을 보는 방식은 미술 교육을 받은 전문가나 문화적 권위를 지닌 관념의 지배를 받았다. 이처럼 권위적인 전문가적 견해로 예술 원작의 미적 가치를 강조하고 예술 작품을 성스러운 것, 숭배의 대상으로 만드는 것이 '예술 작품의 신비화'이다. 버거는 그림의 관찰자인 우리 모두가 자신의 시각으로 작품 해석이 가능하다고 주장한다.

① 프란츠 할스의 <자선요양원의 남자 이사들>, <자선요양원의 여자 이사들>

버거는 과거 미술의 신비화를 설명하기 위해 17세기 네덜란드 초상화가 할스의 만년의 작품들 〈자선요양원의 여자 이사들〉, 〈자선요양원의 남자 이사들〉을 예로 제시한다. 할스의 회화 연구가 세이무어 슬리브(1920~2014)는 그림 전체의 조화와 뛰어난 대조를 강조하며 두 작품에 대한 미학적 비평을 보여 준다. 전문적 연구가의 문제는 작품을 감상한 다른 관찰자의 비판적 해석을 허용하지 않는 것이다. 예를 들면 그림 속 남자 이사 한 명이 술에 취한 모습이라고 생각하는 관찰자의 견해에 대해 슬리브는 그림의 가치를 깎아내리는 해석이라고 비판한다. 버거가 기술하듯이, 슬리브의 미술 비평은 이미지에 담긴 삶의 고통이나 갈등과 같은 현실적 상황의 측면을 완전히 배제한 채, 오직 미술 작품 자체의 의미와 가치를 강조하는 해석을 보여 준다.

이로써 저자는 미술 전문가의 해석에 의존하지 말고, 관찰자의 시각에서 그림에 대한 해석과 판단을 내릴 것을 요청한다. 다만 그림에 대한 해석에서 마르크스주의적 예술비평가인 버거가 강조하는 것은 화가의 현실적 상황이다. 텍스트에는 당시 할스의 경제적 상황이나 현실적 여건이 간략하게 기술되어 있다. 80세가 넘은 화가 할스가 두 작품을 그리기 시작한 1664년 겨울, 자선기관이 제공하는 토탄에 의지해서 추위를 견뎌야 할 만큼 매우 가난한 상황에 처해 있었다. 화가 할스와 그림 속 인물인 요양원 이사들의 현실적 관계를 생각하면서 〈자선요양원의 남자 이사들〉과 〈자선요양원의 여자 이사들〉에 대한 감상평을 작성해 보자. 각자 비평을 작성한 후, 텍스트에 기술된 미술 전문가의 비평과 비교해 보자.

② 빈센트 반 고흐의 <별이 빛나는 밤>

이 두 그림은 서양 미술사에서 불멸의 화가라고 불리는 반 고흐가 그린 〈별이 빛나는 밤〉이다. 앞의 그림은 아를 시기에 그린 것이고, 그다음 그림은 생레미 시기에 그린 것이다. 반 고흐의 그림들에 대해서도 많은 전문가들의 해석이 있지만, 우리 각자가 그림을 감상하고 해석을 시도해 보자. 다음에서

반 고흐,
<별이 빛나는 밤>
(1888)

반 고흐,
<별이 빛나는 밤>
(1889)

소개하는 편지는 반 고흐가 별이 빛나는 밤 하늘에 대한 생각을 동생 테오에게 쓴 것이다. 편지를 토대로 화가의 내면을 생각해 보고, 그의 사유와 예술적 표현이 어떤 방식으로 관련되는지, 별이 반짝이는 밤하늘에 대한 그의 상상력이 두 작품에서 어떻게 다르게 나타나는지 각자 자신의 생각을 이야기해 보자.

테오에게

물감을 사용할 때도 펜과 종이를 대할 때처럼 부담이 없었으면 좋겠다. 색을 망칠까 싶어 두려워하다 보면 꼭 그림을 실패하기 때문이다. [……]

지도에서 도시나 마을을 가리키는 검은 점을 보면 꿈을 꾸게 되는 것처럼, 별이 반짝이는 밤하늘은 늘 나를 꿈꾸게 한다. 그럴 때 묻곤 하지. 왜 프랑스 지도 위에 표시된 검은 점에게 가듯 창공에서 반짝이는 저 별에게 갈 수 없는 것일까?

타라스콩이나 루앙에 가려면 기차를 타야 하는 것처럼, 별까지 가기 위해서는 죽음을 맞이해야 한다. 죽으면 기차를 탈 수 없듯, 살아 있는 동안에는 별에 갈 수 없다. 증기선이나 합승마차, 철도 등이 지상의 운송 수단이라면 콜레라, 결석, 결핵, 암 등은 천상의 운송 수단인지도 모른다.

늙어서 평화롭게 죽는다는 건 별까지 걸어간다는 것이지.

1888년 6월

– 빈센트 반 고흐, 『반 고흐, 영혼의 편지』, 신성림 옮김, 위즈덤하우스, 2017, 189-191쪽.

(2) 누드화의 관습에 대한 분석

① 윌리엄 부그로의 <오레아디>

『다른 방식으로 보기』 3장의 중심 주제는 미술사 전통 안에서 형성된 누드화의 관습에 대한 비판적 고찰이다. 버거는 가부장적 사회의 성차별적 문제에 영향을 미치는 대표적인 예술 형식으로 누드화를 제시한다. 누드화는 여성이 주요한 주제로 등장하는 유럽 유화의 한 형식이며, 누드화의 관습에서 성차별을 고착화하는 젠더 권력의 문제가 나타난다. 버거는 여성의 벌거벗은 몸이 남성의 구경거리로 제시되는 대상화의 정점이 19세기 아카데미 미술이라고 기술하며, 그 예로 윌리엄 부그로의 〈오레아디〉를 제시한다.

버거가 텍스트에서 기술한 누드화의 관습적 특징들이 부그로의 〈오레아디〉에서 어떻게 나타나는지 파악해 보자.

② 전형적 누드화와 예외적 누드화의 비교

누드화에도 예외가 없는 것은 아니다. 버거는 전형적인 누드화와 예외적인 누드화를 벌거벗은 몸과 누드의 차이를 기술한 클라크의 기준에 따라 구분한다. 클라크에 따르면 전자는 아무것도 꾸미지 않은 채 있는 그대로의 몸을 드러낸 것이고, 후자는 벌거벗은 사람이나 상태를 예술적으로 표현한 형식으로서 타인에게 보이기 위한 특별한 목적에서 전시된 것이다. 다시 말하면 누드는 타인을 위해 의식적으로 꾸며진 이미지이다. 버거는 전형적 누드화의 작품으로 피터 렐리의 〈넬 그윈〉과 아뇰로 브론치노의 〈시간과 사랑의 알레고리〉, 예외적 누드화의 작품으로 램브란트 반 레인의 〈다나에〉와 페테르 루벤스의 〈모피를 걸친 엘렌 푸르망〉을 제시한다.

- 전형적 누드화의 작품으로 제시되는 피터 렐리의 〈넬 그윈〉과 아뇰로 브론치노의 〈시간과 사랑의 알레고리〉에 나타난 여성의 표정과 자세는 어떠한가?
- 예외적 누드화의 작품으로 제시되는 램브란트 반 레인의 〈다나에〉와 페테르 루벤스의 〈모피를 걸친 엘렌 푸르망〉에서 여성의 이미지는 어떻게 재현되고 있는가?

이어서 버거는 누드화 장르에 예술가들 자신이 질문을 던짐으로써 서양 누드화의 전통에서 전환점이 되는 가장 중요한 작품으로 에두아르 마네의 〈올랭피아〉를 제시한다. 저자는 마네의 〈올랭피아〉를 티치아노 베첼리오의 〈우르비노의 비너스〉와 비교해 보면 마네의 그림 속 여성이 어떻게 전통적 누드화의 여성과 다른지 구별된다고 기술한다. 그러므로 작품에 소개된 티치아노의 〈우르비노의 비너스〉와 마네의 〈올랭피아〉를 감상하고 두 작품이 어떻게 다른지 이야기해 보자.

(3) 유화의 감상 및 특성 이해

버거는 5장에서 유화의 생성 배경, 소재와 특성 등 집중적으로 유화에 관해 기술한다. 서양미술사에서 유화의 시대는 대략 1500년에서 1900년까지로서, 유화의 발생은 미술품을 공개적으로 매매하는 시장이 생겨난 시기와 일치한다. 따라서 유화 장르의 특징은 자본주의의 발전과도 맥을 같이한다. 버거는 유화의 범주에 현실적 대상, 인물 초상화, 과거 역사나 신화 이야기 등 다양한 소재가 포함되지만, 유화에서 주로 묘사되는 대상은 현실에서 직접 구매할 수 있는 물건들이며, 이것은 매우 생생한 질감과 입체감을 드러낸다고 기술한다. 아울러 이러한 유화의 촉각적 특성으로 인해 유화 속에 그려진 대상을 보는 것과 물건을 소유하는 것 사이에 유비관계가 성립되는 점을 강조한다. 실제로 우리가 그림을 선택하고 소유하는 이유는 보는 것을 통해 내적 욕망(갖고 싶은 것, 가고 싶은 곳 등)을 대리 충족하는 기능과 관련이 있다.

① 한스 홀바인의 <대사들>

버거는 유화의 촉각적 특성을 드러내는 대표적 작품으로 홀바인의 〈대사들〉을 제시하고, 그림 속의 두 인물과 주변 대상물에 대한 자신의 해석을 기술하고 있다. 홀바인의 〈대사들〉을 감상하고 각자 해석을 작성하여 텍스트에 소개된 저자의 생각과 비교해 보자.

한스 홀바인,
<대사들>(1533)

② 토머스 게인즈버러의 <앤드루스 부부>

버거에 따르면 유화의 전통 안에서 중요한 변화가 일어난 계기는 자연을 묘사한 풍경화이다. 그는 본래 풍경화는 상대적으로 독립적인 활동이었는데, 유화와 소유 재산 사이의 특별한 관련성, 즉 부를 찬양하는 유화의 언어가 풍경화의 전통에 영향을 미쳤다고 기술한다. 게인즈버러의 〈앤드루스 부부〉를 직접 감상, 해석하고, 텍스트에 기술된 클라크나 버거의 이해와 비교해 보자.

3) 현대 광고의 문제점 파악 및 광고 비평문 쓰기

『다른 방식으로 보기』의 7장에서는 현대 사회의 광고를 중점적으로 다루고 있다. 버거는 먼저 광고와 회화, 특히 유화와의 관련성을 고찰하고, 현대 사회의 광고가 지닌 문제점에 대한 비판적 사유를 전개한다. 버거에 따르면 광고에 미술 작품이 인용되는 주요한 이유는 미술 작품은 부유한 계층이 향유하는 물질적 풍요의 상징이자 정신적, 문화적 우월성의 형식이기 때문이다. 그가 제시하는 광고의 문제점은 크게 두 가지로 요약할 수 있다. 첫째, 광고 생산자들이 상업적 목적을 위해 복제 예술 작품의 본래 창작 의도를 왜곡하는 점이다. 둘째, 관찰자에게 현재의 모습과 생활방식에 대한 불만을 촉발시키고, 물질만능주의적 사고와 소비지향적 생활방식을 조장하는 점이다. 이로써 버거는 광고가 대중의 의식을 마비시키고 쾌락 추구와 소비 욕망을 자극할 뿐, 소비자 개인의 실제 현실이나 사회정치적 문제 개선에 영향을 미치지 않는다고 주장한다. 따라서 버거가 소비자인 대중에게 요청하는 것은 광고의 본질과 이미지에 대한 비판적 사고와 시각이다.

오늘날에도 고전 회화를 인용한 광고의 예는 무수히 많다. 다빈치, 미켈란젤로를 비롯하여 앵그르, 마네, 마그리트와 같은 화가들의 작품이 현대 사회의 제품 광고에도 끊임없이 등장한다. 특히 마네의 그림 〈풀밭 위의 점심 식사〉(1863)는 다빈치의 〈모나리자〉만큼이나 광고에 많이 사용되고 패러디되는 이미지이다. 마네의 〈풀밭 위의 점심 식사〉는 정장 차림의 두 남성 옆에 한 여성은 옷을 벗고 앉아 있으며, 다른 한 여성은 뒤에서 목욕을 하는 이미지를 보여 준다. 화가는 이 그림에서 에로틱한 분위기를 묘사하려 한 것이 아니라 당시 프랑스 사회 지도층 남성 인사들의 치부를 폭로한 것이다. 그런데 그림의 사회비판적 의도와 상관 없이 〈풀밭 위의 점심 식사〉는 오늘날 TV, 콜라, 명품 광고, 잡지의 표지 등에 활용되고 있다.

현대 광고에서 여성의 몸이 광고의 내용과 무관하게 대상화되는 예는 수없이 많다. 관찰자인 우리의 시각으로 광고 비평문을 작성해 보자. 핸드폰이나 노트북, 태블릿 피시 등 소지하고 있는 다양한 매체를 이용하여 광고 대상을 자유롭게 정하되, 고전 회화를 차용한 광고를 대상으로 선정함으로써 텍스트에 담긴 문제의식을 적용, 확장시켜 보자.

다음은 다빈치의 〈모나리자〉를 인용한 약품 광고에 대한 비평문이다.

이 광고 시리즈는 2011년 ○○제약에서 만든 부종 개선 일반의약품 광고이다. 이 광고는 다빈치의 〈모나리자〉라는 그림에 전신이 나오지 않은 이유가 몸매에 대한 부족한 자신감이라는 아이디어를 가지고 만들어진 것이다. 첫 번째 광고에서는 모나리자 그림에서 보이지 않는 다리 부분을 부은 것처럼 묘사하고 "모나리자는 왜 전신을 공개하지 않았을까?"라는 카피를 써놓았다. 두 번째 광고는 부종 약을 먹고 다리에 자신감이 생긴 모나리자가 그림에서 나와 노출이 많은 옷을 입고 자신의 각선미를 뽐낸다는 내용이다. 그러면서 "모나리자도 찾았다. 다리 자신감!"이라는 카피를 사용하고 있다.

이 광고에서 사용된 다빈치의 〈모나리자〉는 모델 여성의 원숙미가 절정에 달한 시점에 그려졌으며, 대중에게 세상에서 가장 아름다운 여인이라고 칭해진다. 그 이유는 다빈치가 모나리자의 강렬한 눈빛으로 차갑고 지적인 이미지의 여성을 표현하고 있기 때문이다. 이처럼 원작은 내면의 아름다움을 강조하는 반면에 ○○제약 광고는 모나리자가 다리의 부종 때문에 자신감이 없다는 설정으로 본래의 그림이 나타내고자 하는 바를 왜곡시키고 있다.

광고의 목적은 광고를 보는 사람으로 하여금 자기의 현재 생활방식에 만족하지 못하게 하고, 만약 광고하는 물품을 구입한다면 보다 나은 삶을 살 수 있을 거라고 설득하는 것이다. 이 광고는 날씬하지 않은 사람이 자신의 다리에 대해 부끄러움을 느끼게 하며, 이러한 불만족은 부종을 없애는 약을 구매하면 해소된다고 소비자를 믿게 한다.

광고가 말하는 더 나은 삶에는 성적인 매력도 포함된다. 즉, 만일 이 상품을 사게 되면 당신은 이성으로부터 사랑받게 될 것이고, 살 수 없다면 사랑을 덜 받게 될 것이라는 메시지를 담고 있다. 날씬해진 모나리자가 노출이 많은 옷을 입고 하이힐을 신는 것을 보아 알 수 있듯이, 이 광고는 그녀가 자신감을 가지게 된 이유가 자신의 성적 매력이 향상되었기 때문이라고 말한다.

○○제약은 의약품을 다루는 회사이기 때문에 사람들이 건강이 아닌 다른 이유로 약을 남용하지 않도록 할 의무가 있다. 그러나 ○○제약은 여성에게 사회적인 잣대를 대며 두꺼운 다리가 열등하고 수치스러운 단점이라서 개선되어야 하는 부분인 것처럼 광고했다. 이러한 광고 방식은 여성에게 스스로를 늘 감시하고 감독해야 한다는 생각을 사회에 재생산하는 데 일조한다.

— 학생의 글, 「모나리자는 다리가 콤플렉스라고?!」

4) 사진 및 영화, 대중문화 속 여성 이미지

고전 회화 비평이나 광고 비평 외에도 사진과 영화, 대중문화인 공연을 바탕으로 『다른 방식으로 보기』에 나타난 주제의식을 우리 사회의 현실로 확장시킬 수 있다. 그 예로 현대 사회의 사진 예술이나 잡지에서 여성 모델의 누드 제스쳐를 고찰해 볼 수 있고, 영화나 대중 음악(노래 텍스트, 춤 동작 등)에서 여성 이미지가 어떤 방식으로 소비되고 재현되는지 살펴본다. 그 밖에도 오늘날 여성의 성형술이나 TV 방송을 통해 드러나는 여성의 아름다운 몸에 대한 기준을 누드화의 전통적 관습의 영향으로 볼 수 있는지, 그 관련성에 대해서도 토의해 보자.

연습 문제 1

버거가 3장에서 요청하듯이, 남성 누드화를 감상하고 여성을 대상으로 한 누드화와 어떤 점에서 차이가 있는지 생각해 보자.

4. 텍스트의 다의적 해석과 응용

핵심 길라잡이

- 텍스트 안에 숨어 있는 다양한 의미를 찾아보자.
- 텍스트를 바라보는 다각적인 해석에 대해 고찰해 보자. 그 해석 가운데 어떤 것이 설득력을 갖는지 생각해 보자.

이 절에서는 하나의 텍스트가 가지고 있는 다양한 의미를 발견하고 해석함으로써, 텍스트의 의미를 다변화하는 것을 제안하고자 한다. 이를 통해 하나의 텍스트가 제기하는 문제는 텍스트 바깥으로 확장되어, 다양한 매개로써 다른 텍스트와 연결될 수 있다는 점을 알게 될 것이다. 이 절에서는 소포클레스(기원전 497-기원전 406)의 『안티고네』를 중심으로 구체적 방법을 안내할 것이다.

1) 텍스트의 주요 갈등 파악

『안티고네』는 오이디푸스 3부작 가운데 마지막 작품이다. 오이디푸스 3부작은 오이디푸스가 왕위에 오른 다음의 이야기를 다룬 〈오이디푸스 왕〉, 그가 자신의 눈을 찔러 장님이 된 후 방랑하는 이야기를 다룬 〈콜로노스의 오이디푸스〉, 그리고 오이디푸스가 죽고 그 딸 안티고네가 테바이로 돌아온 후의 이야기를 다룬 〈안티고네〉로 구성되어 있다. 아버지 오이디푸스가 죽은 뒤 안티고네가 테바이로 돌아와 보니, 안티고네의 오빠 폴뤼네이케스와 에테오클레스가 왕위를 놓고 싸우다 모두 죽고 말았다. 정적을 모두 물리치고 왕이 된 크레온은 자신의 편이었던 에테오클레스의 장례만 치러주고, 폴뤼네이케스의 시체는 짐승들의 밥으로 던져버린다. 그리고 그 시체를 치우지 못하도록 국법으로 금한다. 안티고네는 오빠의 주검이 짐승의 먹이가 되는 모습을 차마 지켜볼 수 없었기에, 국법으로 엄히 금지된 오빠의 장례를 몰래 치러준다. 진노한 크레온은 안티고네를 생매장하면서, 안티고네와 크레온은 팽팽하게 대립하게 된다.

(1) 주제 접근을 위한 예비 토론

『안티고네』는 문학 작품이므로, 장별로 차근차근 읽고 파악하기보다는 전체를 한꺼번에 읽고 핵심적인 내용과 갈등 양상을 파악하는 것이 필요하다. 먼저 이 텍스트를 읽고 학생들이 즉각적으로 제안하는 문제들에 다음과 같은 것들이 있다.

- 시체 처리의 문제:
  오빠를 묻겠다는 건 알겠는데, 그게 자기 목숨을 걸고 해야만 하는 일인가
  시체를 처리하는 문제가 왜 이렇게 심각한 것일까

- 법과 도덕의 문제:
  법은 항상 지켜야 하는가, 악법도 법인가

법이나 도덕은 그 시대에 묶여 있는가 아니면 시대를 초월한 무엇이 있는 것인가

법을 지키는 것이 항상 정의로운 것인가 아니면 정의는 법과 다른가

• 인물 간의 갈등 문제:

왜 크레온은 자기 조카인데 죽이려고 하는가

안티고네는 왜 죽음을 무릅쓰고 크레온에게 저항하는가

왜 이스메네와 안티고네의 생각은 다른가

(2) 주요 갈등 파악

① 안티고네와 이스메네의 갈등: 죽은 사람에 대한 예의

이스메네:

그래서 마지막 남은 언니와 나, 우릴 생각해 봐. 우리가 왕의 권한을 무시하고 법을 어겨 죽음을 맞이한다면 먼저 돌아가신 부모형제들보다 더 수치스러운 죽음이 될 거야. 또 달리 생각하면, 우린 여자야, 언니. 남자들에 맞서 싸우기엔 너무 약해. 이 세상에서 우릴 다스리는 자들은 우리보다 강해. 그러니 이 일이나 이보다 더한 일에서도 우린 그들에게 복종할 수밖에 없어.

안티고네:

강요하진 않아. 그러나 난 오빠의 시신을 찾아 묻어줄 거야. 이 경건한 범죄의 대가로 내가 죽어야 한다면 그걸로 만족해. 죽은 오빠 곁에서 나도 함께 영원한 안식을 찾을 테니까. 인간이란 산 자들과 지내는 시간보다 훨씬 긴 시간을 망자들과 지내는 법, 난 그분들과 영원히 함께 할 거야. 하지만 이스메네, 너는 네가 선택한 대로 신들이 정한 성스러운 법을 저버려도 좋아.

– 소포클레스, 『안티고네』, 강태경 옮김, 홍문각, 2018, 62-63쪽.

안티고네와 이스메네의 대화 속에서 발견되는 주요 쟁점은 '죽은 오빠의 시체를 거두어야 하는가 아닌가'의 문제이다. 사랑하는 사람, 더욱이 가족의 죽음과 시체를 거두는 일은 당연하지만 문제는 국법이 그것을 막고 있다는 점이다. 여기에서 주의해야 할 점은 고대 그리이스 시대의 '죽음'과 '장례'의 의미를 알아야 한다는 점이다. 당시의 사람들은 육신이 영혼을 담고 있는 껍데기라고 생각하지 않았으며, 인간에 대한 예의와 존엄성은 탄생과 똑같이 죽음에도 수반되어야 한다고 보았다. 그리고 이러한 생각은 죽은 뒤 사후의 세계에서 만날 수 있다는 기약을 바탕으로 하는 것이다.

따라서 안티고네의 주장은 분명하다. 안티고네는 자신의 행위를 '경건한 범행'이라고 부르면서 국가에서 법으로 막고 있더라도 오빠의 시체를 묻어야 하겠다는 것이다. 그 이유는 '인간이란 산 자들과 지내는 시간보다 훨씬 긴 시간을 망자들과 지내는 법, 나는 돌아가신 분들의 생각을 따를 것이다'라고 밝히고 있다. 즉 오빠의 시체를 그대로 두었을 때, 죽어서 이미 돌아가신 부모님을 어떻게 뵈올 수 있겠느냐는 것이고 시체를 치웠다는 죄의 대가로 죽게 되더라도 상관이 없다는 것이다.

② 안티고네와 크레온의 갈등: 국가의 법과 신의 법

안티고네:

그 칙령은 제우스신께서 선포하신 법이 아니니까요. 또한 망자의 영토를 다스리는 그 어떤 신들도 그런 법을 인간에게 내리지는 않으실 거니까요. 더욱이 저는 인간인 당신이 내리신 칙령이 하늘의 법도를 넘어설 수 있다고 생각지 않습니다. 하늘의 법은 인간의 문자로 쓰여 있지 않으며 그렇기에 오히려 불변하는 것입니다. 하늘의 법은 오늘이나 어제를 다스리지 않고 인간의 시간을 넘어선 영원을 다스립니다.

크레온:

이 아이는 내가 내린 칙령을 어김으로써 이미 오만의 극치를 보여주었소. 거기다 이젠 자신이 저지른 범죄를 자랑함으로써 우리를 비웃고 있소. 만약 저 아이가 내 뜻을 꺾고 자신의 죗값을 치르지 않는다면 내가 여자가 되고 저 아이가 남자가 될 것이오. 비록 내 조카라 할지라도, 아니, 그보다 더 가까운 혈육이라 할지라도 이 일에 대해서는 이 도시가 아는 가장 혹독한 형벌을 피하지 못할 거요.

— 소포클레스, 『안티고네』, 강태경 옮김, 홍문각, 2018, 95쪽, 97쪽.

안티고네와 크레온의 대화에서 발견되는 쟁점은 안티고네의 행위에 대한 것이다. 즉, 공포된 법령을 어기면서까지 다시 말해서 죽음을 무릅쓰고까지 시체를 거두려는 까닭이 무엇인가, 그것은 곧 국가의 법 즉 국왕에 반항하는 것이 아닌가 하는 문제이다.

이에 대한 안티고네의 주장 역시 분명하다. 안티고네는 '당신의 법은 지나치다. 따를 수 없다'고 천명하고 '내게 중요한 것은 당신의 법이 아니라 신들이 내린 불문율'이라고 분명하게 말하고 있다. 신들이 내린 불문율이란 어느 특정 신이 내린 특정한 명령을 뜻하는 것이 아니라 인간이 오랫동안 살아오면서 인간답게 살기 위해 만든 윤리 즉 '서로 사랑하라', '거짓말을 해서는 안 된다'와 같은 불문율을 말한다. 그것은 통치자나 정권이 바뀐다고 바뀌거나 나라마다 다른 그런 법이 아니라는 것이다. 안티고네는, 사랑하는 사람을 죽어서까지 보호하고자 하는 것이 인간으로서의 마땅한 도리이지 국가의 법이 개입할 수 있는 것이 아니라고 항변한다. 지금 국가의 왕은 물론 크레온이고 그가 내린 명령은 국법이기 때문에 국민이라면 지켜야 하는 것이겠지만, 그보다는 내가 마땅히 따라야 할 어떤 근본적인 도덕, 윤리가 더 중요하다는 주장이다.

이 갈등에서 또 하나 생각해야 할 점이 크레온의 다음과 같은 말이다.

"내가 여자가 되고 저 아이가 남자가 될 것이오."

— 소포클레스, 『안티고네』, 강태경 옮김, 홍문각, 2018, 97쪽.

크레온의 이 말은 느닷없는 여성혐오의 발언이 아니다. 당시 아테네를 비롯한 모든 가부장제적 사회에서, 남성의 영역(즉 공적 영역)과 여성의 영역(즉 사적 영역)은 엄연히 다름을 언급하고 있는 것으로써, 안티고네가 또는 안티고네의 주장이 당시 여성에게는 결코 허용되지 않는 공적 영역을 침범했음을 나타내고 있다. 이 부분은 현대 페미니즘 비평이 정치적 주체로서의 안티고네의 등장을 발견하는 대목이기도 하다.

③ 크레온과 하이몬의 갈등: 복종과 비판

하이몬:

신들께서는 인간에게 주신 선물 가운데 지혜만큼 소중한 것은 없습니다…저는 제가 아버지의 아들이기 때문에,…시민들이 혹 아버지께 어떤 불만을 품고 있는지 미리 살펴 알고자 합니다…제발 아버지의 말씀만이 옳고 다른 모든 것은 그르다는 생각에 사로잡히지 마십시오…부디 분노를 가라앉히시고 다른 사람의 말에도 귀를 기울이십시오.

크레온:

아들아, 모든 일에 있어서 늘 그렇게 아비의 인도에 따를 수 있어야 한다…여자에게서 얻는 즐거움이 네 판단력을 흐리게 하지 마라…불복종만큼 더 큰 저주는 없다…왕이 정녕 자신의 뜻이 아니라 백성의 뜻에 의해 통치해야 한단 말이냐?

— 소포클레스, 『안티고네』, 강태경 옮김, 홍문각, 2018, 112-117쪽.

크레온과, 그의 아들이자 안티고네의 약혼자인 하이몬의 대화에서 발견되는 쟁점은 '아들/국민은 언제나 아버지/국왕에게 무조건적으로 복종해야 하는가' 아니면 '아버지/국왕이라도 잘못된 일은 지적하고 생각을 바꾸도록 설득해야 하는가'라는 것이다.

이에 대한 하이몬의 주장은 이런 것이다. 인간이 인간인 까닭은 이성이 있기 때문이고, 이성이 있는 인간으로서 이성적이지 못한 행동은 지적하는 것이 옳다. 또한 아들이라면, 아버지의 말에 무조건적으로 복종하는 것이 아니라 아버지에 대한 다른 사람의 비판과 비난을 알리는 것이 의무라고 생각한다. 그런데 아버지는 지금 국법의 이름으로 안티고네를 단죄하고 있지만, 사실상 그 안에 있는 것은 옳고 그름에 대한 판단이 아니라 분노이고 복수이다. 그러니 아버지는 지금에라도 잘못된 판단을 거두고 생각을 바꾸어야 한다는 것이다. 그러나 비극 속의 주인공이 그렇듯 크레온은 자신의 생각을 바꾸지 않았고, 그 결과는 사태를 엄청난 비극으로 몰고 가게 된다.

2) 『안티고네』에 대한 해석의 다양성

(1) 헤겔의 견해와 '국가의 법'의 중요성

『안티고네』는 작품 안에 다양한 해석 요소가 잠재해 있기에, 셸링, 괴테, 셸리, 조지 엘리어트, 매튜 아놀드, 장 아누이, 베르톨트 브레히트 등 다양한 작가와 비평가들이 이를 새롭게 해석하고 작품화했다. 이러한 다양한 해석 가운데 가장 널리 알려진 것이 이 텍스트를 '국가 공동체의 영원한 아이러니' '신의 법과 국가의 법 대립' '사적 영역과 공적 영역의 대립'으로 파악한 헤겔의 견해이다. 이 견해는 이후 오랫동안 『안티고네』 해석에 큰 영향을 미쳐서, 이 텍스트를 "충돌하는 두 가지 힘, 두 가지 법"이라는 이분법적 구조로 이해하는 데에 기여했다. 그에 의하면 비극이란 두 권리 또는 두 윤리적 요청의 충돌이며, 『안티고네』는 그러한 충돌의 역학과 그것이 종합적으로 해결되는 정반합의 변증법적 과정을 결정적으로 보여 준다는 것이다. 헤겔의 견해를 표로 제시하면 다음과 같다.[41]

크레온		안티고네
법		가족
국가의 법		신의 법
성문법, 실정법		불문법, 관습법
국가	vs.	친족
보편		특수
남성		여성
공적		사적

이 표에서 보는 바와 같이, 헤겔은 두 충돌하는 힘의 실체로서 크레온과 안티고네가 구현하는 국가법과 신의 법을 정의했다. 헤겔은 여성/남성, 가족/국가, 자연/문명을 대조적으로 배치하고 안티고네를 여성적인 것을 대표하는 것으로 배치함으로써, 안티고네 즉 여성적 어떤 것이란 국가와 '공적인 것'을 위해 불가피하게 희생할 수밖에 없는 '사적인 것'으로 규정했다. 이와 같은 배치는 서로 갈등 상황에 놓여 있는 두 가치를 동등한 의미로 보기보다는, 전자를 후자보다 상위의 것으로 보고 있다는 점이 명백하다. 이와 같이 안티고네보다 크레온에게 더욱 보편적인 정당성을 부여하는 헤겔의 편향적 해석은 당시에 널리 수용되었으나, 이후 페미니즘으로부터 다양한 비판을 받게 된다.

(2) '여성으로서의 정체성'이라는 견해와 변화

『안티고네』에 대한 해석은 헤겔만이 했던 것은 아니다. 매우 다양한 관점의 해석이 이루어지는 것이 『안티고네』이다. 헤겔이 안티고네가 '주관적, 감정적, 사적 윤리'로써 여성적인 특징을 대표한다고 해석했고 이 견해는 안티고네가 어머니, 누이, 딸로서 여성적 욕망을 대표한다든지, 시대와 공간을 넘어서 여성이 처해 있는 위치를 반영한다는 견해로 확대된다. 즉 안티고네는 남성 중심 사회에서 살아가는 여성들의 위상을 대표할 수 있다는 것이다.

그러나 안티고네를 '여성으로서의 정체성'이라는 범주 내에서 바라보는 이와 같은 주장은 점차 변용되고 확산되어, '남성 중심의 권위에 도전하는 여성 영웅, 즉 여전사'로 보는 관점(이리가레), '죽을 줄 알면서 죽음으로 걸어 들어가는 순수한 욕망, 순수한 욕망을 끝까지 추구할 때 도달할 수 있는 숭고한 아름다움을 보여 주는 존재'라고 보는 관점(라캉), '흔들리는 정체성, 단지 여성이라는 성별에만 제한되지 않고 무언가를 대변하거나 대표하는 것을 거부하면서 공적인 영역의 우월성에 질문을 던지는 주체'라는 견해(버틀러)들로 변화되어 가는 양상을 보여 준다.[42] 그만큼 다양한 여성의 표상이 안티고네라는 인물 속에 투영되어 있기 때문이라고 본다.

(3) '시민으로서의 의무'라는 견해와 확산

이 텍스트를 특히 크레온 대 안티고네의 갈등 중심으로 바라보면, 나라면 어떤 판단을 지지할 것인가, 국가의 시민으로서의 의무와 권리가 중요한가, 인간으로서의 윤리가 더 중요한가라는 딜레마에 빠지게 된다. 쉽게 생각하면, '아이스크림을 좋아한다', '비를 싫어한다'는 것과 '나는 군대가 싫다'는 전혀 다른 문제가 되는 것과 같다. 학생들 대부분은 국가와 법의 중요성에 대해서 잘 인식하고 있기 때문에 거침없이 법을 넘어서는 안티고네에 대해서 거부감을 느끼기도 한다. 이를 깊이 이해하기 위해서는 『안티고네』라는 텍스트가 '국가'가 확립되기 이전의 산물이라는 역사적 배경을 아는 것이 필요하다. 논란에도 불구하고 헤겔의 해석이 지속될 수 있었던 이유 가운데 하나는 안티고네가 국가 내지 법을 유지하기 위해 축소되어야 하는 어떤 사적 의미를 대표하기 때문이다. 그러나 국가나 법의 중요성을 인지하고 있더라도, 안티고네의 이야기가 주는 울림은 적지 않다.

① 버지니아 울프의 『3기니』: 여성에게 국가는 없다

『안티고네』 속 안티고네의 입장과 항변은 버지니아 울프의 『3기니』를 연상하게 한다. 울프는 『3기니』에서 "여성에게 국가는 없다"고 천명하고 있는데, 이 말은 당시 영국이 치르고 있던 전쟁의 비용을 위해 국민의 이름으로 기부를 요구받자 울프가 한 말이다. 울프의 주장은, 국가가 국민 개개인에게 의무를 지우고 '보편'의 이름으로 추상화시키는데, 국가는 과연 개개인을 모두 존중해 주고 있는가. 국가 공동체라는 단위 안에서 국민으로서 받을 수 있는 권리가 모두에게 동등한가는 의문이라는 것이다. 울프가 말하기를, 국가가 우리에게 의무를 지우지만 만약 국가가 우리 개개인을 동등하게 대우하지 않고, 여성을 포함해서, 장애인, 미성년자들을 마치 외부인인 것처럼 대하면서 인색하게 굴었다면, 외부인인 우리가 그 의무를 다해야 하는 이유가 있는가, 국가가 만든 제도가 국민 모두에게 동등하지 않다면 국민 개개인은 그 제도를 왜 지켜야 하는가라는 내용이다. 울프의 이 주장을 안티고네에 적용한다면, 울프처럼 안티고네가 크레온의 법령에 자기를 맞출 수 없었던 것은 그녀가 테바이라는 나라에서 이방인이었기 때문이고 정당한 시민으로서 인정받지 못했기 때문이다. 이런 점에서 『안티고네』 속 안티고네의 입장과 버지니아 울프의 『3기니』 속 울프의 항변은 서로 상통하게 된다.[43]

② 한나 아렌트의 『예루살렘의 아이히만』: 악의 평범성

다른 예로 한나 아렌트의 『예루살렘의 아이히만』을 들어볼 수 있다. 법철학자인 아렌트는 1960년, 제2차 세계대전 중 유대인 학살의 실제적 책임자였던 아돌프 아이히만의 재판을 보면서 '악의 평범성'이라는 개념을 주장했다. 아렌트는 유리관에 갇혀 재판을 받으며 따분한 표정으로 '상부에서 시켜서 했을 뿐', '법을 지키지 않으면 사회는 혼란해진다'라는 진술을 반복하는 아이히만에게 충격을 받게 된다. 유대인 학살의 실제적 책임자로서 악의 화신, 잔인함의 대명사인 줄 알았던 아이히만은 안경을 낀 왜소한 청소기 판매원에 지나지 않았다. 아렌트는 이 재판을 통해, 악은 결코 거대한 곳에 있지 않고 누구나 이성에 따른 판단을 하지 않은 채 무비판적으로 행위를 하게 되면 악인이 될 수 있다는 이른바 '악의 평범성'을 주장하고 있는 것이다.[44]

우리는 현대 사회에서 국가의 보호, 특히 치안의 도움으로 살아가고 있다. 더욱이 법이란 모두가 안전해질 수 있기 위해 함께 한 약속이 아닌가. 누구나 안티고네처럼 자기 정당성을 이유로 법을 어긴다면, 사회가 파괴되고 결과적으로 모두가 위험에 빠져버릴지도 모른다. 또 『안티고네』는 국가라는 틀이 만들어지는 도시국가 시대의 딜레마를 보여 주고, 우리는 시대를 뛰어넘어 그보다 훨씬 복잡한 세계에 살고 있다.

그러나 그럼에도 불구하고, 때로는 법을 넘어서 정의를 생각해야 하는 순간도 있을 것이다. 역사적으로 볼 때 법은 항상 정의로웠는가, 아렌트가 주장한 바, 제2차 세계대전 중 나치가 만든 법대로 '모든 유대인의 씨를 말려버려야 한다'라는 것이 반드시 지켜야 하는 내용이었을까. 우리가 함께 한 약속이라 할지라도 때로는 법 그 자체를 넘어서는 상상력이 필요할 때가 있는 게 아닐까 라는 생각을 하게 만드는 것이 『안티고네』의 또 다른 해석이자 의미이다.

연습문제 1

『안티고네』를 읽고 다음과 같은 문제를 생각해 보자.

- 안티고네의 행동을 이해할 수 있는가, 이해할 수 없다면 그 이유는 무엇인가. 내가 안티고네라면 어떻게 했을 것인가 이야기해 보자.
- 안티고네가 남자였다면 이야기는 어떻게 달라졌을까, 그렇다면 안티고네가 여자이고 딸이고 누이인 것은 이 작품에 어떤 의미가 있을 것인가.

미주

1 박현주, 「최영욱 "나는 달항아리를 그리는 것이 아니다"」, 『뉴시스』, 2019.6.10. 참고.

2 정여울, 『정여울의 문학 멘토링』, 메멘토, 2013 참고.

3 이화여자대학교 교양국어 편찬위원회, 『우리말과 글쓰기－인간과 통찰력』, 이화여자대학교출판문화원, 2016, 63쪽 참고.

4 최형용 · 김수현 · 조경하, 『(열린 세상을 향한) 발표와 토론』, 박이정, 2014, 36-45쪽 참고.

5 이화여자대학교 교양국어 편찬위원회, 『우리말 · 글과 생각』, 이화여자대학교출판문화원, 2001, 68-71쪽 참고.

6 김주현, 『생각의 힘: 비판적 사고와 토론』, 아카넷, 2012, 210-230쪽 참고.

7 최형용 · 김수현 · 조경하, 『(열린 세상을 향한) 발표와 토론』, 박이정, 2014, 255쪽 참고.

8 이화여자대학교 교양국어 편찬위원회, 『우리말 · 글 · 생각』, 이화여자대학교출판문화원, 2006, 61쪽 참고.

9 이화여자대학교 교양국어 편찬위원회, 『우리말 · 글과 생각』, 이화여자대학교출판문화원, 2001, 300-305쪽 참고.

10 씨네21 취재팀, 「[스페셜] 〈기생충〉 이렇게 보았습니다」, 『씨네21』, 2019.06.20. 참고.

11 박창원, 「좋은 글과 문장의 연결」, 『국어문화학교』, 국립국어연구원, 2001, 11-32쪽 참고.

12 이화여자대학교 교양국어 편찬위원회, 『우리말과 글쓰기: 과학과 상상력』, 이화여자대학교출판문화원, 2016, 159쪽 참고.

13 이화여자대학교 교양국어 편찬위원회, 『우리말과 글쓰기: 과학과 상상력』, 이화여자대학교 출판부, 2016, 165쪽 참고.

14 이화여자대학교 교양국어 편찬위원회, 『우리말과 글쓰기: 과학과 상상력』, 이화여자대학

교출판문화원, 2016, 166-169쪽 참고.

15 하버드대학교 홈페이지 참고(http://fdo.fas.harvard.edu/harvard-college-curriculum, 2015.12.23.).

16 김소륜, 「사범대학생을 위한 계열별 글쓰기의 필요성 – 이화여자대학교 〈우리말과 글쓰기〉 교과목을 중심으로 –」, 『이화어문논집』 제41집, 2017, 150-151쪽 참고.

17 「[어떻게 생각하십니까] 표절 만연한 대학가」, 『헤럴드경제』, 2015.06.23., http://news.heraldcorp.com/view.php?ud=20150623000498&md=20150623121603_BL, 접속일 2019.07.08.

18 검색어 「표절」, 『두산백과』, http://www.doopedia.co.kr, 접속일 2019.07.17.

19 해당 내용은 이화여자대학교 중앙도서관 학술지원팀에서 제공한 자료를 토대로 작성되었다.

20 김소륜, 「한국현대소설에 나타난 일본군 '위안부' 서사 연구」, 『국제어문』 제77권, 국제어문학회, 2018, 305쪽 참고.

21 김소륜, 「한국현대소설에 나타난 일본군 '위안부' 서사 연구」, 『국제어문학회』 제77권, 2018, 304쪽 각주 1번 요약 발췌.

22 김소륜, 「이청준 소설의 악마성 연구」, 이화여자대학교 박사학위논문, 2013, 60쪽 참고.

23 이화여자대학교 교양국어 편찬위원회, 『우리말과 글쓰기: 과학과 상상력』, 이화여자대학교출판문화원, 2016, 46-47쪽 참고.

24 해당 예문은 김소륜, 「AI(artificial intelligence) 시대 속 한국 문학, '창조'하는 작가에서 '배치'하는 작가로의 이행」(『현대소설연구』 제68호, 한국현대소설학회, 2017)의 21-22쪽에 수록된 내용을 일부 수정하여 인용했음을 밝힌다.

25 해당 예문은 김소륜, 「노년 여성의 몸과 "환멸(幻滅/還滅)"의 서사」(『현대소설연구』 제59호, 한국현대소설학회, 2015)의 283쪽에 수록된 내용을 일부 수정하여 인용했음을 밝힌다.

26 해당 예문은 김소륜, 「이청준 소설의 악마성 연구」(이화여자대학교 박사학위논문, 2013)의 79-80쪽에 수록된 내용을 일부 수정하여 인용했음을 밝힌다.

27 관련 내용은 "연구윤리정보센터(http://www.cre.or.kr/)"를 통해 더욱 자세한 정보를 제공받을 수 있다.

28 이화여자대학교 교양국어 편찬위원회, 『우리말과 글쓰기』, 이화여자대학교출판문화원, 2013, 189-199쪽 참고.

29 존 스튜어트 밀, 『자유론』, 박문재 옮김, 현대지성, 2017, 11-13쪽 참고.

30 존 스튜어트 밀, 『자유론』, 박문재 옮김, 현대지성, 2017, 8-10쪽 참고.

31 문지영, 『자유』, 책세상, 2009, 28-65쪽 참고.

32 미셸 푸코, 『감시와 처벌』, 오생근 옮김, 나남, 2016, 7쪽 참고.

33 이 절의 내용은 이경희, 「융합적 사고교육을 위한 문학 텍스트의 교양수업 활용방안 – 에.테.아. 호프만의 『모래인간』을 중심으로」(사고와표현, 2015. 12)를 수정, 보완한 것이다.

34 나카하라 히데오미 · 사가와 다카시, 『이기적 유전자란 무엇인가』, 한명수 옮김, 전파과학사, 1994, 193-198쪽 참고.

35 이 절의 내용은 이경희, 「인간과 AI 로봇의 공존을 위한 교양교육 – 아이작 아시모프, 로버트 실버버그의 소설 『양자 인간』을 중심으로」(사고와표현, 2018. 12)를 수정, 보완한 것이다. 소설 『양자 인간』은 중편 「바이센테니얼 맨」을 개작한 것으로 중심 서사가 매우 유사하다.

36 이 절의 내용은 이경희, 「과학의 고전읽기 교육사례 연구 – 토머스 헉슬리의 로마니즈 강연 「진화와 윤리」를 중심으로」(교양교육연구, 2017. 02)를 수정, 보완한 것이다.

37 이상경, 『나는 인간으로 살고 싶다 : 영원한 신여성 나혜석』, 한길사, 2009, 9-13쪽 참고.

38 최동호 외, 『나혜석, 한국문화사를 거닐다』, 푸른사상, 2015, 7-8쪽 참고.

39 이 절의 내용은 이경희, 「다매체를 활용한 고전읽기와 비판적 사고교육 – 토머스 모어의 『유토피아』를 중심으로」(사고와표현, 2017. 12)를 수정, 보완한 것이다.

40 이 절의 내용은 이경희, 「예술의 고전 읽기와 창의성 교육 – 존 버거의 『다른 방식으로 보기』를 중심으로」(리터러시연구, 2019. 06)를 수정, 보완한 것이다.

41 조현준, 「안티고네: 숭고미에서 퀴어주체로」, 『현대정신분석』, 8호, 한국정신분석학회, 2006, 185쪽 참고.

42 조현준, 「안티고네: 숭고미에서 퀴어주체로」, 『현대정신분석』, 8호, 한국정신분석학회, 2006, 182-183쪽 참고.

43 안티고네와 3기니의 연관성에 대한 해석은 이화여자대학교 인문과학원 김애령 교수의

견해에 기댄 바가 크다. 원본은 김애령, 「상상의 인문학: 안티고네」, https://vimeo.com/hajacenter/videos, 2011.3.16.

44 한나 아렌트, 『예루살렘의 아이히만』, 김선욱 옮김, 한길사, 2006, 349쪽 참고.

참고문헌

1장 성찰적 글쓰기

김중혁, 「에스키모, 여기가 끝이야」, 『펭귄뉴스』, 문학과지성사, 2006.

이화여자대학교 교양국어 편찬위원회, 『우리말과 글쓰기』, 이화여자대학교출판문화원, 2009.

_________, 『우리말과 글쓰기』, 이화여자대학교출판문화원, 2013.

_________, 『우리말과 글쓰기– 과학과 상상력』, 이화여자대학교출판문화원, 2016.

_________, 『우리말과 글쓰기– 인간과 통찰력』, 이화여자대학교출판문화원, 2016.

최규수, 『대학시절의 글쓰기2– 자기 성찰의 글쓰기와 친해지기 편』, 명지대학교출판부, 2019.

최재천 외, 『창의융합 콘서트– 급변하는 세상을 꿰뚫어보는 힘』, 엘도라도, 2014.

카프카, 프란츠, 「변신」, 『변신 · 시골의사』, 민음사, 1998.

2장 소통적 글쓰기

이화여자대학교 교양국어 편찬위원회 엮음, 『우리말 · 글과 생각』, 이화여자대학교출판문화원, 2001.

_________, 『우리말 · 글 · 생각』, 이화여자대학교출판문화원, 2006.

_________, 『우리말과 글쓰기–인간과 통찰력』, 이화여자대학교출판문화원, 2016.

김주현, 『생각의 힘: 비판적 사고와 토론』, 아카넷, 2012.

김현지, 『자기표현과 다양한 글쓰기』, 새문사, 2013.
전영우, 『토론을 잘 하는 법』, 거름, 2003.
정석교, 『스티브 잡스의 본능적인 프레젠테이션』, 랜덤하우스코리아, 2011.
최형용 · 김수현 · 조경하 지음, 『(열린 세상을 향한) 발표와 토론』, 박이정, 2014.

3장 논리적 글쓰기

박창원, 「좋은 글과 문장의 연결」, 『국어문화학교』, 국립국어연구원, 2001, 11-32쪽.
이화여자대학교 교양국어 편찬위원회, 『우리말과 글쓰기』, 이화여자대학교출판문화원, 2009.
__________, 『우리말과 글쓰기』, 이화여자대학교출판문화원, 2013.
__________, 『우리말과 글쓰기– 과학과 상상력』, 이화여자대학교출판문화원, 2016.
__________, 『우리말과 글쓰기–인간과 통찰력』, 이화여자대학교출판문화원, 2016.
정찬영 · 주지현, 『창의적 사고와 글쓰기』, 인문과교양, 2018.
정희모 · 이재성, 『글쓰기 전략』, 도서출판 들녘, 2005.

4장 실용적 글쓰기

국립국어원, 『한글 맞춤법 표준어 규정 해설』, 부크크, 2019.
__________, 『표준국어대사전』, 두산동아, 1999.
김성수 외 7인, 『생각하고 소통하는 글쓰기』, 삼인, 2018.
김양선 · 심보경 · 최성민, 『대학생을 위한 글쓰기 강의』, ㈜ 박이정, 2016.
김정선, 『내 문장이 그렇게 이상한가요? 내가 쓴 글, 내가 다듬는 법』, 도서출판 유유, 2016.
김주미, 『현대인의 글쓰기』, 한국문화사, 2005.

김주우, 『우리말 맞춤법』, 길벗이지톡, 2013.
노영희 · 박양하, 『논문자료 탐색과 논문 작성법』, 청람, 2015.
박창원 · 김성원 · 정연경, 『논문작성법』, 이화여자대학교출판문화원, 2012.
배상복, 『문장기술』, 랜덤하우스중앙, 2004.
연구윤리정보센터(http://www.cre.or.kr/)
오경순, 『번역 투의 유혹 : 일본어가 우리말을 잡아먹었다고?』, 이학사, 2010.
『올바른 인용과 인용방법』, 교육부, NRF, 한국연구재단, 2017.
이화여자대학교 교양국어 편찬위원회, 『우리말과 글쓰기』, 이화여자대학교출판문화원, 2009.
__________, 『우리말과 글쓰기: 인간과 통찰력』, 이화여자대학교출판문화원, 2016.
__________, 『우리말과 글쓰기: 과학과 상상력』, 이화여자대학교출판문화원, 2016.
정기철, 『지성인을 위한 글쓰기』, 역락, 2012.
정종진 · 최선경 · 하병학, 『학습윤리 가이드: 배우고 익히는 우리의 자세』, 국가과학기술인력개발원, 2013.
정희모 · 이재성, 『글쓰기의 전략』, 들녘, 2005.
조창환 외 6인, 『생활, 교양 그리고 글쓰기』, 관동출판, 2004.

5장 읽기의 의미와 방법론

김도남, 「읽기주체 형성의 교육 방법 연구」, 『국어교육학연구』 33집, 2008.
도정일, 「실천인문학의 한 방법, 사고와 표현은 왜 중요한가」 『한국사고와표현학회 학술대회 논문집』, 2007.
이국환, 「대학 교양교육으로서의 독서교육」, 『동남어문논집』, 37집, 2014.
이순영, 최숙기,김주환,서혁,박영민, 『독서교육론』, 사회평론, 2015.
한래희, 「대학 교양 고전 교육과 상호텍스트성의 활성화 – 읽기, 토론, 쓰기의 연계를 중심으로」 『현대문학의 연구』 50호, 2013.

6장 분석적 읽기

김기윤, 「"헉슬리의 '진화와 윤리': 시대의 초상"」, 『한국과학사학회지』 제28권 제1호.

나카하라 히데오미, 사가와 다카시, 『이기적인 유전자란 무엇인가』, 한명수 옮김, 전파과학사, 2019.

도킨스, 리처드, 『리처드 도킨스 자서전 1, 2』, 김명남 옮김, 김영사, 2016.

__________, 『이기적 유전자』, 홍영남 · 이상임 옮김, 을유문화사, 2018.

문지영, 『자유』, 책세상, 2009.

밀, 존 스튜어트, 『자유론』, 박문재 옮김, 현대지성, 2017.

서강대학교 생명문화연구소 편, 『생명과학과 생명윤리』 , 한국학술정보, 2012.

아시모프, 아이작, 『로봇의 인간 선언』, 동아일보사, 1992.

에리봉, 디디에, 『미셸 푸코, 1926-1984』, 박정자 옮김, 그린비출판사, 2012.

오생근, 『미셸 푸코와 현대성』, 나남, 2013.

윤소영, 『종의 기원, 자연선택의 신비를 밝히다』, 사계절, 2013.

이경희, 「융합적 사고교육을 위한 문학텍스트의 교양수업 활용방안 — 에.테.아. 호프만의 『모래인간』을 중심으로」, 『사고와표현』 제8집 제3호, 한국사고와표현학회, 2015, 157-190쪽.

__________, 「과학의 고전읽기 교육사례 연구 — 토머스 헉슬리의 로마니즈 강연 「진화와 윤리」를 중심으로」, 『교양교육연구』 제11권 제1호, 한국교양교육학회, 2017, 735-760쪽.

__________, 「인간과 AI 로봇의 공존을 위한 교양교육 — 아이작 아시모프, 로버트 실버버그의 소설 『양자 인간』을 중심으로」, 『사고와표현』 제11권 제3호, 한국사고와표현학회, 2018, 7-32쪽.

이정우, 『담론의 공간』, 민음사, 1994.

이창민, 「로봇의 권리」, 『Law & Technology』 제12권 제3호, 서울대학교 기술과법센터, 2016, 31-54쪽.

정윤희, 「에.테.아. 호프만의 『모래인간 Der Sandmann』에 나타난 인식과 오인의 문제」, 『독일문학』 제71권 제1호, 한국독어독문학회, 1999, 86-110쪽.
최민숙, 「E.T.A. 호프만의 『모래인간』 연구 – 프로이트의 해석을 중심으로」, 『정천 강희영 교수 정년논문집』, 삼영사, 1989, 401-445쪽.
최종덕, 『생물철학』, 생각의 힘, 2014.
카푸로, 라파엘 외, 『로봇 윤리』, 변순용 · 송선영 옮김, 어문학사, 2013.
푸코, 미셸, 『감시와 처벌』, 오생근 옮김, 나남, 2016.
헉슬리, 토머스 헨리, 『진화와 윤리』, 김기윤 옮김, 지식을만드는지식, 2009.
호프만, 에.테.아., 『모래사나이』, 김현성 옮김, 문학과지성사. 1993.
화이트, 폴, 『토머스 헉슬리』, 김기윤 옮김, 사이언스 북스, 2006.

7장 창의적 읽기

김애령, 「상상의 인문학: 안티고네」, https://vimeo.com/hajacenter/videos, 2011.3.16.
나혜석, 『나혜석 전집』, 이상경 엮음, 태학사, 2000.
모어, 토머스, 『유토피아』, 권혁 옮김, 돋을새김, 2011.
버거, 존, 『다른 방식으로 보기』, 최민 옮김, 열화당, 2015.
소포클레스, 『안티고네』, 강태경 옮김, 홍문각. 2018.
아렌트, 한나, 『예루살렘의 아이히만』, 김선욱 옮김, 한길사, 2006.
울프, 버지니아, 『3기니』, 태혜숙 옮김, 이후, 2007.
이경희, 「다매체를 활용한 고전읽기와 비판적 사고교육–토머스 모어의 『유토피아』를 중심으로」, 『사고와표현』 제10권 제3호, 한국사고와표현학회, 2017, 265-291쪽.
__________, 「예술의 고전읽기와 창의성 교육 – 존 버거의 『다른 방식으로 보기』를 중심으로」, 『리터러시연구』 제10권 제3호, 한국리터러시학회, 2019, 215-243쪽.
이상경, 『나는 인간으로 살고 싶다 : 영원한 신여성 나혜석』, 한길사, 2009.
임철규, 「토머스 모어의 『유토피아』」, 『연세논총』 제25권 제1호, 연세대학교대학원,

1989, 3-24쪽.

정장진, 『광고로 읽는 미술사』, 미메시스, 2016.

조현준, 「안티고네: 숭고미에서 퀴어주체로」, 『현대정신분석』, 8호, 한국정신분석학회, 2006, 181-211쪽.

차미란, 「헤겔과 라캉의 안티고네 해석」, 『도덕교육연구』 제28권 제2호, 한국도덕교육학회, 2016, 1-22쪽.

최동호 외, 『나혜석, 한국문화사를 거닐다』, 푸른사상, 2015.

황주영, 「이리가레의 안티고네, 양가적 위치에 선 여성」, 『도시인문학연구』 제5권 제2호, 서울시립대학교 도시인문학연구소, 2013, 127-152쪽.

필자 소개

김소륜

이화여자대학교 국어국문학과 대학원에서 현대소설로 박사학위를 받았다. 현재 이화여자대학교 인문과학대학 국어국문학과 조교수로 재직 중이다. 저서로는 『이청준 소설과 사유의 악마성』, 『'조선어독본'과 국어 문화』(공저), 『텍스트 테크놀로지 모빌리티』(공저) 등이 있으며, 주요 논문으로는 「탈북 여성을 향한 세 겹의 시선」, 「한국현대소설에 나타난 일본군 '위안부' 서사 연구」, 「AI 시대 한국 문학, '창조'하는 작가에서 '배치'하는 작가로의 이행」,「디지털 테크놀로지의 시대, 21세기 한국 소설의 새로운 지형도」 등이 있다.

김수경

이화여자대학교 국어국문학과 대학원에서 고전문학으로 석사, 고전시가로 박사학위를 받았다. 현재 이화여자대학교 호크마교양대학 부교수로 재직 중이다. 저서로는 『고려 처용가의 미학적 전승』, 『규방가사, 공유 소통 치유의 글쓰기』, 『노랫말의 힘』, 『시대, 작가, 젠더』(공저), 『한국시의 미학적 패러다임과 시학적 전통』(공저), 『규방가사의 작품 세계와 미학』(공저)이 있다.

김윤정

이화여자대학교 국어국문학과 대학원에서 현대문학으로 박사학위를 받았다. 현재 이화여자대학교 인문과학대학 국어국문학과 조교수로 재직 중이다. 여성, 젠더, 2000년대 문학 등을 중심으로 연구하고 있다. 저서로는 『박완서 소설의 젠더의식 연구』, 『시대, 작가, 젠더』(공저), 『김유정 문학의 감정미학』(공저) 등이 있으며, 논문으로는 「김유정 소설의 정동 연구」, 「박완서 소설에 나타난 여성 혐오 연구」, 「애도 (불)가능의 신체와 문학의 정치성」, 「테크노사피엔스의 감수성과 소수자 문학」 등이 있다.

이경희

이화여자대학교 독어독문학과 대학원에서 20세기 문학으로 석사학위, 독일 마르부르크 대학에서 프리드리히 실러 연구로 박사학위를 받았다. 현재 이화여자대학교 호크마 교양대학 부교수로 재직 중이다. 저역서로 「프리드리히 실러의 미적 교육론 연구」(공저, 공역)가 있으며, 논문으로는 「괴테의 지질학 연구와 문학적 담론」, 「미하엘 엔데의 환상소설 『끝없는 이야기』 연구」, 「과학의 고전읽기 교육사례 연구-토머스 헉슬리의 로마니즈 강연 「진화와 윤리」를 중심으로」 등이 있다.

진선영

이화여자대학교 국어국문학과 대학원에서 현대문학으로 박사학위를 받았다. 현재 이화여자대학교 인문과학대학 국어국문학과 조교수로 재직 중이다. 대중문학에 대한 관심에서 출발하여 잊히고 왜곡된 작가와 작품의 발굴에 매진하고 있으며 젠더, 번역 등으로 연구의 영역을 확대하고 있다. 저서로는 『한국 대중연애서사의 이데올로기와 미학』, 『최인욱 소설 선집』, 『송계월 전집』, 『김말봉 전집』 등이 있으며, 논문으로는 「김광주 초기소설의 디아스포라 글쓰기 연구」, 「추문의 데마고기화, 수사학에서 정치학으로」, 「인조견을 두른 모럴리스트」 등이 있다.

황지영

이화여자대학교 국어국문학과 대학원에서 현대소설로 박사학위를 받았다. 현재 이화여자대학교 인문과학대학 국어국문학과 조교수로 재직 중이다. 국가, 권력, 파시즘 등을 중심으로 식민지 시기에 창작된 소설들을 연구하고 있다. 주요 저서로는 『타자들의 시공간을 열다—식민지 소설과 공감의 상상력』이 있고, 주요 논문으로는 「이기영의 철학소설 연구」, 「근대 여학교 기숙사와 젠더규율의 이중성」, 「테크노-파시즘의 문학적 형상화 연구」 등이 있다.

통합적 사고와 글쓰기

펴낸날 1판 1쇄 2020년 2월 28일
3쇄 2023년 2월 13일
지은이 이화여자대학교 교양국어편찬위원회
펴낸이 주소현
펴낸곳 이화여자대학교출판문화원
주소 서울특별시 서대문구 이화여대길 52 (우03760)
등록 1954년 7월 6일 제9-61호
전화 02) 3277-2965 (편집), 362-6076 (마케팅)
팩스 02) 312-4312
전자우편 press@ewha.ac.kr
홈페이지 www.ewhapress.com
책임편집 민지영
디자인 정혜진

ISBN 979-11-5890-345-9 93710
값 23,000원

* 잘못된 책은 구입처에서 바꾸어 드립니다.

이 도서의 국립중앙도서관 출판예정도서목록(CIP)은 서지정보유통지원시스템 홈페이지(http://seoji.nl.go.kr)와 국가자료종합목록시스템(http://www.nl.go.kr/kolisnet)에서 이용하실 수 있습니다. (CIP제어번호 : CIP2020003582)